语林漫步丛书

赵丕杰 著

成语误用辨析200例续编

商务印书馆
The Commercial Press

图书在版编目(CIP)数据

成语误用辨析 200 例续编 / 赵丕杰著. ——北京：商务印书馆，2018(2024.10重印)
(语林漫步丛书)
ISBN 978-7-100-15814-5

Ⅰ. ①成… Ⅱ. ①赵… Ⅲ. ①汉语—成语—研究 Ⅳ. ①H136.31

中国版本图书馆 CIP 数据核字(2018)第 025251 号

权利保留，侵权必究。

成语误用辨析 200 例续编

赵丕杰　著

商　务　印　书　馆　出　版
(北京王府井大街 36 号　邮政编码 100710)
商　务　印　书　馆　发　行
北京虎彩文化传播有限公司印刷
ISBN 978-7-100-15814-5

2018 年 5 月第 1 版	开本 787×1092　1/32
2024 年 10 月北京第 4 次印刷	印张 18

定价：96.00 元

目　　录

使用"安之若素"要扣准"若素" …………………… 1
"白云苍狗"喻世事无常 ……………………………… 4
"包罗万象"与"应有尽有" …………………………… 6
"杯弓蛇影"不等于"无中生有""无稽之谈" ………… 8
"杯盘狼藉"的种种误用 ……………………………… 11
"悲天悯人"还是"怨天尤人"？ ……………………… 15
"闭门造车"不等于"闭门" …………………………… 17
不要滥用"敝帚自珍" ………………………………… 20
"筚路蓝缕"不形容生活困难 ………………………… 24
不要说更加"变本加厉" ……………………………… 26
"不耻下问"的对象是"在己下者" …………………… 28
"不堪入耳"与"不堪入目" …………………………… 30
"不可一世"是贬义成语 ……………………………… 33
使用"不谋而合"要扣准"不""谋"二字 ……………… 35
"不厌其烦"与"不胜其烦" …………………………… 38
"不厌其详"与"不厌其烦" …………………………… 41
"沧海桑田"不是沧海和桑田 ………………………… 44
"尝鼎一脔"不等于尝一尝 …………………………… 47

条目	页码
"车水马龙"不是名词性成语	49
"城下之盟"是屈辱性盟约	52
"出神入化"不是出神入迷	55
"穿云裂石"形容声音高亢激越	57
"春风化雨"的种种误用	59
"春兰秋菊"比喻各有特色	62
"春秋鼎盛"指人正当壮年	65
"春意阑珊"能形容春天来了吗?	68
"从善如流"不是向善、行善	71
"寸草春晖"不形容春天景色	74
"大而化之"的三种误用	76
"大快朵颐"不是大为痛快	79
"大快人心"不等于"大快"	81
"大言不惭"的关键在"大言"	84
"箪食壶浆"与"箪食瓢饮"	87
"得陇望蜀"含贬义	90
"得意忘言"的两种误用	93
"砥柱中流"与"中流砥柱"	96
不要扩大"颠扑不破"的使用范围	98
"叠床架屋"不是架屋,更不是重叠	101
"洞若观火"与"了如指掌"	104
"独步天下"不是独自在天下行走	107
"多事之秋"不指秋天	109

"峨冠博带"与"冠冕堂皇"	112
谁和谁"耳鬓厮磨"？	115
使用"繁文缛节"不要叠床架屋	118
"反唇相讥"不等于反驳	120
"防患未然"防的是"未然"	123
"沸沸扬扬"与"纷纷扬扬"	126
"风流云散"与"烟消云散"	129
"风雨飘摇"形容形势不稳	132
"风云际会"的两种误用	135
"风韵犹存"用于中年妇女	139
"逢人说项"比喻到处说人好话	142
"釜底抽薪"为的是"止沸"	145
"高山流水"比喻知音	148
"高山仰止"的"止"不是停止	151
不能说自己对别人"高抬贵手"	154
"隔岸观火"观的是"火"	156
不要说心里"耿耿于怀"	159
"耿耿忠心"与"忠心耿耿"	161
"功高不赏"极言功劳之大	163
"瓜田李下"不是菜圃果园	166
"国色天香"形容牡丹和女性	168
"过屠门而大嚼"不是大嚼其肉	171
"含沙射影"比喻暗中诽谤中伤	174

"好为人师"不是喜欢当老师	178
"河东狮吼"不等于吼叫	180
"河清海晏"与环保无关	182
"红杏出墙"不用于男性	184
"红颜知己"不是男性	187
"呼朋引类"与"呼朋唤友"	189
"怙恶不悛"不要重词轻用	192
不要扩大"环肥燕瘦"的使用范围	195
"活灵活现"关键在"活现"	198
性格岂能"豁然开朗"？	201
"急流勇退"不等于"退"	203
使用"急转直下"要扣准"转"字	206
"箭在弦上"不等于即将发生	209
"交相辉映"不可滥用	212
"揭竿而起"不等于"崛起"	215
"今非昔比"与"今不如昔"	217
"金城汤池"与"固若金汤"	220
"井底之蛙"与"坐井观天"	222
"久假不归"与请假无关	225
"举重若轻"与"举足轻重"	228
"具体而微"不是具体而且微小	231
"聚讼纷纭"不是纷纷打官司	234
"聚蚊成雷"比喻什么？	237

最好不要说"凯旋而归" …… 240
"苦口婆心"的种种误用 …… 242
"老马识途"与"识途老马" …… 246
"乐此不疲"的"此"指什么？ …… 249
使用"历历在目"要扣准"在目" …… 251
谁对谁"怜香惜玉"？ …… 253
"临危授命"与"临危受命" …… 256
"淋漓尽致"形容表达详尽、暴露彻底 …… 258
"令人发指"形容极端愤怒 …… 261
使用"令行禁止"不要断章取义 …… 264
"可罗雀"的是"门"不是"人" …… 267
"扪心自问"就是自己问自己 …… 269
不要说更加"弥足珍贵" …… 271
"妙笔生花"与"生花妙笔" …… 274
"妙手回春"的"手" …… 276
"名山事业"不等于"事业" …… 278
"名至实归"还是"实至名归"？ …… 281
"明火执仗"比喻公开干坏事 …… 284
"泥沙俱下"的两种误用 …… 288
"拍手称快"强调的是痛快 …… 291
莫把"胼手胝足""抵足而眠"混为一谈 …… 293
"平白无辜"与"平白无故" …… 295
"萍水相逢"的是素不相识的人 …… 298

"七月流火"能形容天气炎热吗? …………… 300
"期期艾艾"只能形容口吃 ……………………… 303
"起死回生"的是良医 …………………………… 308
"气宇轩昂"只能形容人 ………………………… 311
"前车可鉴"与"前车之鉴" ……………………… 314
"前车之鉴"比喻失败的教训 …………………… 316
"前仆后继"的感情色彩 ………………………… 319
"巧舌如簧"是贬义成语 ………………………… 321
"巧言令色"不等于"花言巧语" ………………… 323
"琴瑟和谐"比喻夫妻感情融洽 ………………… 326
"倾国倾城"的"倾"是"倾覆" …………………… 329
亲兄弟"情同手足"? …………………………… 334
不要滥用"穷形尽相" …………………………… 336
"秋毫无犯"不是互不相犯 ……………………… 340
"求全责备"不等于责备 ………………………… 342
"却之不恭"不是拒绝接受 ……………………… 344
不是自己的东西怎能"忍痛割爱"? …………… 347
"忍无可忍"不用于病痛 ………………………… 350
"日理万机"不用于一般人 ……………………… 352
"如履薄冰"不形容处境危险 …………………… 354
"三姑六婆"不是"三亲六故" …………………… 357
"三人成虎"不是人多势众 ……………………… 360
"山高水长"比喻品德高尚 ……………………… 363

"山高水低"指意外的不幸 …………………… 366
"上下其手"不是"动手动脚" ………………… 368
使用"生灵涂炭"不要叠床架屋 ……………… 370
"生意盎然"不是生意兴隆 …………………… 372
"实至名归"的种种误用 ……………………… 374
谁对谁"舐犊情深"? ………………………… 377
"舐犊之爱"与"舐犊情深" …………………… 380
"誓不两立"与"势不两立" …………………… 383
"铄石流金"极言天气炎热 …………………… 386
"死灰复燃"用于贬义 ………………………… 389
"耸人听闻"和"骇人听闻" …………………… 392
不要扩大"特立独行"的使用范围 …………… 395
"醍醐灌顶"不是"浇头" ……………………… 398
"天伦之乐"用于亲人团聚 …………………… 401
不要任意扩大"天作之合"的使用范围 ……… 403
使用"汪洋恣肆"不要断章取义 ……………… 406
"亡羊补牢"晚不晚? ………………………… 409
"妄自菲薄"的种种误用 ……………………… 413
不要滥用"尾大不掉" ………………………… 417
"娓娓动听"不等于"动听" …………………… 420
"为渊驱鱼"的"渊"与"鱼" …………………… 422
"瓮中之鳖"与"瓮中捉鳖" …………………… 426
"无出其右"不用于贬义 ……………………… 429

"五风十雨"不等于"风风雨雨" …………………… 432

"洗心革面"不要重词轻用 …………………… 435

"狭路相逢"多指仇人相遇 …………………… 438

"响遏行云"的只能是声音 …………………… 441

"宵衣旰食"不用于一般人 …………………… 443

"信口雌黄"与"信口开河" …………………… 445

"行云流水"不可滥用 ………………………… 449

"形单影只"的两种误用 ……………………… 452

"形影相吊"的是一个人 ……………………… 456

"秀色可餐"能形容美食吗? …………………… 459

"嫣然一笑"只用于女性 ……………………… 462

"摇身一变"不用于褒义 ……………………… 465

"一触即发"不等于即将发生 …………………… 468

"一蹴而就"与"一挥而就" …………………… 471

不要用"一得之见"赞扬别人的见解 ………… 474

"一饭千金"是一顿饭花费千金吗? ………… 477

久别重逢能说"一见如故"吗? ……………… 479

谁和谁"一拍即合"? ………………………… 481

"一无所有"表示什么都没有 ………………… 484

"一言九鼎"与诚信无关 ……………………… 486

使用"一衣带水"的三个条件 ………………… 489

使用"贻笑大方"不要叠床架屋 ……………… 492

"倚马可待"形容文章写得快 ………………… 495

"异军突起"的两种误用 …… 498
"意兴阑珊"不是兴味盎然 …… 501
"饮食男女"不是吃吃喝喝的男男女女 …… 504
消极事物不说"应有尽有" …… 507
老人去世能说"英年早逝"吗? …… 509
"鱼目混珠"与"鱼龙混杂" …… 512
"玉石俱焚"焚的是"玉"和"石" …… 515
罪犯落网不能说"在劫难逃" …… 517
"责无旁贷"的种种误用 …… 519
"张冠李戴"不等于"冒名顶替" …… 523
不要滥用"折冲樽俎" …… 526
不要曲解和滥用"正中下怀" …… 529
"指日可待"用于希望实现的事 …… 532
"趾高气扬"是贬义成语 …… 534
"栉风沐雨"不等于"风吹雨打" …… 538
"众口铄金"不等于"众口交赞""众口同声" …… 541
"壮志凌云"与"凌云壮志" …… 544
"卓尔不群"是不合群吗? …… 547
"自怨自艾"不等于"怨天尤人""自暴自弃" …… 550
"昨日黄花"是生造词语 …… 554
运动员不能上场不是"作壁上观" …… 557

后记 …… 560

使用"安之若素"要扣准"若素"

"安之若素"意思是身处逆境、遭受挫折或遇到反常现象,能泰然处之,跟平常一样。语本《庄子·人间世》:"知其不可奈何而安之若命,德之至也。"例如清·陈确《书蔡伯蕫便面》:"苟吾心之天定,则贫贱患难,疾病死丧,皆安之若素矣。"清·钱大昕《候选州判李君墓表》:"遗产尽废,衣食或不给,而太孺人安之若素。"陶菊隐《记者生活三十年》四章:"汉口天气炎热……起居很不舒适,他却安之若素。"刘斯奋《白门柳》一部七章:"不少亲友以至婢仆私下里都为陈夫人愤愤不平。倒是陈夫人逆来顺受,安之若素,从未提出过抗议。"

理解和使用这条成语要扣准"若素"二字。"若素"就是像平常一样。说像平常一样,必然是遇到了不平常的情况,否则,说对待平常的情况也像平常一样,就不成话了。而且所谓不平常的情况,必须是遇到困难、受到挫折之类,身处顺境、诸事如意,谁都可以泰然处之,也谈不上"安之若素"。不能置关键的"若素"二字于不顾,只取一个"安"字,不管遇到什么情况,只要安定、安稳、安静……便说"安之若素"。例如:

(1)总的来说,伊朗社会秩序井然,偷盗、抢劫现象很少发生。人民生活安之若素,吃不饱、穿不暖的家庭不多。(《人民日报》2012年2月22日)

(2)把车子停在马路边上的家长们惴惴不安,把车子停在停车场里的家长们安之若素。(《第一财经日报》2014年9月15日)

(3)虽然没赚什么大钱,但是……岁月静好,安之若素,未来还有更多的美好在等待着我们。(《消费日报》2015年1月16日)

(4)如果可以,我愿自己是朱缨花一样的女子,形质俱佳而安之若素。(《闽南日报》2014年5月29日)

(5)一些思路混沌、庸碌无为、溜须拍马、贪功诿过之辈,不愿披荆斩棘得罪人甚至养患自重以图得到上级倚重的人,反倒是安之若素,仕途稳当,待遇不减。(《人民日报》2015年12月29日)

(6)屋外风景绚烂,屋内安之若素,这样的生活,是岁月静好,现世安稳的最好诠释。(搜狐网2016年2月27日)

例(1),既然伊朗社会秩序井然,老百姓吃得饱穿得暖,就是说没有遇到多大困难,处境仍然同平常一样,那怎么能说"人民生活安之若素"呢?把"安之若素"改为"安定"就恰到好处了。例(2),"把车子停在停车场里"是正常现象,安全有了保障,心里自然安定,何谈"安之若素"?中间两例,"没赚大钱"就意味着已经赚了小钱,"还有更多的美好"就意味着现在已经美好,做到"形质俱佳"已经相当完美了,在如此顺利、如意的情况下还说"安之若素"就更没有道理了。例(5)是说由于领导用人不当,一些作风不正的干部反倒心安理得、安然无恙。如果说领导者面对这样的下级却"安之若素",还差不多,说这些人自己"安之若素",显然讲不通。例(6)说"安之若素"是对"岁月静好,现世安稳"的诠释,更足以说明作者确实是把这条成语等同于"安静""安稳"了。

至于下面的例子,错误更加明显了:

(7)常年浪迹天涯,对见识人间珍宝,我早已安之若素。(《新民晚报》2015年12月31日)

(8)观众们看到《拜托了冰箱》里6位厨师安之若素的样子,却未必知道他们是从千人竞争中脱颖而出的……〔所以〕时间那么紧迫,厨师们依然表现得如此从容。(《北京日报》2016年2月2日)

(9)微笑向暖,安之若素;心若沉浮,浅笑安然——这就是宁波银行"暖心柜员"章圆圆。(《宁波日报》2014年9月5日)

(10)清晨到晌午,这一片草原、河湾还是一脸的安之若素,要不是风还有些劲,我怕是会将此地认作某个城市的公园。(东北新闻网2015年5月8日)

前两例的"安之若素"都同成语的原意相去甚远。例(7)可改为"习以为常",例(8)可改为"从容不迫"。至于最后两例的"安之若素"是什么意思,实在猜不透,已经纯属滥用了。

2016年3月8日

"白云苍狗"喻世事无常

唐·杜甫《可叹》诗:"天上浮云如白衣,斯须改变如苍狗。古往今来共一时,人生万事无不有。"意思是说天上的浮云一会儿像白衣,一会儿变得像黑狗,古往今来都是这样变化无常,人生万事概莫能外。后以"白衣苍狗"四字成文,以浮云变化比喻世事变化无常。现多作"白云苍狗"。例如宋·释惠洪《寄黄嗣深使君》诗:"身世浮云偶尚存,白衣苍狗与谁论。"鲁迅《〈华盖集〉后记》:"真是世事白云苍狗,不禁感慨系之矣。"茅盾《蚀·动摇》三:"自从先严弃养,接着便是戊戌政变。到现在,不知换了多少花样,真所谓世事白云苍狗了。"柯灵《小浪花》:"五十余年的暌隔,白云苍狗,人世的变化已很不少。""白云苍狗"也可省作"苍狗"。如明·陈汝元《金莲记·同梦》:"嗟浮生谁不朽,早教人梦里悲苍狗。"

杜甫的《可叹》记述了诗人王季友的遭遇。王季友从卖履穷汉到新科状元,人生大悲大喜,恰如白云苍狗之变。全诗以"天上浮云如白衣,斯须改变如苍狗"二句开头,显然不是写景状物,而是取譬设喻以引出下文。由此凝缩而成的成语,从古今的典范用例来看,也都是比喻世事变化无常。现在有人不明典故,用"白云苍狗"写景状物,实在是对这条成语的曲解和误用。例如:

(1) 静岩寺,寺如其名,静得有些可怕。抬头看只有头顶的一小片天空,白云苍狗的,飘过来又荡过去。(《金华日报》2015年8月21日)

(2) 坐在仓库改造成的咖啡馆里点上一杯咖啡,看着窗外白云苍狗,潮起潮落,不知不觉间你也成了这里一道别致的风景。(《人民日报》海外版2014年6月21日)

(3) 如果我在呼玛遇见你/我们可以在吉象湖的木桥上闲坐/看白云苍狗夕阳西落/看垂柳轻摆万顷碧波。(《大兴安岭日报》2015年4月17日)

(4) 地上花红草绿,流水潺潺使人赏心悦目;抬眼间白云苍狗,碧空浩渺,带人思绪飞翔。(汉网2015年9月17日)

(5) 这几日北京天空出奇的湛蓝美好,白云苍狗让好多人刷了屏,这个周末的微信、微博全是郊游和美食,各种找乐,各种秀恩爱。(《彭城晚报》2015年7月7日)

以上诸例,"白云苍狗"分别同"飘过来又荡过去""潮起潮落""夕阳西落""碧空浩渺""天空……湛蓝"连用,都用来描写自然景物,而同世事变迁毫无关系,显系误用。

2016年2月7日

"包罗万象"与"应有尽有"

"包罗万象"形容内容丰富,无所不包(包罗:包容;万象:宇宙间的一切事物或景象)。语见佚名《黄帝宅经》卷上:"所以包罗万象,举一千从,运变无形而能化物,大矣哉阴阳之理也。"例如清·夏敬渠《野叟曝言》四十七回:"末二句收到落梅,层次井井,包罗万象,无一毫遗漏,所以为难。"马南邨《燕山夜话·欢迎杂家》:"以儒家正统的孔子和孟子的传世之作为例,其内容难道不也是杂七杂八地包罗万象的吗?"郭绍虞《从文法语法之争谈到文法语法之分》:"刘勰的《文心雕龙》,确是一部伟大的著作,包罗万象,继往开来,在中国文化史上有它特殊的贡献。"

"应有尽有"意思是应该有的全都有了。表示人员、设备、货物、材料等一切齐备。语出《宋书·江智渊传》:"时谘议参军谢庄、府主簿沈怀文并与智渊友善。怀文每称之曰:'人所应有尽有,人所应无尽无者,其江智渊乎!'"例如晚清·曾朴《孽海花》四回:"三屉橹考篮里……上层都是米盐、酱醋、鸡蛋等食料,预备得整整有条,应有尽有。"老舍《二马》四:"西门太太今天晚上在家里请客,吃饭,喝酒,跳舞,音乐,应有尽有。"郭沫若《苏联纪行·七月二十五日》:"陈列资料极为丰富。铜像,画像,照片,图片,原稿,投稿,日记,书简,印本,各国的译文……无不应有尽有。"

这两条成语意义相近,区别在于:"包罗万象"是就整体而言的,侧重于一个整体里面内容丰富繁杂,无所不包;"应有尽有"是就个体而言的,侧重于各种具体事物齐全完备,无所不有,而且通常用在列举各种事物之后,加以总括。仔细玩味前举两条成语的典范用例,就可以体会到二者的区别。遗憾的是现在有些人常常把它们混为一谈。例如:

(1) 保利秋拍古董珍玩部分推出十余个专场,瓷器、文房、佛像、唐卡、茶具、香具、国石、当代瓷、天珠等,包罗万象。(《京华时报》2013年12月19日)

(2) 中国出口到东盟国家的最终产品,从农副产品、化肥、纺织品到建筑材料、机械设备、电子设备等,包罗万象。(《人民日报》2013年8月26日)

(3) ×××从世界各地食品到生活用品,可以说包罗万象,消费者选择空间大幅度增大,而且品质非凡,消费更舒适。(北方网2013年8月5日)

(4) 在这里,中餐厅、西餐厅、咖啡馆、茶馆以及工艺品商店,包罗万象,应有尽有,吸引了无数金发碧眼的外国友人来此一游。(《西安晚报》2013年11月13日)

以上诸例说的都是各种事物齐全完备,而且都是在列举各种具体事物之后用"包罗万象"加以总括,显然同这条成语的意思大有出入,都应改用"应有尽有"。例(4)已经用了"应有尽有",删去前面的"包罗万象"就可以了。

2015年5月23日

"杯弓蛇影"不等于"无中生有""无稽之谈"

《太平御览》卷二十三引汉·应劭《风俗通·怪神》记载：汲县令应郴请主簿杜宣来家饮酒。家里墙上挂着一张弓，弓照在酒杯里，影子像一条蛇。杜宣以为酒里有蛇，非常惊恐，但又不敢不饮。回家后便大病一场，久治不愈。应郴知道这个情况后，又请病中的杜宣来家饮酒，仍坐原处，杯中仍有蛇影。应郴对杜宣说："此壁上弩影耳，非有他怪。"杜宣疑虑顿消，病也随之痊愈。后遂用"杯弓蛇影"比喻疑神疑鬼，自相惊扰。例如清·纪昀《阅微草堂笔记·如是我闻》："况杯弓蛇影，恍惚无凭，而点缀铺张，宛如目睹。"咏簪《武昌两日记》："当十八的那一天，武昌城里，风声鹤唳，杯弓蛇影，惊惊惶惶，比前几日更加厉害。"梁实秋《雅舍小品·鬼》："有人说他亲眼见过鬼，但是我不相信他说的话，也许他以为他看见了鬼，其实那不是鬼，杯弓蛇影，一场误会。"熊召政《张居正》三卷二十一回："真乃杯弓蛇影，大明天下赫赫皇朝对一介布衣如此害怕，这是衰败之象啊！"

这条成语同"风声鹤唳""草木皆兵"意思相近，强调的都是自己吓唬自己的心态，而不是引起恐惧的事物是否存在，有没有根据。它只适用于人，而不适用于事物。因此不要同"无中生有""无稽之谈"之类的成语混为一谈。请看误用的例子：

（1）恐怖袭击的传言并非杯弓蛇影。（《人民日报》2003年12月24日）

（2）此前热钱大举进入之说，可能不过是"杯弓蛇影"。（《广州日报》2009年8月20日）

（3）我们常常说无风不起浪，但是很多看似杯弓蛇影的消息却可以使得A股市场为之剧烈震荡，背后的信息可谓耐人寻味。（《广州日报》2012年9月5日）

例（1）是说"传言"并非"杯弓蛇影"，例（2）是说"热钱大举进入"的说法是"杯弓蛇影"，例（3）是说"消息"是"杯弓蛇影"。"传言""说法""消息"等都是事物，不是人，只能说是否真实可靠，不能说是否疑神疑鬼、自相惊扰，显然不能使用"杯弓蛇影"。可以改为"无稽之谈"或"无中生有"。

（4）仅凭5月CPI超预期就确定加息站不住脚……在经济形势尚未明朗之前，加息可能只是"杯弓蛇影"。（《证券日报》2010年7月6日）

（5）八月份以来，楼市开始上演"价升量跌"的情景剧，"金九"已成为泡影，"银十"或成为杯弓蛇影。（新华网2009年9月29日）

例（4）是说盼着目前就会加息并不现实，例（5）是说"金九"已成泡影，"银十"估计也不会成为现实。这两个意思同"杯弓蛇影"更不沾边，前者可以改为"一厢情愿"，后者可以改为"镜花水月"。

（6）官不大，僚不小，在上级面前杯弓蛇影、竭尽献媚之能事;在群众面前趾高气昂,竭尽摆显之架势……这样的官,其实不要也罢。(中国共产党新闻网 2011 年 5 月 26 日)

(7)对待下属及群众,要做到平视,不能有一种高高在上的感觉……对待上级领导,不能杯弓蛇影、唯唯诺诺,更不能惟命是从。(光明网 2009 年 12 月 10 日)

这两例说在上级面前不能"杯弓蛇影",实在不知所云。很可能因为"杯弓"同"卑躬"读音相同,便把"杯弓蛇影"同"卑躬屈膝"混为一谈了。如此使用成语实在荒唐。

2015 年 8 月 16 日

"杯盘狼藉"的种种误用

"杯盘狼藉"意思是桌上的杯盘放得乱七八糟(狼藉:形容凌乱不堪)。形容宴饮将毕或已毕,桌上餐具凌乱的情景。语出《史记·滑稽列传》:"日暮酒阑,合尊促坐,男女同席,履舄交错,杯盘狼藉。"例如唐·白行简《三梦记》:"向梦中与数十人游一寺,皆不相识,会食于殿庭。有人自外以瓦砾投之,杯盘狼藉,因而遂觉。"叶圣陶《倪焕之》四:"〔蒋老虎〕就在茶馆里招揽一批不相干的人,每人给一张自己的名片,叫他们进去投票,出来吃一餐两块钱的和菜。那些临时轿夫在杯盘狼藉的当儿,大家说笑道:'真难得,我们今天吃老虎了!'"马识途《夜谭十记》一记:"桌上的菜大盘大碗,五颜六色,堆积如山……就这样闹了两个多钟头,快半夜了,真是弄得杯盘狼藉,人仰马翻了。""杯盘狼藉"也作"杯盘狼籍"。如宋·苏东坡《前赤壁赋》:"客喜而笑,洗盏更酌。肴核既尽,杯盘狼籍。相与枕藉乎舟中,不知东方之既白。"

理解和使用这条成语,必须弄清"杯盘狼藉"描写的只是杯盘摆放凌乱的情景,同饭菜多少、有无剩余没有必然联系。前举马识途用例,菜肴"堆积如山",想必剩下很多;叶圣陶用例,那些"临时轿夫""吃一餐两块钱的和菜",恐怕剩不下多少;苏东坡用例,既然"肴核(菜肴和果品)既尽",肯定什么也没剩下；至于白行简用例，餐桌遭到瓦砾袭击，以致杯盘狼藉无法继续用餐，更同饭菜多少、有无剩余毫无关系。遗憾的是，现在有人把"杯盘狼藉"当成满桌剩菜剩饭的写照，用来形容"舌尖上的浪费"，实在没有道理。例如：

（1）大吃大喝，杯盘狼藉，满桌剩菜……这一幕在饭店中并不鲜见。"舌尖上的浪费"看似事小，却切切实实地危害着我们党和国家的根基与血脉。（《镇江日报》2014年12月4日）

（2）满桌杯盘狼藉，菜吃一半倒一半，"盛宴"成"剩宴"。（《经济日报》2013年9月28日）

（3）当今高校学子奢靡之风日炽，以用膳为例，每见杯盘狼藉，浪费现象令人侧目。（和讯网2015年3月10日）

前两例"杯盘狼藉"或同"大吃大喝""满桌剩菜"、或同"吃一半倒一半"相提并论，似乎只要"杯盘狼藉"必然会"满桌剩菜"，只要"满桌剩菜"必然会"杯盘狼藉"。例（3）的"杯盘狼藉，浪费现象令人侧目"句，更足以说明在该作者笔下，"杯盘狼藉"就是剩饭剩菜，就是浪费现象。这显然都是对这条成语的误解误用。

也有人断章取义，只取"狼藉"二字，置"杯盘"于不顾，不管什么东西，只要是弄得乱七八糟，便说"杯盘狼藉"。例如：

（4）胡某某……将店里一台电脑显示器、三套电子茶海、四台竹木茶海、十一个玻璃茶罐、十三罐散装茶叶及三十六套瓷质茶具等砸毁于地。短短两分钟之后，茶叶店内已是杯盘狼藉、凌乱不堪。（中国新闻网2015年11月4

日)

(5) 一味高喊"强拆有理",只会让事件陷入"眼见拆翻了这家,拆翻了那家,只拆得杯盘狼藉罢"的困境,最终寒了群众的心,伤了政府的公信力。(人民网 2016 年 5 月 4 日)

例(4)砸毁的是电脑、茶叶和各种茶具,例(5)拆翻的是房子,都不是餐桌上的杯盘,可以说"一片狼藉",但不能说"杯盘狼藉"。

更有甚者,有人不但断章取义,而且加以"引申",把局面糟乱不堪也说成"杯盘狼藉",在错误的道路上越走越远了。例如:

(6) A 股开盘怎么走?笔者在节前还信誓旦旦认为会开门红,但依然被全球股市跌的杯盘狼藉吓出一身冷汗!(中国经济网 2016 年 2 月 15 日)

(7) 去年 10 月推出的创业板就直接"盗用"主板的发行制度,将创业板的新股发行搞得杯盘狼藉。(《京华时报》2010 年 11 月 1 日)

以上两例都可以改为"一塌糊涂"。"一塌糊涂"形容混乱不堪或糟到不可收拾。例如老舍《四世同堂》五十九:"作买卖的要都赔得一塌糊涂,谁还添货呢?"放在这里正好合适。

至于以下诸例,已经不知所云,纯属滥用了:

(8) 电锯呼啸森林,油轮沉泄大海,大地杯盘狼藉,天空黯然失色,江河污染,草原扬尘,走兽横尸,飞鸟哀鸣,海面上升,雾霾弥空。(《羊城晚报》2013 年 3 月 17 日)

(9) 后海的静波已经幻化成为秦淮河畔,荷花市场的古玩字画已经变成了杯盘狼藉,风雅已经是过时的事物了,酒吧成了时髦的景致。(中国经济网 2006 年 10 月 12 日)

2016 年 10 月 15 日

"悲天悯人"还是"怨天尤人"?

2008年年初,姚明受伤的消息传来,引起社会的广泛关注。2月28日《今日早报》发表了题为《战斗,为了姚明》的文章,说:"一夜之间,擎天的支柱轰然倒下,我们必须要面对没有姚明的火箭和中国男篮,这就是现实……悲天悯人或是自暴自弃都无法解决问题。"这句话里的成语"悲天悯人"用错了。

"悲天悯人"意思是哀伤时世的艰辛,怜悯人民的疾苦。形容对社会的腐败和人民的疾苦感到悲愤和不平。语见明·谭元春《秋闱梦成诗序》:"而至于英雄之心曲,旧家之乔木,部曲之冻馁,儿女之瓢粒,有悲天悯人、勤王恤私之意焉。"例如清·王士禛《带经堂诗话·题识类》:"其《放吟》一卷,皆乐府诗,丁明末造,多悲天悯人之思。"萧乾《挚友、益友和畏友巴金》:"这两段话相距约四十年,然而精神却是一致的,悲天悯人,关心同类,同情弱者和不幸者。"李准《瓜棚风月》:"他不像南方很多寺庙的观音像,柔眉细目,慈祥和蔼,一副悲天悯人的样子,像个清秀善良的小媳妇。"

姚明的受伤与时世艰辛、人民疾苦没有关系,显然不能使用"悲天悯人"。当时有些人把姚明受伤归咎于火箭队和中国男篮对他使用过度,前引《今日早报》的那句话正是针对这种观点而发的,把"悲天悯人"改为"怨天尤人"就文从字顺了。

"怨天尤人"的意思是抱怨老天,归咎别人(尤:归咎),形容遇到不如意的事情一味归咎于客观原因。语本《论语·宪问》:"不怨天,不尤人,下学而上达。"例如清·曹雪芹著、高鹗补《红楼梦》一二〇回:"那宝钗却是极明理,思前想后:宝玉原是一种奇异的人,凤世前因,自有一定,原无可怨天尤人。"黎汝清《叶秋红》:"在生活中,的确有这样一种人,有了成就,便贪天之功据为己有;有了错误就诿之客观怨天尤人。"这条成语用在这里正好合适。

这种误用绝非个例,可以再举两个近期的例子:

（1）昨天,网上的中考论坛热闹非凡……有考得好沾沾自喜的,考得不好感觉前途渺茫、悲天悯人的。有自解自劝的,也有安慰别人的。(《北京晚报》2013年7月5日)

（2）据香港媒体报道……赵雅芝坦言甘肃因地理环境关系缺乏水源,不过当地居民充满斗志,不会悲天悯人。(人民网2013年12月27日)

例(1)考得不好,例(2)缺乏水源,都不可能产生悲天悯人的感情,也应该改用"怨天尤人"。

"悲天悯人"同"怨天尤人",在意义上风马牛不相及。尽管都包含"天""人"二字,但所指完全不同:"悲天悯人"的"天"指天命,借指时世,"人"指人民;"怨天尤人"的"天"指老天,"人"指别人。"悲""悯"和"怨""尤"意思也相去甚远。稀里糊涂地就把二者混为一谈,实在是一种不应该发生的低级错误,而这种错误出现在有影响的媒体上,更令人感到遗憾。

2014年3月13日

"闭门造车"不等于"闭门"

"闭门造车"语见南唐·静、筠禅师《祖堂集·五冠山瑞云寺和尚》:"若欲修行普贤行者,先穷真理,随缘行行,即今行与古迹相应,如似闭门造车,出门合辙耳。"意思是由于依据的是统一的规格,虽然关起门来造车,造出的车子也会与道路上的车辙相合。例如宋·朱熹《四书或问》卷五:"古语所谓'闭门造车,出门合辙',盖言其法之同也。"后来多反其意而用之,比喻不管客观实际如何,只凭主观想象办事,含贬义。例如宋·郑兴裔《合肥志序》:"夫事不师古宜今,而欲有为,譬之闭门造车,未见其合,志曷可废乎!"朱自清《中国文评流别述略》:"这里姑不确定类名,只标出他们所论的主体;因为借用外国名字,苦于不贴切,自定名字,又嫌闭门造车,怕不合式。"范长江《韬奋的思想的发展》:"韬奋写文章总是先找人座谈研究,虚心听取朋友们的意见,然后找些参考书,细加思考,再行下笔,决非闭门造车而来。"陈登科《移山记》:"搞设计工作的人,不上工地,这叫什么设计,是闭门造车。"

正确使用这条成语,首先必须全面理解它的含义。既然是"闭门造车",当然要"闭门",即关起门来不同外界接触,这一点大家都能理解。但"闭门"还不是成语的全部含义,还要"造车",即不顾客观实际,只凭主观想象去制造某些东西。在前举典范用例中,朱自清说的是自己给中国文学批评"确定类名",范长江说的是邹韬奋下笔写文章,陈登科说的是设计人员搞设计。只有既"闭门"又"造车",才能说"闭门造车";只"闭门"而不"造车",例如闭门读书,闭门思过,闭门谢客,闭门却扫,都不能说"闭门造车"。这一点就不是每个使用者都能理解的了。有些人只看到"闭门",忽略了"造车",以为只要关起门来不同外界接触,不管是否不顾客观实际,只凭主观想象办事,都叫"闭门造车",以致造成误用。例如:

(1) 闭门造车、缺乏交流,使得中国排球近年来逐渐落后于世界排球的前进脚步。(人民网 2013 年 2 月 20 日)

(2) 现在每个研究会每年都会搞很多活动,还要相互交流,这就把整个武术界搅动了,和之前各门派闭门造车、各扫门前雪的概念不同。(《成都商报》2011 年 5 月 20 日)

(3) 我们的大学生不能是闭门造车的学生,一定要有时代感,关注当下的话题,提出自己的思考和判断。(中国广播网 2013 年 6 月 8 日)

(4) 他不是那种闭门造车,两耳不闻窗外事的研究宅人,而是一位视野开阔,爱好广泛,喜欢品味生活趣味的学者。(《兰州晚报》2012 年 12 月 28 日)

(5) 一场号称史上最严格的体能测试,结果招致了扑面而来的非议,首测只有不足 20% 的队员过关,为了避免出现大面积球员因此缺席联赛,补测时却又玩起了闭门造车,拒绝向媒体开放。(《新闻晨报》2013 年 10 月 24 日)

例(1)例(2)说的是关起门来自己练自己的,不同外界交流;例(3)例(4)说的是关起门来两耳不闻窗外事,一心只读圣贤书。这样做仅仅是"闭门",并没有"造车",因此都不能说"闭门造车"。前两例可以改为"闭关自守"(闭塞关口,不跟别国往来,泛指不跟外界交往),例(3)例(4)可以改为"闭目塞听"(闭着眼睛,堵住耳朵,形容对外界事物不闻不问,毫无所知)。至于最后一例说的是 CBA 体能测试补测阶段,关起门来搞暗箱操作,不向媒体开放,这样做可能有弄虚作假之嫌,但与"闭门造车"毫不相干。总之,以上诸例都把"闭门造车"等同于"闭门",犯了断章取义的错误。

2013 年 11 月 13 日

不要滥用"敝帚自珍"

"敝帚自珍"意思是家里破旧的扫帚自己也很珍惜。比喻自己的东西虽然不好,却非常珍爱。语本《东观汉记·光武帝纪》:"家有敝帚,享之千金。"例如梁启超《清议报一百册祝辞并论报馆之责任及本馆之经历》:"菲葑不弃,敝帚自珍。"茅盾《茅盾散文速写集·序》:"如此,全则全矣,未免泥沙俱下,贻笑大方,但敝帚自珍,也有表现我的思想过程的意味。"张恨水《啼笑因缘续集·自序》:"一个著作者,无论他的技巧如何,对于他自己的著作,多少总有些爱护之志,所谓'敝帚自珍',所谓'卖瓜的说瓜甜'。"孙犁《删去的文字》:"我又拿出这些稿子给他们看,他们看过不加可否,大概深知我的敝帚自珍的习惯心理。"

这条成语过去使用频率并不高,使用范围也比较窄,通常用作谦辞,比喻珍视自己的作品。令人遗憾的是,目前这条成语被用得很滥,常常不是用于自谦,而是用来议论别人。议论别人时,所指的东西必须是"敝帚",确实不值得珍惜,至少说话人认为不值得珍惜(例如老舍《论才子》:"又加上我们的文化落后,会写点东西的人实在不多,更容易敝帚千金,发表了一两篇作品,便目空一切。""敝帚千金"同"敝帚自珍"意思相近),否则说人家"敝帚自珍"就毫无道理了。请看误用的例句：

（1）传统文化，没必要敝帚自珍，但也不至于妄自菲薄。（《河南日报》2013年8月23日）

（2）让我们自豪的，除了让世人震惊的我们所创造的物质文化，还有我们敝帚自珍的非物质文化遗产，譬如中秋节。（人民网2013年9月19日）

（3）天津人"敝帚自珍"，十分重视对天津话的传承保护。（《光明日报》2014年2月27日）

（4）历经几千年风雨的春秋淹城遗址，是常州历史文化精髓……常州人"敝帚自珍"，投入20多亿元开发春秋文化主题公园。短短几年，这里的《烟雨春秋》水影秀表演闻名遐迩，去年游客达290万人次。（新华网2012年10月30日）

我国的"传统文化"（例1）和"非物质文化遗产"（例2），都是我国的宝贵财富；天津方言（例3）同其他方言一样，都是现代汉语的重要组成部分；"春秋淹城遗址"更是"常州历史文化精髓"（例4）：凡此种种都不是"敝帚"，珍视它们当然不能说"敝帚自珍"。

由于没有准确理解这条成语的含义，任意曲解和滥用的情况在媒体中也屡见不鲜。例如：

（5）每当有人找他取经，罗锰从不敝帚自珍，而是把技术倾囊相授。（《解放军报》2014年1月20日）

（6）不管窃书者出于何种目的，自我收藏也罢，换取金钱也罢……总是脱不掉盗窃的罪名。那么，不管你转手倒

卖,还是敝帚自珍,没有合法来源,是你终生无法更改的事实。(《北京晨报》2013年8月7日)

(7) 中华书局是古籍整理和学术出版的重镇,但是从未忽视学术的普及和文化的传播。在我们看来,学术研究的最终目的,还是要惠及大众,传播文化,不能敝帚自珍。(《光明日报》2015年4月22日)

(8) 二战胜利,是全世界人民反法西斯的成果,容不得日本肆意妄为。如何纪念这一伟大胜利,日本莫敝帚自珍,还是要听清楚来自全世界的共同呼声……日本在为历史翻案之前,还是要听听世界怎么说,莫作逆流而动的蠢事。(中国新闻网2015年1月8日)

例(5)"敝帚自珍"同"倾囊相授"对举,能同"倾囊相授"对举的应该是"秘而不宣"之类的词语,而这个意思同"敝帚自珍"相去甚远。例(6)前后两句话实际是一个意思:后面的"转手倒卖"就是前面的"换取金钱",后面的"敝帚自珍"显然就是前面的"自我收藏"。"敝帚自珍"绝没有"自我收藏"的意思。例(7)"敝帚自珍"同"普及"和"传播"对举,想必是关起门来只为少数人服务的意思,这个意思同"敝帚自珍"毫无共同之处。例(8)的"敝帚自珍",从上下文推断,当是"肆意妄为""逆潮流而动""为历史翻案"的意思,而这个意思更同"敝帚自珍"风马牛不相及。

以上诸例虽然纯属滥用,但是从上下文还可以推知作者的意思,而以下诸例便错得不知所云了:

(9) 池莉当选主席后发言呼吁:认清现实,敝帚自珍,

宠辱不惊,潜心创作,修身养性,力戒骄躁,珍惜时间和艺术才能。(《江南时报》2000年11月12日)

(10) 而每一次当我仰望呼伦贝尔草原上方的天空,既不敝帚自珍也不望洋兴叹,我以一种活在当下的心态珍视每一眼我所望到的蔚蓝一片或者云朵漫天的草原长空。(《人民日报》2013年12月2日)

2015年7月22日

"筚路蓝缕"不形容生活困难

"筚路蓝缕"意思是驾着简陋的车子,穿着破烂的衣衫(筚路:用荆条竹木之类制成的简陋的车子;蓝:通"褴";蓝缕:又破又旧的衣衫)。形容创业的艰难与辛苦。例如宋·刘克庄《饶州新城记》:"昔之人有筚路蓝缕而造邦者,有布衣帛冠而强国者。"清·徐釚《词苑丛谈》卷一:"张南湖《诗余图谱》,于词学失传之日,创为谱系,有筚路蓝缕之功。"郑振铎《插图本中国文学史·绪论》:"有许多不为人知的先驱者在筚路蓝缕的开辟荆荒。柯灵《向拓荒者致敬》:"五十年前文艺领域的拓荒者,不少已经离开人世,但给我们留下了筚路蓝缕的动人形象,留下了他们在万方多难中的足迹。"

如果仅仅从字面意义上看,"筚路蓝缕"就是驾着简陋的车子,穿着破烂的衣衫,很容易被误解为形容生活艰苦,经济困难。只有了解这条成语的出处,才能准确掌握它的深层含义。"筚路蓝缕"语出《左传·宣公十二年》:"训之以若敖、蚡冒筚路蓝缕,以启山林。"说的是楚国国君经常用先君若敖、蚡冒乘柴车、穿敝衣开辟山林的事迹教训他们的军官士兵。因此这条成语只能形容创业的艰辛,而不能形容生活困难。现在有些人不明典故,望文生义,以致造成误用。请看例子:

(1) 李先生……22岁大学毕业后,就在广州当起了教

师,收入不高,筚路蓝缕。(《广州日报》2014年11月21日)

(2)人,虽然筚路蓝缕,但因读书而质美气华,小小的山村,也因为飘着书香显得分外美丽。(《工人日报》2014年10月20日)

(3)"削职为民"的4年间……除精神上的打击外,生活上筚路蓝缕、温饱难保。(中国新闻网2011年9月9日)

(4)他们(指在海参崴的中国人)筚路蓝缕,忍饥挨饿,聚居在一起,过着俄罗斯人难以想象的艰难生活。(光明网2016年1月21日)

以上诸例中的"筚路蓝缕",都形容收入不高,生活困难,温饱难保,衣衫褴褛,而不是形容艰苦创业,均属误用。

至于以下诸例,"筚路蓝缕"形容什么,已经无法捉摸,纯属滥用了:

(5)烈士应该活在我们的记忆里,死亡应该是一种对生者敬仰的再生。因此,我们不难理解《集结号》中的连长筚路蓝缕地为死去战友讨说法的决心和勇气。(《新京报》2008年1月11日)

(6)攘攘的朝露,皱皱的水波;数度迁徙的繁密脚印,群山裸露的肌肤和皱褶;残灯耿然的夜晚,筚路蓝缕的行程……看似散漫、无序的生活场景,被一条朴素、温润的日常线索串联起来。(人民网2006年1月16日)

2014年11月30日

不要说更加"变本加厉"

成语形式简洁,表现力强,使用得当可以收到言简意赅、事半功倍之效。但是要注意,成语中已经包含或隐含了的意思,使用时就不要再重复了。否则容易叠床架屋,轻则会使文字烦冗累赘,重则不合语法,造成病句。

"更加变本加厉"就是一个典型的例子。这种说法在媒体中屡见不鲜,例如:

(1) 杨秀宇说,自己的世界观价值观扭曲了,他此后更加变本加厉地制造虚假新闻,每当有传统媒体跟进报道时,自己就会有快感。(《北京日报》2013年8月22日)

(2) 随着银行不良贷款的上升,可以肯定,相关银行一定会更加变本加厉地从企业身上将"损失"补回来。(《经济参考报》2013年8月19日)

(3) 由于第一次行贿并获得不正当利益后,没有被发现,行贿人的心理往往发生变化,有利可图不被查更加变本加厉。(《法制日报》2013年6月4日)

(4) 2010年以后,美国高调"重返亚洲",对中国围堵更加变本加厉。(《学习时报》2013年2月4日)

"变本加厉"语本南朝梁·萧统《〈文选〉序》:"盖踵其事而增华,变其本而加厉。物既有之,文亦宜然。随时变改,难可详悉。"原意是变得比原来更进一步。后来意思有了变化,指变得比原来的状况更加严重,用于贬义。例如晚清·吴趼人《二十年目睹之怪现状》六十八回:"大约当日河工极险的时候,曾经有人提倡神明之说,以壮那工人的胆,未尝没有小小的效验;久而久之,变本加厉,就闹出这邪说诬民的举动来了。"唐弢《雨夜杂写》:"但书籍的禁止,却并没有因此绝了迹,民国四年以后,还反而变本加厉起来。"老舍《四世同堂》二十三:"学校里的同事们都不愿招惹他,而他就变本加厉的猖狂,渐渐的成了学校中的一霸。"

这条成语中的"加"就是更加的意思。如果在"变本加厉"前面再加上"更加"二字,就成为"更加变得比原来更加严重",不仅语义重复,而且文理不通。希望习惯于这样造句的朋友,还是把"更加"二字删掉吧。

2014 年 3 月 16 日

"不耻下问"的对象是"在己下者"

2010年6月30日"网易"刊登了我国某足坛名宿的一篇文章,标题是《日本足球才是中国不耻下问的对象》。近年来日本足球突飞猛进,雄踞亚洲,确实值得我们学习。但是说日本足球是中国不耻下问的对象,就大成问题了。

《论语·公冶长》记载,卫国大夫孔圉死后,被谥为"文",人称孔文子。子贡问:孔文子为什么能获得这样高的谥号?孔子回答说:"敏而好学,不耻下问,是以谓之'文'也。""不耻下问"就是不以向地位比自己低或学识比自己差的人请教为耻(不耻:不以……为耻)。形容谦虚好学。例如晋·皇甫谧《高士传·挚恂》:"既通古今而性复温敏,不耻下问,故学者宗之。"晚清·刘鹗《老残游记》七回:"老残道:'……阁下既不耻下问,弟先须请教宗旨何如。'"毛泽东《党委会的工作方法》:"我们切不可强不知以为知,要'不耻下问',要善于倾听下面干部的意见。"老舍《四世同堂》二十八:"瑞丰是容易受感动的,一见冠先生这样的'不耻下问',不由的心中颤动了好几下。"

理解和使用这条成语,必须弄清什么是"下问"。《论语》三国魏·何晏集解:"下问,谓凡在己下者。"一般人往往羞于向"在己下者"请教,所以"不耻下问"才难能可贵。向在己上者请教，人人都能做到，不存在不以为耻的问题。有人恰恰是忽略了这个关键的"下"字，误以为只要肯问，不管问什么人，都叫"不耻下问"。某足坛名宿的文章就犯了这样的错误。类似的误用还可以举出许多：

（1）职校生……〔要〕尽量多接近教师、师傅，不耻下问，不怕吃苦，仔细揣摩名师的出色技艺。（《中国教育报》2012年1月19日）

（2）专家非常和气、耐心，我们不耻下问，专家也乐意教……一年下来，我们基本上掌握了栽培技术。（人民网2012年2月2日）

（3）学问、学问，一要学、二要问，也就是边学边问，不耻下问，向水平高、知识广、业务精、贡献大、有作为的人学习。（中直党建网2011年7月5日）

（4）她坚持勤学、深思，不耻下问，向领导学、同事学、下属学。（人民网2011年12月23日）

"教师""师傅""专家"，地位、水平都在己之上，"水平高、知识广、业务精……"的人，至少在某一方面比自己高明，向他们请教，只能说"虚心求教"，而不能说"不耻下问"。最后一例，只有向"下属学"可以说"不耻下问"，向"同事学"，一般也不能这样说，除非确实是比自己年纪轻、资历浅、级别低的同事。

2012年3月6日

"不堪入耳"与"不堪入目"

"不堪入耳"意思是不能听下去。形容语言污秽或音乐粗俗,让人听不下去或起反感。语见明·李开先《市井艳词序》:"哗于市井,虽儿女子初学言者亦知歌之。但淫艳亵狎,不堪入耳。"例如晚清·李宝嘉《文明小史》十六回:"他们所说的都是一派污秽之言,不堪入耳。"巴金《家》二十五:"什么'小尼姑''鸭屁股',还有许多不堪入耳的下流话。"许杰《鲁迅小说讲话》:"蓝皮阿五这一封建流氓,要在她身上打主意,说些不尴不尬的话,唱些不堪入耳的小曲……"

"不堪入目"意思是不能看下去。形容事物丑恶低劣或行为庸俗卑鄙,让人看不下去或起反感。语见清·蒲松龄《聊斋志异·锦瑟》:"移时,入一门,署'给孤园'。入,见屋宇错杂,秽臭熏人。园中鬼见烛群集,皆断头缺足,不堪入目。"清·沈复《浮生六记·浪游记快》:"余自绩溪之游,见热闹场中卑鄙之状,不堪入目。"茅盾《腐蚀·十一月六日》:"上过燕菜以后,就有些不堪入目的动作,逐一表演出来了。"叶圣陶《某城记事》:"报上的广告栏里有自己的照片登出,下面的文字——总之是不堪入目的。"

这两条成语的区别是相当明显的:"不堪入耳"只适用于能用耳朵听到的话语、音响等,"不堪入目"只适用于能用眼睛看到的形象、动作、文字等。一个入"耳",一个入"目",二者界限分明,不容混淆。遗憾的是,在语用实际中,常常有人把它们混为一谈。例如:

(1) 孟什维克利用新《火星报》这个舆论工具,对多数派极尽攻击漫骂之能事……他们除了用一些政治名词攻击列宁以外,还用非常庸俗甚至不堪入耳的字句责骂多数派,例如说多数派是"造谣中伤的懦夫""肮脏的拖把"等等。(光明网 2014 年 6 月 5 日)

(2) 当天晚上,韩女士回到家,却发现绑定号码的手机里有一条出租车司机发来的短信,内容不堪入耳。(《姑苏晚报》2015 年 8 月 29 日)

(3) 请不要把不堪入耳的影片放在课程〔里〕。(中国新闻网 2014 年 11 月 13 日)

(4) 一些明星大腕捞了钱还不好好唱,假唱有之、摆派有之、敷衍了事有之,极少数甚至还闹出什么不堪入目、不堪入耳的事来。(光明网 2013 年 3 月 14 日)

例(1)说的是在报纸上用"造谣中伤的懦夫"之类的"字句"责骂对方,例(2)说的是通过手机短信辱骂对方。报纸上的"字句"和短信的"内容",都只能看不能听,当然不能说"不堪入耳"。例(3)说的是"影片",影片是供人看的,当然也有声音可听,可以说"不堪入目、不堪入耳",可以说"不堪视听",也可以单说"不堪入目",但绝不能单说"不堪入耳"。例(4)说的是极少数明星大腕闹出事来,"事"不是语言,不是声音,可以说"不堪入目",不能说"不堪入耳"。

(5) 外界传×××曾对××做出不雅举动,还曾有网上曝光了二人电话录音,内容不堪入目。(中国新闻网 2015 年 11 月 17 日)

(6) 一名妇女在悉尼一个公园对一对华裔情侣展开种族主义辱骂……在被旁观者赶走前,妇女最后还进行一系列不堪入目的语言攻击。(中国新闻网 2015 年 8 月 11 日)

(7) 2015 年年底在西班牙上映一部名为《安娜·弗里茨的尸体》的电影……电影刚开始的时候,两个流氓对着两名华人女孩说了一些不堪入目的言论。看过这部电影的中国人……认为这是又一次针对华人的严重辱华行为。(中国新闻网 2016 年 3 月 22 日)

例(5)的"电话录音",例(6)的"语言攻击"和例(7)的流氓"言论",都属于语言,都表现为声音,说"不堪入目"显然不妥,应该改用"不堪入耳"。

2016 年 4 月 22 日

"不可一世"是贬义成语

"不可一世"意思是认为当代没有一个人值得赞许(可:认可;一世:一个时代,指当代)。语见宋·罗大经《鹤林玉露》卷五:"王荆公少年,不可一世士,独怀刺候濂溪,三及门而三辞焉。"例如明·汤显祖《〈艳异编〉序》:"不佞懒如嵇,狂如阮,慢如长卿,迂如元稹;一世不可余,余亦不可一世。""不可一世"本是中性成语,现在已经发展成为贬义成语,形容自视甚高,狂妄自大。例如柳亚子《南社纪略·我和朱鸳雏的公案》:"那时候,我正年少气盛,狂放都到不可一世。"茅盾《蚀·动摇》八:"不,我不愿见孙舞阳,我讨厌她那不可一世的神气。"杜鹏程《保卫延安》一章:"去年六月底……〔敌人〕悍然发动了对我解放区的'全面进攻'。其势汹汹,不可一世啊!"

现在有些人习惯用"不可一世"形容那些实力超群、成绩突出、难以企及的人或单位,如果不是有意贬损或挖苦,只能是忽略了这条成语的感情色彩,犯了褒贬颠倒的错误。请看例句:

(1) 改革开放之后,我国将发展的重心转向经济方面,并在三十年的发展中取得了不可一世的成就。(中华网2012年4月12日)

(2) 年轻、阳光且富有活力和朝气,意气风发而又不可

一世……(环球网 2011 年 3 月 16 日)

(3)〔上海队〕昨晚战胜排名第一的北京队……既然连不可一世的北京队都能拿得下,那还有什么理由怀疑自己的实力呢?(《新民晚报》2011 年 12 月 26 日)

(4)这些中超前三的队伍在国内不可一世,但一到亚冠赛碰上日、韩或西亚、中亚的球队就会软下来。(《人民日报》海外版 2011 年 11 月 9 日)

(5)特别值得一提的是今天他们战胜的对手是在此前一直保持不败的不可一世的江苏舜天。(搜狐网 2012 年 5 月 5 日)

例(1)说我国经济发展取得"不可一世"的成就,显然不妥,改为"举世瞩目"感情色彩就协调了。例(2)把"不可一世"同一连串赞美之词相提并论,肯定也是把它当成褒义成语了。后三例,分别用来形容排名第一、前三或此前保持不败的球队。这些球队战绩虽然显赫却并没有狂妄自大的表现,例如取得 CBA 联赛 2011-2012 赛季冠军的北京男篮整个赛季一直保持低调,怎么能给他们扣上"不可一世"的帽子呢?恐怕只能用"实力雄厚""战绩辉煌""所向披靡"之类的词语来形容吧!

2012 年 5 月 25 日

使用"不谋而合"要扣准"不""谋"二字

"不谋而合"意思是事先没有商量,而彼此的意见、想法等却完全一致。本作"不谋而同"。语见《三国志·魏书·张既传》南朝宋·裴松之注引《魏略》:"今诸将不谋而同,似有天数。"后多作"不谋而合"。例如晋·干宝《搜神记》卷二:"二人之言,不谋而合。"清·袁枚《随园诗话·补遗》:"三诗意境,不谋而合。"朱光潜《谈美书简》九:"歌德的这番话劝青年作家多就日常现实生活作短篇速写,和鲁迅的教导是不谋而合的。"萧乾《挚友、益友和畏友巴金》:"当时在处理许多问题上,我们几个人都是不谋而合的。例如我们的刊物都敞开大门,但又绝不让南京的王平陵之流伸进腿来。"

这条成语不难理解也不难使用,但是使用时要扣准两点:

第一要扣准"不"字。必须是"不"谋而合,如果经过商量而达成一致,那就是"谋而合",而不是"不谋而合"了。例如:

(1) 四人通过短暂的商量,不谋而合,导演了下面的一出闹剧。(中国新闻网 2011 年 11 月 27 日)

(2) 一个偶然的机会,两人从朋友那里听说,眼下欲购买二手电动车的人很多。于是,他们不谋而合,开始商量如何弄到二手电动自行车。(《解放日报》2011 年 7 月 25 日)

(3) 出于对以上三大命题的破解需要,安塞县和陕西文化产业投资控股有限公司不谋而合地达成了开发建设安塞黄土风情文化园区的共识和远景构思。(人民网2011年6月8日)

(4) 吴运铎一听,顿时心中一动,下课后回到宿舍,他把自己想去投奔新四军的想法告诉了几个同事,谁知几个人不谋而合,大家暗暗约好了时间,于第二天晚上,扛着行李离开了煤矿来到了皖南云岭新四军军部。(中国共产党新闻网2011年8月2日)

例(1)是"通过短暂的商量",例(2)是"开始商量",例(3)既然是"达成……共识",想必也经过商量,可见都是"谋而合",而不是"不谋而合"。例(4),吴运铎把自己的想法告诉大家,大家立即约好时间,采取统一行动,可以说"一拍即合"(一打拍子就能同乐曲的节奏相合,比喻双方气味相投,观点相同,很快就能取得一致),也不能说"不谋而合"。

第二要扣准"谋"字。必须是可以"谋合"的事情,如果不是商量一下就可以取得一致的,也不能说"不谋而合"。例如:

(5) 热火队……时隔5年再夺东部冠军,且与西部冠军小牛队不谋而合间隔5个春秋再次会师NBA总决赛。(《人民日报》2011年5月28日)

(6) 海洋世界……短短五年间累计接待中外游客800余万人次,这与青岛市人口总数恰巧不谋而合。(人民网2011年8月11日)

(7) 最近几年……不抽烟的肺癌患者越来越多,特别

是女性患者更为常见。与这个事实不谋而合的是,肺癌的类型也发生了较大变化。(《羊城晚报》2011年7月7日)

热火与小牛时隔五年再次会师总决赛,这是几十支球队经过整个赛季反复拼杀的结果,绝不是什么人事先能够商定的。"海洋世界"接待游客的人次同青岛市人口正好相同,纯属巧合,也不是可以"谋而合"的。至于说肺癌患者的增多与肺癌类型的变化"不谋而合",实在不知道这种事应该同谁去"谋",显然更加荒唐了。

顺便说一下,"不谋而合"同"不约而同"意思相近,但还是有区别的。"不谋而合"侧重相谋,多指见解、意见、理想、计划等的相合;"不约而同"侧重相约,多指具体行动的相同。前者通常用作谓语,后者通常用作状语。例如明·冯梦龙《醒世恒言》卷一:"忽一年元旦,潘华和萧雅不约而同到王奉家来拜年。"巴金《团圆》:"我们两人不约而同地微微抬起头,朝上面不远处一间屋子看了看。"下面两例,"不谋而合"都应该改为"不约而同":

(8) 第二天一早,张大爷、李大爷都起的特别早,两人都不谋而合地向对方家走去,刚巧在大街上相遇了。(人民网2012年1月17日)

(9) 王小蒙搬回家里住。谢永强不谋而合,也搬了回来。(中国新闻网2012年1月21日)

2012年2月8日

"不厌其烦"与"不胜其烦"

"不厌其烦"意思是不嫌麻烦,指人很有耐心。语本宋·袁燮《絜斋集·陆宣公论》:"〔陆〕贽之告君,不惮其烦,而帝每不能听。"后多作"不厌其烦"。例如元·黄溍《国学汉人策问》:"诸葛孔明夙兴夜寐,罚二十以上皆亲览而不厌其烦。"清·夏敬渠《野叟曝言》一三八回评:"每阅数年,必综叙素臣生子生孙,娶媳嫁女,中科发甲。而读者不厌其烦,甚至一回之中,先后数见,绝无沓冗繁复之病。"孙犁《欧阳修的散文》:"……然后执笔,写成文章,又不厌其烦地推敲修改。"张炜《精神的魅力》:"要不厌其烦地为不幸的人去辩解和呼号,哪怕一生只为了一个这样的人。"

使用"不厌其烦"要防止同只有一字之差的"不胜其烦"混为一谈。请看误用的例子:

(1) 网民们都有这样的经历:点击一个网站,往往首页还没打开,弹窗广告已经蹦了出来,各种浮动式广告更是飘得满屏幕都是,有时候不但关不掉,还会越关越多……这些"任性"的网络广告,实在令人不厌其烦。(《南昌日报》2015年7月8日)

(2) 仅"双11"一天,笔者的手机就收到来自卖家和办理贷款信用卡等短信共55条,不厌其烦。(《中国青年报》

2014年11月20日)

（3）与直接粗暴但多为一次性的"硬医闹"相比,打持久战的较为隐蔽的"软医闹"不仅治理起来比较麻烦,而且多针对医院和医生的声誉"发炮",最终让医院和医生心有忌惮又不厌其烦,最后难免还是花钱买个清静、干净。(光明网2015年5月25日)

（4）白某对吴某的追求毫不在意,对吴某的关心也爱理不理,在吴某的追问之下,不厌其烦的白某终于跟吴某道出了实情:白某已经有了丈夫和孩子,自然懒得搭理这半道杀出的"第三者"。(《今日早报》2013年8月16日)

例(1)说的是网络广告无处不在,越关越多;例(2)说的是骚扰短信铺天盖地,如雪片飞来;例(3)说的是"软医闹"的骚扰使医院无可奈何;例(4)说的是已结婚生子的女性对第三者的追求十分厌烦。毫无例外说的都是被骚扰者不堪其苦,都是"厌其烦"而不是"不厌其烦",显系误用。所以造成误用,就是因为忽略了关键的"不"字,只看到"厌""烦"二字,便以为"厌烦"就是这条成语的全部含义,从而把"不厌其烦"当成了"厌其烦",意思完全弄颠倒了。

以上诸例的"不厌其烦"都应该改为"不胜其烦"。"不胜其烦"意思是烦琐得使人受不了。语见唐·卢求《成都记序》:"朝野之士,多寄声写录,主兹务者,不胜其烦。"例如宋·苏辙《陈州为张安道论时事书》:"官吏疑惑,兵民愤怨,谏争者章交于朝,诽谤者声播于市,陛下不胜其烦。"鲁迅《二心集·现代电影与"有产阶级"》:"许多反动底宣传影片,列举名目就不胜其烦。"刘斯奋《白门柳》三部九章："被名声牵累,仍旧不断有人找上门来……或邀他从军,或劝他出仕,使他穷于应付,不胜其烦。""不厌其烦"同"不胜其烦"只有一字之差,意思和感情色彩却完全相反。区别就在"厌"和"胜"二字。"厌"是嫌、厌恶,"不厌"就是不厌烦。"胜"是能够承受,"不胜"就是承受不了,不能忍受。弄不清二者的区别,就会造成误用。

顺便说一下,"不厌其烦"是褒义成语,通常用来形容人们做好事不嫌麻烦、不辞劳苦。不宜用于贬义。

(5)全国商业劳动模范、安徽省泗县农业局局长张守敏,在长达20年的时间里,不断受到嫉妒者指向权位的多种攻击,每当他的职务出现变动或将要提升之际,就有人"瞪着血红的眼睛,躲在暗地里整他,不厌其烦地写匿名信,扣以种种莫须有的罪名"。(光明网2008年8月1日)

(6)而文章书籍的手工抄写,不仅导致了汉字形体的历史演变与汉字书法的艺术发展,其最为直接的功绩,则是给那些粗制滥造的应时文字与不厌其烦的陈词滥调筑起了一道拦截大坝。(《光明日报》2014年6月3日)

例(5)说的是暗地里频繁地写匿名信诬陷别人,干这种坏事当然不能说"不厌其烦",可以改为中性成语"接二连三"。例(6)用"不厌其烦"修饰"陈词滥调"也不妥当,可以改为"连篇累牍"。

2015年7月20日

"不厌其详"与"不厌其烦"

"不厌其详"意思是不嫌详细。指越详细越好。语见宋·朱熹《答刘公度》之一:"讲学不厌其详,凡天下事物之理,方册圣贤之言,皆须子细反复究竟。"例如冰心《南归》:"裁缝来了,要裁做母亲装裹的衣裳……我对于母亲寿衣的材料、颜色、式样、尺寸都不厌其详地叮咛嘱咐了。"梁实秋《雅舍小品·讲价》:"你把货物捧在手里,不忙鉴赏,先求其疵谬之所在,不厌其详地批评一番,尽量地道出它的缺点。"赵树理《卖烟叶》:"事关你我终身大事,我需要不厌其详写在下边,来征求你的意见。"

使用这条成语要注意同只有一字之差的"不厌其烦"相区别。

"不厌其烦"意思是不嫌麻烦,指人很有耐心。例如清·严复《道学外传》:"今之史学则异是,必致谨于闾阎日用之细,起居笑貌之琐,不厌其烦,不嫌其鄙。"魏巍《地球的红飘带》六十四:"收容工作是很吃力很累人的,除了磨嘴皮子,不厌其烦地督促人跟上队,还要帮助人背枪,背背包,忍受种种困难。"莫应丰《黑洞》四:"社会交往都是按照古老的程式进行的,人们不厌其烦,有惊人的耐性。"

这两条成语都含有不讨厌、不嫌弃的意思,区别在于"不厌其详"着眼在内容上不嫌详细,"不厌其烦"着眼于在态度上不嫌麻烦。当然,说或写得详细,往往也会带来麻烦,但带来麻烦的事却不一定都同详细有关。强调的重点不同,选用的成语就不同,不容混淆。如果既强调内容详细,又强调态度耐心,可以把这两条成语连起来用。例如王蒙《活动变人形》十六章:"她博览群书,家里已有的几本闲书包括《西厢记》《孟丽君》……她是反复读、反复看,不厌其详、不厌其烦。"

比较常见的误用是该用"不厌其烦"的地方用了"不厌其详"。例如:

(1) 他对书稿十分认真,不厌其详地推敲和修改,是我此后接触的作者中最尽责的一位。(《人民日报》海外版2004年12月3日)

(2) 他态度友善,对待病人不厌其详。(《西安晚报》2013年5月14日)

(3) 在"文革"中间,在家庭处于困境之时,在他的家人子女需要得到关怀和帮助时,作为一家之长,他曾一次又一次地写信,而且是不厌其详地写信。(《人民日报》2014年8月27日)

(4) 李师傅不厌其详地在我们之中穿行指导,看操作是否得当,检查方子木刨得是否横平竖直。(中国作家网2011年12月1日)

例(1)着眼于态度"十分认真",例(2)着眼于"态度友善",例(3)着眼于"一次又一次"地写信,例(4)着眼于反复不断地"指导""检查"。强调的都是态度上不嫌麻烦,而不是内容上不怕详细。显然都以改用"不厌其烦"为宜。

（5）经过几千年的沿袭，书法已是一个司空见惯、不厌其详的概念。（《中国社会科学报》2015年11月2日）

至于例（5），什么叫"不厌其详的概念"，实在百思不得其解，恐怕是同"耳熟能详"混为一谈了吧，看来已经属于滥用，不在本文讨论范围之内了。

2016年1月30日

"沧海桑田"不是沧海和桑田

2014年1月30日央视"春晚"的开场歌曲《想你的365天》中有一句歌词:"当看过这世界的每片沧海桑田,最美的还是家的屋檐。"这里的"沧海桑田",被"每片"修饰,同"屋檐"对举,所指显然是沧海和桑田两种自然景物。这是对这条成语的误解和误用。

晋·葛洪《神仙传·王远》记载:麻姑对王远说,自我接待你以来,已经看到东海三次变为桑田。不久前到蓬莱,又发现海水比过去浅了一半,是不是又要变成山陵和平地了?后以"沧海桑田"四字成文,意思是大海变成桑田,桑田又变成大海,形容世事变化巨大。例如宋·戴复古《贺新郎》词:"沧海桑田何时变,怕桑田、未变人先老。"明·张景《飞丸记·梨园鼓吹》:"白衣苍狗多翻覆,沧海桑田几变更。"老舍《残雾》:"今日的红海,已非昨日的红海,沧海桑田呀!"阳翰笙《风雨五十年》:"我印象中的成都全变了样,沧海桑田,变了人间。"

"沧海桑田"是"沧海变桑田,桑田变沧海"的缩略。这个意思还可以进一步缩略为"沧桑"(如唐·夏方庆《谢真人仙驾还旧山》诗"沧桑今已变,萝蔓尚堪攀")或"桑海"(如唐·戎昱《秋望兴庆宫》诗"万事如桑海,悲来欲怆神")。使用这条成语一定要弄清典故,千万不要望文生义,把它误解为"沧海"和

"桑田",更不要把它肢解为"沧海"或"桑田"。同"春晚"开场歌曲类似的误用,还可以举出一些:

(1) 如果有一个肩膀,能让我安静的哭泣;如果有一双翅膀,能为我撑起一座爱的天堂。那么,我会毫不犹豫的跟他走,无论天涯海角,无论沧海桑田,无论贫富贵贱,我都会跟着他走。(搜狐网 2015 年 10 月 12 日)

此例"沧海桑田"同"天涯海角"连用,表示"毫不犹豫的跟他走",所指当是遥远或艰险的地方。看来也是把这条成语误解为"沧海"和"桑田"了。

(2) 昨晨 5 时许……中央电视台……以"观东海日出,看沧海桑田"为题,对〔浙江宁海县〕越溪乡王干山日出进行现场直播……一道道霞光从远山和丛云间透射出来,投射在王干山下纵横的海塘上,海塘上像镀上一层金色。(《宁波日报》2014 年 10 月 2 日)

在王干山看日出,只能看到"东海",看不到桑田,当然更看不到世事的变迁,所以此例的"沧海桑田"实际上只指"沧海"。

(3) 在巩固现有桑园的基础上……利用荒山、荒坡以及石漠化区域发展生态桑产业,建成集中、连片的沧海桑田 100 万亩。(东方网 2014 年 8 月 14 日)

"沧海"不是人力所能建成的,也无所谓"集中""连片",更不能按亩计算,所以此例的"沧海桑田"只能指"桑田"。

(4) 你曾与恋人花前月下沧海桑田,可你何曾与自己的父母一起嬉戏歌唱?(搜狐网 2015 年 10 月 14 日)

(5)重庆人民知道,吃小面就是要吃出市井味,吃出生活味……在小面馆,听得人声鼎沸,闻得飘香汤料,看得一碗动容,吃得麻溜麻溜,这不是五味俱全么?沧海桑田,一碗面足矣。(《河源日报》2015年3月26日)

例(4)的"沧海桑田"大约是"海誓山盟"的意思。至于例(5)的"沧海桑田"指什么,就不得而知了。如果说前三例还是误解误用的话,这两例已经纯属滥用了。

2015 年 10 月 22 日

"尝鼎一脔"不等于尝一尝

"尝鼎一脔"意思是尝尝鼎里的一块肉,就能知道鼎里所有肉的滋味(鼎:古代烹煮食物的器具;脔 luán:切成小块的肉)。语本《吕氏春秋·察今》:"尝一脟(脟:同'脔')肉,而知一镬(镬 huò:古代的大锅)之味,一鼎之调(调 tiáo:味道)。"后以"尝鼎一脔"四字成文,比喻根据部分可以推知全体。例如宋·王安石《回苏子瞻简》:"得秦君诗,手不能舍……尝鼎一脔,旨可知也。"《欧阳修集·桑怿传》清高宗评:"修为《五代史》,又为《唐书》纪、书、表……顾皆大卷积帙,读者须累月经年。录此稗传,以见其史笔之大略,所谓尝鼎一脔。"朱自清《闻一多先生怎样走着中国文学的道路》:"可惜这部诗选又是一部未完书,我们只能够尝鼎一脔!"苏雪林《文学写作的修养》:"以后该读的便是莎士比亚的戏剧,若不能全读,则哈姆雷特、罗密欧与朱丽叶,总该尝鼎一脔的。"

从"尝一脟肉,而知一镬之味,一鼎之调"这句话可以清楚地看出,成语"尝鼎一脔"的意思很明确,并无歧义,各家辞书也未见不同的解释。有人不明典故,只知道"尝鼎一脔"就是尝一尝鼎里的一块肉,而不深究它的深层含义是什么,便把它等同于"尝一尝",用来表示品尝某种食物,这实在是对这条成语的曲解和滥用。请看几个例子:

(1) 李大师开出的菜单中,就有"咸菜豆瓣汤"……在座的许多人对这道菜的奥妙茫然不知,还真以为是咸菜烧豆瓣然后做成的汤……〔经我一解释〕大家才如梦方醒,以尝鼎一脔为快,为幸。(《新民晚报》2015 年 7 月 2 日)

(2) 小时在外面淘,逮着什么都吃,蚕蛹、蝉蛹、蚂蚱什么的,似乎都吃过,但都印象不深,除了只能是"尝鼎一脔"偶尔偷食(背着大人),食不得法(都是一帮很小的小孩自己瞎折腾,半生不熟的几率很高)之外,更因意不在吃,重在折腾,很大程度上应定义为玩耍。(余斌《喝酒的故事》,广西师范大学出版社 2016 年版)

(3) 我学书法……不囿于某家某派,无论真草隶篆,还是碑碣法帖,只要合乎"口味",就尝鼎一脔,譬之饮食,讲究的是营养搭配。(《杭州日报》2014 年 11 月 6 日)

例(1)说的是以尝一尝"咸菜豆瓣汤"为快,例(2)说的是偶尔偷着尝一尝"蚂蚱"等野味,例(3)说的是"只要合乎口味"就尝一尝(练一练),不过尝(练)的对象不是食物,而是"真草隶篆""碑碣法帖"。不论尝什么,都同根据部分可以推知全体的原意大相径庭,都不能使用"尝鼎一脔"。

2016 年 4 月 2 日

"车水马龙"不是名词性成语

"车水马龙"意思是车像流水,马像游龙。形容车马或车辆很多,来来往往,一派繁华热闹的景象。语本《东观汉记·六·明德马皇后》:"前过濯龙门上,见外家问起居,车如流水,马如游龙。"后凝缩为"车水马龙"。例如明·兰陵笑笑生《金瓶梅》十六回:"花红柳绿,车水马龙,说不尽灯市的繁华。"鲁迅《故事新编·理水》:"这一天真是车水马龙,不到黄昏时候,主客就全都到齐了。"冰心《山中杂记》:"出院之期不远,女伴戏对我说:出去到了车水马龙的波士顿街上,千万不要惊倒,这半年的闭居,足可使你成个痴子!"萧红《呼兰河传》三章:"总之一到逛庙这天,各不后人,到不了半晌午,就车水马龙,拥挤得气息不通了。"

"车水马龙"从字面上看,车、水、马、龙四个名词并列,很像一个名词性成语,其实它是"车如流水马如龙"的缩略,是一个形容词性成语,通常在句中充当谓语或定语。搞不清这一点,便很容易用错。例如:

(1)《金水路经三路口 车水马龙之上塔吊吊臂在晃悠》:"金水路与经三路交叉口,一座塔吊吊臂越过施工工地的围墙十多米,吊物高速从人头顶车顶掠过。"(《大河报》2015年10月20日)

(2) 壮丽的大江大河,繁华的车水马龙,静谧的街巷小镇,均清晰的呈现在用户眼前。(光明网 2015 年 5 月 5 日)

(3) 珠海东西部每天都在上演浩浩荡荡的车水马龙。(《珠江晚报》2015 年 2 月 4 日)

例(1),正文说塔吊的吊臂从"人头顶车顶"之上掠过,标题却说在"车水马龙"之上晃悠,显然是把"车水马龙"等同于名词"人"和"车"。例(2)的"车水马龙"同"大江大河""街巷小镇"并列,并接受形容词"繁华"的修饰,例(3)的"车水马龙"充当"上演"的宾语,并接受形容词性成语"浩浩荡荡"的修饰,显然也是把"车水马龙"错误地当成名词性成语。

顺便说一下,由于没有准确理解"车水马龙"的含义,在使用中也常常搭配不当,形成病句。例如:

(4) 这个时候昭君湖上已是车水马龙,除了前来钓鱼、游玩的游客,绝大多数的人都是冲着昭君湖的春凌水和地下泉水养殖的无污染生态大闸蟹来的。(《包头晚报》2014 年 9 月 19 日)

(5) 进入年关,前来永丰县潭城乡西坑村谋土特产的顾客车水马龙、络绎不绝。(《井冈山报》2015 年 1 月 28 日)

(6) 面对当前与日俱增的风险,如公路上车水马龙的汽车、层出不穷的环境问题,这都不禁让人们对孩子的安全问题担忧。(《江门日报》2015 年 5 月 29 日)

例(4)说"昭君湖上"车水马龙,湖面上只能行船,走不了车马。可以改"昭君湖上"为"昭君湖畔"。例(5),城市、街道之类的地方可以车水马龙,"顾客"是不能车水马龙的,再说后面用了"络绎不绝",意思已经完足,"车水马龙"完全应该删掉。例(6)用"车水马龙"修饰"汽车"也不成话,可以改用"川流不息""往来如织"或"络绎不绝"。

2015年10月29日

"城下之盟"是屈辱性盟约

"城下之盟"指在敌国兵临城下时被迫签订的屈辱性盟约,泛指被迫签订的屈辱性条约。语出《左传·桓公十二年》:"楚伐绞……大败之,为城下之盟而还。"例如《宋史·寇准传》:"城下之盟,《春秋》耻之;澶渊之举,是城下之盟也。以万乘之贵,而为城下之盟,其何耻如之!"田汉《长沙会战与〈胜利进行曲〉》:"〔日本〕想克期侵夺长沙、衡阳、西安等处,威胁重庆,迫我订城下之盟,然后使汉奸汪精卫粉墨登场。"姚雪垠《李自成》一卷二章:"不料刚到昌平就听到一个消息,说杨嗣昌和太监高起潜主张同满洲议和,不惜订城下之盟,满京城都在纷纷地议论着这件事。"

使用"城下之盟",必须弄清它指的不是一般的盟约,而是在兵临城下的形势下被迫签订的屈辱性盟约。有人把"城下之盟"等同于盟约或条约,只要双方订立盟约,不管是否具有屈辱性,就说订立"城下之盟",显然是错误的。请看从新闻媒体中摘抄的几个例句:

(1) 10家东莞省级异地商会联手签订"城下之盟"……讨论当前省级商会之间合作与发展的主题,并签订战略合作协议。(《南方日报》2013年9月12日)

浙、赣、苏、皖等十大省级商会的"战略合作协议",是在平等互利的基础上签订的,签约各方都是受益者,怎么能说"城下之盟"呢?

(2) 中央出台八项规定和反腐败的相关政策以来,一些地方的高档酒店和会所大多改弦易辙……藏匿在大学校园内……反腐风声日紧,部分官商少不了"交心通气",暗结城下之盟……大学豪华会所自然成了理想的面晤之所。(《南方都市报》2014年7月20日)

受贿的官和行贿的商本是同案犯,为了应对反腐斗争,他们在"大学豪华会所"暗自结下的只能是共同隐瞒、互不揭发的攻守同盟,绝不是具有屈辱性的"城下之盟"。

(3) 对于运沙车辆管理,河南省淮滨县治超办玩起了新招,实行"月票治超"先罚款后上路的管理措施……月罚款收入千万之巨……办理了"月票"的货车在一定的超限标准之内经过超限站验票可以"畅通无阻",而那些没办理月票的货车,被抓到要扣车并且罚1万元……"罚款月票"让治超站成了"致超站",执法者与违法者达成了"城下之盟","执罚经济"如火如荼,一派欣欣向荣的景象。(中国经济网2012年8月10日)

河南省淮滨县的新招"月票治超",对于"治超办"来说,无须逐车检查,便可每月坐收罚款千万,对于超载的车主来说,只须每月预缴少量罚款,便可畅通无阻,执法者与违法者皆大欢喜,谁也没有蒙受屈辱,这种"盟约"当然更不是"城下之盟"。

顺便说一下,有些体育记者常常用签订"城下之盟"形容在比赛中失败。例如：

（4）许银川不负众望，凭借深厚的功力全线压上，层层推进，迫使对手聂铁文签订城下之盟，帮助广东队全取三分。（新华网2014年10月9日）

（5）北京队在马布里的率领下客场击败了阿联率领的广东队，连续三年来在东莞体育馆保持胜绩……正是凭借着老马在后两节的出色发挥，才让广东队在主队球迷面前签下城下之盟的。（《晶报》2013年1月9日）

（6）上海出生的常昊在家门口大显身手，逼迫韩国队主帅朴永训签下城下之盟，使得中国围棋第一次登上世界团体赛冠军宝座。（《解放日报》2008年2月22日）

"城下之盟"固然通常是在吃了败仗之后签订的，但是吃了败仗之后不一定都要签订"城下之盟"，有时没有吃败仗也会签订"城下之盟"（例如前引《寇准传》提到的被称为"城下之盟"的"澶渊之盟"，就是在宋军打了胜仗之后签订的），可见签订"城下之盟"并不等于战败。况且，在竞技比赛中胜负都是很正常的事情，失利的一方无须同对方签订什么条约，也不会受到谁的侮辱，顶多算是"低头认输""甘拜下风"而已。有时虽败犹荣，还会受到对方和观众的尊重。因此把在比赛中吃了败仗一律说成签订"城下之盟"，实在很不贴切，说是对这条成语的滥用也不为过。

2015年1月8日

"出神入化"不是出神入迷

"出神入化"意思是超越神妙,进入化境。形容技艺极其高超,达到绝妙的境界。语见清·褚人获《隋唐演义》四十九回:"亏得其子罗成,年少英雄,有万夫不当之勇,其父授的一条罗家枪,使得出神入化。"例如清·夏敬渠《野叟曝言》四十七回:"这两句诗已把全唐诗人都压倒了,不料末二句更是出神入化,此所以名动公卿,而为当今一代之诗伯也。"秦牧《语言的宝库在当代人的口头上》:"老舍由于在写作上尽量运用口语,并且简直运用到出神入化的地步,被人们誉为'语言大师'。"姚雪垠《李自成》一卷二十章:"因为高夫人很赏识慧梅的音乐天才,就叫一位善吹笛子的太监给她一些指点,从此她的笛子更吹得出神入化。"

理解和使用这条成语的关键是弄懂"出神"二字。"出神"是两个词,"出"是超出,"神"是神妙,"出神"就是超越神妙。同它并列的"入化"也是两个词,"入"就是进入,"化"就是化境(极高的境界),"入化"就是进入化境。有人把词组"出神"误认为是现代汉语的双音词"出神"(因精神过度集中而发呆),又置"入化"二字于不顾,或曲解为"入迷",从而把"出神入化"等同于"出神",用来形容听或看得入迷发呆。这实在是不应该发生的错误。例如:

（1）就在记者听得出神入化时,同行的伙伴兴奋地大喊:"快来给我拍摄吧!"接下来,我们用手机和相机轮流拍摄,留下了很多与格桑花的合照。(凤凰网 2015 年 9 月 25 日)

（2）面对满腹经纶口才又好善侃侃而谈的陈经邦,太后常常侍读旁听,也听得出神入化如痴如醉。(《湄洲日报》2014 年 10 月 16 日)

（3）喻世杰的授课深入浅出,比喻生动形象,通俗易懂,电厂干部职工一个个听得出神入化,精彩处就会不约而同发出热烈掌声。(中国新闻网 2014 年 7 月 9 日)

（4）车站候车室、公交车上、家庭休闲时间,乃至大城市的地铁里,就连高考在即的中学生也是手机短信不断,微信消息连连,看得"出神入化",听得忘情投入而错过下车车站。(《白银日报》2014 年 11 月 27 日)

古代汉语词汇以单音词为主,现代汉语以双音词为主。把成语中相邻的两个古代汉语单音词误认为现代汉语的双音词,是一种比较常见的错误。"出神入化"仅仅是一个例子。此外还有把"令行禁止"中的"禁止"(有禁则止)误解为"不许可",把"具体而微"中的"具体"(具备事物的主要内容或基本结构)误解为"不抽象",把"得意忘言"中的"得意"(领会其意旨)误解为"称心如意",这样的例子还可以举出一些。这种错误应该引起重视,注意防止。

2015 年 10 月 23 日

"穿云裂石"形容声音高亢激越

"穿云裂石"意思是穿透云层,震裂山石,形容声音高亢激越。语出宋·苏轼《李委吹笛引》:"既奏新曲,又快作数弄,嘹然有穿云裂石之声。"例如宋·陈亮《好事近》词其二:"人在画楼高处,倚阑干几曲。穿云裂石韵悠扬,风细断还续。"清·吴敬梓《儒林外史》二十九回:"一个小小子走到鲍廷玺身边站着,拍着手,唱李太白《清平调》。真乃穿云裂石之声,引商刻羽之奏。"清·倦游逸叟《梨园旧话》:"〔程长庚〕乱弹唱乙字调,穿云裂石,余音绕梁,而高亢之中又别具沉雄之致。"章诒和《尚小云往事》:"他的演出,往往一开戏就上场了,一直到剧终才下场……时间别瞧长,可嗓子是越唱越亮,大气磅礴,穿云裂石,故有'铁嗓钢喉'之称。"

用穿透云层、震裂山石之类的词语形容笛声、歌声,形象生动,古典文学中不乏这样的用例。如唐·杜牧《寄沣州张舍人笛》诗:"檀的染时痕半月,《落梅》飘处响穿云。"唐·李肇《唐国史补·李舟著笛记》:"既至,请笛而吹,甚为精壮,山石可裂。"明·兰陵笑笑生《金瓶梅》四十三回:"唱出一句来,端的有落尘绕梁之声,裂石流云之响。""穿云裂石"作为成语,历代作家都用来形容声音高亢激越,早已约定俗成,无可置疑。现在有人望文生义,从字面上加以附会,以为既然可以穿透云层、震裂山石，想必能量很大，于是用来形容力量巨大，来势凶猛。例如：

（1）北京"鸟巢"的盛典，让他既见到一条朴素的历史的巨龙穿云裂石而来，又见到一条现代的五彩缤纷的巨龙腾空而起。（中国新闻网2008年8月9日）

（2）文化的力量之于企业的发展，好比水的作用，看似柔弱，却能水滴石穿，具穿云裂石之勇，有因势随形之力，无孔而不入，无往而不前。（《浙江日报》2008年4月15日）

（3）穿云箭：破空之箭，威力强大，穿云裂石，可将数米远的敌人射杀于无形之中，一旦中箭流血不止。（人民网2012年7月3日）

（4）美国《星岛日报》近日发表社评……指出，如今中国要崛起，犹如春笋穿云裂石，势不可挡。（新华网2005年9月15日）

成语"穿云裂石"在例（1）中形容巨龙来自天外、气势磅礴，在例（2）中形容水无孔不入、无往不前，在例（3）中形容箭穿云破空，都与声音高亢激越毫不相干，显系误用。例（4）用"穿云裂石"形容中国的崛起来势凶猛，不可阻挡，不仅成语用错了，而且句子也不通，因为春笋只能从地面破土而出，既不能穿透云层，更不能震裂山石，说"春笋穿云裂石"，实在荒唐。

2014年1月14日

"春风化雨"的种种误用

"春风化雨"意思是适宜万物生长的和风与化育万物的及时雨。语本《孟子·尽心上》:"君子之所以教者五:有如时雨而化之者,有成德者,有达财者,有答问者,有私淑艾者。此五者,君子之所以教也。"汉·刘向《说苑·贵德》:"吾不能以春风风人,吾不能以夏雨雨人,吾穷必矣。"后以"春风化雨"四字成文,比喻良好的教育和适宜的环境,多用来称颂师长潜移默化的教诲。例如清·尹会一《上孙静轩先生》:"侧闻视学京畿,以大儒经世之业,普春风化雨之施。"清·文康《儿女英雄传》三十七回:"骥儿承老夫子的春风化雨,遂令小子成名,不惟身受者心感终身,即愚夫妇也铭佩无既。"《林语堂自传》:"我是在这春风化雨母爱的庇护下长成的。"曹靖华《不尽铁浪滚滚来》:"历尽无限磨难的《铁流》,在举国人民的欢腾中,在党的春风化雨中,正如鲁迅先生当年所殷切期望的'新鲜而铁一般的鲜花'开遍了祖国的满山遍野。"

《孟子》中的"有如时雨而化之者",意思是有像及时的雨水那样沾溉万物的,用来比喻君子的教育方式。《说苑》中的"春风风人""夏雨雨人",意思是像春天的风吹拂着人们,像夏天的雨洒落到人的身上,也是用来比喻给人以教育或帮助的。从这条成语的出处就可以看出,"春风化雨"的字面义只是比喻的喻体,而由此产生的比喻义才是这条成语的意义。古今典范用例也充分证明了这一点。因此这条成语只能用其比喻义,不能用其字面义。有人不明典故,只知其字面义,便用来形容春天的景色,实在是极大的误解。例如:

(1) 是时也,旭日祥云,风光胜旧;春风化雨,岁月更新。古镇街市,千红万紫;新城琼海,花团锦簇。(《光明日报》2008年12月8日)

(2) 但见初春时节,春风化雨,和暖怡人,大地复苏,嫩柳初长,如媚眼微开,艳梅盛开,似香腮红透,到处是一派春日融融的景象。(中国新闻网2013年5月30日)

(3) 双联行动犹如春风化雨,染绿了庄浪县的山山水水。伴随着春天的蒙蒙细雨,记者走进了全国梯田化模范县——庄浪县。(《甘肃日报》2015年4月13日)

有人甚至连"春风化雨"的字面义也没有弄懂,误解为温和的风、细小的雨,从而把它同"和风细雨"混为一谈。例如:

(4) 鼍鼓敲打起来讲究的是技巧,手与槌交替击打,打法变化多样,时而气势磅礴,时而如春风化雨。(《中国文化报》2013年12月20日)

(5) 至于体育与生活的特定关系,没有什么比平平淡淡的状态更好,因为春风化雨总比雷霆万钧来得更为妥帖。(《人民日报》2014年12月15日)

例(4)说的是敲鼓的技巧,例(5)说的是体育与生活的关系,都同"春风化雨"的意思风马牛不相及。两例的"春风化雨"或同形容气势浩大的"气势磅礴"对举,或同形容威力强大的"雷霆万钧"对举,看来作者想表达的都是和缓、不粗暴、不激烈的意思。如果改用"和风细雨"(温和的风,细小的雨,形容和缓、细致、不粗暴),可能更符合作者的原意。

"春风化雨"比喻良好的教育,称颂师长潜移默化的教诲,显然是一条感情色彩鲜明的褒义成语。有人不了解它的感情色彩,以致褒词贬用。例如:

(6)很多善良的人……会被骗子那春风化雨般的热情所感染。(光明网2013年6月22日)

例(6)竟然说骗子"春风化雨",实在荒唐可笑。

至于以下诸例中的"春风化雨"是什么意思,已经很难猜测,纯属滥用了:

(7)只有政府推进、缜密规划、精心扶持,宽带产业才能破冰前行、春风化雨。(《人民邮电报》2012年3月16日)

(8)一般来说,有蛋类的月饼,通常口感有点咸、味重,且味道不同于其他食物,但这些在雪莉酒面前,都将春风化雨。(中国日报网2014年9月5日)

2015年8月24日

"春兰秋菊"比喻各有特色

"春兰秋菊"比喻各有特色,各擅其美。语见唐·颜师古《隋遗录》:"〔陈〕后主问帝(按,指杨广):'萧妃何如此人(按,指张丽华)?'帝曰:'春兰秋菊,各一时之秀也。'"又见战国楚·屈原《九歌·礼魂》"春兰兮秋菊,长无绝兮终古"宋·洪兴祖补注:"古语云:春兰秋菊,各一时之秀也。"例如宋·洪适《野处有诗……再赋》诗:"夜璧朝琼宁独乐,春兰秋菊岂争荣。"鲁迅《偶成》诗:"所恨芳林寥落甚,春兰秋菊不同时。"伯秋《程砚秋夫人的忧虑》:"现在这两位都已蜚声剧坛的演员犹如春兰秋菊,各有千秋。"范作文《桂花酒》:"她们长得也都很漂亮,但春兰秋菊,风度各有千秋。"

"春兰秋菊"的字面义是春天的兰花和秋天的菊花,但它源于古语"春兰秋菊,各一时之秀也",所以作为成语,用的从来都是它的比喻义——各有特色、各擅其美,即"各一时之秀也"。古今典范用例都可以证明这一点。现在有人用"春兰秋菊"指春兰和秋菊两种花卉,算不算误用呢? 例如:

(1) 花的数量最多,品种最齐全。春兰秋菊,夏荷冬梅,四时不断,奇花异草,四季常鲜,景色十分宜人。(《齐鲁晚报》2015年1月30日)

(2) 叔华的绘画属"文人画"之列……无论春兰秋菊,

还是村舍溪山,偶一点染,每有物外之趣,气逸神足,无不透射出作者的才情与人品。(《新民晚报》2014年9月6日)

例(1)"春兰秋菊"同"夏荷冬梅"连用,例(2)"春兰秋菊"前面有"无论"二字,显然都是指兰、菊这两种花。我们可以认为这里的"春兰""秋菊"只是两个词组,不是一条成语,这就不存在是否误用的问题了。但是有人用"春兰秋菊"泛指各种花卉,那就不能不算误用了。例如:

(3)〔宋高宗赵构的母亲〕常常在黄昏之后立于所居庭院之中赏园圃内的春兰秋菊,目光却不时有意无意地飘出影壁朱门……往往如此一站便是许久,直到月上柳梢,目光中的希望渐渐燃尽。(《华西都市报》2009年9月10日)

(4)于是,我们就跟着成茵一路走去,饱赏着一路上的姹紫嫣红,收获着一路上的春兰秋菊。(腾讯网2014年4月2日)

(5)在风和日丽之时多带宝宝一起进行户外运动,多接触青山绿水,看看柳绿花红,春兰秋菊等大自然景物……能让宝宝开阔视野,眼脑互动观察世界。(中国早教网2014年4月25日)

例(3),"春兰"和"秋菊"不可能同时现身"园圃"供人观赏,"春兰秋菊"只有泛指各种花卉这个句子才能成立。例(4),"春兰""秋菊"无法在"一路上"同时出现,而且"春兰秋菊"又同"姹紫嫣红"(指各种颜色鲜艳的花朵)相提并论,显然也是泛指各种花卉。例(5)的"春兰秋菊"同形容山水秀丽、花木茂盛的"青山绿水""柳绿花红"并列,想必也是泛指百花。

"春兰秋菊"没有泛指百花的意思,如此使用显然是错误的。

还有人不懂"春兰秋菊"的确切含义,任意曲解,到处乱用。例如:

(6) 她十一岁走进民乐戏园,从女孩长成少女,现在又成了孩子的娘,春兰秋菊,月移斗转,她在这里度过了多少晨昏,留下了数不清的记忆。(《新民晚报》2013 年 12 月 29 日)

(7) 住户们……用自己的双手恢复了老祖宗留下的诗情画意的居家环境,院子里开始有了鸟语花香、春兰秋菊的情趣,也有了池沼游鱼的乐趣。(《扬州日报》2015 年 11 月 11 日)

(8) 譬如打官司的"秋菊",早已不似"春兰秋菊"般云淡风轻,而是底层百姓通过法律维权的艰难象征。(新浪网 2011 年 5 月 9 日)

"春兰秋菊"在例(6)中形容时序更迭、岁月流逝,在例(7)中形容"情趣",在例(8)中形容"云淡风轻",都同这条成语的含义风马牛不相及,完全是滥用了。

2016 年 2 月 12 日

"春秋鼎盛"指人正当壮年

"春秋鼎盛"指人正当壮年(春秋:指年龄;鼎:正当;盛:壮盛)。旧时多用来称颂帝王年富力强。语出汉·贾谊《新书·宗首》:"天子春秋鼎盛,行义未过,德泽有加焉,犹尚若此,况莫大诸侯,权势十此者乎!"例如明·冯梦龙、清·蔡元放《东周列国志》七十一回:"妾承兄命,适事君王。妾自以为秦楚相当,青春两敌(按,谓两人都处在青年时期)。及入宫廷,见王春秋鼎盛,妾非敢怨王,但自叹生不及时耳。"萧三《颂"火中的凤凰"——怀念叶挺将军》:"叶挺将军春秋鼎盛,年富力强,正要为人民解放事业继续效力,全国人民也正殷切期望着他的时候,谁料竟又在黑茶山遇难。"梁实秋《雅舍小品·年龄》:"头发的黑白更不足为凭,有人春秋鼎盛而已皓首皤皤,有人已到黄耉之年,而顶上犹有'不白之冤',这都是习见之事。"

使用这条成语要注意两点:一是只能用来形容人的年龄,范围不能扩大;二是只能指人正当壮年,不能太老,也不能太年轻(前举《东周列国志》例,足以说明"春秋鼎盛"已经不是青春年少了)。请看误用的例子:

(1)根据中国移动 2010 年财报显示,其数据业务收入占比首次超过总收入的 30%,达到 31.2% 的水平,约合人民币 1514 亿元,从规模上正处于春秋鼎盛的时期。(《南方

日报》2011年3月31日)

(2) 伴随着商家的大幅降价和让利,节后19英寸液晶显示器集体呈现出"春秋鼎盛"的态势。(《京华时报》2007年3月7日)

(3) 除了中国队春秋鼎盛,其他国家的乒球人口和投入都在减少,这已经成为无法回避的现实。(《羊城晚报》2011年12月29日)

以上三例"春秋鼎盛"形容的分别是中国移动的规模、液晶显示器的态势和中国乒乓球队的现状,都不是人,更不是人的年龄,而且表示的都是"兴盛"的意思,显然不能使用这条成语。其实这个意思只消"鼎盛"二字足矣。"鼎盛"就是"兴盛",如清·曹雪芹著、高鹗补《红楼梦》一一五回:"现今府上复又出了差,将来不但复旧,必是比先前更要鼎盛起来。"前两例都可以删去"春秋"二字,例(3)可以改为"处于鼎盛时期"。

(4) 王翚六十多岁正当春秋鼎盛来到京城,直到康熙三十七年才回到常熟,总共待了八年时间。(东方网2012年6月11日)

(5) 今年,段序学先生已年届八十,仍春秋鼎盛,满腹经纶,豪爽健谈。(《白城日报》2016年1月14日)

(6) 乒乓球的选手前仆后继,都春秋鼎盛,张继科没了状态,后面还有马龙许昕。(新浪网2014年5月23日)

这几例"春秋鼎盛"形容的倒都是人的年龄,但不是太老就是太小,也属于误用。例(4),王翚年过花甲,即使按照现在的标准,也该领老年证了,显然不能说"春秋鼎盛"。段序学老先生已届耄耋之年,再说"春秋鼎盛",就未免令人啼笑皆非了。至于例(6),中国乒乓球队的选手都是二十出头的小青年,有的还不到二十,说"春秋鼎盛"又早了点,用来形容他们的教练刘国梁(1976年生)、孔令辉(1975年生)还差不多。

2016年3月4日

"春意阑珊"能形容春天来了吗?

2014年4月9日《新华日报》一篇文章说:"中国文字丰富多样,形容'春天来了',就有'春回大地''春满人间''四季回春''春意阑珊'等许多说法。""春意阑珊"能形容"春天来了"吗? 恰恰相反,"春意阑珊"形容春天即将结束。

"春意阑珊"意思是春天的气象衰落了,春天将要结束了。语见唐·白居易《晚春闲居杨工部寄诗杨常州寄茶同到因以长句答之》诗:"宿醒寂寞眠初起,春意阑珊日又斜。劝我加餐因早笋,恨人休醉是残花。"例如南唐·李煜《浪淘沙》词:"帘外雨潺潺,春意阑珊。"元·侯克中《三月三日对绯桃寄呈雪谿、紫山二按察》诗:"春意阑珊雨意浓,山阴修竹怨东风。"王必胜《卢塞恩的色彩》:"也许高原气候之故,4月底的北京已是春意阑珊,这里却春光明媚,春意盎然。"

理解和使用这条成语的关键在"阑珊"一词。"阑珊"是叠韵联绵词,义项很多,但都含有衰败、消沉、零落、将尽的意思。例如唐·白居易《咏怀》诗:"白发满头归得也,诗情酒兴渐阑珊。"唐·曹唐《小游仙诗》之十一:"南斗阑珊北斗稀,茅君夜著紫霞衣。"清·龚自珍《浣溪沙》词:"香雾无情作薄寒,银灯吹处气如兰,凭肩人爱夜阑珊。"鲁迅《华盖集·"碰壁"之后》:"此刻太平湖饭店之宴已近阑珊。""春意阑珊"的"阑珊"正是衰落、将尽的意思。前引《新华日报》那篇文章说"春意阑珊"形容"春天来了",完全是对这条成语的误解。类似的误解误用在媒体上时有所见。例如:

(1) 2015年3月22日,习风送暖,春意阑珊。(《法制晚报》2015年3月24日)

(2) 春暖花开,寸草春晖,春意阑珊,万象更新……正当南京各大展馆忙于改革创新,忙于各类展会之际,现代快报展会专刊伴随着春天的脚步从容而至。(《现代快报》2014年3月20日)

(3) 人间三月艳阳天,正是植树好时节,趁阳光静好,春意阑珊,〔3月29日〕滨州市房地产管理局的各领导参与到植树活动中来,与小区业主一起分树苗、挖坑、填土、浇水,大家忙的不亦乐乎。(中国新闻网2015年3月30日)

(4) 和煦的微风卷起春纱的一角,融融暖意荡漾在这个城市。花仙子点点豆豆,街边、公园、田野上的花朵一枝枝一簇簇相继盛开,阑珊春意美不胜收。(《太原晚报》2015年4月7日)

例(1)说的是3月下旬"习风送暖"的北京;例(2)说的是3月下旬"春暖花开"的南京;例(3)说的是"正是植树好时节"的山东滨州;例(4)说的是刮起"和煦的微风",荡漾"融融暖意"的山西太原:这个时节,这些地方,春意正浓,距离暮春还有较长的一段时间,说"春意阑珊"显然是错误的。

其实形容春天景色的成语很多,除了前引错例中出现过的"春回大地""春满人间""春暖花开"以外,还可以说"春光明媚""春意盎然"……这些成语都通俗易懂,为什么要滥用一个自己尚未弄懂的"春意阑珊"呢?

顺便说一下,例(2)的"寸草春晖"也用错了。参见本书《"寸草春晖"不形容春天景色》一文。

2015 年 7 月 24 日

"从善如流"不是向善、行善

"从善如流"意思是采纳正确的意见,就像水流向低处那样顺畅自然。形容非常愿意听从正确的意见。春秋时期,晋军统帅栾书力排众议,接受知庄子、范文子、韩献子的意见,不与楚军交战,转而攻打沈国,结果取得了胜利。《左传·成公八年》在评论这件事时说:"君子曰:从善如流,宜哉!"这就是这条成语的出处。例如明·方孝孺《答林子山》:"今天下俗异于古,朋友之义,惟以过相谀誉为知爱,谬为恭敬为尽礼,切磨箴规之益蔑然不闻,或少施之又饰词而曲拒,无古人从善如流之风。"柯灵《感激与祝愿》:"韬奋同志从善如流、虚怀若谷的精神,对我至今是一个深刻的教育。"姚雪垠《李自成》三卷三十一章:"幸赖袁将军居心仁厚,礼贤下士,闻过则喜,从善如流,故两年来小袁营所到之处,尚能做到平买平卖,秋毫无犯。"

"从善如流"不难理解也不难使用,关键是要弄清"从善"在成语中的含义。"从善"有二义:一是依从善道,如《国语·周语下》"从善如登,从恶如崩";一是听从善言,如明·郎瑛《七修类稿》卷十"伏望陛下以从善为心,以闻过为喜,如此则忠言日进,聪明日广,虽乱臣贼子亦将有所畏而不敢肆矣"。"从善如流"的"从善"就是听从善言,即采纳正确的意见。它同"从谏如流"的"从谏"(听从规劝)、"纳善如流"的"纳善"(接纳善言)意思相近,而同"改恶从善"(也作"改恶向善")的"从善"不同。"改恶从善"的"从善"是依从善道,即向善良的方面转变。两个"从善"意思不同,容易混淆。有人正是因为没有弄清二者的区别,把"从善如流"的"从善"误解为"向善""行善""为善",以致造成误用。例如:

(1) 崇学,就是要崇尚学习、善于创造。向善,就是要人心向善、从善如流。(中国新闻网 2012 年 12 月 27 日)

(2) 只有整个民族积极向上、惟善惟是、从善如流,才能形成"向上""向善"的力量。(《光明日报》2013 年 12 月 4 日)

(3) 中华文化重视崇德向善,强调与人为善,从善如流,扶贫济困,乐于助人。(《梅州日报》2015 年 7 月 12 日)

(4) 从小善做起,持之以恒,先日行一善,到日行多善,再从善如流,最后就能积少成多,积善成德,以至于能够为善一生。(《天津日报》2012 年 6 月 29 日)

(5) 人的善行要是这么自然而然,那就真是"从善如流"了……但在"道德学步"的阶段,在从善还不能"如流"的时节……搞点并不轻松的"吾日三省吾身",总会有助于自身的道德完善和社会的道德提升的!(《人民日报》2015 年 5 月 29 日)

(6) 雷锋精神所包含的助人为乐和利他主义,正应了"从善如流"的古训。(《解放军报》2014 年 3 月 8 日)

"从善如流"在例(1)中说的是"人心向善",在例(2)中说的是"向上""向善",在例(3)中说的是"崇德向善""与人为善",在例(4)中说的是"日行一善""日行多善"以致"积善成德",例(5)说目前"人的善行"还不能"自然而然",例(6)说雷锋助人为乐的精神就是"从善如流",都同是否采纳正确的意见无关,显系误解误用。

2016 年 2 月 17 日

"寸草春晖"不形容春天景色

"寸草春晖"语本唐·孟郊《游子吟》诗:"慈母手中线,游子身上衣。临行密密缝,意恐迟迟归。谁言寸草心,报得三春晖。"意思是小草微薄的心意,报答不了春天阳光的恩惠(寸草:一寸长的小草,比喻子女;三春晖:春天的阳光,比喻父母的恩惠)。后以"寸草春晖"四字成文,比喻子女报答不尽父母的恩情。例如宋·徐元杰《游侣母益国夫人朱氏可特赠雍国夫人制》:"寸草春晖,怅母慈之莫报;焄蒿雨怆,等恩渥之无穷。"毛运潮《石门诗存·哭舅母》:"懿训每忆今难忘,寸草春晖报有惭。如今凄凉伤永诀,只凭灵槎寄诗笺。""寸草春晖"也作"春晖寸草"。如柳亚子《吊刘烈士炳生》诗:"春晖寸草恋亲慈,百蹈危机总未知。"

从"寸草春晖"的出处和古今典范用例都可以看出,这条成语只能用其比喻义。有人不明典故,望文生义,用"寸草春晖"形容春天的景色,显然是错误的。例如:

(1) 四月的阿克陶大地,春光明媚,寸草春晖,生机盎然。(《中国日报》中文网 2015 年 4 月 22 日)

(2) 春暖花开,寸草春晖,春意阑珊,万象更新……正当南京各大展馆忙于改革创新,忙于各类展会之际,现代快报展会专刊伴随着春天的脚步从容而至。(《现代快报》

2014年3月20日)

（3）自古我们就有着对美好环境的向往和憧憬。争奇斗艳、香远益清、亭亭玉立、婀娜多姿、寸草春晖、欣欣向荣、晖春草寸、春草碧野，春风、春雨、春花、春水，成为了我们向往中的美好生活画卷。(《江南时报》2007年3月11日)

（4）春风化雨，雏燕归来。南浔检察院春燕办案组自去年6月成立，专门办理未成年人案件。办案组由5名80后女检察官组成，如花似玉的年华，寸草春晖的心灵。(《湖州日报》2013年8月28日)

例(1)"寸草春晖"同"春光明媚"连用，例(2)同"春暖花开"连用，例(3)同一大堆有关春天的词语连用，都用来形容春天的景色，与子女报答父母恩情的意思风马牛不相及，显系误用。至于例(4)，同"如花似玉的年华"连用的"寸草春晖的心灵"，是一种什么样的心灵呢？实在不好猜。如果是想说像春天的阳光一样温暖的心灵，那也只是"春晖"一词的字面义，而不是"春晖"常用的比喻义——父母的恩惠，当然更不是成语"寸草春晖"的意思了。

顺便说一下，例(2)的"春意阑珊"也用错了。"春意阑珊"形容春天将尽，而不是春意正浓。(参见本书《"春意阑珊"能形容春天来了吗？》一文。)例(3)的"晖春草寸"更是生造的词语，而且全句杂七杂八堆砌了那么多辞藻，闹不清究竟是想说明什么，这种文风实不足取。

2015年7月25日

"大而化之"的三种误用

"大而化之"语出《孟子·尽心下》:"充实之谓美,充实而有光辉之谓大,大而化之之谓圣,圣而不可知之之谓神。"杨伯峻先生在《孟子译注》中把这段话译为:"那些好处充满于他本身便叫做'美';不但充满,而且光辉地表现出来便叫做'大';既光辉地表现出来了,又能融化贯通,便叫做'圣';圣德到了神妙不可测度的境界便叫做'神'。"可见"大而化之"原意就是使美德充分表现出来,并达到融化贯通的境界。作为成语,"大而化之"现在通常用来表示做事疏忽大意,马马虎虎。例如朱自清《文心序》:"假如那些旧的是饾饤琐屑,束缚性灵,这些新的又未免太无边际,大而化之了。"邓小平《悼伯承》:"伯承最反对军事指挥上墨守成规,粗枝大叶,大而化之。"陆文夫《人之窝》:"他虽然有点大而化之,不善于办实事,可他却正直、热情、重感情、讲义气,生气勃勃地永不停息。"

现在有人既不懂得"大而化之"的原意,也不了解作为成语的今义,便按照自己的理解到处乱用。常见的有三种情况:

第一种情况是把"大而化之"当成"笼统"或"概括"。例如:

(1) 大而化之说来,任何脱离市场定价机制的价格都是不可持续的,也是危险的。其所带来的惠民感,也有很

大的幻想成分。(光明网 2014 年 11 月 30 日)

(2) 自民党的派阀大而化之,可以分为鹰派与鸽派。(《解放日报》2014 年 9 月 5 日)

(3) 大而化之,食品安全信息事关消费者权益、企业利益、社会稳定等……必须遵循一套法定的规制,保障信息的合法性、准确性与权威性,避免因政出多门对企业造成"误伤",或因无章可循而让制度虎头蛇尾,不了了之。(《广州日报》2014 年 6 月 12 日)

"大而化之"在例(1)中相当于"概括",在例(2)中相当于"概括起来",在例(3)中相当于"笼统地说"或"概括地说"。"大而化之"确有办事笼统、粗放、不细致的意思,但绝不能同"笼统""概括"混为一谈。

第二种情况是把"大而化之"当成"扩大化"。例如:

(4) 暴恐分子就是暴恐分子,他们只代表邪恶组织和分裂势力,不能贴上任何民族或地区标签……不将对暴恐分子的愤怒大而化之。(《新疆经济报》2014 年 8 月 4 日)

(5) "有雾霾骂市长"是郑州市民对郑州市长的诉求,更是其他地方民众的公共诉求。治理雾霾应该"大而化之",强调每个人、每个单位、每个企业都能尽一份力。(《广州日报》2014 年 11 月 25 日)

(6) 本是鸡毛蒜皮的小事,也没有必要大而化之、上纲上线。(《青年时报》2014 年 7 月 22 日)

例(4)是说不能把对少数暴恐分子的愤怒扩大到整个民族或地区。例(5)是说不要把治理雾霾看成是市长的事,要扩大到每个人、每个单位、每个企业。例(6)是说对于鸡毛蒜皮的小事不必小题大做,上纲上线。把"大而化之"变成"化而大之",实在是对这条成语的曲解。

第三种情况是把"大而化之"当成"大事化小,小事化了"。例如:

(7) 杀人万千,只要表示一句安慰,臣民们马上就感激涕零。中国向有大而化之的传统,多大事儿过去就过去了,算了,然后就说说笑笑,把自己的责任,把别人的冤屈,一说一笑了之了。(《光明日报》2002年5月1日)

"大而化之"虽然包含"大""化"二字,但是既不等于"化小为大",也不等于"化大为小"。成语的意义是确定的,使用者不能任意曲解。

2014 年 12 月 4 日

"大快朵颐"不是大为痛快

"大快朵颐"指吃到某种美食而感到非常痛快。语本《易·颐》:"观我朵颐。"三国魏·王弼注:"朵颐者,嚼也。"唐·孔颖达疏:"朵是动义……今动其颐,故知嚼也。""颐"是腮,"朵颐"就是鼓动腮颊,咀嚼食物。又唐·柳宗元《游南亭夜还叙志七十韵》诗:"朵颐进芰实,擢手持蟹螯。"后用"大快朵颐"形容尽情享受美食,大饱口福。例如林语堂《苏东坡传》五章:"不管他们上行下行,在三峡危险的地方,神祇担保有美酒牛肉大快朵颐的。"梁实秋《雅舍小品·虐待动物》:"北平烤鸭是中外驰名的美味,它的制法特殊……这过程颇为痛苦,可是有此必要,否则饕餮之士便无法大快朵颐。"陶菊隐《记者生活三十年》:"选举时期,长沙各报经常发表……《议场巡礼》之类花边新闻,往往一字之褒贬,影响官运之通塞,所以各报记者在竞选人举行的大宴会中,也得叨陪末座而大快朵颐。"

有些人没有弄懂什么叫"朵颐",只晓得"大快"是大为痛快的意思,于是不管同吃东西有没有关系,只要让人感到很痛快、很开心、很得意,就说"大快朵颐"。例如:

(1)机场搬迁并改名五粮液机场,五粮液作为宜宾的支柱产业……〔借其〕影响力来宣传宜宾,让更多的人了解宜宾的发展,带动更多的经济增长,也是一件大快朵颐的事

情。(人民网 2012 年 5 月 24 日)

(2) 势大力沉的进攻虽然看着过瘾,但……如果能够直接封杀对手的进攻则才是大快朵颐,往往几个拦网连续奏效后,全队的情绪立马得到调动。(搜狐网 2012 年 6 月 22 日)

(3) 佛山一男工因断指索赔未果,跳楼身亡,南都记者追问工伤数据,却遭佛山人社局副局长刘国斌爆粗……在"你以后不要来佛山了"一番威胁之后,〔刘〕仍不解气,再添两句国骂,大快朵颐。(新华报业网 2012 年 6 月 7 日)

(4) 如果说代偿债务的换股收益已令均胜集团大快朵颐的话,非公开发行购买资产的交易更令其赚得盆满钵满。(《证券市场周刊》2011 年 1 月 23 日)

(5) 媒体的引导和观众的需要就成就了每天版面、荧屏、网页之间的大战和博弈,越是步步惊心,越是大快朵颐。(《成都商报》2012 年 6 月 25 日)

例(1),宜宾机场改名"五粮液机场",并不能让乘客大过酒瘾,怎么能说"大快朵颐"呢?改为"大有裨益"可能更符合作者的原意。例(2)是说封住对方的扣杀比进攻得手还要振奋人心、鼓舞士气;例(3)是说刘局长在威胁记者之余还要骂上几句,闷气才得到宣泄,心情才大为畅快;例(4)是说均胜集团在交易中得心应手,大赚特赚:显然都同享受美食、大饱口福毫不相干,如此使用"大快朵颐",均属断章取义。至于例(5)的"大快朵颐"想表达什么意思,实在无法捉摸,纯属滥用了。

2012 年 8 月 1 日

"大快人心"不等于"大快"

"大快人心"指行事顺乎民意,使人们感到非常痛快。多用于坏人坏事受到惩处的场合。语见明·许三阶《节侠记·诛佞》:"李秦授这厮,今日圣旨杀他,大快人心。"例如清·褚人获《坚瓠九集》卷四:"〔王子介〕巡方东莱,李公廉得其状,捕而杖之……械毙于闾门,号令三日,大快人心。"巴金《探索与回忆·关于〈火〉》:"后来孤岛也几次出现爱国者惩罚汉奸的大快人心的壮举。"郭沫若《水调歌头·粉碎"四人帮"》词:"大快人心事,揪出四人帮。"

"大快"就是非常痛快,很容易理解。关键是要搞清"人心"指什么。"人心"指众人的意愿、感情等,同"民意"意思相近。例如"人心向背"就是指民意的归向或背离。因此大快人心的事,只能是顺乎民意的事。《现代汉语词典》把"大快人心"释为"指坏人受到惩罚或打击,使大家非常痛快",实在是抓住了要害,言简意赅。遗憾的是有些人只看到"大快",忽略了"人心",不管什么事,只要是使人痛快,就说"大快人心",这就不准确了。例如:

(1) 享受美食是一件大快人心的事情。(人民网 2014 年 7 月 23 日)

(2) 火辣夏季,热气逼人,大快人心的事莫过于到清凉

之处畅玩一番。(《深圳特区报》2012年7月9日)

(3) 一年一度的新春佳节马上来临,在此期间还有什么事情比呼朋唤友、推杯换盏更能大快人心呢?(中国新闻网 2013年2月8日)

(4) 现场微信抽奖、冠军竞猜等活动,将全场气氛掀至高潮!大伙纷纷拿出手机,积极参与互动,多重奖品轻而易举纳入囊中,让在场每一位都大快人心!(《南京日报》2014年7月15日)

享受美食不过是口腹之奉,说"大快朵颐"还可以,说"大快人心"就不沾边了。"到清凉之处"旅游避暑,可以使人身心畅快,"呼朋唤友,推杯换盏",也能使朋友们痛快一阵,竞猜抽奖活动更会使中奖者喜出望外,但都谈不上合乎民心,顺乎民意,当然也不能说"大快人心"。

顺便说一下,"大快人心"中已经包含了"使众人"的意思,如果在前面再加上"大家"或"使人们""让每个人"之类的词语,就叠床架屋了。例(4)就存在这个问题,还可以再举两个例子:

(5) 在电视剧《包青天》《大宋奇案之狸猫换太子》以及京剧《打龙袍》《铡美案》等很多文艺作品中,都有宋代开封府尹包拯手持"尚方宝剑"怒斩奸佞的描写,看得观众大快人心。(《北京晚报》2014年3月21日)

(6) 这次出击是我们"童子军"的一次重大的胜利,让听见这些事的每一个中国人都大快人心。(《长春晚报》2014年4月21日)

如果想保留"大快人心",例(5)就要删掉"看得观众",例(6)就要删掉"让……每一个中国人",换成"实在"之类的词。例(6)也可将"大快人心"改为"人为振奋"。

2014 年 8 月 5 日

"大言不惭"的关键在"大言"

"大言不惭"意思是说大话而不感到羞愧。语出《论语·宪问》"其言之不怍,则为之也难"宋·朱熹集注:"大言不惭,则无必为之志,而不自度其能否矣。欲践其言,岂不难哉!"例如清·李汝珍《镜花缘》十八回:"大约腹中并无此书,不过略略记得几种,他就大言不惭,以为吓人地步,我且考他一考,教他出出丑。"巴金《秋》十九:"'我吃,我吃!你给我斟酒,再有多少我都吃得下!'克安大言不惭地说。"老舍《四世同堂》二十八:"虽然他(按,指蓝东阳)大言不惭的自居为文化的工程师,可是从生活上与学识上,他都没注意到过文化的内容与问题。"王璞《最漂亮的,是那只灯罩》:"说句大言不惭的话,那年轻人倒不见得比我更漂亮,但他的整个外貌给人一种一见之下就难以忘怀的印象。"

这条成语不难理解也不难运用,关键是要读懂和扣准"大言"二字。"大言"就是夸大的言辞,大话。例如《史记·高祖本纪》:"刘季固多大言,少成事。"当动词用,就是说大话,吹牛皮。只有说大话而不感到羞愧才叫"大言不惭"。强词夺理、歪曲事实、死不认账、打官腔之类的话,都不能算大话,当然不能说"大言不惭";对自己的缺点、错误、罪恶等不感到惭愧,只能说"不惭",也不能说"大言不惭"。遗憾的是,现在有些人忽略了"大言",只看到"不惭",不管因为什么,只要是厚颜无耻,不肯认错,便说"大言不惭",显然是对这条成语的误解和误用。例如:

(1) 现在,日本政府一再宣称"钓鱼岛是日本的固有领土",实属抹杀历史,大言不惭。(《人民日报》海外版2014年7月28日)

(2) 现在有的人不以此(按,指尸位素餐)为耻,却以此为荣,大言不惭念念有词地说:"我不干,但不贪不占,总比贪污腐化的官强多了。"(求是理论网2014年7月23日)

(3) 明明是公款旅游却说是考察,明明是上班赌博,却说"陪单位女同事安全度过更年期",甚至连贪污国家公款,也被称为"工作需要"……诸如此类的言辞经不起推敲,但一些官员却大言不惭。(《济南日报》2014年5月26日)

日本政府宣称"钓鱼岛是日本的固有领土",确实是歪曲事实、抹杀历史的谬论,但并不是吹牛,可以说"厚颜无耻",不能说"大言不惭"。一些官员说尸位素餐比贪污腐化强,甚至说贪污公款是工作需要,都是强词夺理、恬不知耻,但都不是说大话,当然也不能说"大言不惭"。

(4) 广州一镇政府强拆村民房子,被法院判处赔偿受害者损失,但当地镇村干部拒不赔偿,还官气十足大言不惭:"不给,没钱。"(新华网2014年4月29日)

(5) 邪教借传教为名,引诱、强奸妇女乃常有之事,且理由是大言不惭的,谎称为修炼成功的必要。(《南都周刊》2014年6月27日)

强拆民房,拒不赔偿,还扬言"不给,没钱",纯属无法无天,蛮不讲理,但并不是说大话。借传教为名奸淫妇女,还谎称是修炼的需要,是公然撒谎,掩盖罪行,也不是说大话不害臊。因此都不能使用"大言不惭"。

(6)今年年初,自从温州江浙一带出现了某某楼盘降价之后,全国楼市似乎都出现了或多或少的震动,一些专家学者也纷纷大言不惭地说"楼市低迷""到了拐点",甚至有人说,房地产市场要"崩盘"了。(《燕赵晚报》2014年5月22日)

某些专家学者对楼市走向的预测看来并不准确,但是他们的言论并非自我吹嘘,更谈不上是否惭愧,说"大言不惭"越发没有道理了。

2014年7月31日

"箪食壶浆"与"箪食瓢饮"

"箪食壶浆"意思是用箪盛着饭,用壶盛着浆(箪:古代盛饭用的圆形竹器;浆:古代一种用米熬成的微酸的饮料)。指百姓准备好吃的喝的,欢迎和慰劳他们所拥护的军队。语出《孟子·梁惠王下》:"今燕虐其民,王往而征之,民以为将拯己于水火之中也,箪食壶浆以迎王师。"例如《三国志·蜀书·诸葛亮传》:"将军身率益州之众出于秦川,百姓孰敢不箪食壶浆以迎将军者乎?"明·罗贯中《三国演义》三十一回:"时操引得胜之兵,陈列于河上,有土人箪食壶浆以迎之。"郁达夫《她是一个弱女子》十六:"革命军到处,百姓箪食壶浆,欢迎唯恐不及。"姚雪垠《李自成》二卷三十六章:"义旗所指,必然望风响应,箪食壶浆相迎。"

"箪食壶浆"不难理解也不难使用,但是要注意同"箪食瓢饮"区别清楚。这两条成语都包含"箪食"二字,而且"壶"和"瓢"、"浆"和"饮"的意思又差不多,很容易混为一谈。其实作为成语,二者的意思完全不同。"箪食瓢饮"意思是一箪饭,一瓢水,指清贫的生活。语出《论语·雍也》:"子曰:贤哉,回(回:颜回)也!一箪食,一瓢饮,在陋巷,人不堪其忧,回也不改其乐。贤哉,回也!"例如《晋书·司马孚传》:"汉末丧乱,与兄弟处危亡之中,箪食瓢饮,而披阅不倦。"梁实秋《雅舍小品·穷》:"不改其乐当然是很好,箪食瓢饮究竟不大好,营养不足,所以颜回活到三十二岁短命死矣。"程大凡《走向未来》:"有的人箪食瓢饮地生活,却生活得很充实,很愉快,很有意义;有的人花天酒地地生活,却生活得很空虚,很无聊,行尸走肉一般。"

有人不明典故,望文生义,往往把"箪食壶浆"同"箪食瓢饮"混为一谈。例如:

(1) 箪食壶浆、片瓦蔽身,而不知其苦,经风傲雪、披星戴月,而不退其志,夙兴夜寐、鞠躬尽瘁,而不改其心。(中国文明网 2015 年 9 月 8 日)

(2) 由于我们尚处于社会主义初级阶段,广大农村还并不富裕,甚至少数地区还未完全脱贫;所以我们所要面对的更多的是"衣衫褴褛",更多的是"箪食壶浆"。(中国共产党新闻网 2009 年 12 月 16 日)

(3) 淑女……可以华衣美食,也可以箪食壶浆;可以安居广厦,也可以寄居茅舍。(《金华晚报》2011 年 12 月 22 日)

(4) 古代成功的教育者达到了淡薄功名,只求桃李满天下的心境。许多落第秀才举人安心于私塾授业,满足于箪食壶浆的生活因而培养出许多精忠报国的英才。(荆楚网 2015 年 3 月 11 日)

(5) 〔他们〕没有固定收入,箪食壶浆,生活条件艰苦,没人有半句怨言。(《娄底日报》2015 年 2 月 12 日)

(6) 北伐进展很顺利,可谓一往无前,至为神速。因有中国共产党的配合,由周恩来奉命在上海组织工人起义以迎接北伐军占领上海,取得了成功。上海市民当年"箪食瓢饮迎王师"的热情至今仍腾播人口。(中国新闻网2003年11月20日)

前五例,"箪食壶浆"或与"片瓦蔽身""衣衫褴褛"连用,或与"华衣美食"对举,或直接形容"生活""生活条件艰苦",毫无例外都指家境清贫,生活艰苦,同"箪食壶浆"的意思大相径庭,显然都应该改为"箪食瓢饮"。至于例(6),把"箪食壶浆以迎王师"误为"箪食瓢饮迎王师",更能说明作者确实是把两条成语混为一谈了。

2016年2月15日

"得陇望蜀"含贬义

体育记者常常把在比赛中取得初步胜利后对自己提出更高的奋斗目标,形容为"得陇望蜀"。例如中国女篮在 2008 年奥运会上战胜捷克进入八强之后,为自己提出了新的目标——争取获得一枚奖牌,2008 年 8 月 18 日《京华时报》为这条消息加的标题是《女篮破捷得陇望蜀》。这种情况能不能说"得陇望蜀"? 还是让我们先来考察一下这条成语吧。

"得陇望蜀"意思是得到陇(在今甘肃东部),又望着蜀(在今四川中西部),也想得到它。语本《东观汉记·隗嚣传》:"西城若下,便可将兵,南击蜀虏。人苦不知足,既平陇,复望蜀。"又见唐·李白《古风》之二十三:"物苦不知足,得陇又望蜀。"后以"得陇望蜀"四字成文,比喻得寸进尺,贪心不足。例如清·曹雪芹《红楼梦》八十回:"只因薛蟠天性是'得陇望蜀'的,如今得娶了金桂,又见金桂的丫鬟宝蟾有三分姿色,举止轻浮可爱,便时常要茶要水的故意撩逗他。"晚清·易顺鼎《请罢和议疏》:"彼(按,指日本)见中国易与,始渐轻视中国,而谋益迫,势益骄,推其得陇望蜀之情,曾何已极!"刘绍棠《村妇》卷一:"孙小馃子得陇望蜀,得寸进尺,又说:'我熬不过,我得打野食儿。'"

"得陇望蜀"与"得寸进尺""贪得无厌""欲壑难填"意思相

近,是一条感情色彩鲜明的贬义成语,不能用于褒义。中国女篮在进入八强之后,百尺竿头更进一步,为自己提出更高的奋斗目标,这是奋发有为、振奋人心的大好事,怎么能斥之为"得陇望蜀"呢?由于忽略这条成语的感情色彩而造成的误用,在媒体中时有所见。例如:

(1)在夺取中超冠军后,得陇望蜀的鲁能期待拿下足协杯。(《京华时报》2006年11月17日)

(2)执黑的於之莹五段取得实地后,在中腹轻松处理好孤棋,并得陇望蜀,在左上角造出一劫,白棋实空不够而认输。(《体坛周报》2014年8月22日)

(3)眼睛不能光是盯着爆棚的数字,居安思危才是持续发展的保证,得陇望蜀才是有作为商家的担当。(《西安日报》2015年11月14日)

(4)各种土特产丰富多样,应有尽有,让人得陇望蜀,掏光荷包。(光明网2012年3月30日)

(5)人们欣慰"长江经济带"广纳海内外英才的大气魄,也得陇望蜀:能否百尺竿头再进一步,复兴春秋战国时的"不拘一格降人才",广觅怀才不遇者?(《长江日报》2014年5月22日)

前两例的错误与前引女篮争取获得奖牌例同,例(1)"得陇望蜀"可改为"雄心勃勃",例(2)"并得陇望蜀"可改为"又乘胜追击"。例(3)把"得陇望蜀"说成"是有作为商家的担当",显然是贬词褒用。最后两例用"得陇望蜀"形容人们正常合理的愿望或要求,感情色彩也不协调。

（6）还记得临毕业时，去火车站买回家的车票。买票后的回程路上，背包里塞着图书馆里借来的一摞书，手里还得陇望蜀地捧着一本，晃晃悠悠地在公交车上心不在焉地读。(《来宾日报》2015年10月28日)

至于例(6)，"得陇望蜀"是什么意思，实在猜不出来，看来纯属滥用了。

2016 年 4 月 5 日

"得意忘言"的两种误用

"得意忘言"语出《庄子·外物》:"筌(筌:捕鱼的竹器)者所以在鱼,得鱼而忘筌;蹄(蹄:捉兔的网绳)者所以在兔,得兔而忘蹄;言者所以在意,得意而忘言。吾安得夫忘言之人而与之言哉!""言者所以在意,得意而忘言"句的意思是,言辞是用来表达意思的,已经得其旨趣就不必再借助言辞来表达了。也就是说言辞虽不可或缺,但毕竟只是手段,而领会精神实质才是目的。例如于友文《也谈学习方法》:"郭沫若在《新旧与文白之争》一文中说:'我们读书求学的目的,要在得意而忘言,得鱼而忘筌。'话是对的,但是,我们研究语言的人不能'得意忘言',因为'言'正是我们研究的对象。"张贤亮《男人的一半是女人》三部六章:"我非常赞赏你们东方哲学中的'得意忘言'的说法。如果'得'了我的'意',便会忘了我的'言'。"后也指彼此默契,心照不宣。例如清·文康《儿女英雄传》三十九回:"及至听他三个各人说了各人的志向,正与自己平日所见略同,所以更不再赘一辞。正所谓得意忘言,默然相赏。"晚清·李宝嘉《文明小史》二回:"府县心里还当他们话到投机,得意忘言。"

这条成语比较难懂,不了解它的出处,不揣摩古今典范用例,很难准确把握它的意义。我之所以不厌其烦列举那么多书证,就是希望读者从前人的用例中体会这条成语的意义和用法。现在有人不明典故,仅仅从字面上加以附会,把动宾词组"得意"(得其意)混同于双音词"得意"(称心如意),把"忘言"(忘记言辞)混同于"妄言"(乱说),从而把"得意忘言"曲解为因称心如意而随便乱说,同"得意忘形"(因为称心如意而忘乎所以)相提并论。例如:

(1) 郑波混双夺冠得意忘言,发布会遭黄穗张洁雯调侃。(新浪网 2005 年 10 月 15 日)

(2) 可能是得意忘言或是实在憋不住了,我的朋友竟旧调重弹他与娱乐圈大腕的交情:"你知道冯小刚在海口投资的电影公社项目吧?那是我背后牵线搭桥的结果……"——此语一出令我无比惊愕,觉得这些言语特别刺耳和不合时宜。(《南国都市报》2014 年 1 月 19 日)

例(1)是新浪网一段视频的标题,说的是十运会羽毛球混双决赛,湖南选手郑波、黄穗战胜广东组合陈其遒、张洁雯,夺冠后郑波在新闻发布会上出言不慎,遭到调侃。例(2)说的是"我的朋友"忘乎所以,在不恰当的场合自我吹嘘。说话不检点、不谦虚,同"得意忘言"的意思大相径庭,显系误用。

另外,《庄子》所说的"得意而忘言",对读书人来说是一种很高的境界,所以古人才说"心悟手从,言忘意得"(唐·孙过庭《书谱》),"知音者得意忘言"(明·杨慎《洞天玄记》开场),"有得意忘言之妙"(清·王士禛《带经堂诗话》卷三)。现在有人却把它当作一种消极的、错误的、应该防止的倾向,也是对《庄子》原话的曲解。例如:

(3) 读书人最尴尬的事莫过于提笔忘字,得意忘言。(《中华读书报》2008年11月5日)

(4) 言不尽意、词不达意、言不由衷、得意忘言,是我们在语言交流过程中难以避免的现象。(《法制日报》2011年8月12日)

例(3)把"得意忘言"同"提笔忘字"都当作"读书人最尴尬的事",实在是对这条成语的曲解。例(4)把"得意忘言"同"言不尽意""词不达意"并列,已经背离了这条成语的原意,而把它同"言不由衷"相提并论,更近于荒谬了。

2014年12月3日

"砥柱中流"与"中流砥柱"

"砥柱中流"意思是砥柱山屹立在黄河激流之中。比喻坚强独立的人物或集体能在动荡艰难的环境中起支柱的作用。语本《晏子春秋·内篇谏下》:"吾尝从君济于河,鼋衔左骖,以入砥柱之中流。"例如元·侯克中《题韩蕲王世忠卷后》诗:"砥柱中流障怒涛,折冲千里独贤劳。"明·王世贞《鸣凤记·驿里相逢》:"嗐!你小人势利,但知锦上添花;我砥柱中流,偏喜雪中送炭。"刘斯奋《白门柳》二部三章:"时至今日,能砥柱中流,担当中兴大任者,舍我东林、复社而外,已无他人。"

"中流砥柱"意思是屹立在黄河激流中的砥柱山。比喻坚强的、能起支柱作用的人物或集体。例如宋·刘仙伦《贺新郎·寿王侍郎简卿》词:"缓急朝廷须公出,更作中流砥柱。"鲁迅《华盖集·牺牲谟》:"像你这样清高,真是浊世中独一无二的中流砥柱。"周恩来《庆冯焕章先生六十大寿》:"所以先生能始终献身于民族国家事业,奋斗不懈,屹然成为抗战中的中流砥柱。"

"砥柱中流"和"中流砥柱"同出一源,意义相关,而且都由"砥柱""中流"两个成分组成,但是二者结构和功能都不同。"砥柱中流"是主谓结构,动词性成语,经常用作谓语。"中流砥柱"是定中结构,名词性成语,经常用作主语、宾语,特别是常同"是""作""成为"或"如同""若"之类的词相呼应,构成暗喻或明喻。因此这是两条不同的成语，不是一条成语的不同写法，不能混为一谈。现在有些成语词典疏于考察，把它们释为异形成语，是不准确的。

在语用实际中，把"砥柱中流"误用为"中流砥柱"的比较少见，而把"中流砥柱"误用为"砥柱中流"的却屡见不鲜。例如：

（1）6年局部抗战、8年全面抗战，神州大地烽火连绵，中国共产党如砥柱中流，支撑起全民族救亡图存的希望，引领着夺取战争胜利的正确方向。（《贵阳日报》2015年9月3日）

（2）有中央和各级政府精心部署，有广大人民群众热情响应，越来越多的学校成为乡村建设的中心，越来越多的优秀教师成为农村教育发展的砥柱中流。（《光明日报》2011年9月9日）

（3）刘备去世后，赵云竭力辅助后主刘禅，力挺诸葛亮北伐，成为这一时期护卫蜀汉的砥柱中流。（《天津日报》2015年9月21日）

（4）由阅文集团承办的"2015 Next Idea 原创文学大赏"是目前网络文学行业最为瞩目的比赛之一，也是当前网络文学大潮中的砥柱中流。（光明网2015年10月20日）

"砥柱中流"在例（1）中比喻"中国共产党"，作"如"的宾语；在例（2）中比喻"优秀教师"，在例（3）中比喻赵云，均作"成为"的宾语；在例（4）中比喻"原创文学大赏"这一赛事，作"是"的宾语。显然都应改为"中流砥柱"。

2015年11月21日

不要扩大"颠扑不破"的使用范围

"颠扑不破"的意思是无论怎样摔打都破不了（颠：跌倒；扑：拍打）。比喻理论、学说、法则等正确可靠，无法推翻。语出《朱子语类·性理二》："伊川'性即理也'，横渠'心统性情'二句，颠扑不破。"例如清·梁绍壬《两般秋雨盦随笔·对联》："潮州双忠祠祀张（张巡）许（许远）二公，对云：'国士无双双国士，忠臣不二二忠臣。'本色语颠扑不破。"梁启超《新中国未来记》三回："每读一段，辄觉其议论已圆满精确，颠扑不破，万无可以再驳之理，及看下一段，忽又觉得别有天地。"萧乾《终身大事》四："多么老的人都曾年轻过，这总是个颠扑不破的真理。"

从字面意义看，"颠扑不破"同"牢不可破""坚不可摧"都形容事物坚固，意思差不多，但作为成语，它们的使用范围还是有明显区别的。"颠扑不破"强调正确，不可推翻，适用于言论、学说等。"牢不可破"强调牢固，不可摧毁，使用范围较广，现多用于意志、态度、友谊、关系等抽象事物。例如清·夏敬渠《野叟曝言》四十八回："闵老原无定见，只一择富之念牢不可破。"郭沫若《少年时代·反正前后》："清室二百七十余年间的统治，在官场中已经凝集成了一个牢不可破的贪婪恶习。"杨步胜、朱克川《上甘岭上话友谊》："经过血与火的考验的友谊是牢不可破的。""坚不可摧"也强调坚固,不可摧毁,但多用于建筑物等具体事物,也可形容意志。例如明·程敏政《石城摧》诗:"岿岿石城,坚不可摧。"姚雪垠《李自成》三卷十一章:"她……打算守到黄昏撤退,估计到那时后队的营垒已经修筑得坚不可摧。"峻青《海啸》:"她是整个昌潍地区英雄人民的化身,整个坚不可摧的钢铁根据地的缩影。"

有些人没有弄清这几条近义成语的区别,不恰当地扩大了"颠扑不破"的使用范围。以下诸例中的"颠扑不破"用得都不恰当:

(1) 有了这历久弥新、颠扑不破的真挚情感……必将有力地推动我们的事业走向更加光明的未来。(中国共产党新闻网2011年8月18日)

(2) 同居中部,腰背相靠,文气贯通,血脉交融。湖南、湖北、江西,形如颠扑不破的铁三角。(人民网2012年2月10日)

(3) 在这几个小小的山头上,"保护"它们(按,指野生动物园里的野猪)的铁栅栏成了它们永远颠扑不破的牢笼,它们因此没有觅食的自由,更没有了行动的自由。(《光明日报》2003年5月12日)

(4) 黄叶飘飞的季节,我们再次来到西北大学,追忆一位已经过世学者的生活履迹,探究一位令人尊敬的高级知识分子颠扑不破、勇攀科学高峰的精神风骨。(《陕西日报》2011年11月30日)

(5) 高端、收藏类、餐饮类等仍然是传统商业最牢固的

市场,在细分市场中做精做专,将是传统商业颠扑不破的发展方向。(《新疆日报》2012年11月28日)

例(1)用"颠扑不破"形容"真挚情感",应该改用"牢不可破"。例(2)用来形容"铁三角",例(3)用来形容"铁栅栏",都可以改用"坚不可摧"。例(4)用"颠扑不破"形容"精神风骨",显然不恰当,联系后文"勇攀科学高峰",可以改用"百折不挠"。例(5)用来形容"发展方向",方向可以坚持也可以改变,但不存在被推翻、被摧毁的问题,因此最好改用"坚定不移"。

有些成语具有特定的使用对象、范围或条件,这是在长期使用的过程中约定俗成的,使用者只能严格遵守而不能随意改变,否则必然造成误用。

2013年3月3日

"叠床架屋"不是架屋,更不是重叠

"叠床架屋"语本北齐·颜之推《颜氏家训·序致》:"魏晋已来,所著诸子,理重事复,递相模敩(敩 xiào:同'效'),犹屋下架屋,床上施床尔。"后用"叠床架屋"(床上安床,屋上架屋)形容重复累赘。例如清·袁枚《随园诗话补遗》卷六:"咏桃源诗,古来最多,意义俱被说过,作者往往有叠床架屋之病,最难出色。"苏雪林《我的写作经验》:"我们写文章以条理清晰,层次井然为贵,千万莫弄得叠床架屋。""叠床架屋"也作"重床叠屋"。如周恩来《"七七"四年》:"战时的政治机关,贵简单而不贵复杂,机关应集中而不应重床叠屋。"也作"重床叠架"。如茅盾《清明前后》五幕:"重床叠架的法令,何尝不严密堂皇,然而解决了问题吗?"

"叠床架屋"是常用成语,从它的出处和前人的典范用例中,都可以清楚看出这条成语应该怎样讲和怎样用。遗憾的是现在有人只取"架屋"二字,置"叠床"于不顾,把"叠床架屋"等同于"盖房子",如此断章取义实在荒唐可笑。例如:

(1) 自他(按,指鲧)盗来"息壤"以后,那一盒细土撒落人间,不断滋长,五千年后梦泽已失,土地淹没了江湖,生民淹没了土地,他们在这块土地上叠床架屋,慢慢建构,君君臣臣,父父子子。(《武汉晚报》2010 年 7 月 26 日)

(2)你知道北京的胡同是怎么形成的吗?开头你们家盖了一个房子,然后我是你的邻居,我搭着你们家房子再盖一个,你也盖一个、你也盖一个,慢慢、慢慢叠床架屋的形成了这么一个东西。(凤凰网2012年6月18日)

(3)一些住户在顶层奉送的空中花园"叠床架屋",破坏了原有的排水系统,一到雨季,屋顶的雨水肆意乱流。(《光明日报》2005年12月31日)

例(1)是说后人在干涸了的云梦泽上盖起房屋,繁衍生息。例(2)是说在一块空地上,一家挨一家地盖房,房子盖多了就形成了胡同。例(3)是说有些住户在居民楼的楼顶加盖小房,影响排水。毫无例外都把"叠床架屋"等同于"盖房子"。

更有甚者,有人连"架屋"也不要了,只取一个"叠"字,把"叠床架屋"等同于"重叠",即相同的东西一层层堆积起来。例如:

(4)走进石海……只见那成千上万块大大小小的石头,高低错落,叠床架屋,组成了庞大的阵容。(新华网2013年3月4日)

(5)如今,张正祥临时寄居在观音山村一个已有300多年历史的破败院子里。陪伴他的,是叠床架屋的环保书刊报纸和一条见了生人就龇牙咧嘴的狗。(《工人日报》2011年3月26日)

(6)顾彬教授还引我们参观了他及其助手的办公室……也都是四壁皆书,像是在不同的小书库中间摆了一张办公桌,而桌上也是叠床架屋般的古今中外有关中国的

书籍。(新华网 2006 年 3 月 19 日)

例(4)的"叠床架屋"可以改为"重重叠叠",例(5)的"叠床架屋"可以改为"积案盈箱",例(6)的"叠床架屋般"可以改为"堆积如山"。

至于以下诸例,错得更加离谱:

(7) 在"撼"与"捍"的纠葛上,故宫方面显然非常草率,以"显得厚重"为由认为没有用错,且举"撼山易"的用法为例试图"佐证",结果错得叠床架屋。(《南方日报》2011 年 5 月 17 日)

(8) 三进院内有五间大殿,殿顶脊顶和檐角饰有龙头凤尾、飞禽走兽,殿内叠床架屋、雕梁画栋,正中一间供孔子塑像,左右两间为颜回、曾参、孔伋、孟轲塑像。(《大众日报》2012 年 7 月 17 日)

例(7)的"错得叠床架屋"似乎是想说"错上加错",还可以猜到;至于例(8)的"叠床架屋"想表达什么意思,便令人难以捉摸了。

由此可见,使用成语首先要弄清成语的含义,切不可断章取义,任意曲解,到处乱用,这样只能贻笑大方。

2013 年 10 月 13 日

"洞若观火"与"了如指掌"

《尚书·盘庚上》:"予若观火。"汉·孔安国传:"我视汝情如观火。"唐·孔颖达疏:"言见之分明如见火也。"后来在"若观火"前面加一个"洞"字,用"洞若观火"形容观察事物明白透彻。例如清·张泰来《江西诗社宗派图录·吕本中》:"公所作《宋论》四十篇,审时度势,洞若观火。"鲁迅《南腔北调集·〈守常全集〉题记》:"以过去和现在的铁铸一般的事实来测将来,洞若观火。"陈忠实《白鹿原》二章:"凡人永远也看不透眼前一步的世事,而圣人对纷纭的世事洞若观火。"

使用"洞若观火"要注意同"了如指掌"相区别。"了如指掌"意思是清楚得就像指着自己手掌上的东西给人看(指掌:指着手掌)。形容对情况了解得十分清楚。如清·夏敬渠《野叟曝言》一三〇回:"天子询问三省情形,蛟吟奏对详明,了如指掌,天子大喜。"梁实秋《雅舍小品·点名》:"全班二十几个学生,先生都记得他们的名字,谁缺席,谁迟到,先生举目一看,了如指掌。"郭沫若《洪波曲》十二章:"他的一举一动敌人无不了如指掌。"

这两条成语意思相近,但有区别。区别就在"洞""了"二字上。"洞"是透彻、深入的意思。如南朝宋·颜延之《五君咏·阮步兵》诗:"阮公虽沦迹,识密鉴亦洞。""了"是明白、清楚的意思。如汉·王充《论衡·自纪》:"言了于耳,则事味于心。"因此,由"洞"组成的"洞若观火",侧重在观察彻底,多指对事理的观察,不能形容对人的了解;由"了"组成的"了如指掌",侧重在了解清楚,多指对人或事物情况的了解,可以形容对人的了解。使用时不要把二者混为一谈。请看误用的例子:

(1) 现在党中央办的事情,就是老百姓心里想的。党中央对下面各方面的情况是洞若观火。(光明网 2015 年 1 月 2 日)

(2) 事实上,很多博友对上述内幕洞若观火。(《经济参考报》2013 年 5 月 24 日)

(3) 对于整个事件的来龙去脉更是洞若观火,一一道来。(《中国文学研究》2006 年第 3 期)

(4) 〔蔡澜〕在很小的时候就接触电影,对电影这个造梦工厂的各个环节、各种人物洞若观火。(《南方日报》2011 年 5 月 15 日)

(5) 〔舒芜〕自 1942 年起便在各大学任教……交往者多是"李广田"似的学者,唱酬者多为"钱锺书"似的鸿儒,他对他们的喜好、情感及脾性洞若观火,对他们的苦闷、挣扎及追求感同身受。(《博览群书》2010 年第 2 期)

以上诸例,"洞若观火"的分别是"情况"(例1),"内幕"(例2),"事件的来龙去脉"(例3),"电影"的"各个环节、各种人物"(例4),"学者""鸿儒"的"喜好、情感及脾性"(例5)。指的都是人或事物的情况,而不是事理;说的都是了解如何清楚,而不是观察如何透彻。因此都不宜使用"洞若观火",应该改用"了如指掌"。

顺便说一下,以下诸例也属误用,但不能改用"了如指掌",可以酌情改用其他成语。例如:

(6) CBA 赛场上的许多所谓的国际级裁判,往往对主队球员明显的犯规动作睁一只眼闭一只眼,而对客队却洞若观火。(《新华日报》2015 年 12 月 20 日)

(7)〔我们的电影〕不是情节蹩脚,不知所云,就是主题陈腐,恍若隔世……若是拿好莱坞大片作比附,则差距洞若观火。(《中华读书报》2013 年 2 月 20 日)

(8) 面对丰饶而富于创新性和成就感的时代文艺景观与现实文化生态,颔首认同者有之,拊掌称颂者有之,不置可否乃至不为所动和不予首肯者亦有之。为什么对于如此洞若观火的事实,人们却会有不尽相同甚至完全不同的反应和认识呢?(《中国文化报》2013 年 10 月 25 日)

例(6)可以改为"明察秋毫",例(7)例(8)可以改为"显而易见"或"彰明较著",都不能使用"洞若观火"。

2016 年 2 月 27 日

"独步天下"不是独自在天下行走

"独步天下"指独一无二,天下无与伦比。语出《后汉书·戴良传》:"我若仲尼长东鲁,大禹出西羌,独步天下,谁与为偶!"例如宋·杨万里《诚斋诗话》:"此人可谓善读书善用书,他日文章必独步天下。"施小川、刘黎明《反败为胜》八章:"瑞士钟表独步天下,在全球市场锐不可当,但它对石英电子表的漠然和迟钝以及它的盲目自信,使得刚到80年代,瑞士的两家最大表厂面临的只有破产倒闭。""独步天下"也作"天下独步"。例如元·施耐庵、明·罗贯中《水浒传》五十六回:"这徐宁的金枪法、钩镰枪法,端的是天下独步。"

理解这条成语的关键是要弄懂什么是"独步"。"独步"有两义。一是独自步行,独自行走。例如《汉书·李陵传》:"昏后,陵便衣独步出营。"这个意义现在还比较常用。如冰心《超人》:"他从局里低头独步的回来,关上门,摘下帽子,便坐在书桌旁边。"王火《战争和人》(一)卷六:"他踽踽独步,心里发闷……"二是独一无二,无与伦比。例如《三国志·吴书·周瑜传》南朝宋·裴松之注引《江表传》:"〔蒋〕干有仪容,以才辩见称,独步江淮之间,莫与为对。"这个意义现在比较少见。有些人只知道"独步"当"独自步行"讲,便把"独步天下"误解为独自在天下行走,以致造成误用。例如:

（1）还在学生时代，就迷上了"独步天下"……每年的寒暑假，我都像快乐的小鸟，独自一人背着牛仔包，"飞"赴周边省市景点，短暂的学生时代，我就几乎游遍了长江以南的知名景点。（《闽南日报》2015年4月1日）

（2）以前出门旅游都是跟妈妈一起，走哪儿、怎么玩都是大人的意思。长大了，想体验一下自己做主、"独步天下"的感觉。（《重庆晚报》2009年9月24日）

（3）她受"文革"影响，颠沛流离、客居海外……身边却从不带助理和随从，只身一人独步天下……如今，84岁高龄的巫漪丽，为了心爱的钢琴事业，仍常常一个人乘坐飞机行走世界，分享音乐。（《中国文化报》2013年9月3日）

（4）有钱独步天下，无钱寸步难行。在任何国家，推动旅游业、拉动消费的一个基本前提是：高福利，高工资。但在我国，很多家庭离这个前提差距甚远。（光明网2014年8月25日）

例（1）是说"独自一人"游遍江南知名景点，例（2）是说"自己做主"独自旅游，例（3）是说84岁高龄的钢琴家仍然一个人"行走世界"。显然都是把"独步天下"误解为独自在天下行走。至于例（4），把谚语"有钱走遍天下，无钱寸步难行"中的"走遍天下"改为"独步天下"，更能说明作者确实是把"独步天下"同"走遍天下"混为一谈了。

2016年1月25日

"多事之秋"不指秋天

2011年9月13日《新京报》有一篇文章说:"我的一位英国朋友说他一直不明白为什么汉语里管秋天叫'多事之秋'。我说,可能是因为秋天是收获的季节,农民会比较忙。"其实认为"多事之秋"就是指秋天的大有人在,远不止《新京报》的那位作者和他的英国朋友。请看我从媒体上摘抄的几个例句:

(1)秋天……天气转凉,昼夜温差大,容易生病。人们常用"多事之秋"来比喻秋天多变的天气。(中国新闻网2012年10月9日)

(2)秋季……昼热夜凉,气候寒热多变,稍有不慎,容易伤风感冒,许多旧病也易复发,故有"多事之秋"一说。(《河北日报》2011年10月21日)

(3)人们常说"多事之秋",女性的更年期也相当于人生的秋天。(《广州日报》2012年10月7日)

(4)秋季养生事多,用"多事之秋"这句成语来形容秋季养生非常恰当。(《中国中医药报》2011年8月24日)

"多事之秋"指事故或事变多发的时期。多形容动荡不安的时局。语出唐·崔致远《前宣州当涂县令王翱摄扬子县令》:"况逢多事之秋,而乃有令患风。"例如宋·袁甫《经筵进讲论李允则疏》:"天下多事之秋,使得任阃外寄者,善谋如此,可以宽忧顾矣。"晚清·刘鹗《老残游记》十二回:"现在国家正当多事之秋,那王公大臣只是恐怕耽处分,多一事不如少一事,弄得百事俱废。"孙犁《谈赵树理》:"政治斗争的形势,也有变化,上层建筑领域进入了多事之秋,不少人跌落下来。"

秋,《说文》:"禾谷孰也。"本义是庄稼成熟。引申为庄稼成熟的季节,即一年四季中的第三季——秋季。我国北方庄稼的成熟期是一年,所以又借指一年。如《诗·王风·采葛》:"一日不见,如三秋兮。"《史记·梁孝王世家》:"千秋万岁后传于王。"从"一年"又引申为指某一特定的时期。如《史记·魏公子列传》:"今公子有急,此乃臣效命之秋也。"三国蜀·诸葛亮《出师表》:"此诚危急存亡之秋也。""多事之秋"的"秋"正是指某一特定的时期。把"秋"理解为秋天,把"多事之秋"理解为容易出事的秋天,纯属望文生义。

至于有人把"秋"理解为处所,把"多事之秋"理解为事故多发的地方,就错得更加离谱了。例如:

(5) 人的一生难免生病,尤其是女性朋友,育龄期的女性生殖系统更是多事之秋。(健康报网 2012 年 6 月 11 日)

(6) 有人称子宫是"多事之秋",是许多妇科病发源地之一。(人民网 2012 年 6 月 28 日)

还需要强调的是,"多事之秋"的"事"不是泛指一般的事情,而是指意外的灾祸。如《韩非子·五蠹》:"是故无事则国富,有事则兵强。"今语"出事了""平安无事"的"事",也是这个意思。"多事之秋"也作"多难之秋"(难 nàn:灾难),意思更加显豁。有人把这条成语理解为事情很多的时期,也是错误的。

病中偶尔翻阅赵青《我和爹爹赵丹》一书,发现其中有一节标题为《多事之秋》,说的是1951年,"不仅《武训传》带来当头一棒,而且奶奶归天、夫妻不和、宾客众多、阿囡离家赴京、黄宗英领养周璇儿子等事接踵而至"。那一年赵丹一家的事确实是"接踵而至",但宾客盈门、领养遗孤都是好事,阿囡赴京(赵青考取中央戏剧学院)更是喜事,都不属于意外的灾祸,怎么能把那一年概括为"多事之秋",作为该节的标题呢?显然是把成语中的"事"理解为一般的事情而造成的误用。

2013年2月15日

"峨冠博带"与"冠冕堂皇"

"峨冠博带"意思是头戴高高的帽子,腰系宽大的衣带。指古代儒生或士大夫的装束。语见宋·邹浩《送刘归美序》:"世之所谓读书者,峨冠博带,周旋于规矩之中。"例如元·关汉卿《谢天香》一折:"恰才耆卿说道'好觑谢氏',必定是峨冠博带一个名士大夫,你与老夫说咱。"明·罗贯中《三国演义》三十七回:"门外有一先生,峨冠博带,道貌非常,特来相探。"明·凌濛初《二刻拍案惊奇》卷三十九:"似这等人,也算做穿窬小人中大侠了。反比那面是背非,临财苟得,见利忘义一班峨冠博带的不同。"鲁迅《三闲集·现今的新文学的概观》:"我想,这是因为他们的理想,是在革命以后,'重见汉官威仪',峨冠博带。"

在我所见到的辞书中,对"峨冠博带"的解释是一致的,都只有那么一个义项,不存在分歧。近年来,"峨冠博带"出现了一种为诸家辞书所不载的新用法,请看几条例句:

(1) 在研究上,一篇峨冠博带的文章,有时会不及几行书信、半页日记重要;慷慨悲歌,也许反不如灯前絮语更足以显示一个人的真面目、真精神。(《光明日报》2014 年 8 月 29 日)

(2) 还有一种随笔比较特殊,它们带有浓浓的学术味。跟峨冠博带的纯理论文章相比,它们提供了更多翔实而新

颖的史料,跟纯粹的考证文章相比,它们又多少能提供一些鲜活的观点。(《今晚报》2015年9月10日)

(3) 特别是有些峨冠博带的社会科学论文,特别喜好套用海外话语词汇和知识体系,而不对所引进的名词概念进行准确的阐释,明确界定其内涵与外延,更不顾这些知识体系、话语体系是否符合中国的国情。(《文学报》2013年1月17日)

(4) 十几年前我刚念大学,正值年少……喜欢摘抄和使用甜得发腻的抒情段落和那些峨冠博带的哲理篇章。(《光明日报》2013年5月3日)

(5) 作为一种对比,当下学术评价机制常将此类著述排斥在外,只认峨冠博带的"学术专著"。(《新闻记者》2013年2期)

(6) 文学最初留给我的印象,就不是那个时代(按,指20世纪50年代后期)流行的峨冠博带的赞美诗,也不是后来我看到的小布尔乔亚或自诩进入中产阶级的假贵族的自我感觉良好。它显得有些布衣褴褛,是匍匐在地上的行吟。(《中华读书报》2008年4月10日)

(7) 而那些峨冠博带的"庙堂文学",那些作为"羔雁之具"的歌功颂德赝品,本身就是没有生命力的文学僵尸,它们是无法为人民大众所接纳,无法向通俗转化的。(《中华读书报》1999年9月15日)

以上诸例,"峨冠博带"形容的对象都是文章、理论著作和文学作品之类,比较一致。而所表达的意思,并不完全一致。

前两例大体上是严肃庄重、正经八百的意思;后五例似乎是表面上严肃庄重,实际上却未必的意思,略含贬义或讽刺意味。不知道如此使用"峨冠博带"有没有根据。窃以为,如果找不到足够的令人信服的根据,恐怕还是不要这样使用为好。

其实有一条常用成语同上述意思比较接近,那就是"冠冕堂皇"。"冠冕"是古代帝王或官员戴的礼帽。"堂皇"是很有气派的样子。合起来,形容庄严、有气派。例如清·文康《儿女英雄传》二十八回:"公子这几句开门炮儿自觉来的冠冕堂皇,姑娘没有不应酬两句的。不想姑娘只整着个脸儿,一声儿不言语。"清·魏秀仁《花月痕》二十二回:"翊甫接过……吟道:'九华春殿语从容。'大家俱说道:'起得好,冠冕堂皇!'"后多形容表面上庄严体面、正大光明,实际并非如此。例如鲁迅《准风月谈·"滑稽"例解》:"诸如此类的妙文,我们也尝见于冠冕堂皇的公文上,而且并非将它漫画化了的,却是它本身原来是漫画。"巴金《寒夜》十一:"我一生的幸福都给战争、给生活、给那些冠冕堂皇的门面话,还有街上到处贴的告示拿走了。""冠冕堂皇"多用来形容"话",也可以形容"文"。如果把"冠冕堂皇"用于以上诸例,大体都可以说得过去。"冠冕"和"峨冠博带"都是高贵的装束,穿戴起来都很有气派,两条成语在字面义上有相似之处。因此我怀疑这些作者是不是把"峨冠博带"同"冠冕堂皇"混为一谈了。如果是这样,那就不是"峨冠博带"的意义有了发展,而是被人误用了。

2016 年 3 月 22 日

谁和谁"耳鬓厮磨"?

"耳鬓厮磨"意思是两人的耳朵、鬓发互相接触(厮:互相)。多形容儿童之间或青少年男女之间亲密相处。语见清·曹雪芹《红楼梦》七十二回:"咱们从小耳鬓厮磨,你不曾拿我当外人待,我也不敢怠慢了你。"例如冰心《海恋》:"甚至于大连湾、广州湾,都不像我童年的那片'海',正如我一生中最好的朋友,不一定是我童年耳鬓厮磨的游伴一样。"梁斌《红旗谱》二十五:"严萍听着,笑出来说:'两个人耳鬓厮磨嘛,当然要发生感情。'说着,腾的一片红潮升到耳根上。""耳鬓厮磨"也作"耳鬓相磨"。例如清·沈复《浮生六记·闺房记乐》:"自此耳鬓相磨,亲同形影,爱恋之情有不可以言语形容者。"

理解和使用这条成语,必须弄清谁和谁"耳鬓厮磨"。只有人和人之间,关系非常亲密,经常近距离接触,彼此的耳朵同耳朵、鬓发同鬓发才有可能"厮磨"。这就决定了这条成语只能用于人与人之间(用来形容某些动物,属于"拟人",当然也是可以的),而且是关系亲密,经常近距离接触的人之间。人与物之间、物与物之间,都不能说"耳鬓厮磨"。现在有人无限扩大"耳鬓厮磨"的使用范围,显然是错误的。例如:

(1) 一个朋友/一路陪伴我走过十五个春与秋/不曾谋面/却是耳鬓厮磨许久的良师益友。(人民网 2011 年 12 月

19日)

既然彼此"不曾谋面","耳鬓"相距甚远,怎么能"厮磨"呢?实在说不通。

(2)自中国启动国宝工程回购流失文物后,中国文物的行情就一路看涨。有人似乎把握了中国人想和自己文物耳鬓厮磨的急切,价格被越抬越高。(《山西晚报》2013年5月14日)

(3)铁锨、锄、扬场锨、桑叉、簸箕……这些曾经和父亲交集的农具,与父亲耳鬓厮磨的农具,也是父亲生命里的一部分。(《人民日报》2015年4月22日)

(4)我只知道自己的闲暇时光,都在与文字耳鬓厮磨;有一年我忙着写东西,竟然记错了春节的日子,一度成为家里的经典笑谈。(《张家界日报》2016年3月3日)

(5)每到周末,我骑自行车往返,六十里路程,两三个小时,沿路看着光景,跟时间耳鬓厮磨。(《人民日报》2014年6月13日)

例(2)"耳鬓厮磨"的是人与文物,例(3)是人与农具。人与物可以频繁接触,但是不能"耳鬓厮磨"。例(4)"耳鬓厮磨"的双方是人与文字,例(5)是人与时间,人与抽象事物显然更不能"耳鬓厮磨"了。

(6)吐故也好,纳新也罢,新风和旧俗都在这个春天的节日里相逢交织,耳鬓厮磨,扯不断,理还乱,真是别有一番"年味儿"在心头。(《人民周刊》2016年第3期)

(7)我走到医院对面的一个小吃店……缓慢地吃一碗

馄饨……我听到了此前从未注意的咀嚼的声音,牙齿和食物的耳鬓厮磨,吞咽时喉咙的轻微声响。(《人民日报》2013年5月29日)

以上两例进一步扩大到事物与事物之间。例(6)"耳鬓厮磨"的竟然是"新风和旧俗"两种抽象事物,作者的想象力实在太丰富了。例(7)"耳鬓厮磨"的是"牙齿和食物",一方要把另一方切断、磨碎,然后吞掉,如此亲密相处实在太可怕了。这岂止是误用,简直是滥用了。

2016年4月20日

使用"繁文缛节"不要叠床架屋

"繁文缛节"原作"繁文缛礼"。意思是烦琐而不必要的礼仪(繁:烦琐;文:仪式;缛:繁多;礼:礼节)。也比喻烦琐而不必要的办事程序、手续等。语出唐·元稹《王永太常博士制》:"朕明年有事于南郊,谒清宫,朝太庙,繁文缛礼,予心憯然。"后多作"繁文缛节"。例如明·薛应旂《薛子庸语·神农》:"古者制礼足以佐实喻意而已,繁文缛节非所尚也。"梁实秋《雅舍小品·礼貌》:"饮宴之礼,无论中西都有一套繁文缛节。我们现行的礼节之最令人厌烦的莫过于敬酒。"马识途《夜谭十记》十记:"吃早饭也要经历一套繁文缛节,虽说你不过是去喝两碗稀饭,礼仪却要求和吃干饭的午晚餐一样。"张贤亮《习惯死亡》:"机关里的繁文缛节和对繁文缛节的尊重是在血液里活动的遗传病。"

在社会生活中遵守一些礼仪,在办事过程中遵循一定的程序、履行一定的手续,都是必要的。但是过多的、不必要的礼仪、程序、手续,没有任何好处,应该去掉。所谓"繁文缛节"就是应该去掉的烦琐而不必要的礼仪。这条成语中已经包含了繁杂、不必要的意思,使用时就不要再加上"过多的""不必要的"之类的修饰成分,否则就会语义重复,文字烦冗。请看例句:

使用"繁文缛节"不要叠床架屋

（1）他们做人做事简单利落，不拘小节，不讲究过多的繁文缛节。（光明网2015年8月6日）

（2）成立新机构，确实可能引发竞相降低标准的风险，但有些多余的繁文缛节也可能因此被废除。（中国新闻网2015年3月26日）

（3）反对官僚主义、转变干部作风，必须从细节做起，对迎来送往从制度上予以规范，取消不必要的繁文缛节，使基层干部有更多时间全力以赴做好工作，建立与群众鱼水情深、血肉相连的关系。（《人民日报》2006年9月5日）

（4）与龙井、碧螺春等绿茶相比，竹叶青褪去了一切并不重要的繁文缛节，一道白练的热水就能烘托其淡雅清醇。（《人民日报》海外版2013年5月28日）

（5）可怜大部分公务员有用的生命，都浪费在这些对于社会没有任何益处的繁文缛节之上了。这不能不说是人生的大悲哀！（光明网2010年3月11日）

例（1）在"繁文缛节"前面加了"过多的"，例（2）加了"多余的"，例（3）加了"不必要的"，例（4）加了"不重要的"，例（5）加了"对于社会没有任何益处的"。加的这些话都是多余的、不必要的、对于文章没有任何益处的，纯属叠床架屋，应该删掉。

2016年4月9日

"反唇相讥"不等于反驳

"反唇相讥"原作"反唇相稽",意思是受到指责后,反过来质问对方(反唇:回嘴)。语出《汉书·贾谊传》:"妇姑(儿媳和婆婆)不相说(说:同'悦'),则反唇而相稽。"唐·颜师古注引应劭曰:"稽,计也,相与计较也。"例如清·蒲松龄《聊斋志异·段氏》:"又将年余,段中风不起,诸侄益肆,牛马什物,竞自取去。连诟斥之,辄反唇相稽。"后来讹变为"反唇相讥"。把"稽"(计较、责难)换成"讥",整个成语的意思也由同对方争辩变成讥讽对方。所以《现代汉语词典》释为:"受到指责不服气而反过来讥讽对方。"例如汪曾祺《晚饭花》:"两个姐姐容不得小凤如此放肆,就一齐反唇相讥:'敲锣卖糖,各干各行!'"罗国士、刘迪华《黑水魂》:"吴常顺吼道:'你这个小兔崽子,不会说一句人话。'黑水娃反唇相讥:'那也比老狗牙专会闻臊舔腚强!'"王蒙《鹰谷》:"'真他妈的匪连长!'他的同事们常常这样嘲笑他,绝大多数情况下并无太多恶意。他也并不计较,最多反唇相讥别人以各自的短处。"

"反唇相讥"当然是对指责的一种反击,但它不是通过摆事实、讲道理正面加以驳斥,而是抓住对方的缺点加以讥讽,正如前举王蒙用例所说的"反唇相讥别人以各自的短处",因此不同于一般的争辩、反驳。可惜现在有些人忽略了这一点,

把这条成语等同于一般的反驳,只要是对别人的指责加以反击,不管采取什么方式,都说"反唇相讥"。例如:

(1) 江青蛮横地说:"只要是写第一张大字报的,就必须承认他是革命左派,就必须支持他们。至于什么历史问题,那有什么了不起……你不也是国民党吗?"陶铸也火了,他立即反唇相讥:"你知道我是什么时候的国民党党员?我是第一次国共合作时期的国民党员,是在国民党军队集体参加国民党的。那时毛主席也是国民党,周总理也是国民党……而这个革命左派是什么性质的国民党?他的国民党能够与我们的国民党混为一谈吗?"(人民网 2012 年 1 月 10 日)

(2) 2009 年 12 月 29 日,英国首相布朗用最强烈的字眼谴责中国处决英国毒品贩子阿克毛……中国外交部发言人姜瑜毫不示弱地反唇相讥,希望英国政府尊重中国的法律,并为了中英两国关系的大局,收回对中国的指责。(人民网 2010 年 6 月 10 日)

(3) 作为监督者的邓成明代表在遭到被监督者的抢白之后,曾反唇相讥,"我是作为人大代表来调研,你应该听我把话说完。"(《新京报》2009 年 11 月 13 日)

(4) 我在微博里提到今天仍需要鲁迅的战斗精神,有人反唇相讥,以为"投枪"和"匕首"不利于建设和谐社会。(《光明日报》2011 年 9 月 27 日)

(5) 如果碰上了一些个"不识相"的嫌疑人,在被按倒后还大呼"你们为什么抓我?我又没做过什么!"这时,警察

通常会义正词严地反唇相讥:"你自己做过什么,自己不知道吗?"(《羊城晚报》2011年8月19日)

例(1),江青为替曾参加过国民党的某"革命左派"撑腰,竟然嘲讽陶铸同志"也是国民党",当即遭到陶的驳斥,他的话完全是摆事实、讲道理,义正词严,同"反唇相讥"毫无共同之处。例(2)我外交部发言人对英国首相无理谴责的驳斥,例(3)人大代表对被监督者抢白的回应,也绝不是讽刺。例(4)有人不同意"我"的观点,认为"投枪和匕首不利于建设和谐社会",无论观点是否正确,都属于正常的争论,说不上"反唇相讥"。既然是"反唇相讥",就不可能是"义正词严",例(5)说"义正词严地反唇相讥",本来就不通,何况警察的话也没有任何讥讽的意味,显然更加不妥了。

2012年2月5日

"防患未然"防的是"未然"

"防患未然"意思是在事故或灾害发生之前就加以防备。语本《周易·既济》:"君子以思患而豫防之。"例如宋·周必大《王仲行尚书札子》:"然抑兼人而举其偏,防患未然,最为政之要务。"李劼人《大波》三部七章:"为了秉承大人意旨,防患未然起见,所有来信,全予销毁,无一字漏出。"钱锺书《围城》六:"师生恋爱是有伤师道尊严的,万万要不得,为防患未然起见,未结婚的先生不得做女学生的导师。"

这条成语不难理解也不难使用,关键是要弄清"防患未然"防的是"未然"。"未然"就是没有这样,指事故或灾害没有发生。没有发生之前可以防范,已经发生之后就没有办法使它不发生了,所以对已经发生的事故或灾害不能说"防患未然"。例如:

(1) 灾情年年有,关键是如何应对,能否做到天下雨,路不积水;地壳动,房能抗震;火来临,防患未然。(《人民日报》2012年7月31日)

(2) 现在的环保问题,媒体都在关注雾霾和地下水,但从专业角度看,还有哪些没有曝光的问题应该防患未然?还有哪些"定时炸弹"需要提前排查?(《人民日报》2013年2月22日)

（3）台北市教育局表示将在下学期前,为辖内小学每间厕所内加装求救铃,避免厕所成为校园治安死角。虽然求救铃不见得可以防范凶杀案的发生,但至少可防患未然,在危急时刻学童可按铃求救,让警方、校内保安在最短的时间内赶赴现场。(《人民日报》海外版2015年6月5日)

例(1),火未来临可以"防患未然","火"已"来临"只能及时扑救,防止蔓延,怎么还能"防患未然"呢？例(2),"定时炸弹"尚未爆炸,可以"提前排查",而那些"没有曝光的问题"都是早已发生只不过没有公开的事故,只能严肃处理,亡羊补牢,也无法"防患未然"。至于例(3),既然"求救铃不见得可以防范凶杀案的发生",可见这个措施不足以"防患未然",但接着又说"至少可防患未然",岂不是前后矛盾,语言混乱？这三例的"防患未然"显然均属误用。

问题已经露出苗头,还可以采取措施防止发展蔓延、酿成大祸,但不能说"防患未然",应该说"防微杜渐"。"防微杜渐"意思是在坏事刚刚露出苗头的时候就及时制止,不让它发展下去(微:微小,指坏事的苗头;杜:堵塞;渐:征兆,苗头)。例如夏衍《心际》二幕:"在起初的时候,最要防微杜渐。"邓友梅《双猫图》:"我无非是防微杜渐,也许事情没这么严重,你也用不着心情太沉重。"熊召政《张居正》四卷二十七回:"张居正本想耐心讲一番'千里之堤溃于蚁穴'的防微杜渐的道理,怎奈身子再也坚持不住,两手一松,竟一摊泥似的瘫倒在椅子上。"这两条成语都有预先加以防范的意思。区别在于:"防患未然"指防止问题的发生,"防微杜渐"指防止已经出现的问题发

展蔓延。二者不能混为一谈。现在有人在问题已经出现苗头以后还说"防患未然",显然也是错误的。例如:

(4)对于这种利用网络新工具、非常隐蔽又极易蔓延的赌博方式,我们绝不能掉以轻心,应迅速将其扑灭在萌芽状态,做到防患未然。(《长沙晚报》2015年8月3日)

(5)对领导干部违反"八项规定"、"四风"问题、党纪党规等,坚持……小病大治,防患未然。(《宜宾日报》2015年8月8日)

(6)要坚持抓早抓小,做到防患未然。(《北京青年报》2014年6月19日)

例(4),既然是"扑灭在萌芽状态",就说明问题已经出现了苗头,那么"防"的就不是"未然",而是"微"和"渐"了,当然不能说"防患未然"。例(5),既然已经违反了"八项规定",染上了需要"大治"的"小病",显然也不能说"防患未然"。例(6),"抓早"的"早"可以指问题发生以前,也可以指发生之初,而所谓"抓小"就是"防微",问题已经露头才抓,还说"做到防患未然",就不成话了。因此这三例的"防患未然"都应该改为"防微杜渐"。

2016年2月19日

"沸沸扬扬"与"纷纷扬扬"

"沸沸扬扬"意思是像水在锅里沸腾翻滚(沸沸:水沸腾翻滚的样子;扬扬:扬起、升腾的样子)。形容议论纷纷,吵吵闹闹。语见元·施耐庵、明·罗贯中《水浒传》十八回:"后来听得沸沸扬扬地说道:'黄泥冈上一伙贩枣子的客人,把蒙汗药麻翻了人,劫了生辰纲去。'"例如清·文康《儿女英雄传》十三回:"前日在路上听见各店里沸沸扬扬的,传说……一个和尚,一个头陀,一个女人,因为妒奸,彼此自相残害。"王安忆《叔叔的故事》:"当叔叔离婚的事件闹得沸沸扬扬的时候,我曾有机会亲耳聆听叔叔本人的叙述。"秦牧《惠能和尚的偈语》:"也有一些作品,当年刚刚问世的时候,敲锣打鼓,闹得沸沸扬扬,但是经过群众的选择,结论却不是那么一回事。"

"纷纷扬扬"形容雪花、树叶、灰尘等在空中杂乱地飘扬(纷纷:多而杂乱的样子;扬扬:在空中飘动的样子)。语见元·刘唐卿《降桑椹》一折:"时遇盛冬天气,朔风大凛,密布彤云,纷纷扬扬,下着这国家祥瑞。"例如元·施耐庵、明·罗贯中《水浒传》十回:"正是严冬天气,彤云密布,朔风渐起,却早纷纷扬扬卷下一天大雪来。"叶文玲《丹梅》:"天,渐渐地黑下来了。高庄车站通往县城的道路,已被纷纷扬扬的大雪盖满了。"王火《战争和人》(二)卷四:"传单红的、黄的、绿的,纷纷扬扬撒满天空。""纷纷扬扬"过去也形容议论纷纷。如明·冯梦龙《二刻拍案惊奇》卷四："去年云南这五个被害,忒煞乖张了,外人纷纷扬扬,亦多晓得。"这个用法现已少见,一般辞书都没有收录这个义项。

这两条成语都包含"扬扬"二字,而且"沸沸扬扬"形容议论纷纷,"纷纷扬扬"又包含"纷纷"二字,因此二者容易混为一谈。该用"沸沸扬扬"的用了"纷纷扬扬",不能算错,但该用"纷纷扬扬"的用了"沸沸扬扬",无疑就是误用了。例如:

(1) 时光是场沸沸扬扬的雪。(《北京日报》2016年2月25日)

(2) 昨天凌晨时分,沸沸扬扬的"鱼眼雪""米粒雪""小冰雹"雨夹雪,从漆黑的夜色中不约而同地洒向了韶关市乳源、南雄、乐昌等地的高寒山区。一夜风雪,让粤北辽阔的山川、田野、村庄,全都化作一片北国壮美画卷。(《广州日报》2016年1月24日)

(3) 秋天的一些想法不再轻若羽毛,但也多不过随处可见的浮尘,让我们抓住浮尘停留在任一角落,体会不见阳光的黑暗,思念那沸沸扬扬的红尘。(《巢湖日报》2015年8月25日)

(4) 由于高度很低,强大的飞机尾气流把地面的沙土吹得沸沸扬扬,遮天蔽日,好像刮起了十二级台风。(《传奇文学》2002年2期)

以上诸例说的都是"雪""浮尘""沙土"在空中飘扬,同议论纷纷、吵吵闹闹风马牛不相及,显然应当改用"纷纷扬扬"。

顺便说一下,也有人把"沸沸扬扬"同"洋洋洒洒"混为一谈。例如:

(5) 鸽子满天飞,被放鸽子(按,"放鸽子"指爽约)的人心中肯定准备好了石碑一块,对爽约者的差评肯定是沸沸扬扬的写了一篇。(搜狐网2016年1月19日)

例(5)是说被爽约者对爽约者颇为不满,如果下笔为文一定有很多话要说。这个意思应该改用"洋洋洒洒"。"洋洋洒洒"形容文章、讲话内容丰富,篇幅很长。例如巴金《谈〈憩园〉》:"他包下一个叫做'礼拜六'的私娼,租了一所小公馆。'定情之夕'还洋洋洒洒写了一篇海誓山盟的大文。"孙犁《〈方纪散文集〉序》:"他常常是党之所需,时之所尚,意之所适,情之所钟,就执笔为文,洋洋洒洒。"这条成语用于例(5)庶几近之。

2016年3月25日

"风流云散"与"烟消云散"

"风流云散"意思是像风一样流动,像云一样飘散。比喻原来聚在一起的人零落离散。语出汉·王粲《赠蔡子笃》诗:"悠悠世路,乱离多阻。济岱江行,邈焉异处。风流云散,一别如雨。"例如清·吴敬梓《儒林外史》四十八回:"自从虞博士去了,这些贤人君子,风流云散。"清·曹雪芹著、高鹗补《红楼梦》一〇六回:"众姐妹风流云散,一日少似一日。"汪曾祺《落魄》:"开饭馆的江西人、湖南人、山东人、河北人全都风流云散,不知所终。"柯灵《鱼书》:"偶然在风晨月夕,想起那些风流云散的故旧,便不禁引起一缕深沉的寂寞。"

"烟消云散"意思是像烟一样消失,像云一样散尽。比喻某些思想、情绪或事物消失得干干净净。语见元·张养浩《天净沙》曲:"更着十年试看,烟消云散,一杯谁共歌欢?"例如清·八宝王郎《冷眼观》十三回:"就此一场天大的祸事落得烟消云散。"吴玉章《辛亥革命》二十三:"至此,孙中山先生的二次革命于瞬息之间即告烟消云散。"叶圣陶《城中》:"好好的计划,往往给经费问题打得烟消云散。"赵树理《卖烟叶》:"这样一来,父子们的矛盾就完全烟消云散了。"沙丁《欧幺爸》:"欧幺爸大笑,仿佛这一天来的不快,已经全部烟消云散。"

"风流云散"和"烟消云散"两条成语意思相近,区别在于:

"风流云散"指的是离散,只适用于人,不适用于事物;"烟消云散"指的是消失,只适用于事物或人的某些情绪,不适用于人。弄不清这种区别,很容易把二者混为一谈。例如:

(1) 稿件之类早已风流云散。(人民网2010年12月20日)

(2) 一份家产和半世心血顿作风流云散。(新华网2014年2月8日)

(3) 在80年代后期繁盛一时的青海诗歌活动就此风流云散。(《青海日报》2013年8月30日)

(4) 文化价值和民俗仪式是水乳交融的,如果价值体系不能成为民俗习惯,这种价值也是无法传承,也是会风流云散的。(人民网2007年11月11日)

(5) 一切附会穿凿之说无须大力摧陷廓清,自必风流云散,尘埃落定。(《光明日报》2013年9月2日)

(6) 走向社会后,那些"正确的"思想教育内容,很容易在多样、现实的社会问题面前风流云散。(《中国青年报》2014年12月22日)

例(1)说的是"稿件"丢失殆尽,例(2)说的是"家产"和"心血"化为乌有,例(3)说的是"活动"偃旗息鼓,例(4)说的是"价值"逐渐消失,例(5)说的是"学说"销声匿迹,例(6)说的是"思想教育内容"荡然无存:都同人的离散毫不相干,可以改用"烟消云散",也可以根据不同的语境选用别的词语表述,但是绝不能使用"风流云散"。

顺便说一下,"风流云散"中的"风"和"云"都是名词作状语,分别修饰动词"流"和"散","风流""云散"都是偏正结构,而不是主谓结构。有人误解为"风在流动""云在飘散",从而用来形容自然景物,显然也是错误的。例如:

(7)风流云散,郁冈的天空中露出响亮的蓝。(《滁州日报》2015年4月15日)

(8)日出日落、风流云散,当又一轮红日升起的时候……(《重庆晚报》2013年8月28日)

(9)最妙的是雨住了,云薄了,这时你就能理解风云际会到风流云散的意境。(《人民日报》2013年11月23日)

至于以下两例中的"风流云散"是什么意思,实在无法捉摸,纯属滥用:

(10)李商隐的诗,仿佛深红的洒金笺上用淡墨写出的篆字,华丽,曲折,但骨子里透着股风流云散的气息。(《人民日报》海外版2006年1月28日)

(11)王安忆以其精准、绵密、柔软的现实主义之手,捕捉到"上海"作为一个中国异邦在中国当代的风流云散,以小女子王琦瑶的生命跌宕蹉跎,扒开大时代的层层褶皱,细致幽微地烛照出中国的一种现实。(新华网2015年2月3日)

顺便说一下,例(9)的"风云际会"也用错了。参见本书《"风云际会"的两种误用》一文。

2015年8月9日

"风雨飘摇"形容形势不稳

《诗·豳风·鸱鸮》:"予室翘翘,风雨所漂(漂:同'飘')摇。"意思是鸟巢在风吹雨打中摇摇欲坠。后用"风雨飘摇"形容形势动荡不安,很不稳定。例如宋·范成大《送文处厚归蜀类试》诗:"死生契阔心如铁,风雨飘摇鬓欲丝。"鲁迅《哀范君三章》诗:"风雨飘摇日,予怀范爱农。"郭沫若《海涛集·我是中国人》:"但是自成立以来便在风雨飘摇中的创造社,终于在一九二九年二月七日,便是我流亡日本后一周年光景,被封锁了。"秦牧《北京漫笔·中国人的足迹》:"凡是大规模迫害华侨的国家,都是风雨飘摇的国家。"

"风雨飘摇"不难理解,也不难使用。需要注意的是,这条成语只用其比喻义,不用其字面义。《现代汉语词典》释为"形容形势很不稳定",只用八个字便概括了它的含义和用法,准确而且精辟。现在有人把它同"风吹雨打"或"摇摇欲坠"混为一谈,显系误用。例如:

(1) 迴龙塔在几百年风雨飘摇中屹立不倒,堪称建筑史上的奇迹。(《永州日报》2015年5月7日)

(2) 书院的建筑历经数百年风雨飘摇,最终挣扎不起,于上个世纪七十年代……轰然倒地。(《光明日报》2008年11月17日)

（3）半个多世纪风雨飘摇，由于无人看管、人为破坏等原因，远征军密支那墓地几乎被草丛和密林占据。（《华西都市报》2015年9月4日）

（4）雨越来越大……晚上9时许，在船舱内的吴建强和老伴都没睡着，风雨飘摇中，船也开始有些摇晃。（《中国青年报》2015年6月4日）

以上诸例的"风雨飘摇"指的都是风雨的吹打、袭击，与形势动荡不安毫无关系，显系误用。可以改为"风吹雨打"。"风吹雨打"指遭受狂风大雨的袭击。例如清·颐琐《黄绣球》一回："连日只因舍下房屋，今年被风吹雨打，有两间像要坍塌，心中烦闷。"李明性《故园》四十三："结婚时草草盖下的土坯房，几经风吹雨打，土坯不断脱落，四面钻风透气，随时都有倒塌的危险。"

（5）他家的老房子是在1983年修建的，由于年久失修，房屋已是风雨飘摇、四处通风。（《皖东晨刊》2015年12月20日）

（6）狠毒的叔叔为了霸占兄长留下的唯一遗产——那间风雨飘摇的小屋，还将两个年幼的侄儿女赶了出去。（《绍兴晚报》2014年3月28日）

（7）在国内保护不力，诸多古建筑风雨飘摇、危在旦夕的背景下，它们至少可在异国得到应有的重视和保护，并作为国际文化交流的载体，向世界展示东方古国的建筑文明。（《福建日报》2015年11月7日）

（8）际会村目前有一处民房三面墙体均倒塌，仅剩半

边木结构楼房风雨飘摇,有三人受困其中,情况万分紧急!(《闽东日报》2015年8月20日)

这四例中的"风雨飘摇"形容的都是建筑物即将倒塌,同形势是否稳定无关,亦属误用。可以改为"摇摇欲坠"。"摇摇欲坠"形容晃晃悠悠,就要落下或倒塌。例如巴金《旅途通讯·桂林的受难》:"自然还有几堵摇摇欲坠的断墙,勉强立在瓦砾堆中。"古华《古典爱情》三:"极目望去,树木枯萎,遍野黄土;竹篱歪斜,茅舍在风中摇摇欲坠。""摇摇欲坠"也形容地位不稳,行将垮台,例如李劼人《大波》四部二章:"这一仗,赵尔丰得救了,把摇摇欲坠的局面又延长了将近五十天。"在这个意义上,"摇摇欲坠"同"风雨飘摇"有类似之处,但是"风雨飘摇"不能用来形容建筑物行将倒塌。

2016年1月9日

"风云际会"的两种误用

"风云际会"比喻贤臣适逢其时,得与明主相遇合;也比喻遇到好的时机,得以施展才能,建功立业。语本《易·乾》:"同声相应,同气相求;水流湿,火就燥;云从龙,风从虎。"这段话的意思是,水向低湿处流,火向干燥处燃,云随龙而生,风从虎而起,声气相应,各从其类。后凝缩为"风云"或"风虎云龙",比喻明君贤臣相得相合。例如《后汉书·耿纯传》:"大王(按,指李轶)以龙虎之姿,遭风云之时,奋迅拔起,期月之间兄弟(按,指李轶兄弟)称王。"宋·王安石《浪淘沙令》:"汤武偶相逢,风虎云龙,兴王只在笑谈中。"

"风云"加上当遇合、遭逢讲的"际会",就成了成语"风云际会"。语见唐·杜甫《夔府书怀四十韵》诗:"社稷经纶地,风云际会期。"例如明·许仲琳《封神演义》十八回:"闲居渭水垂竿钓,只等风云际会缘。"明·冯梦龙《喻世明言》卷十五:"又不见单父吕公善择婿,一事樊侯一刘季?风云际会十年间,樊作诸侯刘作帝。"李国文《冬天里的春天》一章:"十年来,夏岚由一家报社的普通编辑,坐冷板凳的角色,风云际会,一跃成为赫赫有名的写作班子里的中坚。"

"风云际会"也作"际会风云"。如姚雪垠《李自成》二卷十七章:"他是一个喜欢纵横之术的策士派人物,自认为隐于星相卜筮,待机而动,梦想着能够'际会风云',随着所谓'上膺天命'的真英雄干一番轰轰烈烈的事业。"也作"风云际遇"。如姚雪垠《李自成》一卷二十六章:"其实自古为良相的并不是都从举业出身,一靠自己确实有经济之才,二靠风云际遇耳。"

我之所以不厌其烦举出那么多古今范例,就是想通过这些范例说明"风云际会"怎么讲、怎么用。这条成语比较难懂,没有读懂就贸然使用只能造成误用。这种情况屡见不鲜,常见的有两种类型:

一是用"风云际会"形容政治局势。例如:

(1) 在"四个全面"的指引下,当今中国犹如鲲鹏展翅,在世界风云际会中乘风翱翔。(《光明日报》2015年5月25日)

(2) 13年,弹指一挥间——风云际会,世事变幻,中国的综合国力和国际地位发生了历史性变化,中国和世界的关系发生了历史性变化。(新华网2014年11月5日)

(3) 在中东风云际会,战云笼罩巴格达之际,世界知识出版社推出了"中东、伊拉克风云"系列图书……从多角度、全方位真实客观地展现中东及伊拉克的局势。(《中华读书报》2003年2月19日)

以上诸例都把"风云际会"曲解为政治局势动荡不定。这个意思同"风云际会"毫无共同之处,应该改用"风云变幻"。"风云变幻"的意思是像风和云那样变幻不定,比喻局势动荡不定,复杂多变。例如夏衍《〈新华日报〉及其他》:"跨进了一九四四年,国际国内都出现了风云变幻的局面。"韦君宜《女人的文学》:"作者概括了那整个一个时代的风云变幻,而其中最令人不能忘怀的,无疑是主人公林道静那痛苦而庄严的追求。"这条成语用于以上诸例正好合适。

二是用"风云际会"形容自然景象。例如:

(4)在大自然中汲取丰富营养,千峰林立,风云际会,壁立千仞,沟壑涧流,这些都源源不断地给予他创作的灵感。(《人民日报》海外版2013年4月26日)

(5)最妙的是雨住了,云薄了,这时你就能理解风云际会到风流云散的意境……这时的云与风达成了默契,该断的断,该连的连,该虚的虚,该实的实。(《人民日报》2013年11月23日)

(6)正因苍山处于两个较大地理系统的交界,注定是一个风云际会、风云激荡的地带。(《春城晚报》2013年7月22日)

以上诸例都把"风云际会"误解为风和云聚集在一起。殊不知成语"风云际会"从古至今用的都是它的比喻义,而不是字面义。用"风云际会"形容自然景象,显然犯了望文生义的错误。

至于以下诸例,"风云际会"究竟是什么意思,已经很难捉摸,纯属滥用了:

(7)有一条天路,铺在白雪皑皑的险峻高原;有一条天路,铺在绿草茵茵的塞外坝上;还有一条天路,铺在风云际会的塔吊大臂。(《中国青年报》2015年5月5日)

(8)只有这宏伟的观感,才能创造高瞻远瞩的境界,才

会谱写风云际会的篇章。(新华网 2014 年 8 月 22 日)

顺便说一下,例(5)的"风流云散"也用错了。参见本书《"风流云散"与"烟消云散"》一文。

2015 年 8 月 7 日

"风韵犹存"用于中年妇女

"风韵犹存"形容中年妇女仍然保持优雅动人的仪态。语见明·兰陵笑笑生《金瓶梅》九十八回:"况此时王六儿年约四十五六,年纪虽半,风韵犹存,恰好又得他女儿来接代,也不断绝这样行业,如今索性大做了。"例如清·长白浩歌子《萤窗异草·虢国夫人》:"先有二美人在座,一衣碧绡,年约四旬而风韵犹存,一衣藕色衫,齿甚稚,貌亦姝丽。"鲁迅《且介亭杂文二集·论人言可畏》:"案中的男人的年纪和相貌,是大抵写得老实的。一遇到女人,可就要发挥才藻了,不是'徐娘半老,风韵犹存',就是'豆蔻年华,玲珑可爱'。"刘绍棠《烟村四五家》一:"那位女朋友徐娘半老,风韵犹存……人到中年却是妙龄女子打扮。"

"风韵"本指风度、韵致,后多用以形容妇女优雅动人的仪态。如明·许自昌《水浒记·邂逅》:"那女子生得十分标致,你看他遮遮掩掩,那风韵一发动人哩。"清·李渔《风筝误·贺岁》:"但凡妇人家,天姿与风韵,两件都少不得。有天姿没风韵,却像个泥塑美人。""犹"是副词,还,仍然。青年正是风韵动人的时期,当然不是"犹存",只有到了中年还能保持当年风韵的人,才能说风韵"犹"存。前举书证或明确指出"年约四十五六""年约四旬""人到中年",或与"徐娘半老"连用,也足以证明这条成语只适用于中年妇女。

有人没有理解这条成语的含义,不管多大年龄的妇女,都说"风韵犹存",以致造成误用。请看例句:

(1) 风韵犹存的少妇,在虐恋中沉浮。(《私蜜》2010 年 1 期)

(2) 她就像一位风韵犹存的少妇,散发着周身的芳香。(搜狐网 2010 年 1 月 30 日)

(3) 老板娘是青木美野里女士,60 多岁,身材瘦小但风韵犹存。(《环球时报》2012 年 8 月 7 日)

(4) 珍娜·露露布丽姬妲今年已年近 80,但风韵犹存且充满活力。(中国新闻网 2000 年 10 月 26 日)

前两例用"风韵犹存"形容少妇,显然不妥。后两例形容老年妇女,亦属误用。徐娘半老,风韵犹存,"60 多岁"已经全老,谈何"风韵"?至于"年近 80"的耄耋老人,再说"风韵犹存"就更加离谱了。

此外,也有人用这条成语形容男子:

(5) 街上到处都是身着色彩鲜艳的法雅民族服装的男男女女,有身材颀长的美女和帅哥,也有风韵犹存的大妈和大叔。(中国新闻网 2012 年 3 月 22 日)

(6) 陈道明是演员里读书多的一位……写得一手好字……再加上人长得眉清目秀(现在也是风韵犹存),从有明星的那一天起他就是明星了。(冯小刚《我把青春献给你》,长江文艺出版社 2010 年版)

"大叔"和"陈道明"都是男性,服装再鲜艳,眉目再清秀,也不能说"风韵犹存"。如此使用成语就近于荒唐了。

2013 年 4 月 6 日

"逢人说项"比喻到处说人好话

《太平御览》卷二〇二引唐·李绰《尚书故实》记载,唐代诗人杨敬之特别爱才,十分赏识一位叫项斯的士人,在《赠项斯》一诗中说:"处处见诗诗总好,及观标格过于诗。平生不解藏人善,到处逢人说项斯。"由于杨敬之的奖掖,项斯名达长安,第二年便一举中第。后来就以"逢人说项"四字成文,比喻到处说某人的好处,希望引起人们的重视,多用于褒义。例如宋·杨万里《送姜夔尧章谒石湖先生》诗:"吾友夷陵萧太守,逢人说项不离口。"清·薛雪《一瓢诗话》五十:"或心知,或亲串,必将其声价逢人说项,极口揄扬。"张恨水《金粉世家》一卷一章:"我抱着逢人说项的意思,只要人家一问,我就把金太太的身世,对人说了,大家都不免叹息一番。"郭英德《明清文人传奇研究·后记》:"我捧读这一封言辞恳切的推荐信,深深地为先生(按,指启功)奖掖后学、逢人说项的一片赤诚之心所感动!""逢人说项"也作"为人说项"。例如晚清·曾朴《孽海花》九回:"行辕中又送来几封京里书札,雯青一一检视,也有亲友寻常通贺的,也有大人先生为人说项的。"

理解和使用"逢人说项"必须扣准三点:第一,必须是说别人,而不是说自己;第二,必须是说别人的好话,而不是说别人的坏话;第三,说别人好话的目的是向大家推荐,引起重视或关心，而不是逢迎奉承，讨好别人。不符合这三点中的任何一点，都不能使用这条成语。请看从媒体中摘录的几条错误用例：

（1）萧满，或张悟本之流，有这次经历，自可大书特书，为其神医生涯着浓墨涂重彩，可以到处逢人说项，大吹一番了。(《新华每日电讯》2014年2月13日)

"萧满或张悟本之流"误打误撞侥幸成功，便到处吹牛，蒙骗群众。这不是宣扬别人，而是吹嘘自己。没有扣准前述第一点，当然不能使用"逢人说项"。

（2）日本挑起钓鱼岛争端，自知理亏，备受孤立，于是东跑西颠，逢人说项，试图绑架不相干的国家，却碰了一鼻子灰。(《人民日报》2012年10月22日)

日本挑起钓鱼岛争端之后，外相玄叶光一郎曾到欧洲游说，歪曲事实，诋毁中国，企图取得欧洲国家的支持。这不是说别人的好话，而是说别人的坏话。没有扣准第二点，显然也不能使用"逢人说项"。

（3）中国科学院发布的《国家健康报告》……认为，中国国家健康状况在2007年就已经超过了美国，并且预计到2049年一定能够全面超越美国，与党代会提出建国百年时基本实现现代化的时限完全吻合，这样的研究很自然被人解读为是对党与政府目标的一种刻意诠释与注解……有附和政府宣示之嫌……对政府而言，未必也会被这些近乎拾人牙慧、逢人说项的报告激发兴奋点。(《环球时报》2013年1月10日)

此例批评《国家健康报告》"是对党与政府目标的一种刻意诠释与注解","有附和政府宣示之嫌","近乎拾人牙慧、逢人说项"。我没有读过这篇《报告》,不知道如此评论是否公允,但是不难看出作者使用成语"逢人说项",想要表达的意思就是逢迎奉承,哗众取宠。而且把它同贬义成语"拾人牙慧"连用,其贬抑之意非常明显。这是不符合前述第三点的,也同"逢人说项"的感情色彩不符,显然也不能使用"逢人说项"。

"逢人说项"的使用频率虽然不高,但误用的比例并不低,必须引起我们足够的重视。

2015年2月27日

"釜底抽薪"为的是"止沸"

"釜底抽薪"意思是从锅底下抽出燃烧着的柴火,就可以使锅里的水不再沸腾。语本《吕氏春秋·尽数》:"夫以汤止沸,沸愈不止;去其火,则止矣。"汉·枚乘《上书谏吴王》:"欲汤之冷,一人炊之,百人扬之,无益也,不如绝薪止火而已。"后以"釜底抽薪"四字成文,比喻从根本上消除祸患或解决问题。例如清·吴敬梓《儒林外史》五回:"如今有个道理,是釜底抽薪之法。只消央个人去把告状的安抚住了,众人递个拦词,便歇了。"清·李汝珍《镜花缘》九十五回:"如此用药,不须治惊,其惊自愈,这叫做釜底抽薪。"茅盾《鼓吹集》:"我们党中央……一再号召文艺工作者到下层去投入火热的斗争以丰富自己的生活,以便釜底抽薪地消灭公式化概念化所以产生的根源。"习近平《在第十八届中央纪律检查委员会第二次全体会议上的讲话》:"扬汤止沸,不如釜底抽薪。要从源头上有效防治腐败,加强对典型案例的剖析,从中找出规律性的东西,深化腐败问题多发领域和环节的改革,最大限度减少体制障碍和制度漏洞。"

从这条成语的出处看,"釜底抽薪"是同"扬汤止沸"相对而言的,"扬汤"不能"止沸",只有"釜底抽薪"才能止沸。这就决定了这条成语的比喻义只能是采取措施从根本上解决问题。从前举典范用例看,吴敬梓说的是只要安抚住原告,同意调解,官司就打不起来了,这是典型的"釜底抽薪";李汝珍说的是只要抓住病根下药,就能药到病除;茅盾说的是,深入生活才能从根本上解决文艺创作公式化、概念化的问题;习近平说的是,要采取措施从源头上防治腐败:都是用"釜底抽薪"比喻从根本上解决问题。由此可见,只有为了"止沸"而"抽薪",才能说"釜底抽薪"。现在有人只看到"抽薪"二字,把抽人、抽钱之类乘人之危、拆人之台,给人制造或增加困难的行为,一律说成"釜底抽薪",实在是对这条成语的误解和误用。例如:

(1)〔美国〕从利比里亚、塞拉利昂和几内亚三个疫区国家撤回340名志愿者……在非洲人民生命受到威胁的危难之际,不仅不"雪中送炭",反而"釜底抽薪"。(《环球时报》2014年8月18日)

(2)国际金融危机波及市场,企业订单锐减,这时,最需要银行支持了,可银行却上门收贷……一下子收走了7000万元。对一家中小企业来说,等于釜底抽薪。(《人民日报》2014年9月26日)

(3)为了备战九月份开始的亚运会,中国足协最近公布了新一期的国奥名单,绿城队共有……5人入选。5人被抽调,对于要保级的绿城队来说几乎是釜底抽薪。(《钱江晚报》2014年8月30日)

(4)广东科学中心主任王可炜日前在接受媒体记者采访时,表达了对"科技馆"实行免费开放政策的担忧:"免费"对本已是投入不足的科技馆来说,无疑是釜底抽薪。(《人

民日报》2011年11月7日)

(5)武汉大学的做法虽然属依法办事,但在张在元病重期间突然解聘他,无异于乘人之危,釜底抽薪,缺少了人情味,缺少了以人为本的治校理念。(《重庆晚报》2009年11月18日)

以上诸例,讲的都是给人增加困难,使人陷入困境的消极行为,而不是从根本上解决问题的积极举措,显然都不能使用"釜底抽薪"。可以改用"雪上加霜"。"雪上加霜"比喻接连遭受灾难,损害愈加严重。例如清·李汝珍《镜花缘》五十一回:"一连断餐两日,并未遇着一船。正在惊慌,偏又转了迎面大风,真是雪上加霜。"路遥《月夜静悄悄》:"父亲死后,望着母亲又双目失明了,他的日月更是雪上加霜。"这条成语用于以上诸例正好合适。

2014年10月5日

"高山流水"比喻知音

"高山流水"语本《列子·汤问》:"伯牙善鼓琴,锺子期善听。伯牙鼓琴,志在登高山。锺子期曰:'善哉!峨峨兮若泰山!'志在流水。锺子期曰:'善哉!洋洋兮若江河!'伯牙所念,锺子期必得之。"后以"高山流水"四字成文,比喻知音。例如宋·张孝祥《浣溪沙》词:"我是先生门下士,相逢有酒且教斟。高山流水遇知音。"清·曹雪芹著、高鹗补《红楼梦》八十六回:"书上说的师旷鼓琴能来风雷龙凤;孔圣人尚学琴于师襄,一操便知其为文王;高山流水,得遇知音。"凌力《星星草》五章:"玉燕,我怎么就遇上了你,真所谓高山流水,相见恨晚啊!"也指乐曲美妙动听。例如清·袁于令《西楼记·病晤》:"清商绕画梁,一声一字,万种悠扬,高山流水相倾赏。"

"高山流水"作为典故,只用其比喻义,不用其字面义,这是显而易见的。现在有些人不熟悉这个典故,常常用"高山流水"形容自然景物。例如"从市区乘车沿盘山公路蜿蜒行驶,一路上高山流水,美景如画。"(《北京晚报》2014 年 12 月 16 日)"高山"和"流水"都是常用词,不熟悉典故的人把二者连在一起形容自然景物,似乎也无可厚非。但是从字面义出发,又随意引申出许多比喻义,就不应该了。例如:

(1)容沛辰表演的双轮空竹"一线三",动作如高山流水、一气呵成。只见其将右腿置于三轮空竹之间,动作仍轻盈自在、飘逸洒脱,令现场尖叫连连。(中国新闻网2014年5月16日)

(2)祝枝山《临怀素草书》,书法酣畅淋漓,运笔流畅飞动,转折极尽自然,如高山流水跌宕迂回……如梨花飞舞古雅恢弘。(《山西日报》2013年12月18日)

例(1)用"高山流水"形容动作流畅自然,例(2)用"高山流水"形容运笔流畅自然。"高山流水"引申不出这个意思,显系误用,应该改用"行云流水"。"行云流水"形容诗文、书法、动作等流畅自然毫无拘束。例如梁实秋《雅舍小品·书法》:"在故宫博物院,看到名家书法,例如王羲之父子的真迹,如行云流水一般的萧散。"老舍《我的经验》:"一出好戏,人物出来进去正如行云流水,极其自然,使观众感到舒服。"这条成语放在前两例中正好合适。

(3)他常对我说:"廉能正身,清能自廉。""宁可清贫自乐,不可浊富多忧。"他,像清风明月廉无价,高山流水洁有情。坚持淡泊明志,廉洁为民。(《茂名日报》2014年10月30日)

(4)该股从上市之后股价以高山流水的态势持续下跌长达五年半,昨日的股价较上市开盘价跌去83%,不足上市当日零头。(《扬子晚报》2013年6月14日)

例(3)用"高山流水"形容清洁廉明,例(4)用"高山流水"形容不可阻挡,都同这条成语的意义风马牛不相及,纯属滥用。

至于以下两例,作者想通过"高山流水"表达什么意思,就不敢妄加猜测了:

(5) 朴素中溢出高山流水的境界,冲淡处透发梅雪争春的清芬,酣畅里闪现粗犷豪迈的雄奇。这正是《丁玲传》要努力抓住的丁玲精神气质中的三个鲜明特点:"孤独,骄傲,反抗"。(《天津日报》2015 年 7 月 20 日)

(6) 没有疑问,这是一场关于范佩西和罗本的胜利,胜利者以复仇为名,再没有什么不完美,再没有什么可遗憾,平地惊雷,高山流水,最高级的密码,最神奇的魔术,颠覆了所有的习惯和猜想。(《齐鲁晚报》2014 年 6 月 15 日)

2015 年 10 月 30 日

"高山仰止"的"止"不是停止

2011年11月16日《中国艺术报》一篇文章说："面对前辈大师的成就，我们决不能高山仰止、望洋兴叹，也不可亦步亦趋、抄袭模仿。"面对前辈大师的成就，不能望洋兴叹，不可亦步亦趋、抄袭模仿，都可以理解，为什么不能高山仰止呢，实在百思不得其解。后来找到该报2011年4月19日同一作者的文章，才恍然大悟。该文说："就像一名旅行者，行走在艺无止境的路上，什么艰难险阻都不能阻挡他前行的步履，面对海洋绝不望洋兴叹！敬仰高山绝不高山仰止！"原来作者是把成语"高山仰止"理解为"敬仰高山，望而却步"了，所以才肯定"敬仰高山"，否定"高山仰止"，才说"面对前辈大师的成就不能高山仰止"。这纯粹是对这条成语的曲解。

"高山仰止"意思是像大山一样崇高的品德令人敬仰。比喻对崇高品德的崇敬。语出《诗·小雅·车舝（舝：同"辖"）》："高山仰止，景行行止。"例如《隋书·高祖纪下》："有功之臣，降情文艺，家门子侄，各守一经，令海内翕然，高山仰止。"唐·张说《祭殷仲堪羊叔子文》："凡百君子，高山仰止，馨香以时，敬恭明祀。"臧克家《京华练笔三十年》："我与朱德同志并不熟，高山仰止而已。"秦牧《中国文学巨星的陨落》："沈老学识的渊博，使我们这些后学者十分佩服，并且有'高山仰止'的感受。"姚雪垠《李自成》二卷四十六章:"弟奉闯王差遣……不能在老营恭迎大驾,抱歉良深。今后得能常接辉光,时聆教益,殊慰平生'高山仰止'之情。"

考察了这条成语之后,再回头看本文开头所引的两个例句,就可以发现作者对"高山仰止"的理解,存在两个问题。一是不懂得"止"是古汉语虚词,而不是当"停止"讲的实词。在上古汉语中,"止"常用于句末,表示已然、肯定等语气,《诗经》中多次出现。例如《诗·齐风·南山》:"鲁道有荡,齐子由归。既曰归止(既然已经出嫁),曷又怀止(为什么又回来)。"又《大雅·民劳》:"民亦劳止(老百姓辛勤劳苦),汔可小息。"正因为把"止"误解成"停止",所以才说出"敬仰高山绝不高山仰止"这种令人莫明其妙的话来。二是不知道在成语"高山仰止"中,"高山"用的是它的比喻义,比喻崇高的品德,而不是它的字面义,所以才把"高山"同"海洋"对举,都当作阻挡前行的艰难险阻。

类似的误解误用,在媒体中并不罕见。例如:

(1) 雪域高原对我有着无穷的吸引力,却一直是高山仰止、望而却步。(人民网 2014 年 11 月 26 日)

把"高山仰止"同"望而却步"连用,显然是把"止"等同于"却步";用"高山仰止"表示对"雪域高原"的态度,显然是把"高山"等同于"雪域高原"。

(2) 这里风景旖旎,文化深厚。一山(武当山)一湖(太极湖)一岛(太极湖·郧阳岛)的独特格局展现了一幅高山仰止、湖水环抱的逍遥画卷。(光明网 2014 年 7 月 31 日)

（3）与冰山相比，航母就小多了，一般中等的冰山也有十个航母大。可见冰山的巍峨才是高山仰止呢。（《合肥晚报》2013年8月23日）

（4）这些建筑大都分布在公园大门至白塔寺的主轴线上……形成上有白塔，下有黄河，高山仰止，大河前横的壮丽景观。（《鑫报》2014年11月21日）

（5）在……城市里，是一幢幢高大的建筑拔地而起，地标性建筑也令人高山仰止。（《城市晚报》2013年8月8日）

在这几例中，"高山仰止"或用来表示对高山（"武当山""冰山"）的敬仰，或用来表示对高大建筑（"白塔""地标性建筑"）的敬仰，都与人的崇高品德毫无关系，显然用的都是"高山"的字面义而不是比喻义，可见使用者根本没有弄懂什么叫"高山仰止"。

2014年12月26日

不能说自己对别人"高抬贵手"

2008年11月26日《北京晚报》一篇文章说:"记者注意到,宋祖德曾在一篇博文中标榜其行为的'公益性'。文中称:'自从祖德与刘信达在香港组建的德达侦探事务所开展业务以来,通过多种途径,掌握了大量当红的诸多明星名人的见不得人的侧面或背影资料,祖德将视这些人在公众场合的表现而决定披露的程度。如果他们能稍加敛束,祖德将高抬贵手,放他一马……〔否则〕祖德一定予以剥皮抽筋,让他们的丑陋的内核暴露无遗。'"宋祖德的言行不在本文讨论范围之内,这里要说的是,宋祖德博文中的成语"高抬贵手"用错了。

"高抬贵手"意思是高高抬起您的手,把人放过去,是请求对方宽恕或通融时的客套话。语见元·范康《竹叶舟》四折:"弟子愚眉肉眼,怎知道真仙下降,只望高抬贵手,与我拂除尘俗者。"例如元·施耐庵、明·罗贯中《水浒传》三回:"不想误触犯了官人,望乞恕罪,高抬贵手。"茅盾《一个够程度的人》:"请您高抬贵手,给我这一点面子。"老舍《鼓书艺人》:"他要是个聪明人,就该放明白点,安抚两句,高抬贵手,放了我们。"

这条成语不难理解,也不难应用。只要弄懂"贵"字,就不会用错。"贵"是敬辞,用于称跟对方有关的事物,如称对方的姓为"贵姓",称对方的住宅为"贵宅",称对方的乡里为"贵乡",称对方的身体为"贵体"。"贵手"就是对对方的"手"的敬称。因此成语"高抬贵手"是敬辞,通常只能用于自己请求对方,也可以用于叙述别人对自己或别人对别人,唯独不能用于自己对别人。宋祖德称自己将"高抬贵手,放他一马",如果不是故意摆出一副高傲狂妄的架势,那就是用错了成语。这类谦敬错位的错误还可以举出一些。例如:

(1)此后,他们求爷爷、告奶奶地托了许多人说情。我觉得玩够了,就高抬贵手了。(光明网2010年11月8日)

(2)就是我能高抬贵手,上面也不会答应。(电视剧《原乡》第13集)

(3)本来我们也想摘曲圣卿,但申花队和辽宁队多次给我们俱乐部打电话,要求我们高抬贵手,现在我们倒是高抬贵手了,但我们想要的球员却被别人抢走了。(中国新闻网2000年12月6日)

前两例的错误一望而知,不必多说。最后一例,"我们倒是高抬贵手了"虽然是承上"要求我们高抬贵手"而言的,也最好还是改用"手下留情"或"照办"之类的词语。如果一定要重复使用这条成语,最好加一个引号,写成"我们倒是'高抬贵手'了"。

2015年4月1日

"隔岸观火"观的是"火"

"隔岸观火"意思是隔着河岸看对岸失火。比喻见到别人有危难,不加救助,却在一旁看热闹。语本梁启超《饮冰室文集·呵旁观者文》:"旁观者,如立于东岸,观西岸之火灾,而望其红光以为乐;如立于此船,观彼船之沉溺,而睹其凫浴(凫浴:浮游)以为欢。"后以"隔岸观火"四字成文。例如鲁迅《且介亭杂文·答〈戏〉周刊编者信》:"假如写一篇暴露小说,指定事情是出在某处的罢,那么,某处人恨得不共戴天,非某处人却无异隔岸观火,彼此都不反省。"梁实秋《雅舍小品·幸灾乐祸》:"人家有灾难,你怎么可以悠闲看热闹?悠闲地看热闹便至少有隔岸观火之嫌。"巴金《望着总理的遗像》:"苟安不能得到和平,火烧到门口,我们也无法关门建设,更不能隔岸观火。"

理解和使用这条成语的关键在"火"字。首先,"隔岸观"的是"火",而不是"花"或别的什么。"花"离远了可能看不清楚,"火"则不然。《尚书·盘庚》:"予若观火。"唐·孔颖达疏:"言见之分明如见火也。"可见"火"是"见之分明"的,不然怎么说"洞若观火"呢?其次,"火"就是火灾,比喻危难。面对别人的危难,自己却作"隔岸观",置身事外,漠不关心,甚至幸灾乐祸,当然是一种不可取的态度。有人恰恰丢掉了这个关键的

"火",只取"隔岸观"三字,不管观的是什么,只要不是近距离地观察,身临其境地参与,都说成"隔岸观火"。因为"观"的不是"火",又隔着很宽的河岸,其结果只能是看得不真切,了解不深入,理解不透彻,不能切中要害等等,而与态度是否正确毫无关系。这就同这条成语的意思相去甚远了。如此断章取义,自然会造成种种误用:

一、既然是"隔岸观",当然是有距离了。例如:

(1)在看得见、摸不着的电视、报纸、网络等媒介上了解政府工作现状,终究有点"隔岸观火"的感觉。这次陕西省首开的"省政府见习生"先河……真正实现了零距离接触、实打实感受、面对面交谈,设身处地参与其中。(中国共产党新闻网2012年9月14日)

(2)陈导拍摄的越南题材电影也大多给人以仿佛隔岸观火的冷静的距离感——而距离感或疏离感恰恰是村上文学的一个主要特色。(《成都日报》2011年9月14日)

二、既然是"隔岸观",当然是看不清楚了。例如:

(3)对于这一重大事件(按,指足坛打假扫黑),很多消息都不够权威,公众大多一头雾水,有时候连媒体也是雾里看花,隔岸观火,只能你猜我猜大家猜。(《新华日报》2011年2月17日)

(4)大多开发商对于〔市场〕形势的判断,犹如隔岸观火不甚清晰,因此在定价问题上,也就自然会显得格外谨慎,不敢贸然行动。(《东方早报》2012年2月16日)

三、既然是"隔岸观",当然就不能深入实际、切中要害

了。例如:

(5)走基层,怎么走?那就是走出办公室,走近寻常家;走出上层,走入基层;走出会场,走进现场。因为高高在上发现不了问题,隔岸观火分析不了问题。(东方网2012年9月11日)

(6)当下的文艺批评多见的是"文艺表扬",关键是这些"文艺表扬"做到"鞭辟入里"也甚为不易,多见的是"隔靴搔痒"乃至"隔岸观火"。(《光明日报》2012年5月2日)

以上诸例,观的都不是"火",而且都同置身事外、袖手旁观、幸灾乐祸的错误态度毫无联系,显然是把"隔岸观火"当成了"隔岸观"。

更有甚者,有人不但丢了"火",连"隔岸"也不要了,只抱住一个"观"字,把"隔岸观火"当成"观望"的同义语,错得更加离谱了。例如:

(7)"百花齐放,百家争鸣"的方针提出后,由于以往历次政治运动所带来的创伤,大多数人仍然存有隔岸观火的心理。(人民网2012年1月19日)

(8)〔新〕技术的使用,无疑将会为企业的资金流动带来极大的影响,而且效果……也难以预期。因而,许多企业都只能隔岸观火,望而却步。(新华网2011年9月27日)

2013年3月23日

不要说心里"耿耿于怀"

"耿耿于怀"意思是事情(多为令人遗憾的事)存在心里,难以排解,不能安宁(耿耿:形容有心事的样子)。语本《诗·邶风·柏舟》:"耿耿不寐,如有隐忧。"例如清·袁枚《小仓山房尺牍》之一:"所耿耿于怀者,枚年届八旬……倾衿握手,渺渺无期,不免有望美人兮天一方之叹。"苏曼殊《碎簪记》:"吾叔恩重,所命靡不承顺,独此一事,难免有逆其情意之一日,故吾无日不耿耿于怀。"贾平凹《祭父》:"在那苦难的两年里,父亲耿耿于怀的是他蒙受的冤屈,几乎过三天五天就要我来写一份翻案材料寄出去。"

这条成语不难理解也不难使用,但是要注意其中的"怀"字。"怀"就是心怀,"于怀"就是在心里。"耿耿于怀"也作"耿耿于心"(如陈天华《狮子吼》:"所惜者,幼为奴隶学问所误,于国民责任,未有分毫之尽,以是耿耿于心,不能自解。"),意思更加显豁。成语中既然已经包含了"在心里"的意思,使用时就不要重复了。遗憾的是这种画蛇添足的现象,在媒体中却时有发现。例如:

(1) 对此,老人心里一直耿耿于怀,为没抓到坏人而遗憾。(《北京日报》2014年12月11日)

(2) 小杨心中一直耿耿于怀的是,因为年纪偏小,上初

二的他在学校里经常被人欺负。(《东南早报》2015年4月22日)

(3)这样的辩护越多,只能证明作者内心耿耿于怀的是如何在意别人对他的评价。(《京华时报》2015年6月6日)

(4)有时不快乐,是因我们太在意别人的感觉,一句非议,一件小事,都在内心耿耿于怀,让外界控制了自己的心情。(《现代快报》2014年7月14日)

例(1)"耿耿于怀"前面加了"心里",例(2)加了"心中",例(3)加了"内心",例(4)加了"在内心",均属叠床架屋,画蛇添足。

成语形式简洁,表现力强,使用得当,可以收到言简意赅、事半功倍之效。但是要注意,成语中已经包含或隐含了的意思,使用时就不要再重复了。"心里耿耿于怀"仅仅是一个例子,类似的情况还有"更加变本加厉""百姓生灵涂炭""令人贻笑大方""星罗棋布地分布""妄自菲薄自己"等等,都应当注意纠正。

2015年8月22日

"耿耿忠心"与"忠心耿耿"

"耿耿忠心"指非常忠诚的心(耿耿:忠诚的样子)。语见郑振铎《汨罗江》:"他想到郢都,想到糊涂的熊横,想到自己的耿耿忠心没法表白,想到那些权臣们倒上为下,玉石不分。"例如姚雪垠《李自成》二卷三十三章:"像这般痛陈时弊的话,虽出自一片耿耿忠心,也恐不能见谅于上,徒招不测之祸。"袁鹰《忧乐在心头》:"他有一颗为人民服务的耿耿忠心,他能分担人民的忧愁和欢乐,能全心全意地替他们去找有关部门解决问题。"张天民《创业》:"它体现了一种增产节约的精神,表达了石油工人对社会主义祖国的耿耿忠心。"

"忠心耿耿"形容非常忠诚。语见清·李汝珍《镜花缘》五十七回:"当日令尊伯伯为国捐躯,虽大事未成,然忠心耿耿,自能名垂不朽。"例如郭沫若《屈原》四幕:"我忠心耿耿而遭祸,始终是不曾预料。我超越流俗而跌跤,自惹得人们耻笑。"郑振铎《桂公塘》:"文丞相从都城里带出来的门客都逃得干干净净了,只剩下杜架阁是忠心耿耿的自誓不离开他。"

这两条成语意思相近,区别在于:"耿耿忠心"是定中结构,名词性成语,经常用作主语、宾语;"忠心耿耿"是主谓结构,形容词性成语,经常用作谓语、状语。不了解二者的区别,用"耿耿忠心"充当谓语或状语,就会造成误用。例如:

（1）邓拓同志对党的事业耿耿忠心。(《包头日报》2014年11月28日)

（2）作为公司的一员,我将与企业同生死共命运,耿耿忠心地为企业服务。(《江南时报》2003年11月11日)

（3）我们深深地敬重和怀念这位一生耿耿忠心、为党为军为民奋斗的老领导、老前辈。(《人民日报》2008年8月11日)

从语义上看,例(1)是说邓拓对党的事业无限忠诚,例(2)是说"我"要忠诚地为企业服务,例(3)是说老领导一生忠诚地为革命奋斗,说的都是这些人对事业的态度如何忠诚,而不是说这些人具有一颗忠诚的心,同"耿耿忠心"的意思不符。从语法功能上看,名词性成语"耿耿忠心"在例(1)中充当谓语,在例(2)中修饰动词"服务",在例(3)中修饰动词"奋斗",也同这条成语的语法属性不符。显然都应该改用"忠心耿耿"。

2015年3月6日

"功高不赏"极言功劳之大

2014年9月30日光明网有一篇题为《陈明仁与蒋介石的两次不和》的文章,其中有一段话:"陈明仁在四平的顽强防守,震动了全国,蒋介石欣喜若狂……正当陈明仁得意非常耀武扬威之时,一纸撤职令飞到陈明仁手中:调陈明仁往南京政府担任中将参议……陈明仁对这种明升暗降的阴险手段,惊得目瞪口呆:'蒋介石呀蒋介石,我为你卖命20余年,出生入死,却落到这个下场!'"这段话的小标题是《战四平功高不赏》,显然是说陈明仁为蒋介石立下大功却没有得到应有的赏赐。这个意思能说"功高不赏"吗?

"功高不赏"语本《史记·淮阴侯列传》:"臣闻勇略震主者身危,而功盖天下者不赏。"后以"功高不赏"四字成文,指功劳大到极点就无法赏赐了,极言功劳之大。例如《梁书·陈庆之传》:"功高不赏,震主身危。二事既有,将军岂得无虑?"《宋史·赵修己传》:"今幼主信谗,大臣受戮,公位极将相,居功高不赏之地,虽欲杀身成仁,何益于事?"清·赵翼《陔余丛考·齐书书法》:"如王俭于齐高帝未建国之先,早说以功高不赏,以公今日地位,不可复为人臣。"

这条成语现在使用频率不高,但误用的比例却相当大。原因在于对"不赏"二字理解错了。"不赏"不是不加赏赐,而是无法赏赐。例如《晋书·刘牢之传》："自开辟以来，戴震主之威，挟不赏之功，以见容于暗世者而谁？"句中的"不赏之功"就是无法赏赐的功劳，极言功劳之大。前举"战四平功高不赏"例，正是把"功高不赏"误解为功劳很大却得不到赏赐，以致造成误用。类似的误用，还可以举出几条：

（1）要论抗击匈奴的名将里谁最冤……〔非〕陈汤莫属……陈汤的功业自不必说，可是在汉朝朝廷内，却偏偏落了个功高不赏的凄凉结局……对比草包将军李广利三征匈奴无功却高官厚禄的荣耀，陈汤可真是人比人气死人。（新华网 2014 年 11 月 11 日）

（2）司马懿看出曹操对他多有疑虑，于是做出满足现状之态。曹操对其功高不赏，他毫无怨言。虽然官位很低，他还是勤奋工作，好像对权势漠不关心。（新华网 2013 年 11 月 21 日）

（3）当年，萧衍的父亲萧顺之功高不赏，却倍受猜忌，终于郁郁而终。（张惠诚《梁武帝萧衍传》，吉林出版社 1997 年版）

（4）电视剧（按，指《少帅》）比较客观地再现了郭松龄在奉军派系斗争中的处境，以及对张作霖功高不赏的怨愤。（凤凰网 2016 年 1 月 2 日）

例（1）是说陈汤抗击匈奴立下大功，却得不到赏赐，与无功受禄的李广利形成鲜明的对比。例（2）是说曹操对屡立大功的司马懿不加赏赐，司马懿却装作毫不在意。例（3）是说南朝齐高帝萧道成称帝，萧顺之立下大功，但是四年后继位的齐武帝萧赜,却忌惮萧顺之,不肯重用,致使萧顺之郁郁而终。例(4)是说郭松龄对张作霖的不予重用心怀怨愤。以上诸例毫无例外都把"功高不赏"误解和误用为功高却得不到应有的赏赐,纯属望文生义。

2016 年 2 月 2 日

"瓜田李下"不是菜圃果园

"瓜田李下"语本三国魏·曹植《君子行》:"君子防未然,不处嫌疑间;瓜田不纳履,李下不整冠。"意思是君子经过瓜田不弯下腰来提鞋子,经过李子树下不抬起手来整理帽子,免得被人怀疑偷瓜摘李子。后用"瓜田李下"比喻容易引起嫌疑的场合。例如晋·干宝《搜神记》卷十五:"遇日暮,惧获瓜田李下之讥。"清·李绿园《歧路灯》五十一回:"原非有意于赌。但瓜田李下,嫌疑难辩,万一已拘者畏法混供,也甚怕堂讯之下,玉石不分。"苗培时《慈禧外传·承德之夏》:"先皇才宾天,您那两位年轻的皇嫂,正值居丧,叔嫂平日相见,都应避瓜田李下之嫌,您入觐合适吗?"

这条成语虽然源于典故,但广为人知,不易用错。可惜仍然有人不明典故,望文生义,把"瓜田李下"误解为菜圃果园、田间地头,实在不应该。错误用例在媒体中屡见不鲜:

(1) 法官走出"衙门",走进学校、社区、农村、企业,走到田间地头、瓜田李下,把服务送到群众家门口。(中国法院网 2013 年 10 月 31 日)

(2) 这些年幼时在各自成长岁月中很熟悉的虫子,如今倒是像古董一样成了旧物。要知道,在小时候,墙头院落、瓜田李下,哪少得了它们的身影?如今身在大都市,似

乎连虫豸都少了。(《杭州日报》2013年5月2日)

(3) 村落生活是什么呢?是瓜田李下,是白雪乌鸦,是我们在城市里面看不到的天空上的云和小溪流的水。(《解放日报》2013年8月2日)

(4) 在老家瓜田李下,露出的笑容才是真真正正皮肉都绽开的笑容,如同自家院子种的瓜果蔬菜,没有农药化肥催,不掺假,自然又真实。(《扬州晚报》2013年10月12日)

(5)《金瓶梅》是一部中国古代经典名著,其书中三位女主人公潘金莲、李瓶儿、庞春梅形象已成为人们茶余饭后、瓜田李下的谈资。(新华网2013年1月2日)

前四例,"瓜田李下"或与"田间地头""墙头院落"连用,或与"村落生活""瓜果蔬菜"相提并论,显然是把"瓜田李下"当作了菜圃果园,纯属误用。最后一例把"瓜田李下"说成是人们茶余饭后闲谈的场所,可以断定不是田间地头,就是街头巷尾,都与成语的原意大相径庭。

由此可见,对那些源于典故的成语,一定要弄清典故,准确理解成语的含义,切不可不求甚解,贸然使用。

2013年11月21日

"国色天香"形容牡丹和女性

"国色天香"形容牡丹花的颜色和香气不同寻常(国色:冠绝全国的美色;天香:天然的芳香)。语本唐·李正封《咏牡丹》诗:"天香夜染衣,国色朝酣酒。"例如宋·罗大经《鹤林玉露·物产不常》:"又如牡丹,自唐以前未有闻,至武后时,樵夫探山乃得之。国色天香,高掩群花。"明·冯梦龙《醒世恒言》卷四:"水仙冰肌玉骨,牡丹国色天香。"凌力《少年天子》三章:"一进院门,满目姹紫嫣红,处处盛开着牡丹,芳香四溢,招得整个院子里充满蜜蜂的嗡嗡声,各色蝴蝶翩翩飞舞,和这国色天香的花王争奇斗艳。"后也形容女子美貌非凡。例如清·李汝珍《镜花缘》三十四回:"浑身玉佩叮当,满面香气扑人,虽非国色天香,确实袅袅婷婷。"姚雪垠《李自成》四卷十九章:"江南名媛,国色天香。"

"国色天香"不难理解也不难使用,但是一定要注意,这条成语形容花时只限于牡丹,形容人时只限于女性。这从它的出处和古今典范用例中可以得到证明。因此绝对不能用错对象。请看误用的例子:

(1) 陆游吟唱梅花,最得梅花仪容风姿的美……像《正月十五出游》"细柳拂头穿野径,落梅黏袖上海舟",《初春书怀》"清泉冷浸疏梅蕊,共领人间第一香",写尽梅花国色天

香。(中国经济网2010年4月27日)

(2) 荷,国色天香;藕,人间极品。(《京江晚报》2015年7月3日)

(3) 胡椒兮"天之绿珠",槟榔兮"天之骄子";莲雾兮"天庭仙果",杨桃兮"天上仙桃";龙眼兮天下无双,荔枝兮国色天香。(《光明日报》2009年2月2日)

(4) 禁不住葡萄精灵的诱惑,我走进葡萄架下,近距离地欣赏这些"国色天香"。(《兵团日报》2013年12月16日)

(5) 为确保每一批东阿阿胶都是"国色天香",从古到今,阿胶炼制技艺都是遵从师带徒的传承方式。(中国经济网2013年12月11日)

(6) 烤鸭国色天香,绽放apec国宴。(《大江晚报》2014年11月12日)

"国色天香"在前四例中分别形容梅花、荷花、荔枝和葡萄,形容的都不是牡丹,显然用错了对象。例(5)形容阿胶,例(6)形容烤鸭,错得更加离谱了。

(7) 谁都希望自己国色天香,英武过人,天资聪颖,出类拔萃……可惜这不符合事物发展规律,是一厢情愿的白日梦。(毕淑敏《心灵七游戏》,北京十月文艺出版社2004年版)

(8) 陈凯歌评价他(按,指在新版《红楼梦》中饰演贾宝玉的演员于小彤)国色天香,现在却沦为18线男星!(东方网2016年5月27日)

例(7)的"谁"指代任何人,包括男女两性,并非专指女性,例(8)的"于小彤"为男性,用"国色天香"来形容,显然都是错误的。

2016 年 10 月 22 日

"过屠门而大嚼"不是大嚼其肉

"过屠门而大嚼"意思是经过肉铺时空着嘴使劲咀嚼(屠门:屠户的门,即肉铺)。语本汉·桓谭《新论·祛蔽》:"关东鄙语曰:人闻长安乐,则出门西向而笑;知肉味美,则对屠门而大嚼。"三国魏·曹植《与吴季重书》:"过屠门而大嚼,虽不得肉,贵且快意。"后用以比喻心中羡慕而不能如愿以偿,只好用不切实际的办法聊以自慰。例如明·曹学佺《剑宋序》:"今词章家之说剑,如隔河而望牛女焉,过屠门而大嚼耳。"沈从文《从文自传·我读一本小书同时又读一本大书》:"有干鱼同酸菜,用钵头装满放在门前柜台上,引诱主顾上门,意思好像是说:'吃我,随便吃我,好吃!'每次我总仔细看看,真所谓'过屠门而大嚼',也过了瘾。"朱自清《"海阔天空"与"古今中外"》:"但在一钱不名的穷措大如我辈者,这种设计恐终于只是'过屠门而大嚼'。"王英志《我与袁枚的因缘》:"当时享受着国家助学金,以喂饱肚子为第一,平时几乎不买杂书,此次也无买书的打算,不过是'过屠门而大嚼'的意思,浏览而已。""过屠门而大嚼"也作"屠门大嚼"。如清·钱谦益《戏题徐元叹所藏锺伯敬茶讯诗卷》诗:"还君此卷成一笑,何异屠门大嚼眼饱胸中饥。"

这条成语使用的人不多,用错的人却不少。原因在于没有准确理解"嚼"字的含义。"嚼"在这里是空着嘴嚼的意思,表示吃不着肉聊以解馋。有人望文生义,以为既然到了肉铺,有的是肉,当然可以足吃足喝,于是把"嚼"误解为真的在大嚼其肉,以致造成误用。例如:

(1) 就说春节,"过屠门而大嚼"是常情,也是盛事。(《今晚报》2013年2月22日)

(2) 铺面上有卖馒头、花生、烟酒的,身上有钱的俘虏都争着去买来吃。押送的解放军战士亦不禁阻,他们对馒头、花生是久别重逢,过屠门而大嚼。(中国共产党新闻网2011年11月25日)

(3) 近期,俄罗斯军机频繁逼近美国加利福尼亚和关岛,俄罗斯人过屠门而大嚼其肉,图的就是个痛快。(人民网2014年8月25日)

例(1)是说过春节大吃大喝是常情也是盛事。例(2)是说淮海战役中被俘的国民党军官在押解途中,遇到卖吃的就买来大吃一番。显然都把"大嚼"当成大吃大喝。例(3)在"过屠门而大嚼"之后加了"其肉"二字,更加坐实了作者所理解的"大嚼"就是"大嚼其肉"。

有些人知道这条成语通常用其比喻义,不用其字面义,因此没有用"过屠门而大嚼"形容大吃大喝,而是用它来比喻痛快,过瘾,如愿以偿。例如:

(4) 在这套书出版之前,我对外国现代派的了解仅限一鳞半爪;阅读这套书时,我有过屠门而大嚼的快感;后来,我又读了袁先生的其他许多论述欧美现代派的文章,我才

对西方现代派有了较系统的了解。(《中华读书报》2005年7月20日)

(5) 以前在《读书》上常见到中行先生的文字,淡而有味,绵里藏针。此次闲读《张中行小品》,可谓是过屠门而大嚼,庶几得偿所愿。(天涯论坛2009年3月4日)

(6) 读李敖的文章或听李敖演讲,不仅增长了知识,而且能够产生过屠门而大嚼的极大快感,沁肌浃髓痛快淋漓,使生活中和工作上的压力,能够获得最大限度的宣泄和释放。(人民网2005年10月8日)

(7) 别说几千年前的成王败寇了,单说几十年前的男欢女悦吧,只要你有闲心拈出几条旧闻,再瞥上一眼两眼,就会如过屠门而大嚼,快足朵颐。(《人民日报·大地》2007年2期)

以上诸例说的是读了袁可嘉、张中行、李敖先生的书,读了关于"男欢女悦"的旧闻以后,产生"过屠门而大嚼"的快感,"快足朵颐","得偿所愿",而不是说没有办法读到这些书报,只好聊以自慰。这就同这条成语的意思完全相反了,显系误用。而所以误用,仍然是因为把"大嚼"误解为"大嚼其肉",他们所谓的快感,是嚼肉之后的快感,而不是空嚼的自我安慰。

2015年4月8日

"含沙射影"比喻暗中诽谤中伤

传说江南水里有一种怪物叫蜮,也叫射工、射影,看到人的影子就口含沙子喷射过去,被射中的人就会发病,甚至死亡。《诗·小雅·何人斯》"为鬼为蜮"三国吴·陆玑疏:"蜮,短狐也,一名射影……江淮水滨皆有之。人在岸上,影见水中,投人影则杀之。"晋·张华《博物志》卷三:"江南山溪水中有射工虫……以气射人影,随所著处发疮,不治则杀人。"晋·干宝《搜神记》卷十二:"汉光武中平中,有物处于江水,其名曰蜮,一曰短狐,能含沙射人。所中者,则身体筋急,头痛发热,剧者至死。"所记大同小异。诗人多以此典入诗。如唐·白居易《读史五首》诗之四:"含沙射人影,虽病人不知。巧言构人罪,至死人不疑。"

后以"含沙射影"四字成文,比喻暗中诽谤中伤他人。如宋·罗大经《鹤林玉露》卷四:"诗意言君子或死或贬,唯小人得志,深畏其含沙射影也。"鲁迅《华盖集·并非闲话(三)》:"其甚者竟至于一面暗护此人,一面又中伤他人,却又不明明白白地举出姓名和实证来,但用了含沙射影的口气,使那人不知道说着自己,却又另用口头宣传以补笔墨所不及,使别人可以疑心到那人身上去。"巴金《望着总理的遗像》:"万恶的'四人帮'为了诬蔑、攻击、陷害我们的好总理,调动了一切文艺手段,使用了手里控制的全部舆论工具,写小说,编历史,含沙射影,借古讽今,甚至明目张胆在总理光辉形象上投掷污泥。"

理解和运用这条成语要扣准两点:第一,必须是诽谤中伤。所谓诽谤中伤就是无中生有,说人坏话,恶意伤害别人。因此,凡属符合事实的言论,没有恶意的批评议论,都不能说"含沙射影"。第二,必须是暗中所为。所谓暗中就是背着对方或不指名道姓。因此,凡属当面提出意见,指名道姓地批评指责,都不能说"含沙射影"。不符合两点中的任何一点,都会造成误用。我们先看一组例句:

(1) 被告人仅仅认为厂长含沙射影地批评了他(按,指厂长在会上说"有的员工学历高,但没本事,有本事你还在这里做普工?"),仅仅为了一句话就产生报复心理……殴打、捅刺厂长,故意伤害致其死亡。(《法制日报》2011年6月24日)

(2) 交往之初,我就把自己的经历告诉了他。开始他口口声声说不在乎,但在以后的这些年,他时常会含沙射影地提到我以前的事情。我用8年时间去忘记的事情,被他一次又一次无情地揭开。(《河北青年报》2012年9月2日)

(3) 2006年,22岁的女演员××在个人博客上……声称她拒绝了……导演×××含沙射影提出的"性"要求,而对方最终也收回了让她出演剧中一个角色的承诺。(新民网2012年10月30日)

(4) 赛后第一时间,当选全场最佳的沃尔科特便被问及与阿森纳续约谈判的最新进展,小老虎并未直接作出回

答,而是含沙射影地表示"谈判仍在进行,相信很快会有结果"。(新浪网 2012 年 12 月 30 日)

例(1)是说厂长在会上不指名地批评了某些员工,不论批评是否恰如其分,都不属于暗中诽谤中伤。例(2)是说丈夫时常旁敲侧击地触及妻子不堪回首的婚恋往事,这样做无疑是错误的,但是既非无中生有,又是面对面交谈,当然也不算暗中诽谤。至于导演拐弯抹角地向女演员提出非礼的要求,运动员用"外交辞令"回答记者的提问,更是与暗中诽谤中伤风马牛不相及。因此,以上诸例使用"含沙射影"都是错误的。

所以造成误用,显然是因为使用者既不了解成语的出处,又没有弄清成语的含义。有人只看到一个"含"字,便把"含沙射影"同含蓄委婉、含糊其词、迂回曲折、拐弯抹角之类的词语混为一谈。这一点从前面所举的某些例子中已经可以看到,而下面的例子更能说明问题:

(5)曾有媒体朋友告示我,批评文章不是不可以写,但是最好不要针对个人……如果一定要涉及个人,最好用语含蓄一些,委婉一些。遵循了这样的"稳健"原则,批评文章当然只能写得绵里藏针,含沙射影和似是而非了。(《人民日报》2011 年 7 月 26 日)

(6)影片中虽然没有二人过多的感情戏,但是却总会含沙射影地表现出两人的感情正在升温。(《东方今报》2013 年 3 月 11 日)

(7)现在很多食品都在打食品与保健品的擦边球,含沙射影地宣传〔食品的保健〕功效。(《广州日报》2007 年 6

月 15 日)

　　顺便说一下,有人只看到"射影"二字,便把"含沙射影"同"影射"(暗指某人某事)一词混为一谈,也是错误的。例如:

　　(8) 该片(按,指《超级经纪人》)的导演冯志强则透露,电影影射了很多娱乐圈黑幕,"绝对含沙射影,欢迎对号入座"。(《北京晨报》2013 年 5 月 30 日)

2013 年 10 月 18 日

"好为人师"不是喜欢当老师

2008年5月9日《广州日报》有篇文章,其中一节介绍"智联招聘"公关合作部经理吴凡热心帮人介绍工作,小标题是《好为人师的活雷锋》。拜读之下不禁大为惊讶:"好为人师"这顶帽子怎么能扣在雷锋的头上?

"好为人师"形容人不谦虚,喜欢以教育者自居。含贬义。语出《孟子·离娄上》:"人之患在好为人师。"例如明·李贽《续焚书·答马历山》:"虽各各著书立言,欲以垂训后世,此不知正堕在好为人师之病上。"刘少奇《论共产党员的修养》七:"他自满,好为人师,好教训别人,指挥别人,总想爬在别人头上,不向别人尤其不向群众虚心学习,不接受别人的正确意见和批评。"马南邨《燕山夜话·选帖和临池》:"他(按,指唐代书法家李邕)没有骄傲自满,好为人师,把自己的书法当做了不起的典范,叫别人来学习。"

有人不了解这条成语的出处和特定含义,想当然地以为"好为人师"就是喜欢当老师,热爱教育工作,用来称赞别人,甚至说雷锋也"好为人师",实在是大错特错。类似的误用时有所见。例如:

(1)孔子以身作则,一方面好为人师,另一方面好学、好求师……他还说,三人行必有我师。(人民网 2007 年 11

月6日)

(2) 清华有一批"好为人师"的教授,他们喜欢教学,因为教学对教师有诸多好处。(《人民日报》2002年7月2日)

(3) 叶知良(按,电视剧《不如跳舞》中的人物):电大的语文老师,颇有文化,好为人师,有着一副乐于助人的好心肠,曾被人称为及时雨。(《光明日报》2010年4月10日)

(4) 我认为只有热爱教育、好为人师、有创新能力的人才能当老师。(《今日早报》2010年7月26日)

以上诸例,毫无例外都把被孟子指为"人之患"的"好为人师",当成热爱教育工作的优秀品质,用来赞扬别人,显然都犯了望文生义的错误。

2012年3月4日

"河东狮吼"不等于吼叫

宋·洪迈《容斋三笔·陈季常》:"陈慥字季常……自称龙邱先生……好宾客,喜畜声妓。然其妻柳氏绝凶妒,故东坡有诗云:龙邱居士亦可怜,谈空说有夜不眠。忽闻河东师(师:同'狮')子吼,拄杖落手心茫然。"河东为柳姓郡望,因以河东暗指柳氏。狮子一吼百兽慑服,佛家因用狮吼比喻威严,陈慥好谈佛,故东坡借佛家语戏之。后遂用"河东狮吼"比喻悍妒的妻子对丈夫大吵大闹,也用以嘲笑惧内的人。例如清·夏敬渠《野叟曝言》二十八回:"况且现在一妻三妾,丫头里面收过的还有许多,难道是我不贤,惯做那河东狮吼么?"晚清·李宝嘉《官场现形记》三十九回:"爱珠屡次三番要留瞿老爷住在他那里,无奈瞿老爷一来怕有玷官箴,二来怕河东狮吼,足足坐了一夜,爱珠也就陪了一夜。"王火《战争和人》(一)卷二:"方丽清在大沙发中间一坐,嗑着瓜子,却问开了:'刚才谁来电话?'童霜威顿时想到'河东狮吼'四字,连忙敷衍:'啊!机关来的电话,谈的公事。'"

"河东狮吼"源于典故,具有特定的含义和使用对象,只能比喻悍妇对丈夫大吵大闹,不能比喻对别人吼叫,也不能比喻自己因为某种原因而吼叫,当然更不能比喻男人大喊大叫。有些人根本没有读懂这条成语,只见"狮吼",不顾"河东",不

管什么人,也不管对谁,只要吼叫,就说"河东狮吼",以致造成误用。这种现象在媒体中并不罕见。例如:

(1) 贪官富婆张海英:台上台下都演戏,河东狮吼闹公堂。(中国网 2009 年 2 月 26 日)

(2) 妈妈是"母老虎",每次出去玩总被她准确地堵回来;妈妈是"河东狮吼",看一会儿电视她就会发作。(《扬子晚报》2009 年 6 月 1 日)

(3) 网坛"一姐"莎拉波娃……在底线相持的时候,会随着动作不断发出高分贝的尖叫……威廉姆斯姐妹,也是"河东狮吼"的杰出代表。(《齐鲁晚报》2009 年 7 月 20 日)

(4) 有人……读到激昂处慷慨悲歌;读到愤怒处作河东狮吼;读到缠绵处,竟抚怀中月以约琴音。(《解放军报》2009 年 9 月 5 日)

(5) 外面传说我们八连很"疯狂",带兵人"邪厉害",就像那"河东狮吼",新兵还要有眼色活!(《解放军报》2011 年 11 月 16 日)

例(1)是说安徽第一女贪张海英拒不认罪咆哮公堂,例(2)是说妈妈对孩子大发雷霆,例(3)是说威廉姆斯姐妹在球场上常为激励自己而大吼一声,例(4)是说有人读书时因激愤而仰天长啸,例(5)是说带兵人对新兵大声喊叫。吼叫的对象,毫无例外都不是自己的丈夫。吼叫者,前三例是女性,例(4)大概是男性,例(5)肯定是男性。显然都与"河东狮吼"的意思和使用对象不符,犯了断章取义的错误。

2012 年 1 月 9 日

"河清海晏"与环保无关

"河清海晏"意思是黄河清澈了,大海平静了(晏:平静)。形容天下太平。语见唐·郑锡《日中有王字赋》:"河清海晏,时和岁丰。"例如宋·王谠《唐语林·夙慧》:"开元初,上留心理道,革去弊讹。不六七年间,天下大理,河清海晏,物殷俗阜。"韩少华《颐和园游记》:"'清晏舫'的题名,许是透露了爱新觉罗王朝祈求'河清海晏''天下太平'的虚幻心理了吧?"柯灵《遥寄张爱玲》:"她写了文章,可以交给开明书店保存,由开明付给稿费,等河清海晏再印行。"

理解"河清海晏",关键在"河清"。"河",古代专指黄河。黄河之水常年浑浊,少有清时,古人便把黄河水清视为升平祥瑞的征兆。《易纬·乾凿度》卷下:"天之将降嘉瑞应,河水清三日。"三国魏·李康《运命论》:"夫黄河清而圣人生。"也用"河清"比喻天下太平。例如汉·张衡《归田赋》:"徒临川以羡鱼,俟河清乎未期。"唐·吕延济注:"河清喻明时。"清·顾炎武《五十初度时在昌平》诗:"远路不须愁日暮,老年终自望河清。"大海也是难得风平浪静的,所以"河清""海晏"连在一起便用来指太平盛世。有人不明典故,也不知"河"是黄河的专称,以为"河清"就是河水清澈,没有污染,于是用来形容环保、治污,实在是对这条成语的曲解和误用。请看例子:

(1) 前段时间,全国一些地方发生了市民邀请环保部门官员下河游泳的新闻……而网友市民纷纷用自己所拍摄的晚霞照片"刷屏"……两种行为的背后,却寄托着对白云蓝天、河清海晏、空气清新的同样期待。(《北京青年报》2014年7月17日)

(2) 开春的这场重霾,尽管地方气象部门启动各色预警,但诸多职能部门齐说"不知情"……那么,云山雾海的城市,会因为有了"N条"新规,而河清海晏起来吗?(光明网2014年2月24日)

(3) 从尘土飞扬、泥沙俱下,到风清气朗、河清海晏……(央视网2015年12月15日)

(4) 如果治污成功,河清海晏,又何惧公民叫板?(《广州日报》2013年2月19日)

(5) 只有构建起强而有力的环境执法机构,才能担当确保祖国河清海晏的重任。(《江南时报》2005年4月3日)

这几例讲的都是有关环保、治污的事。例(1)"河清海晏"同"白云蓝天""空气清新"连用,例(2)同"重霾""云山雾海"对举,例(3)则同"风清气朗"连用,而与"尘土飞扬、泥沙俱下"对举,显然都是说空气新鲜,没有污染。例(4)把"河清海晏"作为"治污成功"的标志,例(5)作为环境保护的"重任",也同天下太平风马牛不相及。显然均系曲解、误用。

2016年4月7日

"红杏出墙"不用于男性

"红杏出墙"语出宋·叶绍翁《游小园不值》诗:"春色满园关不住,一枝红杏出墙来。"本来形容春色正浓,情趣盎然,后多用来比喻已婚妇女有婚外恋情。例如清·芬利宅行者《竹西花事小录·宝珠》:"〔小素〕娟楚有致,举止安详,久负时名,近为一武夫以千二百金购去……第闻十二金钗,已列其六,满园春色,恐不免有红杏出墙之虑也。"简繁《沧海》八十八:"而成家和通过红杏出墙,重新安排了自己的生活,得到了她想要的名誉、地位和金钱。"柳建伟《英雄时代》十四章:"陆承伟心里完全失去了平静,他像一个发现自己钟爱的情人红杏出墙的男人一样,彻底地愤怒了。"

"红杏枝头春意闹",红杏由形容春色转而比喻女子,这是很自然的。"墙"则比喻男女相隔的界限。苏轼《蝶恋花》一词中就有形象的描绘:"墙里秋千墙外道。墙外行人,墙里佳人笑。笑渐不闻声渐悄。多情却被无情恼。"墙是锁不住杏花的。宋·范成大《云露堂前杏花》诗:"蜡红枝上粉红云,日丽烟浓看不真。浩荡风光无畔岸,如何锁得杏春园。"锁不住,就要出墙。唐·吴融《途中见杏花》诗:"一枝红艳出墙头,墙外行人正独愁。"金·元好问《杏花杂诗》:"杏花墙外一枝横,半面宫妆出晓晴。"因此,用"红杏出墙"比喻已婚妇女出轨,便成

"红杏出墙"不用于男性

为顺理成章的事。

"红杏出墙"作为成语,只用于女性,不用于男性,早已约定俗成。遗憾的是,近年来,有人随意扩大它的使用范围,把它用于男性。请看例句:

(1) 你还得学会相夫,特别是在物质条件宽裕了之后,还要提防老公红杏出墙。(《北京晨报》2011年10月13日)

(2) 考克斯博士表示,40多岁的男人容易红杏出墙。(《生命时报》2012年8月21日)

(3) 据西班牙《世界报》透露,这桩婚姻失败的原因是老马(按,即著名球星马拉多纳)的乘龙快婿红杏出墙,和阿根廷知名女歌手卡丽娜有染。(《新闻晚报》2013年1月4日)

(4) 美国中情局局长彼得雷乌斯,红杏出墙,晚节不保。(《新京报》2012年12月30日)

前三例中的"老公""男人""乘龙快婿",当然是男性,例(4)中的美国中情局局长彼得雷乌斯也是男性。说男性"红杏出墙"显然不妥。

(5) 发现自己的配偶红杏出墙,需要什么证据才能确定对方重婚?昨天,海淀法院立案庭发布调研报告称,被害人自诉的重婚犯罪案件中,大部分因证据不足而撤诉。(《京华时报》2011年3月1日)

(6) 到了今天,提起"两地分居"四个字,便会让人联想起一方是否会红杏出墙,离婚也成了解决问题的常见手段。(《生命时报》2010年11月30日)

例(5)中的"配偶"和例(6)中的"一方",既可以指女性,也可以指男性,并非专指女性,同样也不能使用"红杏出墙"。

以上诸例如果改用"出轨"或"有外遇",就什么问题都没有了。

2014 年 1 月 15 日

"红颜知己"不是男性

"红颜知己"指男子的相知深、情谊重的女性朋友。语见清·李渔《连城璧》申集:"诗后不落姓字,只用一方小小图书,是'红颜知己'四个字。"例如刘心武《栖凤楼》七十二:"自从他在那个俱乐部与'赛麻姑'相遇,他便将'赛麻姑'视为了红颜知己。"王旭烽《茶人三部曲》二部七章:"美人暮年,依旧是英雄红颜知己。"熊召政《张居正》一卷二十六回:"奴家才疏艺浅,不敢当老爷的红颜知己,但暮鼓晨钟之时,做红袖添香之人,奴家还是胜任的。"

理解这条成语的关键是要弄清什么是"红颜"。"红颜"本指年轻人的红润脸色,特指女子美丽的容颜,也代指美女。例如三国魏·曹植《静思赋》:"夫何美女之烂妖,红颜晔而流光。"唐·白居易《后宫词》:"红颜未老恩先断,斜倚熏笼坐到明。"宋·欧阳修《再和明妃曲》:"红颜胜人多薄命,莫怨春风当自嗟。"清·吴伟业《圆圆曲》:"恸哭六军俱缟素,冲冠一怒为红颜。""红颜"既然指美女,把它放在"知己"前面作为修饰成分,自然就限定了这个"知己"只能是女性,不能是男性,也不能泛指异性。

遗憾的是有些人没有弄懂这条成语的确切含义,只要谈到异性知己,不论是男是女,都说"红颜知己",无疑是用错了对象。例如：

（1）压轴出场的是阿梅（按，指已故香港歌星梅艳芳）的红颜知己刘德华。（《信息时报》2014年1月1日）

（2）日前，景甜接受了记者的采访，谈到周润发，她坦承已将对方视作自己的红颜知己。（《滨海时报》2013年12月13日）

（3）为了有人为自己（按，指某女画家）养老，她决定要个孩子，于是她和一位艺术圈的红颜知己擦出了火花。（中国新闻网2013年11月8日）

（4）是否能够让自己在婚姻外拥有一两个红颜知己陪伴自己，在自己闷了，自己寂寞或有情绪时可以找他们释放，可以拥有一个属于自己的空间一起分享彼此的开心和纠结。（中国新闻网2012年3月16日）

众所周知，刘德华、周润发都是男性；同女画家"擦出了火花"的"红颜知己"，无疑也是男性。最后一例的"自己"，可以是男性也可以是女性，因此这里的"红颜知己"实际上等于异性知己，作者用"他们"而不是"她们"指代这种人，也可以证明这一点。显然以上诸例中的"红颜知己"均属误用。

2014年2月16日

"呼朋引类"与"呼朋唤友"

"呼朋引类"原作"引类呼朋",意思是呼唤、招引气味相投的人聚在一起。语出宋·欧阳修《憎苍蝇赋》:"一有沾污,人皆不食,奈何引类呼朋,摇头鼓翼,聚散倏忽,往来络绎。"后多作"呼朋引类"。例如明·张居正《乞鉴别忠邪以定国是疏》:"夫专擅阿附者……然后呼朋引类,藉势乘权,恣其所欲为。"明·凌濛初《初刻拍案惊奇》卷八:"有一等做举人、秀才的,呼朋引类,把持官府,起灭词讼,每有将良善人家,拆得烟飞星散的,难道不是大盗?"鲁迅《彷徨·孤独者》:"那地方的几个绅士所办的《学理周报》上,竟开始攻击我了……连推荐连殳(连殳:人名)的事,也算是呼朋引类。"阳翰笙《风雨五十年》:"比如,省一中一个同学读农大,但不识五谷,却会呼朋引类,钻营追逐。"

"呼朋引类"从一出现就带有贬义,古今典范用例中绝大多数也都用于贬义,许多辞书也标为贬义成语。现在有人忽略了这条成语的感情色彩,把它当成中性成语,甚至用于褒义,不符合绝大多数人长期以来的使用习惯,读起来让人觉得很别扭。例如:

(1)我们都是自然西藏和人文西藏的激赏者、赞美者、传播者,我们以西藏为骄傲,在西藏的旗帜下呼朋引类。

(《光明日报》2005年5月13日)

（2）我一直觉得,写作者平日深居简出,干活儿辛苦,偶遇热闹场合,完全可视为呼朋引类的放松与调节。(《文学报》2009年9月27日)

（3）至于读书人,更是把吃蟹、饮酒、赏菊、赋诗,作为金秋的风流韵事,呼朋引类,排遣那积攒了一年的寂寞。(《江南时报》2010年9月9日)

（4）从二楼的窗子望出去,街上车水马龙,人头攒动,卖灯笼年画的,卖青菜熟食的,呼朋引类,吆五喝六,加上高分贝回旋的音响声,一派喧嚣。那景象,直如一帧活化了的《清明上河图》。(《光明日报》2004年9月29日)

（5）每到这个时候,包头市内的众多食客都会呼朋引类,驱车到小白河、两座黄河公路大桥之间的黄河风情园及附近的各家鱼馆。(《包头日报》2015年3月18日)

（6）在这个特殊的夜晚(按,指大年三十),形成不成文的规矩:对"家鞑子"之外的人,一律拒绝(当然,邻居孩子在家里吃完饺子后呼朋引类,互相串门,相约打灯笼者例外)。(《渤海早报》2015年2月22日)

"呼朋引类"在前三例中具有明显的褒义,在后三例中也绝无贬义。

窃以为,以上诸例的"呼朋引类"最好换成"呼朋唤友"。"呼朋唤友"意思是呼唤朋友聚会或游玩,是中性成语。例如元·汤式《赏花时·贺友人新娶》曲:"昔日东华听晓筹,今日西湖舣钓舟。书剑暂淹留,呼朋唤友,不减少年游。"清·张春帆《九尾龟》八十回:"听得外面的一班考生,呼朋唤友,高谈阔论的,十分热闹。"李劼人《大波》四部四章:"每当中秋之夜,秀才们大多交了卷,心情舒畅,不管有无雅兴,都要呼朋唤友,走出高仅及顶的号棚,跑上明远楼来,眺望月夜景致。"这条成语用于前引诸例,感情色彩正好合适。

2016年4月3日

"怙恶不悛"不要重词轻用

2011年5月30日北方网刊发一篇文章,说:"乒球国手孔令辉醉打保安,引发媒体热议,而这样的恶性事件对孔令辉来说,已经不是第一次了……知错不改且强词夺理,古语称这种行为叫'怙恶不悛'。"把"怙恶不悛"定义为"知错不改且强词夺理",并把这顶帽子戴在孔令辉头上,是否恰当?让我们先来考察一下这条成语吧。

"怙恶不悛"语本《左传·隐公六年》:"善不可失,恶不可长,其陈桓公之谓乎!长恶不悛,从自及也,虽欲救之,其将能乎!"这段话的意思是:善不可以丢失,恶不可以滋长,这说的就是陈桓公吧!滋长了恶而不悔改,跟着就会自取其祸。即使想挽救,恐怕也办不到罢!后用"怙恶不悛"指坚持作恶,不肯悔改(怙:依仗,这里是坚持的意思;悛 quān:悔改)。例如《金史·许古传》:"其或怙恶不悛,举众讨之,顾亦未晚也。"《元史·周自强传》:"若能悔悟首实,则原其罪;若迷谬怙恶不悛,然后绳之以法不少贷。"晚清·岭南羽衣女士《东欧女豪杰》二回:"野蛮政府怙恶不悛,偏和我们为难,历年以来,不知害了我们多少同志,说来真真令人发指!"徐懋庸《鲁迅先生又有一比》:"先生所永远不恕的,只是永远怙恶不悛的敌人。"

成语词典在解释这条成语时,一般都着重讲解"怙""悛"

二字，这是很必要的，有些人所以误读、误解、误用，就是因为没有弄懂这两个字。例如：

(1) 在激烈的市场竞争机制下，企业往往不会对下属机构的违法违规行为怙恶不悛，因为那样会影响企业自身形象，影响经营业绩。(中工网 2013 年 12 月 25 日)

作者想说的是，企业出于对自身利益的考虑，一般不会对下属机构的违法违规行为"不闻不问""听之任之"或"优容姑息"，却说成"怙恶不悛"，实在是大谬不当。

但是从应用的角度来讲，还要强调成语中起关键作用的"恶"字。"恶"是罪恶，不同于一般的错误或缺点。前举书证中所指都是应"举众讨之"(《金史》例)、须"绳之以法"(《元史》例)、或"令人发指"(《东欧女豪杰》例)的行为。可见这条成语的语义是很重的，只有坚持这种行为不肯悔改，才能说"怙恶不悛"。北方网那篇文章把"怙恶不悛"定义为"知错不改而且强词夺理"，显然是不确切的。

至于"孔令辉醉打保安"一事，据 2011 年 5 月 28 日《北京晨报》报道："昨日凌晨 3 时许，朝阳区环球金融大厦渣打银行门前，奥运冠军孔令辉酒后与一名保安发生纠纷，后双方发生肢体冲突，保安自称被孔令辉打伤并报警。随后，双方被带到呼家楼派出所，最后双方经调解已达成和解。对孔令辉具体的赔偿金额，警方未予透露。"所谓"不是第一次"，是指此前孔令辉还曾酒后驾车发生车祸。作为一名奥运冠军，如此不检点，确实很不应该，"引发媒体热议"是很自然的，称之为"恶性事件"也未尝不可，但是这种行为还算不上罪恶，说他"怙恶不

悛"就有些言重了。类似的情况,在媒体中并不罕见。例如:

(2) 坊间最新传闻说,田亮夫妇二胎之后不但怙恶不悛、死不悔改,而且田太太叶一茜最近还有三胎动向,所以计生办此时亮剑正当其时,弄好了就人赃俱获了。(腾讯网 2012 年 5 月 1 日)

(3) 尽管学术失范备受诟病,但当事人被揭发后所呈现出的态度却让人费解,他们不是百般狡辩就是矢口否认,或者动用各路神仙进行粉饰,有时甚至反唇相讥……当事人的这种"怙恶不悛",对净化学术场域显然是双重伤害。(《工人日报》2005 年 12 月 29 日)

文娱、体育明星违反计划生育政策,不止田亮一人,按照当时的政策都应该受到相应的处罚。身为教授而抄袭他人论文,性质恶劣,应该老老实实承认错误,接受处理。但是这种行为恐怕还不能称之为罪恶,说他们"怙恶不悛"未免过甚其词。

有些词语意思相近,但语义有轻有重,使用时必须权衡轻重,掌握分寸,重词轻用、轻词重用都是成语应用中常见的毛病,应该引起大家的重视。

2014 年 1 月 23 日

不要扩大"环肥燕瘦"的使用范围

"环肥燕瘦"语本宋·苏轼《孙莘老求墨妙亭诗》:"杜陵评书贵瘦硬,此论未公吾不凭;短长肥瘦各有态,玉环飞燕谁敢憎!"唐玄宗贵妃杨玉环体态丰满端丽,汉成帝皇后赵飞燕体态苗条轻盈,同为后世称颂的绝代佳人,谁也不敢妄加褒贬。苏轼在这里提出他对书法的审美观点,认为字体肥瘦各具风姿,各有所长。后以"环肥燕瘦"(也作"燕瘦环肥")四字成文,比喻美女体态不同,各有风韵。例如清·梁绍壬《两般秋雨盦随笔·京师梨园》:"评量粉黛,环肥燕瘦之间,品藻冠裳,贾佞江忠之列。"晚清·王韬《淞隐漫录·玉箫再世》:"却扇之夕,女见生如旧相识,惟女貌殊异于前,秋菊春兰,并称佳妙,环肥燕瘦,各擅风流。"晚清·李宝嘉《文明小史》四十回:"有的妆台倚镜,有的翠袖凭栏,说不尽燕瘦环肥,一一都收在眼睛里去。"晚清·宣鼎《夜雨秋灯续录·丐癖》:"视五女,皆美绝伦,燕瘦环肥,各极态度。"

从这条成语的出处和古今典范用例都可以看出,在用于人时,它只能比喻女人,不能比喻男子。现在有些人把"环肥燕瘦"用于男子,应属误用。例如:

(1) 皇马的巨星足够多,而且可谓环肥燕瘦,什么样的口味都有。喜欢阳光型的,欧文是代表;痴迷小帅哥的,有贝克汉姆看；钟意老男人的，可以追捧菲戈；情迷花花公子的，罗纳尔多绝对是典范；甚至还有格拉维森这样的光头猛男。(《新闻晚报》2005年7月20日)

(2) 周边围着四款不同的男人，环肥燕瘦，有钱的土大款不要，痴情的英俊小弟不想嫁，她们的心中，永远都藏着梦幻般的高富帅，然后在对方的魅惑眼神中沉迷着，纠葛着……(《北京晚报》2013年8月28日)

(3) "亚洲先生竞选"，22日在亚视大埔总部进行了首轮面试。24位参赛者……燕瘦环肥，除了有年龄高达53岁的参赛者……秃头、凸腩、排骨男都齐了……令在场人士笑破肚皮。(《羊城晚报》2012年9月24日)

以上诸例，无论是"小帅哥""老男人"还是"英俊小弟""亚洲先生"，毫无例外都是男子，显然都超出了"环肥燕瘦"的使用范围。

"环肥燕瘦"或"燕瘦环肥"也比喻艺术作品风格不同，各有千秋。例如清·百一居士《壶天录》卷下："居恒尤喜《聊斋》文字……惟眼界过峻，燕瘦环肥，品评少所许可。"老舍《话剧的语言》："环肥燕瘦，各有各的美，文笔亦然。"由比喻美女各有风韵扩大为比喻艺术作品各有千秋，是合乎引申规律的。现在有人无限扩大这条成语的语意范围，就没有道理了。例如：

(4) 大多数车行门口，都出现了同一幅画面——"大块头"超标车，和小一号的达标车挤在一起，"环肥燕瘦"，任君挑选。(《新民晚报》2012年7月4日)

（5）近年来，国际高端床垫品牌陆续登陆，对本地床垫市场造成巨大冲击。奢华、高价的床垫和低调、亲民的床垫，环肥燕瘦，如何取舍呢？（中国日报网2013年11月26日）

（6）咱们北方人吃鸡吃的是一个酥烂，广东人却讲究一个鲜嫩。环肥燕瘦各有其妙，我觉得口味宽泛些能享受到更多美食。（新浪网2012年6月23日）

（7）无论从前还是现在，好吃的鸭只有一个标准——瘦，脆皮包着瘦肉，中间没有白色的脂肪层，但肉质酥香，入口易化。真是环肥燕瘦，各鸭入各嘴。（《南方日报》2011年12月16日）

例（4）例（5）用"环肥燕瘦"比喻汽车、床垫，已经超出了这条成语的使用范围，例（6）例（7）用"环肥燕瘦"比喻炖鸡、烤鸭，更是不伦不类了。其实不如直截了当地说"各有特色"（例6已经说了"各有其妙"，更不必画蛇添足）。如果一定要用成语，可以说"各有所长"。这条成语出自《管子·形势解》："乱主不知物之各有所长所短也，而责必备。"指各有各的长处，可以用于人，也可以用于事物，使用范围较广。

2013年12月1日

"活灵活现"关键在"活现"

"活灵活现"形容把人或事物叙述、描写或模仿得真切生动,跟活的、真的一样。语见明·冯梦龙《醒世恒言》卷三十二:"吕用之虽然爱那女色,性命为重,〔胡僧〕说得活灵活现,怎的不怕?"例如张恨水《啼笑因缘续集》七回:"回头再让关女士装成当日的样子,和他一讲情,活灵活现,情景逼真,也许她就真个醒过来了。"欧阳山《三家巷》五十六:"那些剪纸本来都非常精妙,活灵活现,有些仿佛会说话,有些仿佛会飞、会动的,可是她还不称心。""活灵活现"也作"活龙活现"。如明·冯梦龙《警世通言》卷五:"再说王氏闻丈夫凶信,初时也疑惑,被吕宝说得活龙活现,也信了,少不得换了些素服。"秦牧《掌握语言艺术,搞好文学创作》:"文学要求描绘事物鲜明生动,栩栩传神,活龙活现,惟妙惟肖。"又作"活眼活现"。如清·文康《儿女英雄传》三十二回:"可不知怎么个原故儿,稀不要紧的平常事儿,到了你们文墨人儿嘴里一说,就活眼活现的,那么怪有个听头儿的。"

理解和运用这条成语的关键在"活现"二字。"活现",《现代汉语词典》释为"逼真地显现",也就是说显现得像活的、真的一样。"活灵活现"同"栩栩如生"(形容刻画、描写、制作得生动逼真,就像活的一样)意思相近。只有人或事物被叙述、描写或模仿得跟活的、真的一样,才能说"活灵活现";活的、真的人或事物直接出现在面前,是不能说"活灵活现"的。现在有人没有完整地理解这条成语,没有扣准"活现"二字,只抓住一个"活"字,便把它同"活生生""活蹦乱跳""生龙活虎""生动活泼"之类的词语混为一谈,以致用得似是而非。例如:

(1) 美国的孩子,不管学习好坏、长得丑俊、高矮胖瘦,个个都是趾高气扬、活灵活现的,谁都觉得自己很特别,是个人物。(《北京青年报》2013年6月6日)

(2) "我们拥有一位合法且活灵活现的总统,只不过我们现在不知道他在哪里。"亚努科维奇所在的地区党成员奥列·察廖夫在一家俄罗斯电视台说。(《南方都市报》2014年2月24日)

(3) 我们也基于这样一种认识,即他们是活灵活现的人,他们能给客观事实赋予灵魂!(光明网 2014年2月24日)

(4) 商业股在经过了数年的低迷之后,在近期也相继出现了活跃的态势……这其实就给市场上了一堂生动的、活灵活现的投资教育课。(《扬子晚报》2013年9月25日)

例(1),"美国的孩子"本来就是活生生的人,不是被谁塑造出来的形象,怎么能说"活灵活现"呢?改为"生龙活虎""活蹦乱跳",庶几近之。例(2),乌克兰前总统亚努科维奇是客观存在的大活人,不是作家笔下的人物,也不是演员扮演的角色,他的支持者说他"充满活力"是可以的,说他"活灵活现"就不对了。例(3),"活灵活现的人"是什么人呢?不好理解。恐怕应该说"活生生的人"吧!例(4),"上了一堂……活灵活现的……课",这种课怎么上呢,无法捉摸,改为"生动活泼的课"可能更符合作者的原意。总之,以上诸例的"活灵活现",只跟成语中的"活"字沾边,没有扣准"活现"二字,因此均属误用。

顺便说一下,例(1)的"趾高气扬"也用错了。参见本书《"趾高气扬"是贬义成语》一文。

2014 年 3 月 10 日

性格岂能"豁然开朗"?

"豁然开朗"形容由狭窄幽暗突然变得开阔敞亮。语出晋·陶潜《桃花源记》:"初极狭,才通人;复行数十步,豁然开朗。"例如清·管同《饿乡记》:"至则豁然开朗,如别有洞天。"也比喻经过自己思索或别人指点,突然悟出了某个道理,由疑惑不解一变而为通晓明白。例如清·曹雪芹著、高鹗补《红楼梦》九十一回:"宝玉豁然开朗,笑道:'很是,很是。你的灵性比我竟强远了。'"峻青《党员登记表》:"她就在这一刹那间,像戳破了一层封窗纸似的,她的心豁然开朗,她什么都明白了。"金冲及等《毛泽东传》二十六:"毛泽东在文艺座谈会上的讲话,使许多人感到思想上豁然开朗,在眼前展现出一个新的天地。"

由悟出道理而心里敞亮,也可以引申为心情一下子畅快起来。例如巴金《春》十一:"淑英的心起先似乎到了绝地,但是如今一下子就发见了一个广大的天空。她的心豁然开朗了。"但是有人用"豁然开朗"形容性格突然变得开朗,就不贴切了。因为成语中的"豁然"含有"倏忽""一下子"的意思。这个意思在"豁然贯通"(一下子了解领悟)、"豁然醒悟"(一下子明白了某个道理)、"豁然大悟"(一下子彻底明白过来)中,体现得更为明显。心情的好坏可以随时变化,性格的改变则需要一个长期的过程,不可能说变就变。因此"豁然开朗"可以形容心情,而不能形容性格。可以说性格开朗,但不能说性格豁然开朗。请看几个例句:

(1) 随着视力的提升,齐溪的性格也豁然开朗。(中国青年网 2015 年 6 月 30 日)

(2) 内心的和谐,就会性格豁然开朗,更能充分发挥其聪明才智,更容易与人合作相处。(中国共产党新闻网 2007 年 6 月 5 日)

(3) 我的性格是有点忧郁的。但是拿到金牌就不忧郁了,豁然开朗了!(《京华时报》2012 年 8 月 6 日)

(4) 她那心细如发的工作热情、虚心好学的工作态度、豁然开朗的性格都时时感染着周围的人,赢得了领导与同事们的一致赞誉。(新华网 2014 年 10 月 30 日)

以上诸例都用"豁然开朗"形容性格,显然不妥。可以根据不同的语境,把"豁然开朗"改为"开朗"或"逐渐开朗起来"。最后一例可以把"豁然"删掉,变成"开朗的性格"。

2016 年 3 月 13 日

"急流勇退"不等于"退"

宋·邵伯温《闻见前录》卷七记载:陈抟约举子钱若水相晤。钱至,见陈与一老僧拥炉而坐。僧视若水良久,以火箸画灰作"做不得"三字,徐曰:"急流中勇退人也。"意思是钱若水做不了神仙,但也不是久恋官场的人。后来钱官至枢密副使,年仅四十即告退休。后因以"急流勇退"比喻仕途得意时及早引退,以保全自己。现也比喻在事业有成时或复杂的斗争中及早抽身。例如明·冯梦龙《醒世恒言》卷三:"趁这盛名之下,求之者众,任我拣择个十分满意的嫁他,急流勇退,及早回头,不致受人怠慢。"晚清·吴趼人《二十年目睹之怪现状》二十六回:"做官到了三品时,就要急流勇退,不然就有大祸临头。"姚雪垠《李自成》四卷十一章:"起义后,身在军中,犹不忘功成之后,急流勇退,归隐山林。"黎汝清《叶秋红》三十三章:"宋占才坚守碉堡大院有功,受到了卜世昌的重赏,但他却产生了一种急流勇退的思想。"

理解和使用这条成语的关键在"急流"二字。"急流"就是湍急的水流。在急流中顺流而下是很容易的,而要退出就难了,需要很大的勇气,不是任何人都能做到的。单说"急流"也比喻官场中复杂的斗争。例如宋·孙光宪《北梦琐言》卷三:"〔刘瞻〕孤贫有艺,虽登科第,不预急流。"因此"急流勇退"只能比喻在仕途得意、事业有成或斗争复杂的情况下及时抽身。仕途不如意，事业难以发展，或者实在干不下去了才退出，都不能说"急流勇退"，因为那时已经没有"急流"，也不需要什么勇气了。现在有人只看到一个"退"字，不管是不是在"急流"中，只要"退"就说"急流勇退"，显然是错误的。例如：

（1）〔在以2比13的悬殊比分败给马奎尔后，现年43岁的亨德利宣布退役。他说〕"我无法拥有像过去巅峰时期那样的状态，总是被其他球手击败对我而言太痛苦了，不如急流勇退。"（《法制晚报》2012年5月2日）

（2）在娱乐圈，当大批女演员在韶华消逝的当口急流勇退，刘晓庆却在岁月的洗礼和人生的跌宕起伏中，愈发耀眼夺目，真正成了一个风华绝代、傲视天下的传奇。（国际在线2012年5月9日）

（3）目前，IC卡电话亭使用群体逐渐减少，受冷落的它们还常常遭遇破坏，更谈不上经济效益。它将何去何从，是急流勇退，还是思变"转身"以新形式出现？（《福州日报》2011年4月15日）

运动员退役，演员息影，是正常现象。"台球皇帝"亨德利在年龄增长、状态下滑、屡遭败绩，再打下去已经非常痛苦的情况下宣布退役，当然不是"急流勇退"。某些女演员不是在风华正茂之际，而是在"韶华消逝"之时退出影坛，也不能说"急流勇退"。IC卡电话亭既然已经很少有人使用，又没有经济效益，及时淘汰或更新完全符合事物发展规律，更不能说"急流勇退"。

（4）对领导干部而言，等到反腐利剑悬在头上、改革春风扫荡污秽，再迟迟从艺术家协会中退出，不亦晚乎？明智之选，就应该从现在开始，自觉悬崖勒马、急流勇退。（《厦门日报》2015年1月21日）

（5）以市长、县长、法院院长、专员等为代表的"人民公仆"原本应该第一时间站出来主持公道、维持正义、坚持原则、扶持弱势，但他们却一个个"急流勇退"，辱没了党和国家赋予他们的神圣使命。（《曲靖日报》2014年9月18日）

某些领导干部到艺术家协会兼职，以便有人高价购买其书画作品变相行贿，警告这些人及早"悬崖勒马"是对的，要他们"急流勇退"就错了。因为"急流勇退"指的根本不是停止干坏事。至于在李雪莲的冤案中，市县领导不能站出来主持公道，只能说玩忽职守，畏葸不前，更不能说"急流勇退"了。

（6）自从经济危机以来，克罗地亚房地产市场一直维持低迷，2010年全国房地产市场成交量比2008年萎缩了50%多。尽管购房者"急流勇退"，房价却没有大幅下降。（《光明日报》2011年1月30日）

受经济危机影响，很多人从购房者的队伍中退出，这与"急流勇退"风马牛不相及，如此使用成语已经纯属滥用了。

2015年9月18日

使用"急转直下"要扣准"转"字

"急转直下"意思是形势或情况急剧变化,并顺势一直发展下去。语见梁启超《论各国干涉中国财政之动机》:"事变之来,急转直下,其相煎迫者未知所纪极。"例如冯玉祥《我的生活》五章:"正在这时候,队伍即接到上谕:严拿义和团匪兵,于是轰动一时的气势蓬勃的义和团,遂急转直下走向败亡的结局中。"茅盾《子夜》十七:"时局到底怎样,各人各看法!也许会急转直下。"叶剑英《伟大的战略决战》:"由于迅速而顺利地取得了辽沈战役的胜利,就使全国战局急转直下,使原来预计的战争进程大为缩短。"欧阳山《苦斗》四十四:"谁想事情忽然急转直下,眨眼之间就办完了,他又不免暗中叫好。"

理解和使用"急转直下",要扣准"转"字。"转"就是转变。情况急转直下就是情况发生了急剧的变化,可能变好(如前举叶剑英、欧阳山用例),也可能变坏(如前举梁启超、冯玉祥、茅盾用例)。"形势""情况""病情"之类都是可以突然变好或变坏的,"急转直下"通常放在这些词语后面说明其变化。如果把"急转直下"放在好的情况后面(如冯玉祥用例),按照正常的逻辑推断,应该指情况变坏;放在坏的情况后面,应该指情况变好。有人没有扣准"转"字,把"急转直下"放在坏的情况后面,仍然表示情况变坏,自然就讲不通了。例如:

（1）眼下又值江淮地区夏收夏种之际，水稻产区出现了等水插秧现象，部分地区人畜饮水出现困难，旱情急转直下。（《中国经济时报》2011年6月1日）

（2）7月12日，来自东部第三大城市米苏拉塔的伊斯兰民兵武装围攻首都的黎波里机场，与当地的津坦民兵武装展开激烈争夺。利比亚危机由此急转直下。（《光明日报》2014年8月11日）

（3）5月28日晚11点多，宋庆龄已经恶化的病情急转直下。卫生部领导和医务人员进行了紧急抢救……最终无效。（《老人报》2013年1月23日）

以上诸例所说的"旱情""危机"和"已经恶化的病情"，都是坏的情况。坏情况"急转直下"，应该是好转了，但这里说的却是恶化了，显然不合逻辑。如果把例（1）的"急转直下"改为"愈演愈烈"，把例（2）的"危机"改为"形势"，把例（3）的"已经恶化"四字删掉，就没有问题了。

（4）在进攻八莫之前，中国远征军在缅北的进军路线是从西向东，攻占密支那后……中国军队的进攻路线却急转直下，变为从北向南。（中国新闻网2013年1月3日）

（5）川味里有"开水白菜"，菜名俗极，菜、汤、色、味则鲜极，在味觉领域里，紧锣密鼓、急转直下、起承转合，这种谱摆得大气。（《羊城晚报》2012年12月2日）

例（4）"进军路线"由"从西向东"变为"从北向南"，确实是一种变化，但"路线"不是形势或情况，无所谓好转还是恶化，只能说"突然改变"，不能使用"急转直下"。至于例（5），用"紧锣密鼓、急转直下、起承转合"三个成语形容菜的味道,实在不知所云,纯属滥用了。

2015 年 9 月 24 日

"箭在弦上"不等于即将发生

2014年6月27日新华网刊登了一条电讯:"安倍政府27日提交了解禁集体自卫权的内阁决议案最终版本,如果得到执政的自民党和公明党认可,安倍政府计划于7月1日正式通过该决议……《朝日新闻》本月公布的最新民调显示,67%的日本民众反对以修改宪法解释方式解禁集体自卫权,56%民众反对以任何方式解禁集体自卫权。"标题是"日本解禁集体自卫权箭在弦上"。标题的意思显然是:几天后决议就要通过,解禁集体自卫权即将成为事实。这个意思能不能说"箭在弦上"呢?

《太平御览》卷五九七引《魏书》记载:陈琳为袁绍起草檄文,文中有辱骂曹操的父亲和祖父的词句。后袁绍兵败,陈琳被俘。曹操问陈琳:"君昔为本初作檄书,但罪孤而已,何乃上及父祖乎?"陈琳说:"矢在弦上,不得不发。"后用"箭在弦上"(常同"不得不发"连用)比喻事情已经到了不得不做或话已经到了不得不说的地步。例如晚清·吟梅山人《兰花梦传奇》三十三回:"宝珠长叹一声道:'箭在弦上,不得不发,知我者自当谅我苦衷也。'"鲁迅《书信集·致杨霁云》:"我觉得以文字结怨于小人,是不值得的。至于我,其实乃是箭在弦上,不得不发。"茅盾《我走过的道路》:"我以为我这个情绪是有普遍性的,然而用吠声吠影作象征,在当时是箭在弦上,事后深悔有伤厚道。"田汉《谢瑶环》十一场:"有道是箭在弦上,不得不发,本院也顾不得许多了。""箭在弦上"也作"如箭在弦"。如姚雪垠《李自成》二卷三十六章:"目前趁中原空虚,挥师东进,大军驰骋于千里平原,未尝不是一个大好时机。既然补之与汉举二将军已率两万人马进驻叶县与裕州之间,大军继续东进,如箭在弦。"

从这条成语的出处和古今典范用例都可以看出,"箭在弦上"比喻的不是事情即将发生,而是迫于形势,不得不做。前引新华社电讯明明说解禁集体自卫权违反民意,安倍政府显然是一意孤行,而不是迫于形势不得不做,怎么能说"箭在弦上"呢？遗憾的是,现在确实有些人把"箭在弦上"误解为即将发生。这种误用的例子在媒体中时有所见。例如:

(1) 南京600岁明城墙申报世界文化遗产"箭在弦上"……2016年3月底将上报"中国明清城墙申遗"相关材料,力争列入2018年国家申遗备选项目,2019年或2020年正式列入《世界遗产名录》。(中国新闻网2014年11月18日)

(2) 除了举行出道20年来的首次个唱外,罗琦的全新翻唱专辑也箭在弦上。(《今晚报》2015年1月8日)

(3) 虽然通知中的"上市前一个交易日"仍属不确定时间,但多位业内人士向《第一财经日报》记者介绍,玻璃期货上市"箭在弦上",时间窗口应在最近一两周之内。(《第一财经日报》2012年11月26日)

"箭在弦上"不等于即将发生

（4）高考箭在弦上，许多考生都或多或少有些紧张烦躁，那么考前的最后两天应该如何度过呢？（《南方日报》2014年6月5日）

（5）全力保级的河南建业……将在11月2日与志在夺冠的北京国安决一死战。11月1日，双方完成了赛前最后的踩场训练，终极决战已箭在弦上。（中国新闻网2014年11月1日）

明城墙申遗日程已经确定，几年后即可实现（例1），罗琦翻唱专辑的出版也为期不远（例2），玻璃期货上市就在最近一两周之内（例3），均指日可待；两天后的高考（例4），一天后的"终极决战"（例5），肯定如期进行，毫无悬念。以上诸例，"箭在弦上"表示的都是事情即将发生，发生的时间早已确定，只是有早有晚罢了，丝毫没有势在必行、不得不做的意思，显然都不能使用"箭在弦上"。

2015年3月22日

"交相辉映"不可滥用

"交相辉映"指各种光亮、色彩等相互映射照耀。通常用来形容美好的景物。语见宋·李攸《宋朝事实·仪注一》："天气温和,纤罗不动,祥光瑞云,交相辉映。"例如冯牧《滇云揽胜记》："在群山环抱中的江水上,船上的歌声和岸上的欢呼混成一片,灯光和波光交相辉映。"刘玉民《骚动之秋》十二章："夕照余晖和初上的华灯交相辉映,为小巧的港口披上了如诗如梦的暮纱。"刘永红等《沙俄帝国演义》一回："地面上满铺地毯,几种大小不同的圆形图案,同天花板上的油画交相辉映,浑然一体。"引申之也指优秀的文化、艺术、思想、精神之类的抽象事物相互映衬,因为这些也是可以熠熠生辉的。例如叶君健《天安门之夜》："这个设计里面有对比,有穿插,有新旧建筑艺术的交相辉映。"秦牧《长街灯语》："许多科学、文化工作者奋发有为,积极做出贡献的精神,又和李时珍的精神交相辉映。"

目前这条成语用得比较滥,似乎只要是两种东西同时出现,都可以说"交相辉映"。这显然是错误的。应当怎样使用这条成语呢?窃以为要注意以下三点:

第一,相互辉映的通常是有光亮、有色彩的具体事物,如前举范例中的"夕照余晖"和"初上的华灯",地毯上的"图案"和"天花板上的油画"之类。冯牧的用例更能说明问题:说到"灯

"交相辉映"不可滥用

光和波光"他用的是"交相辉映",说到"歌声"和"欢呼"他用的是"混成一片",明确地告诉我们,既无光亮又无色彩的声音之类是不能辉映的。不扣准这一点,就会造成误用。例如:

(1) 市文化馆多功能厅美妙动听的音乐与此起彼伏的掌声交相辉映。(《乐山日报》2015年4月18日)

(2) 进入厂房……隆隆机声与不远处瀑布的轰鸣声交相辉映,与人交谈都必须提高分贝。(《重庆晨报》2015年10月25日)

(3) 池中蓄养锦鲤,水清不涸,与台上曼妙曲声交相辉映。(《人民日报》2015年10月6日)

例(1)说的是乐声和掌声,例(2)说的是机器的隆隆声和瀑布的轰鸣声,两种声音是不能相互辉映的,显系误用。例(3)说的是池水和曲声,池水可以同附近的景物辉映,但是无法同乐曲的声音相辉映,亦属误用。

第二,相互辉映的也可以是两种熠熠生辉的抽象事物,但是二者必须是可以互相配合映衬的同类事物。抽象的事物同具体的事物,或者两个毫不相干的抽象事物,都不能说"交相辉映"。例如:

(4) 在他们身上展现出中国大学生气质与国旗交相辉映,感染了每一个人!(光明网2015年10月22日)

(5) 少年乒乓队员雕塑与充满内涵的办学目标交相辉映。(《抚顺日报》2015年7月30日)

(6) 江苏……力争把这一赛事打造成将军与农民同场竞技、全民健身与军民鱼水情交相辉映的品牌赛事。(《中

国体育报》2013年8月7日)

例(4)的"大学生气质"同"国旗",例(5)的"办学目标"同"雕塑",一个是抽象事物,一个是具体事物,二者缺乏必要的联系,怎么能"交相辉映"呢?例(6)的"全民健身"是一种活动,"军民鱼水情"是一种感情,二者不是同一类事物,不能相提并论,当然也不能"交相辉映"。

第三,能够互相映射照耀、配合衬托的,通常都是美好的事物,两种消极事物同时出现不能说"交相辉映"。例如:

(7) 东莞酒店业与色情业深度媾和……演绎着一场物质与肉欲交相辉映的盛宴。(《中国新闻周刊》2014年4月10日)

(8) 与首相安倍〔一贯的言行以及对待靖国神社的态度〕交相辉映的,是不久前"大嘴"麻生直言不讳的"纳粹修宪发言"。(中国新闻网2013年8月15日)

(9) 与票房飘红交相辉映的是,从来没有一部电影像《小时代》一样引起如此多的争议,引发70后、80后与90后观众的网络大对峙。(《扬子晚报》2013年6月30日)

例(7)的"物质"(这里指金钱)与"肉欲"都是作者批判的东西,当然不能交相辉映。例(8)安倍同麻生的言行都是错误的,可以说互相呼应,一唱一和,也不能说"交相辉映"。例(9)的"票房飘红"与"引起争议"是两种截然不同、互相对立的现象,可以说"形成鲜明对比",也不能说"交相辉映"。

2015年10月28日

"揭竿而起"不等于"崛起"

"揭竿而起"语本汉·贾谊《过秦论》:"率罢弊之卒,将数百之众,转而攻秦,斩木为兵,揭竿为旗,天下云集而响应,赢粮而景从。"说的是秦朝末年,陈胜、吴广率领几百名戍卒,砍断树干当兵器,举起竹竿作旗帜,掀起了反抗暴秦的农民起义。后来人们用"揭竿而起"泛指人民起义。例如清·夏敬渠《野叟曝言》四十二回:"富民重足而立,贫民揭竿而起。"章炳麟《驳康有为论革命书》:"李自成者,迫于饥寒,揭竿而起。"鲁迅《而已集·谈"激烈"》:"愤激便有揭竿而起的可能,而'可叹也夫'则瘟头瘟脑,即使全国一同叹气,其结果也不过是叹气,于'治安'毫无妨碍的。"欧阳山《苦斗》十七:"外国人天天欺负咱们,军阀们天天互相残杀,谁也活不下去,正是天下英雄纷纷揭竿而起的局面。"

这条成语的出处是清楚的,含义是明确的,使用范围是固定的。现在有些人不恰当地扩大了它的使用范围。最初似乎只限于金融证券界。例如:

(1) A股市场连续第四日收高,上证指数重新收复2600点整数关。银行、保险等大蓝筹股揭竿而起,带领指数"冲关",引发投资者群情激昂。(《广州日报》2011年8月16日)

（2）美元贬值使热钱加速流入和人民币升值的预期变得更加强烈，受益于人民币升值的金融、地产、航空、造纸等板块也纷纷揭竿而起。(《北京商报》2010年11月5日)

后来，使用范围越扩越大，涉及诸多领域，几乎达到滥用的程度。请看例句：

（3）民族工业迅猛发展，民族品牌揭竿而起。(《经济观察报》2011年12月31日)

（4）一种新的电视剧形式——网络剧，正在揭竿而起。(《潇湘晨报》2010年1月25日)

（5）当人们为刘老根大舞台的拆迁感到惋惜之时，乡村大剧场"揭竿而起"，再度使长春的"二人转现象"得以更好地延续。(《长春日报》2010年12月14日)

（6）第三节比赛还剩最后4秒，希伯特先是勾手投进，随后邓利维又空中断掉尼克斯的发球，小后卫普莱斯揭竿而起压哨三分。(新浪网2011年4月11日)

以上诸例的错误在于，只抓住一个"起"字，而置关键的"揭竿"二字于不顾，把"揭竿而起"等同于"崛起""突起""兴起"。这种断章取义的做法，必须引起我们足够的重视。

2012年1月6日

"今非昔比"与"今不如昔"

"今非昔比"意思是现在不是从前所能赶得上的。形容形势、面貌等比过去好得多。语见宋·崔与之《与循州宋守书》:"循为南中佳郡,今非昔比矣。"例如清·吴敬梓《儒林外史》三回:"姑老爷今非昔比,少不得有人把银子送上门来给他用。"李国文《老刀枪》:"所以一看老刀枪那泰然自若的神气,颐指气使的派头,就明白此公今非昔比了。"汪曾祺《沙家浜》剧本:"刘副官:对了。人也多了,枪也多了!跟上回大不相同,阔多喽。今非昔比,鸟枪换炮了!"

"今不如昔"意思是现在的状况不如过去,多表示对现状的不满或否定。语本宋·吴曾《能改斋漫录·冷斋不读书》:"洪觉范《冷斋夜话》谓山谷谪宜州,殊坦夷,作诗曰:'老色日上面,欢惊日去心;今既不如昔,后当不如今。'"例如夏丏尊、叶圣陶《文章讲话》:"这两位作者都在忧患之中,眼前都是'今不如昔',可是他们的语气中虽有悲愤,却没有感慨。"李劼人《大波》一部三章:"久而久之,自己渐渐相信:生了儿女,当了妈妈,管了家务,劳了精神,自己准定有了变化,即不变丑,一定今不如昔。"

"今不如昔"和"今非昔比"讲的都是今昔对比。区别在于:"今不如昔"是说现在不如过去;"今非昔比"则是说现在不

是过去所能比得上的,也就是过去不如现在。两条成语意思正好相反。弄不清二者的区别,便会造成误用。例如:

(1) 商震的《瓜洲古渡》直指古时胜景,透过诗歌折射出了"繁华不在"的落寞与哀叹……既包涵今非昔比的惆怅,又使诗人在歌咏古迹、畅达抒怀的同时,面临着巨大的文化压力,引起了"题材焦虑症"。(《光明日报》2015 年 5 月 11 日)

(2) G7 早已失去上世纪 90 年代高峰时的影响力,那时它简直把自己当成了世界的"政治局"。而现在随着 G7 占全球经济比重的缩水,它对世界的实际干预力也已今非昔比。(《环球时报》2015 年 6 月 8 日)

(3) 首尔 FC 队和他的主帅崔龙洙对于恒大而言,无疑是个特别的对手。韩国人至今对于 2013 年亚冠冠军的旁落念念不忘,此役高调喊出"复仇"口号。不过,两队均已今非昔比,首尔队的下滑轨迹要比恒大更明显。(《南方日报》2015 年 4 月 21 日)

(4) "来的人太少。""订单量下滑,今非昔比。"昨日,从广州广交会现场传回不少这样的消息。(《金华日报》2014 年 10 月 28 日)

(5) 如今小东生过孩子以后,身材、容貌已经今非昔比;而笑笑没有生育,相貌身材与过去差不多,她觉得自己跟笑笑一比,简直就成了黄脸婆。(《金陵晚报》2013 年 3 月 30 日)

例(1)是说瓜州古渡繁华不再,引起作者的哀叹和惆怅;

例(2)是说"G7"对世界经济的干预力已经不如过去;例(3)是说首尔 FC 和广州恒大两队的实力均已下滑;例(4)是说广交会参加人数锐减,订单数量下滑;例(5)是说小东生过孩子以后容貌变老:毫无例外说的都是现在不如过去,而不是过去不如现在,显然不宜使用"今非昔比",而应该改用"今不如昔"

2015 年 7 月 27 日

"金城汤池"与"固若金汤"

"金城汤池"意思是像金属铸就的城墙,如沸水流淌着的护城河(汤:沸水;池:护城河)。形容坚固的防御工事。语出《汉书·蒯通传》:"边地之城……皆为金城汤池,不可攻也。"例如《晋书·段灼传》:"人心苟和,虽三里之城,五里之郭,不可攻也;人心不和,虽金城汤池,不能守也。"峻青《雄关赋》:"这才是真正的雄关,比什么金城汤池还要坚固的雄关。"柯灵《构筑心理防线》:"让我们构筑起心理上的金城汤池,加强胜利的信念……争取胜利的实现吧!"

"固若金汤"意思是坚固得像金城汤池一样。形容工事、防线等十分坚固,不易攻破。语见宋·赵万年《襄阳守城录》:"我今城高池深,固若金汤,精兵良马,毕集要地。"例如清·唐云洲《七剑十三侠》一二九回:"吾恐此城虽固若金汤,亦不足与各路勤王之师以相抗。"罗广斌等《红岩》三十章:"目前重庆防务,固若金汤。"李丰祝《解放石家庄》:"他真没想到,'固若金汤'的第一道防线,就这样轻易地被打破了。"

这两条成语意思相近,语法属性却不相同。"金城汤池"是名词性成语,"固若金汤"是形容词性成语。弄不清两条成语的区别,就会把它们混为一谈,造成误用。例如:

(1)本应该固若金汤的地方/却脆如麻秆/多是豆腐渣

工程/而那些楼堂馆所/那些垄断行业建造的行宫/却金城汤池/雷打不动。(《人民日报》2010年8月27日)

(2) 中国的强秦怎么样?"家天下"的国家机器何其金城汤池,可是一旦统治者执政观念倾斜了,陈胜吴广一声呐喊大秦就烟消云散了。(人民网2008年1月24日)

(3) 当时,日寇吹嘘娘子关是"固若金汤"。(《人民政协报》2012年9月20日)

例(1)前面的"固若金汤"修饰"地方",用得对。后面的"金城汤池"同形容词性词组"雷打不动"并列,又接受副词"却"的修饰,显然是用错了,应该改用"固若金汤",或在"金城汤池"前加一"如"字。例(2)的"金城汤池"放在副词"何其"后面,"何其"只能修饰形容词(如"何其毒也""何其糊涂"),不能修饰名词,因此也用错了。例(3),可以说"娘子关是金城汤池",也可以说"娘子关固若金汤",但是不能说"娘子关是固若金汤"。

由此可见,使用成语还要注意成语的语法属性。成语的语法属性主要分为谓词性成语(包括动词性成语和形容词性成语)和体词性成语两大类。不同属性的成语在句子中充当的句子成分是不同的。不注意区分成语的语法属性,把谓词性成语同体词性成语混为一谈,往往造成误用。

2014年10月31日

"井底之蛙"与"坐井观天"

"井底之蛙"语本《庄子·秋水》:"井蛙不可以语于海者,拘于虚也。"意思是井里的蛙不可以同它谈论大海,是因为受到地域的限制。后用"井底之蛙"比喻眼界狭隘、见识短浅的人。例如元·施耐庵、明·罗贯中《水浒传》八十七回:"汝小将年幼学浅,如井底之蛙,只知此等阵法,以为绝高。"茅盾《霜叶红似二月花》八:"我们那时才能知道造物是何等神妙,那时才知道我们真是井底之蛙,平常所见,真只有一点点!"刘绍棠《村妇》卷二:"秀子是井底之蛙,只见过巴掌大的一块天。"

"坐井观天"语本唐·韩愈《原道》:"坐井而观天,曰天小者,非天小也。"后以"坐井观天"四字成文,比喻眼界狭隘,见识不广。例如明·吴承恩《西游记》十六回:"我弟子虚度一生,山门也不曾出去,诚所谓'坐井观天',樗朽之辈。"姚雪垠《李自成》一卷十九章:"咱们应该多知道一些朝廷的虚实情形。坐井观天,闷在鼓里,怎么行?"古华《话说〈芙蓉镇〉》:"甚至还坐井观天地自信自己经历的这点生活,认识的这点社会和人生,是前人——即便是古代的哲人们所未见、所未闻的,不写出来未免可惜。"

这两条成语意思相近,但语法属性不同。"井底之蛙"是名词性成语,比喻眼界狭隘、见识不广的人。"坐井观天"是动词性成语,比喻眼界狭隘、见识不广这种状态。二者区别明显,不能混淆。

把"坐井观天"当成"井底之蛙"的例子,在媒体中尚不多见,而把"井底之蛙"当成"坐井观天"的例子,却时有所见。例如:

(1) 固步自封、不思进取和井底之蛙都是阻碍企业发展的思想,我们必须要有国际化的视野。(《四川农村日报》2014年12月3日)

(2) 他们(按,指姚明和马布里)不会认为自己就是最牛的,他们不是那种井底之蛙目空一切没见过世面的人。(《现代快报》2012年12月20日)

(3) 一个人学得越多、钻得越深,眼界就越开阔,思想就越深刻,境界就越高远。偏安一隅、不思进取,难免井底之蛙、孤陋寡闻。(《抚州日报》2014年8月3日)

(4) 这样的学问才可能避免"闭门造车""井底之蛙""凌虚蹈空"之类的种种陷阱,接近前贤"读书不肯为人忙"的治学境界。(《中华读书报》2015年7月20日)

例(1)"井底之蛙"同"固步自封""不思进取"一起修饰"思想",说"固步自封"的思想、"不思进取"的思想都可以,但是不能说"井底之蛙"的思想。例(2)"井底之蛙"同"目空一切""没见过世面"一起修饰"人",说"目空一切"的人、"没见过世面"的人都可以,但是不能说"井底之蛙"的人。例(3)说"偏安一隅""不思进取"就难免"孤陋寡闻"是可以的,而说这样就难免"井底之蛙"便讲不通了。例(4)"井底之蛙"同动词性词组"闭门造车""凌虚蹈空"并列,也很不协调。以上诸例的"井底之蛙"显然都应当改为"坐井观天"。

2015 年 8 月 20 日

"久假不归"与请假无关

人民出版社2011年7月出版的《余秋里回忆录》,在《提高会战队伍素质》一节中有一段话:"职工自行离队,不辞而别,久假不归的现象开始蔓延……1961年,全年私自离队和久假不归的有622人。"一段话中两次使用"久假不归",想要表达的意思都是"长期请假而不回来"。显然这是对这条成语的误解和误用。

成语"久假不归"语本《孟子·尽心上》:"尧舜,性之也;汤武,身之也;五霸,假之也。久假而不归,恶知其非有也。"这段话的意思是:尧、舜实行仁义是出于本性,商汤、武王实行仁义是身体力行,而春秋五霸则是假借仁义之名以成其霸业。如果长期借用仁义之名而不归还,又怎能知道他们原本是没有仁义的呢?后以"久假不归"四字成文,表示长期借用而不归还。例如宋·王明清《挥麈录后录》卷七:"煨烬之余,所存不多。诸侄辈不能谨守,又为亲戚盗去,或他人久假不归。"清·长白浩歌子《萤窗异草·郎十八》:"且婢子既夺我原配之名,享我青春之乐,报亦惨矣,乌有久假不归者。"刘青霞《豫人刘马青霞披露》:"〔丈夫死后应归刘青霞所有的200顷土地〕俱被族人霸种,久假不归。"王璞《香港问题之史的回顾》:"立国欧西,远隔中国数万里的英帝国,究竟是在什么时候,通过什么手段,把中国领土香港据为己有的呢?又是怎样软硬兼施,蚕食鲸吞,一再展拓占领区的面积,久假不归的呢?"

理解这条成语的关键是"假"字。"假(jiǎ)"的本义是"借"。《广雅·释诂二》:"假,借也。"《左传·成公二年》:"唯器与名,不可以假人。"唐·孔颖达疏:"唯车服之器与爵号之名不可以借人也。"这个意义在现代汉语中已经不能单独使用,只保留在"假借""假座""假公济私"等少数词语中。现在大家熟悉的常用义"不真实",是中古出现的后起义。"假"又读 jià,《广韵·祃韵》:"假,休假也。"晋·范宁《启断众公受假故事》:"五月给田假,九月给授衣假,为两番各十五日。"这个音、义也是晋代以后才出现的。成语"久假不归"出自《孟子》,先秦时期"假"还没有假期、休假的意思。把"久假不归"理解为"长期请假而不回来",显然是以今释古、望文生义。

遗憾的是,类似的误解和误用在媒体中却时有所见。例如:

(1) 1979 年 4 月 30 日〔安徽农学院〕的"证明"说:"刘家英同志原系我院工人,1961 年曾请假,假满不归……当时按久假不归自动离职处理,现不再予以处理。"(新华网 2009 年 5 月 25 日)

(2) 对无故不上班、久假不归和考核不合格的人员应及时上报人社局解除聘用合同。(《2012 年陕西榆林佳县招聘卫生专业人员公告》)

(3) 五查违纪违规。看是否存在单位干部职工长期脱岗、无正当理由久假不归、"吃空饷"等现象。(中国甘肃网

2013年8月16日)

(4) 1945年抗战胜利后,王子培被调入整编102旅接收江西九江日寇投降。1946年,因部队开赴江苏扬州,王子培不愿参加内战,久假不归离开部队。(《湘潭晚报》2013年9月4日)

顺便说一下,有的成语词典在"久假不归"条下解释说:"假读 jià,则为假期之义。指长久告假在外不回来。"所举书证是清·文康《儿女英雄传》三十回的一段话:"你我若不早为之计,及至他久假不归,有个一差二错,那时就难保不被公婆道出个不字来,责备你我几句。"这实在是一种误解。《儿女英雄传》三十回的回目是"开菊宴双美激新郎,聆兰言一心攻旧业"。这段话是何玉凤对张金凤说的。说丈夫安公子近来沉溺闺阁闲情,不图读书上进,倘若他迷途不返,沦为纨绔子弟,我们将会受到责备。正因为公子整日同两个妻子耳鬓厮磨,无心外出求取功名,她们才设法激励他上进,说他"长久告假在外不回来",实在是驴唇不对马嘴。《汉语大词典》把"比喻迷途不返"列为这条成语的第二义项,也举《儿女英雄传》的这段话为书证,对这段话的理解是正确的。某些成语词典的编者根本没有读懂这段话,误以为"长久请假不归"的用法古已有之,并据以释义,如此以讹传讹,误导读者,是很不严肃的。

2014年2月14日

"举重若轻"与"举足轻重"

"举重若轻"指举重东西就像举轻东西那样毫不费力。比喻人能轻松自如地从事繁难的工作或处理棘手的问题。语见清·卢文弨《皇朝武功纪盛序》:"今是编也,驭繁以简,举重若轻,深得史汉之义法,而尤有不可及者。"例如清·赵翼《瓯北诗话·苏东坡诗》:"坡诗不尚雄杰一派,其绝人处,在乎议论英爽,笔锋精锐,举重若轻,读之似不甚用力,而力已透十分。"冰心《我的学生》:"'真好玩'三字就是她的人生观,她的处世态度,别的女人觉得痛苦冤抑的工作,她以'真好玩'的精神,'举重若轻'地应付了过去。"李健吾《写戏漫谈》:"剧作者的匠心,就在举重若轻地把一些似不相涉的情况在第一幕交织起来,构成此后进展的导线。"曾卓《〈仙·鬼·妖·人〉序》:"论述大问题时举重若轻,明晰清畅;探讨具体作品时又举轻若重,擘肌析理。"

这条成语不难懂也不难用,但是要注意同"举足轻重"区别开。"举重若轻"和"举足轻重"尽管有三个字相同,意思却大相径庭,不容混淆。"举足轻重"意思是抬起脚移动一步,就会影响两边的轻重,比喻所处地位重要,一举一动都足以左右局势。语本《后汉书·窦融传》:"方蜀汉相攻,权在将军,举足左右,便有轻重。"例如茅盾《子夜》十九:"现在他和赵伯韬立在敌对的地位了,而且举足轻重的杜竹斋态度莫测。"姚雪垠《李自成》三卷二十三章:"如今天下未定,曹操举足轻重,如果逼他太紧,他或则投降朝廷,或则离我们而去。"现在有些人恰恰是把这两条成语混为一谈了。请看例句:

(1) 印度国家软件行业协会是印度信息技术和软件业最具影响力的组织……在印度乃至全球服务外包领域的地位举重若轻。(《成都晚报》2011年10月21日)

(2) 如果仅仅让私营部门孤军奋战,那么他们不大可能有能力推动大面积的基础设施建设步伐,政府在这当中可以起到举重若轻的作用,来帮助这些私营企业家。(《解放日报》2009年10月10日)

(3) 金水区法院地处河南省委、省政府所在地,区域位置特殊,在郑州市有着"非同凡响"的地位,其法院院长有着举重若轻的影响力。(光明网2011年8月19日)

以上诸例,讲的都是地位重要(例1),作用(例2)或影响力(例3)巨大,都同"举重若轻"的意思大相径庭。应该改用"举足轻重"。

顺便说一下,以下诸例中的"举重若轻"也用错了:

(4) 骗取一套保障房,可以获利几十万元甚至上百万元,发现后惩罚骗保却举重若轻(最多罚个几万元),这不是明摆着鼓励大家骗保吗?(《郑州晚报》2011年12月6日)

(5) 以前拍了那么多片子,山西的美我还没有去触动,这次我想通过武侠片去传达,这会是一部让人举重若轻的电影。(《现代快报》2011年1月8日)

(6) 这真是个举重若轻的好故事！没有经历过真正爱情的人，没有尝过生活大喜大悲的人是不会懂得的。(《北京日报》2011年1月10日)

例(4)是说对"骗取保障房"行为重案轻判，罚不当罪，同"举重若轻"的意思相去甚远。至于最后两例的"举重若轻"是什么意思，已经无法捉摸，纯属滥用了。

2012年1月7日

"具体而微"不是具体而且微小

"具体而微"意思是内容大体具备而规模或形状较小。语出《孟子·公孙丑上》:"子夏、子游、子张皆有圣人之一体,冉牛、闵子、颜渊则具体而微。"这句话是说子夏等三人各有孔子的一部分长处,冉牛等三人大体近似孔子,却不如他博大精深。例如宋·周密《武林旧事》卷三:"蒋苑使有小圃,不满二亩,而花木匼匝,亭榭奇巧……盖效禁苑具体而微者也。"朱自清《闻一多全集·序》:"其实他自己的一生也就是具体而微的一篇'诗的史'或'史的诗',可惜的是一篇未完成的'诗的史'或'史的诗',这是我们不能甘心的!"老舍《文博士》:"大门也有,小门也有;有卖水的小棚,有卖杂货的小铺;具体而微的一条小街,带出济南小巷的特色。"徐铸成《报海旧闻》三十一:"所谓四面钟,顾名思义,是有一个四面可见的大钟,也像上海海关的大钟一样,不过具体而微而已。"

理解和使用这条成语的关键是要弄懂何谓"具体"。"具"和"体"是两个单音词,"具"是具备,"体"指整体面貌,"具体"就是具备事物的主要内容或基本结构。现在很多人把成语中的"具体"同当不抽象讲的现代汉语双音词"具体"混为一谈,从而把"具体而微"误解为具体而且微小,用来形容具体的、细小的事物,以致造成误用。这种例子俯拾皆是,酌举数则如下：

（1）宏大抽象的正义很容易被具体而微的利益所绑架，这是当下改革迫在眉睫需要解决的问题。（《京华时报》2015年5月20日）

（2）曹雪芹虽然把大观园里众姐妹玩的"射覆"描写得具体而微，但这种酒令究竟如何玩法，仍让人觉得有点摸不着头脑。（光明网2011年1月31日）

（3）我国建筑业相关法规制度对治理扬尘早有具体而微的规定。如施工现场内堆放的水泥等易产生尘埃的物料必须进行封闭式管理，不允许露体堆放……（《湖北日报》2014年11月28日）

（4）"三大纪律八项注意"锻造出一支所向披靡的威武之师，而其内容不过是"不拿群众一针一线""借东西要还"等具体而微的"小事"。（《中国纪检监察报》2015年9月6日）

（5）李师傅并没有做过什么惊天动地的"大事"，他和学生之间，只有一些具体而微的小事。正是这些小事，拉近了彼此之间的距离，增强了彼此之间的感情和信任。（《羊城晚报》2011年10月25日）

例（1）"具体而微"同"宏大抽象"对举，可见"微"就是相对"宏大"而言的，"具体"就是相对"抽象"而言的。例（2）说曹雪芹对"射覆"做了"具体而微"的描写，例（3）说建筑法规对治理扬尘早有"具体而微"的规定，显然是把"具体而微"等同于"具体细致"。例（4）用"具体而微"形容"不拿群众一针一线"之类的"小事"，例（5）用"具体而微"形容同"惊天动地"的"大事"对举的"小事",这两例的"具体而微"无疑就是指"具体而且细小"。

多数成语是从古代流传下来的,其中保留了不少古代汉语的词义。古汉语以单音词为主,现代汉语以双音词为主,千万不要把古代汉语中相邻的两个单音词误解为现代汉语的双音词。把"具体而微"的"具体"误解为不抽象,仅仅是一个典型的例子。此外像把"求全责备"的"责备"(要求完备)误解为批评指责,把"得意忘言"的"得意"(得其旨意)误解为称心如意,把"身体力行"的"身体"(亲身体验)误解为人的生理组织的整体……诸如此类的错误都应该注意防止。

2015 年 10 月 20 日

"聚讼纷纭"不是纷纷打官司

2007年7月23日人民网上发表了一篇题为《一九九九：官司纷纭为那般?》的文章。文章说："对于1999年上半年聚讼纷纭的文化官司,中国人民大学法律系知识产权中心主任刘春田教授认为……'有些可以双方调解并达成共识的事情,并不一定要对簿公堂。'"文章用"聚讼纷纭"形容"文化官司",并且同"对簿公堂"前后呼应,显然是把这条成语理解为打官司。而网站的编辑为了通俗易懂,更进一步在标题中把"聚讼纷纭"改为"官司纷纭",明确告诉读者,"聚讼"就是打官司。这实在是对这条成语的曲解。

"聚讼纷纭"意思是许多人纷纷争论,意见分歧,没有定论。语本元·黄溍《送祝蕃远北上》诗："奈何夸毗子,聚讼生纷纭。"例如元·吴师道《送张州判序》："况乎群十数人坐一堂之上,甲是乙否,聚讼纷纭,衡鉴之不精,去取之失当。"张元济《〈水经注〉跋》："主前说者有孔氏继涵……主后说者有魏氏源……而调停其间者为王氏先谦。聚讼纷纭,几为士林一大疑案。"茅盾《夜读偶记》四："有一位大名鼎鼎的诗人兼批评家蒲伯,算不算古典主义这一派,到现在也还聚讼纷纭,没有定论。"路遥《关于〈人生〉和阎纲的通信》："按我的经验,作家笔下的性格复杂到使评论者聚讼纷纭、莫衷一是,往往证明这一性格确真而不矫情。""聚讼纷纭"也作"聚讼纷纷"。如明·胡应麟《诗薮·古体·杂言》:"'餐秋菊之落英',谈者穿凿附会,聚讼纷纷。"苏雪林《玉溪诗谜》乙:"义山集中《锦瑟》一诗,历来无人能解,所以聚讼纷纷,莫衷一是。"

理解这条成语的关键是弄清什么叫"聚讼"。"讼"的本义是争论、争辩。《说文》:"讼,争也。"例如《淮南子·俶真》:"周室衰而王道废,儒墨乃始列道而议,分徒而讼。""讼"的常用义"诉讼"就是从"争论、争辩"义引申出来的,因为在法庭上争辩是非曲直就是打官司。"聚"是众人的意思。《左传·成公十三年》:"我是以有辅氏之聚。"晋·杜预注:"聚,众也。""聚讼"就是很多人在一起争论,所以《汉语大词典》把这个词释为"众说纷纭,久无定论"。"聚讼纷纭"和"众说纷纭"是近义成语,也经常同"莫衷一是"(不能得出一致的结论)连用。由于"讼"的"争论"义现已很少使用,不了解古义的人很容易把"聚讼纷纭"误解为纷纷聚在一起打官司。前举人民网的文章就是一个典型的例子。类似的误用还可以再举几个例子:

(1) 许多奖项和榜单的设立本身就动机不纯,或者中途违背初衷,加上运作过程缺乏自律和监督,在权力、人情、私心等因素介入下,导致评选过程丑闻不断,评选结果缺乏公信,甚至引发聚讼纷纭的官司。(《羊城晚报》2013 年 1 月 16 日)

(2) 近年来,随着市场经济的建立,人们对著作权的认识不断加深……著作权纠纷事件屡有发生,侵权案件屡禁不绝,权利人和侵权人聚讼纷纭。(人民网 1998 年 10 月 16 日)

(3) 常熟"科弘系"5家企业的高管突然不辞而别,公司陷入完全停顿……1450多个债权人聚讼苏州,5家企业面临高达110亿元的债务和270多起诉讼案件。(《江苏法制报》2010年3月5日)

例(1)"聚讼纷纭"修饰"官司",例(2)"聚讼纷纭"同"侵权案件"前后呼应,例(3)"聚讼"同"诉讼案件"前后呼应,所指毫无例外都是打官司,显然犯了以今释古的错误。

2013年1月23日

"聚蚊成雷"比喻什么？

"聚蚊成雷"意思是许多蚊子聚在一起，嗡嗡之声就会像打雷一样响。比喻毁谤、造谣的人多了，也会造成极大的危害。语出《汉书·中山靖王刘胜传》："夫众煦（煦 xǔ：哈气）漂（漂：冲走）山，聚蚊成雷……是以文王拘于牖里，孔子厄于陈、蔡，此乃烝庶（烝庶：众人）之成风，增积之生害也。"例如宋·苏轼《杭州召还乞郡状》："古人有言，聚蚊成雷，积羽沉舟，言寡不胜众也。"梁启超《变法通议》："全国千万数之守旧党人，不谋而同心，异喙而同辞，他事不顾，而唯阻挠新法之知。语曰：众口铄金，聚蚊成雷。不有以安顿之，则其为变法之阻力，未有艾也。"郭沫若《天地玄黄·世界和平的柱石》："战争结束后才仅仅一年多，世界的疮痍并未恢复，而对于苏联的诽谤却又快要聚蚊成雷，淹没一切了。"

这条成语过去偶有用其字面义的。如梁实秋《雅舍小品·雅舍》："'雅舍'的蚊虱之盛，是我前所未见的。'聚蚊成雷'真有其事！每当黄昏时候，满屋里磕头碰脑的全是蚊子，又黑又大，骨骼都像是硬的。"但通常是用其比喻义，而且只比喻众口谗毁，不能比喻其他事物，也不能用于褒义。

这条成语使用频率不高，但是用错的却不少。例如：

（1）如今，郭德纲已经成为一种文化现象；听郭德纲的

相声,是一种时髦……郭德纲这面旗,是这些人帮他打起来,聚蚊成雷,呐喊成阵的。(《新京报》2006年2月15日)

作者想说郭德纲的走红是某些观众吹捧和某些媒体炒作的结果。这里的"聚蚊成雷"似乎等于众口吹捧或群起炒作,而吹捧同毁谤意思截然相反,怎么能说"聚蚊成雷"呢?

(2)看台上的顶棚使整个赛场像个大音响,那些壮硕得冬天都可以穿背心的英国球迷振臂一呼,立刻聚蚊成雷,引出一片山呼海啸。(《天府早报》2007年1月1日)

(3)我相信,鸟叫得多了,纵使达不到百鸟朝凤的效果,多少可以有些生气。文化的言说,总可以聚蚊成雷,一起参与对中国文化现状与格局的改写,乃至重新的勘测和调整。(《新京报》2009年1月24日)

"聚蚊成雷"或同"山呼海啸"连用,或同"百鸟朝凤"类比,用一群蚊子的嗡嗡乱叫比喻球迷的欢呼和群众对"文化的言说",实在不伦不类。

(4)事实上,社会的进步有赖于细节的改良……只有若干个改良后的细节"聚蚊成雷",社会文明才会焕然一新。(《江南时报》2005年7月10日)

(5)先说钢琴集训课吧,只有周二和周四才上,每次两小时……固然很少,但聚蚊成雷,再少的课上多了也能学好。(和讯网 2011年8月31日)

这两例用"聚蚊成雷"比喻积少成多,不仅意思不对,感情色彩也不同,很可能是把"聚蚊成雷"同"聚沙成塔"混为一谈了。"聚沙成塔"意思是把细沙聚成宝塔,比喻积少成多。例如李国文《危楼记事》:"就这样,聚沙成塔地攒下了两千元存款。"叶永烈《从一做起》:"聚沙成塔,集腋成裘。万丈高楼是靠一砖一瓦砌成的。学问靠积累,要一点一滴地汲取知识营养。"这条成语放在以上两例完全合适。

以上种种想当然式的误用都是望文生义、不求甚解的结果。

2012 年 2 月 6 日

最好不要说"凯旋而归"

在媒体上常常可以看到一个貌似成语的四字格"凯旋而归"。例如:

(1)凯旋而归——中国军人圆满完成联合国驻叙军事观察任务。(《人民日报》2014年10月26日)

(2)昨日,解放军264医院第十六批维和医疗分队的官兵,圆满完成任务后凯旋而归。(《太原晚报》2014年12月23日)

(3)贪官"畏罪"自杀或潜逃了,有人沉痛追悼,有人拍手叫好;贪官入狱服刑了,有人蜂拥探望,送礼送钱;贪官出狱了,有人公开接风,犹如英雄凯旋而归。(光明网2013年2月21日)

(4)越王勾践在阵前让数百囚徒排成三列当众自刎,并趁着吴军将士目瞪口呆、惊魂未定之际发起进攻,一举而克,凯旋而归。(《光明日报》2014年6月18日)

(5)传说在战国时,秦大将王翦率兵伐楚,关中父老相送,预祝早日凯旋而归。时值暮春,翠柳低垂,迎风飘展,父老们折下柳枝,插在将士们的盔甲上,以示"吉祥平安"。(《镇江日报》2015年4月3日)

"凯"是军队得胜时所奏的乐曲,"旋"就是归来。"凯旋"

就是军队奏着得胜的乐曲归来,其中已经包含了归来的意思,后面再加上"而归"意思就重复了。尽管近年来有不少人一直在使用"凯旋而归",但是还没有见到哪部成语词典收录,可见并没有获得辞书界的认可。一位作家曾为自己使用"凯旋而归"辩解说:"光说'凯旋',觉得意犹未尽",加上两个字凑成四字格,就带劲了。既然那么热衷于四字格,又喜欢用"凯"字,不如说"奏凯而归"或"奏凯而还"。这两个词组虽然也不是成语,却于古有征。前者如明·冯梦龙、清·蔡元放《东周列国志》四十五回:"次日,襄公同诸将奏凯而归。"清·夏敬渠《野叟曝言》一四八回:"国王满心奇痒,竟像已经荡平群盗,奏凯而归一般,踊跃非常。"后者如明·洪楩《清平山堂话本》卷四:"倭夷大败……遣使称臣求和。生恐有变,许之,奏凯而还。"《东周列国志》八十九回:"孙膑手斩庞涓之头,悬于车上。齐军大胜,奏凯而还。"为什么非要抱着一个语义重复、画蛇添足的"凯旋而归"不放呢?我看还是不使用为好。

2015 年 9 月 15 日

"苦口婆心"的种种误用

"苦口婆心"形容好心好意地再三恳切劝导。语见清·文康《儿女英雄传》十六回:"这种人若不得个贤父兄、良师友,苦口婆心的成全他,唤醒他,可惜那至性奇才,终归名隳身败。"例如梁启超《护国之役回顾谈》:"我和龙济光苦口婆心的谈了十几点钟。"梁实秋《雅舍小品·偏方》:"又有一位熟识的朋友……听说我患糖尿,便苦口婆心的劝我煎玉蜀黍须,代茶饮,七七四十九天,就会霍然而愈。"巴金《谈自己的创作·小序》:"中外古今的文学巨匠常常苦口婆心地劝告人,尽可能少写废话,要写得短,写得深,写得精。"

理解和使用这条成语,要抓住三点:第一,"苦口婆心"通常形容"劝",多跟"劝""劝说""劝告""劝解""劝诫"等词语搭配使用。第二,"婆心"就是具有老婆婆那样慈爱的心肠,因此这种劝说必须出于好心好意,是劝人做好事而不是做坏事。第三,"苦口"就是不顾口干舌燥,恳切、耐心、反复地劝说,因此这种劝说通常都具有翻来覆去、不厌其烦的特点。背离了这三点,就会造成误用。例如:

(1)因为新生要独立……缴纳学费、住宿费、保险费……很多家长都放心不下。"……孩子没拿过这么多钱,就让我帮孩子交了吧。"一位学生家长跟工作人员"苦口婆

心"地交涉几次无果,只好无奈地把钱交给孩子,让孩子自己入内办理。(《天津日报》2013年8月28日)

(2)覃金华做方案、打报告,不辞劳苦地往各部门跑,苦口婆心地跟上级领导沟通,积极争取项目和资金。(《钦州日报》2015年6月15日)

(3)假如和对方相识不久,交往一般,而对方就忙不迭地把心事一古脑地倾诉给你听,并且完全是一副苦口婆心的模样……转过头来他又向其他的人……说出了同样的话,这表示他完全没有诚意,绝不是一个可以进行深交的人。(《生活时报》1999年10月4日)

(4)今天有报道再次苦口婆心地道出了政府网站的现状,称,全国超过90%的政府单位都建设了中文政府网站……〔然而〕"官网首页的'局长信箱'一栏点击后又直接返回官网首页,右下角的'投票调查'则在投票后无任何反应。"(光明网2015年4月17日)

例(1)家长为代学生缴费反复同校方交涉,例(2)下级为争取项目和资金一再向上级请求,都不属于劝说,更不是劝导,只能说"费尽唇舌",而不能说"苦口婆心"。例(3)相交不深便向对方倾诉自己的心事,而且"完全没有诚意",纯粹是为了骗取对方的信任;例(4)媒体再次报道某些政府网站形同虚设的现状,只能是揭露和批评:两件事都同劝说毫无共同之处,当然也不能使用"苦口婆心"。

(5)在北京西站,一位黄牛正在跟没买到票从窗口失望而归的湖南小伙子搭讪……一边走一边"苦口婆心":"我

也是做个好事,帮你们回家……大过年的,不能回家团圆多遗憾啊!"(新华网 2015 年 2 月 4 日)

(6) 我曾亲见多位演员在拍摄间隙蹲墙角聚众吸大麻。艺人涉黄赌毒,特别特别糟糕。圈子里风气不正,很多人劝我尝尝摇头丸,还苦口婆心对我讲"这是灵感来源"。(《法制晚报》2015 年 11 月 16 日)

例(5)"黄牛"倒卖车票,无论装得多么诚恳,都不是好心好意,都是非法牟利,例(6)劝人涉毒,不管用心何在,都是引诱别人干坏事,当然都不能说"苦口婆心"。

(7) 在序文中作者苦口婆心地讲明了一个深刻的道理:"名城保护好了,就能够加大城市的吸引力、凝聚力。"(《福建日报》2015 年 1 月 6 日)

(8) "爱萍同志,那里很重要。"毛泽东的口气变得严肃而认真。看到张爱萍有些委屈的样子,毛泽东苦口婆心地说:"上海的重要程度并不在华北之下,依据目前战况的发展,日本人很快就要占领上海,我们必须加强那里的工作。"(中国共产党新闻网 2013 年 9 月 23 日)

例(7)引述的是习近平 2002 年为《福州古厝》一书所写序言中的一句话,这是"一个深刻的道理",不是一般劝人的话,而且看不出有反复、再三的意思。例(8)毛泽东讲话的内容深刻而有分量,态度"严肃而认真",而且具有教导的意味。这两例显然都不宜使用"苦口婆心",可以改用"语重心长"。"语重心长"强调所讲的内容深刻有力,心意深长,通常用来形容"教导"。例如秦牧《艺海拾贝·掌握语言艺术搞好文学创作》:

"毛主席在这三封信中三次提到'形象思维',可以说是语重心长。"这条成语用于上述两例比较合适。

2015 年 11 月 25 日

"老马识途"与"识途老马"

"老马识途"意思是老马能认路。比喻阅历多、经验丰富的人熟悉情况,可以起到引导作用。语本《韩非子·说林上》:"管仲、隰朋从桓公伐孤竹,春往冬返,迷惑失道。管仲曰:'老马之智可用也。'乃放老马而随之,遂得道。"例如明·冯梦龙、清·蔡元放《东周列国志》二十一回:"管仲进曰:'臣闻老马识途,无终与山戎连界,其马多从漠北而来,可使虎儿斑择老马数头,观其所往而随之,宜可得路也。'桓公依其言……遂出谷口。"清·钱谦益《高念祖〈怀寓堂诗〉序》:"念祖以余老马识途,出其行卷,以求一言。"张锲《热流》:"他们今天并不是伏枥的老骥,而是正在奔走的老骥。老马识途,人们是不会忘记他们已经和正在为党和国家做出的贡献的。"二月河《雍正皇帝》一一五回:"朱轼老马识途,他在一旁说:'宝亲王在外头巡视已近一年了。老臣以为,是不是召他到承德来。一来可以朝夕侍奉在皇上左右,二来也能把这件事问得清清楚楚。'"

"识途老马"意思是能认路的老马。比喻阅历多、经验丰富的人。语见明·卢象昇《与少司成吴葵庵书》:"盖某于封疆军旅之事,阅历有年,虽系驽骀,犹然识途老马。"清·文康《儿女英雄传》十三回:"既承你以我为识途老马,我却有无多的几句话,只恐你不信。"茅盾《秋收》:"虽则一个多月来他的'威望'很受损伤,但现在是又要'种田'而不是'抢米',老通宝便像乱世后的前朝遗老似的,自命为重整残局的识途老马。"周瘦鹃《苏州游踪》:"蔡画师原是识途老马,正很热情地在帮助他的画友,共求精进。"

这两条成语都是由"老马"和"识途"两个词组组成的,但由于次序不同,结构就不同了,意义和功能也就有了差异。"老马识途"是主谓结构,谓词性成语,经常用作谓语或分句,比喻有经验的人可以起到引导作用;"识途老马"是偏正结构,名词性成语,经常用作主语或宾语,比喻有经验的人。不是一条成语的两种不同写法,不能混为一谈。忽略了二者的区别,往往会造成误用。例如:

(1) 二排排长张堪海告诉记者,前几天卫星导航没信号,周围磁铁矿导致指北针不能用,多亏了几匹老马识途,带领小分队走出险境。(《解放军报》2013年10月31日)

(2) 一次,草原上下起暴风雪,根本辨不清方向的宋玉荣靠着胯下的"老马识途"才把她和羊群安全带回生产队。从那以后,他们与马结下了深厚的情谊。(《辽沈晚报》2013年9月5日)

"老马识途"在例(1)中作"多亏"的宾语,接受数量词"几匹"的修饰,在例(2)中作"靠着"的宾语,接受"胯下"的修饰,用的都是这条成语的字面义,说的都是马,使用"老马识途"显然不妥,应当改用名词性成语"识途老马"。

(3) 中国不能没有老马识途。这是从古到今历史反复证明了的。(光明网2014年2月5日)

（4）在第三季《中国好声音》中,那英、汪峰、杨坤三位导师都是老马识途,唯一的新鲜血液就是罗大佑。(《烟台晚报》2014年6月2日)

"老马识途"在例(3)中作"没有"的宾语,比喻引导中国前进的思想家。在例(4)中作"是"的宾语,同名词性词组"新鲜血液"(比喻新任导师罗大佑)对举,比喻那英等三位老导师。两例都用"老马识途"比喻人,显系误用,也应该改为名词性成语"识途老马"。

2015 年 12 月 9 日

"乐此不疲"的"此"指什么？

"乐此不疲"意思是乐于做某事而不知疲倦。形容因为特别喜欢做某事,而沉浸其中。语本《后汉书·光武帝纪下》:"皇太子见帝勤劳不怠,承间谏曰:'……愿颐爱精神,优游自宁。'帝曰:'我自乐此,不为疲也。'"例如清·文康《儿女英雄传》三十八回:"更兼这位老先生天生又是无论什么疑难,每问必知,据知而答,无答不既详且尽,并且乐此不疲。"冰心《寄小读者》七:"海上的头三日,我竟完全回到小孩子的境地中去了,套圈子,抛沙袋,乐此不疲。"邹韬奋《萍踪寄语》二十四:"他们吃了许多苦头,对于工作却丝毫不放松,丝毫没有消极的意思,仍然是那样兴会淋漓,乐此不疲地向前干着。"

理解和使用这条成语的关键是要弄清"此"指代什么。从前举范例中可以看出,文康例指代的是为人解答疑难问题,冰心例指代的是套圈子、抛沙袋,邹韬奋例指代的是积极干工作,指代的毫无例外都是一种行为,一种因为喜欢从事而沉浸其中不知疲倦的行为。现在有些人没有领会到这一点,用"此"指代一种事物,把喜欢某种事物也说成"乐此不疲",这就同成语的原意不符了。例如可以说对"打篮球"乐此不疲,不能说对"篮球"乐此不疲。其实类似的误用在媒体中并不罕见,酌举数则如下:

（1）永远对节日乐此不疲的商家，不会错过每一个节日。（《齐鲁晚报》2014年12月2日）

（2）商场内多个精品儿童主题乐园，定会让熊孩子们乐此不疲。（《大连日报》2015年9月1日）

（3）如今，微信已经成为很多人乐此不疲的"交友利器"，但微信也会被一些心怀叵测的人当成诈骗的工具。（《海南特区报》2016年1月19日）

（4）远低于国内市场的价格让"海淘一族"乐此不疲。（中国新闻网2016年1月18日）

（5）高价地频繁出现，大房企乐此不疲。（《北京晚报》2015年11月5日）

（6）为什么这么多年来仍有一些学者对"中国崩溃"这个伪命题乐此不疲？（《中国社会科学报》2015年3月27日）

例（1）说的是"节日"，只能说商家对开展节日促销活动"乐此不疲"，而不能说"对节日乐此不疲"。例（2）说的是"儿童乐园"，"儿童乐园"可以让孩子流连忘返，而不能让他们"乐此不疲"。例（3）说的是"微信"，微信是一种应用程序，只能说对使用微信乐此不疲，不能说对"微信"或"交友利器"乐此不疲。同样，例（4）说的是"价格"，例（5）说的是"高价地"，例（6）说的是"伪命题"，都不属于一种行为，因此也都不能说"乐此不疲"。

2016年1月21日

使用"历历在目"要扣准"在目"

"历历在目"语本唐·杜甫《历历》诗:"历历开元事,分明在眼前。"后以"历历在目"四字成文,形容远方的景物或过去的情景清清楚楚地呈现在眼前(历历:一个一个清清楚楚)。例如宋·楼钥《〈西汉会要〉序》:"开卷一阅,而二百余年之事,历历在目。"明·冯梦龙《醒世恒言》卷三十八:"举目仔细一观,有恁般作怪的事:一座青州城正临在北窗之下,见州里人家,历历在目。"梁启超《劫灰梦·独啸》:"目睹两宫仓皇出走之形,群僚狼狈逃命之状,以及外兵之野蛮暴掠,民间之狼藉颠连,至今思之,历历在目。"曹靖华《罗汉岭前吊秋白》:"秋白的面影,浮现在我的心头,秋白的音浪,萦绕在我的耳边。半生往事,均历历在目。"巴金《随想录》一二○:"她最后一次离家的情景还历历在目……"

理解和使用这条成语,一定要扣准"在目"二字。只有实实在在的景物或具体的情景才能呈现在眼前,而话语、心情、体会之类无形的东西,只能入于耳,铭于心,眼睛是看不到的,因此绝不能说"历历在目"。忽略了这一点就会造成误用。请看例句:

(1)赛季之初的豪言壮语依然历历在目,但在短短的三分之一个赛季之后,我们就无奈地目睹了申花从神坛到

谷底的迅速坠落。(《新闻晚报》2012年5月14日)

(2) 父母的叮嘱还历历在目。(中国网2012年5月14日)

(3) 作为一名新政委,老政委姚旭在交接时的殷切期望还历历在目。(《解放军报》2012年4月14日)

(4) 十年前,很多人对加入WTO后中国汽车产业会全面溃败的担心,至今仍然历历在目。(《北京青年报》2011年12月21日)

(5) 过去的五年是不平凡的五年,成就有目共睹,感触历历在目。(《四川日报》2012年5月19日)

(6) 人类历史上几次重大核事故的惨痛教训历历在目。(《广州日报》2011年11月28日)

"豪言壮语"和"叮嘱",只能耳闻,不能目见,可以说"言犹在耳"或"萦绕耳际",不能说"历历在目"。"期望""担心""感触"和"教训"之类,也不是眼睛所能看到的,使用"记忆犹新""刻骨铭心"之类的成语是可以的,使用"历历在目"就不恰当了。

2012年5月22日

谁对谁"怜香惜玉"？

"怜香惜玉"比喻男子对女子温存爱怜。语见元·贾仲名《金安寿》一折："两下春心应自懂，怜香惜玉，颠鸾倒凤，人在锦胡同。"例如明·冯梦龙《醒世恒言》卷三："以后相处的虽多，都是豪华之辈，酒色之徒，但知买笑追欢的乐意，那有怜香惜玉的真心。"张恨水《啼笑因缘》八回："大概是一个贵族女子，很醉心一个艺术家，那艺术家嫌那女子太奢华了，却是没有一点怜香惜玉之意。"周梅森《孤旅》："赵小枝的凄楚和畏怯，更透出一种无法言述的美，马炳如不禁浮起了怜香惜玉之心，真想走过去一把把赵小枝揽在怀里。"

"香"是香花，"玉"是美玉，古诗文中常用以形容有关女子的事物或喻指女子。例如杜甫《石镜》诗："冥寞怜香骨，提携近玉颜。"在成语中这种用法也很常见。例如"香消玉殒"比喻年轻美貌的女子死亡，"香娇玉嫩"形容女子肌肤娇嫩温香，"玉减香销"形容女子容貌消瘦。单说"怜香"或"惜玉"都可以比喻对女性的怜爱。如清·李渔《蜃中楼》："看他怜香至性，惜玉真情，料不把虚言相诳。"连在一起用，无论"怜香惜玉"还是"惜玉怜香"，都只能比喻男子怜惜女子。而且，从古今的典范用例我们还可以看出，"怜香惜玉"所表达的也不是一般的同情和爱护，通常属于男女之情。有人不了解这条成语的特

定含义和使用对象,常常张冠李戴,造成误用。请看例句:

(1) 在对阿德尔曼口诛笔伐之时也让人不失时机地想到了他的前任——范甘迪,一个满脸严肃却懂得怜香惜玉的教练。(《华商报》2008年11月20日)

(2) 〔2010年南非〕世界杯三十二支队伍,至少有一半的球队是少有人问津的,也少有人喝彩,少有人怜香惜玉。(《东方体育日报》2010年7月1日)

(3) 到目前为止,刘雪华是真正演到了琼瑶笔下女性的精髓……琼瑶一遇刘雪华,将遇良才,爱不释手……怜香惜玉情绪倍增。(新华网2011年10月18日)

(4) 当得知我(按,即央视女主持人董卿)的年夜饭是在家独自煮速冻饺子,热心的观众不禁怜香惜玉,有的阿姨写信,让我一定到她的家里尝尝她亲手包的饺子。(人民网2011年2月28日)

(5) 有一个镇的集贸市场,看不见人流货流,临街两面有不足30家店铺,大部分……铁门紧锁。记者怀着一颗怜香惜玉之心,采访当地的不少干部和居民,探究古镇衰落的原因。(人民网2009年6月12日)

例(1)是说火箭队前主教练范甘迪懂得心疼自己的队员。例(2)是说有些参加南非世界杯的球队即使吃了败仗,也不会有观众怜惜他们。众所周知,火箭队的教练和队员都是男的,参加南非世界杯的球员也都是男的,怜惜男性显然不能说"怜香惜玉"。例(3),刘雪华是女演员,琼瑶是女作家。例(4),"热心的观众"可能有男有女,但约董卿吃饺子的"阿姨"肯定是女的。女性怜惜女性同样不能说"怜香惜玉"。以上四例，不仅用错了对象，表达的感情也不对头：即使范甘迪关心、爱护的是女运动员，也不能说"怜香惜玉"；如果把关心女主播一个人在家煮速冻饺子的男观众统统说成是"怜香惜玉"，更未免有自作多情之嫌。至于最后一例，那位记者（无论是男是女），竟然对衰落的古镇"怜香惜玉"，错得就更加离谱了。

顺便说一下，例(3)的"爱不释手"也用错了。参见拙作《成语误用辨析200例·不要扩大"爱不释手"的使用范围》一文。

2012年1月17日

"临危授命"与"临危受命"

"临危授命"意思是在危急时刻勇于献出自己的生命。语本《论语·宪问》："见利思义,见危授命,久要不忘平生之言,亦可以为成人矣。"(宋·朱熹集注："授命,言不爱其生,持以与人也。")例如《魏书·高谅传》："朝廷痛惜之……以谅临危授命,诚节可重,复赠使持节、平北将军、幽州刺史。"欧阳山《三家巷》三十六："我想古往今来那些忠勇的烈士,在他们临危授命的时候,一定是心胸开朗,了无牵挂的。"姚雪垠《李自成》三卷二十七章："好一个邱巡抚,临危授命,视死如归,果然不辱朝廷,不负君国。""临危授命"也作"临危致命""临危效命"。"致命""效命"也是献出生命的意思。例如《旧唐书·段秀实传》："有临危致命,殁而逾彰;有因事成功,权以合道。"宋·欧阳修《谢复龙图阁直学士表》："苟临危效命,尚当不顾以奋身,况为善无伤,何惮竭忠而报国。"

"临危受命"意思是在危急时刻接受任命。语本三国蜀·诸葛亮《出师表》："后值倾覆,受任于败军之际,奉命于危难之间,尔来二十有一年矣。"例如晋·王嘉《拾遗记·后汉》："伏后履纯明之姿,怀忠亮之质,临危受命,壮夫未能加焉。"夏衍《心防》三幕："临危受命于先,哪儿能临阵脱逃于后?"熊召政《张居正》四卷三回："我张居正登首辅之位,是临危受命。"

"临危授命"与"临危受命"

这两条成语读音相同,只有一字之差,但意思截然不同。"授""受"是一对反义词:"授"是给予,"授命"是献出生命;"受"是接受,"受命"是接受任命。"临危授命"和"临危受命"是两条不同的成语,不是一条成语的两种不同写法,不能混为一谈。常见的错误是该用"临危受命"的时候,用了"临危授命"。例如:

(1) 吴木强接任所长可谓临危授命,前任所长在一起运输易制毒化学品案件中收受贿赂,放走涉案嫌疑人,被查处。(光明网 2015 年 1 月 3 日)

(2) 敌人攻占腾冲,他临危授命成为县长,坚持不懈地带领民众在城外山区打游击。(《北京青年报》2013 年 5 月 3 日)

(3) 在如此短暂的时间组建一个高水准标准编制的管弦乐团,可谓是一个奇迹。回想当初临危授命,管弦乐团经理韩小明仍心有余悸。(《光明日报》2010 年 4 月 10 日)

(4)《荣誉》讲述的是中原某市发生了一连串的银行抢劫案,原公安局长被罢免,新局长林敬东临危授命,走马上任。(《人民日报》海外版 2006 年 1 月 28 日)

以上诸例的"临危授命"都应改为"临危受命"。

2015 年 7 月 23 日

"淋漓尽致"形容表达详尽、暴露彻底

"淋漓尽致"形容文章或谈话详尽透彻,也形容暴露得很彻底(淋漓:形容酣畅、尽情;尽致:详尽细致,达到极点)。语见明末清初·李清《三垣笔记·崇祯补遗》:"叙次大内规制井井,而所纪客氏、魏忠贤骄横状,亦淋漓尽致,其为史家必采无疑。"例如清·文康《儿女英雄传》三十回:"再就让我说,我也没姐姐说的这等透彻,这等淋漓尽致。"鲁迅《三闲集·太平歌诀》:"这三首中的无论那一首,虽只寥寥二十字,但将市民的见解:对于革命政府的关系,对于革命者的感情,都已经写得淋漓尽致。"李准《黄河东流去》:"委婉凄凉的唢呐……把……生离死别的泪水,英雄气短的悲声,都淋漓尽致地表达出来。"茅盾《幻灭》三:"这软绸紧裹着她的身体,十二分合适,把全身的圆凸部分都暴露得淋漓尽致。"唐弢《有人翻印,功德无量》:"鲁迅先生……只用了另外八个字,顺手拈来,轻轻一笔,就把矛盾揭露得淋漓尽致。"

我所以不厌其烦列举了那么多书证,就是想通过这些典范用例说明,"淋漓尽致"只能形容表达得详尽透彻,暴露得充分彻底,使用范围是有限的。现在这条成语被用得很滥,有人随意扩大它的使用范围,让它承担了它所不能承担的任务。主要有三种情况:

"淋漓尽致"形容表达详尽、暴露彻底

一是用来形容"批判"。这是最常见的误用。例如:

(1)《观察》……淋漓尽致地对国民党蒋介石政权的独裁、腐败进行了彻底的揭露和猛烈的抨击。(人民网2011年10月8日)

(2)〔略萨的长篇小说《公羊的节日》〕通过杜撰的一个女人的所见所闻,再现拉美最血腥的独裁统治,将多米尼加共和国前独裁者特鲁希略魔鬼般的独裁时代,批驳得淋漓尽致。(《南方日报》2010年10月8日)

(3)鲁迅对杨邨人脱离共产党,并从"左联"变成"第三种人"非常鄙视,其《答杨邨人先生公开信的公开信》,对杨邨人的批驳可谓淋漓尽致。(网易网 2009年6月5日)

例(1)用"淋漓尽致"形容"揭露"是贴切的,形容"猛烈的抨击"就不妥当了。最好删去"淋漓尽致地"五个字。例(2)例(3)用来形容"批驳",也不妥帖。例(2)可以把"批驳"改为"揭露",更符合原意。例(3)可以改为"把杨邨人批驳得体无完肤"。

二是用来形容"应用"。例如:

(4)在洪泽,太阳能晶体硅项目、高精度铝板带箔项目……一项项高科技在工业大项目中得以淋漓尽致的应用。(《淮安日报》2011年7月12日)

(5)或许"微博营销"这个词几年前在人们的脑海中只是一个抽象的概念,但是时至今日,有些商家已经把微博营销利用得淋漓尽致了。(《沈阳日报》2011年6月29日)

(6)在这个颇为冷清的"金九银十",这两大法宝也被

运用得淋漓尽致。(《中国青年报》2011年10月13日)

"应用""利用"或"运用"不同于表达或暴露,不存在是否透彻的问题,显然不能使用"淋漓尽致"。能够同它们搭配的是"充分""广泛"之类的形容词,例(4)可以改为"充分"或"广泛",例(5)例(6)可以改为"非常纯熟"或"得心应手"。

三是用来形容内心的感觉或认识。例如:

(7) 从星星点点到繁星满空都被我领略的淋漓尽致。(人民网2011年9月2日)

(8) 亲自试驾XC90,尽览瑞典西海岸壮阔美景,畅享极致越野乐趣,淋漓尽致地体验沃尔沃XC90卓越的SUV性能。(《三湘都市报》2011年6月29日)

"领略""体验"都是一种内心的感觉或认识,并没有公开表达或揭露出来,显然也不能说"淋漓尽致"。

(9) 在外观色彩上,金山网博会展台以黑红经典配色为主调,在具有金属质感冷艳美的同时却又散发着淋漓尽致的华丽。(人民网2011年10月20日)

(10) 游客可以自行创意设计吃、住、玩专属领地,在人们艳羡的目光中享受淋漓尽致的惬意时光。(人民网2011年9月29日)

例(9)的"华丽"和例(10)的"时光",根本不是什么动作行为,更无所谓是否透彻,与"淋漓尽致"风马牛不相及,如此使用成语已经纯属滥用了。

2012年1月13日

"令人发指"形容极端愤怒

"令人发指"意思是使人头发直竖起来。形容使人愤怒到极点。语见明·蒋一葵《长安客话·土木》:"为国立君成往事,令人发指触邪冠。"例如清·百一居士《壶天录》卷下:"鬼蜮伎俩,愈出愈奇,真有令人发指者。"方志敏《狱中纪实》八:"钱某对于'下人们'的凶恶,自己生活的豪侈,狂嫖烂赌,无所不为的行动,闻之令人发指。"萧乾《南德的暮秋》:"这以外,还有枪毙的刑场,以及给囚犯注射病菌做试验的地方,真是令人发指。"汪曾祺《杨慎在保山》:"这位王昺不过是地区和省一级之间的干部,竟能随便把一位诗人用铁链锁回来,令人发指。"

理解这条成语的关键在"发指"二字。"发指"是"发上指冠"的缩略,头发直竖,顶起帽子,形容人愤怒到极点。语出《庄子·盗跖》:"谒者入通,盗跖闻之大怒,目如明星,发上指冠。"成语"怒发冲冠"也是这个意思。因此"令人发指"只能形容极端愤怒,而且多用于由于罪行严重、手段残忍而引起的愤怒。有人没有弄懂什么叫"发指",把许多同愤怒无关的情绪也用"令人发指"来形容,这就错了。例如:

(1) 现如今,不少披着学术外衣的研究,正呈现出"令人发指"的低智倾向。(《西安晚报》2013年7月20日)

(2) 梅西在场上却一直悠闲的散步……踢满了全场比

赛的梅西,一共只跑了7409米,这一数据相当"令人发指"。(《北京晚报》2013年4月24日)

某些所谓科研论文质量越来越差,的确令人忧虑;球星梅西在赛场上不积极奔跑,的确令人失望。也许有人对这些现象感到愤慨,但总不致愤怒到极点,说"令人发指"未免重词轻用。

(3)昨天的最高气温……富阳〔达到〕39.8℃,离40℃这个令人发指的关口,只差半口气。(《今日早报》2013年7月11日)

(4)前日×××"令人发指"地化上了浓艳的烟熏妆,身着铆钉皮衣,看上去"妖气"十足。(《重庆商报》2013年7月23日)

气温高达40℃,确实令人难以忍受,心存畏惧,但是谈不上愤怒,更不致愤怒到极点。某影星的化妆"妖气十足",但是他并没干什么伤天害理的事,应该不会"令人发指"。可见这两例的"令人发指"均属误用。

(5)对想去山西旅游的朋友来说,杭州到太原现在的折扣机票(按,最低只有180元),几乎可以用"令人发指"来形容。(《钱江晚报》2013年10月25日)

(6)这款产品……性能强大得令人发指。(《南方日报》2013年6月20日)

(7)三星手机更新换代的速度也是令人发指的。(中国新闻网2013年5月31日)

折扣机票价格过低,对于旅游者来说是求之不得的好事,有人会感到出乎意料,不敢相信,但绝不会有人大为愤怒。所谓产品性能如何好,更新速度如何快云云,都是溢美之词,只能用令人赞叹、令人惊讶之类的话加以吹捧,怎么能说令人愤怒呢?可见这最后三例,不仅是误用,简直是滥用了。

2013 年 11 月 15 日

使用"令行禁止"不要断章取义

"令行禁止"意思是有命令就行动,有禁令就停止。形容法纪严明,雷厉风行。语出《管子·七法》:"故明于机数者……则令行禁止,是以圣王贵之。"例如《淮南子·泰族训》:"汤处亳七十里,文王处酆百里,皆令行禁止于天下。"《旧唐书·阚稜传》:"有相侵夺者,稜必杀之,虽亲故无所舍,令行禁止,路不拾遗。"姚雪垠《李自成》二卷四十七章:"他的军纪严明,令行禁止,上下齐一。"莫应丰《将军吟》四章:"军队,就要令行禁止。"

"令行禁止"是"有令则行,有禁则止"的缩略。它既不等于"行",也不等于"止",更不等于"令"或"禁(禁令)"。有些人根本没有读懂这条成语,便断章取义,任意曲解,到处乱用,实在令人遗憾。常见的误用有以下几种:

一、等同于"止"。只看到"禁止"二字,而置"令行"于不顾,又把古代汉语中相邻的两个单音词"禁(禁令)"和"止(停止)",误解为现代汉语的双音词"禁止(不许可)",从而把"令行禁止"等同于动词"禁止",即成语中的"止"。这种误用比较常见。例如:

(1) 对于已实行职业化改革 20 多年的中国足球而言,类似"阴阳合同"这样的伪职业行为早就应该令行禁止,彻

底摒除。(《工人日报》2014年4月12日)

(2)基于这种玩手机的现状,学校仅靠令行禁止、严厉处罚,显然是不够的,而是应该积极对学生进行正面引导。(《法制日报》2013年9月27日)

(3)补课赤裸裸地让暑假变了味,暑期补课何时能令行禁止?(《贵阳日报》2013年7月11日)

(4)公款吃喝转入地下、月饼变身办公用品,这些提醒我们,从小处令行禁止,同样离不开财政、监督、问责等制度的具体化。(《人民日报》2013年11月12日)

(5)"限歌令"出台一个月,荧屏安静了许多,如《中国红歌会》等早在8月就已令行禁止。(《北京青年报》2013年9月6日)

前四例的"令行禁止"都是动词"禁止"的意思,例(5)的"令行禁止"是"被禁止"或"被叫停"的意思,都只相当于成语中的一个"止"字。

二、等同于"明令禁止"。不仅把成语中的"禁止"等同于一个"止"字,而且把"令行"曲解为"明令",从而把"令行禁止"等同于"明令禁止"。例如:

(6)浙江省教育厅对违规补课是令行禁止的,但下了命令却依然没有禁止补课。(中国新闻网2013年8月28日)

(7)要求做到的,坚决执行;令行禁止的,坚决不做;灵活把握的,从实际出发。(人民网2014年4月21日)

三、等同于"行"。例如:

(8)这部被外界寄予很高期望的控烟令并未完全令行

禁止,原因就在于……监管乏力、执法不到位。(《重庆商报》2014年4月2日)

(9)凡是中央、省委、市委要求做到的,都要坚决服从;凡是上级明令禁止的,都要令行禁止。(人民网2014年4月14日)

例(8)"控烟令"本身就是禁令,能够与之搭配的动词只能是"(被)执行"。例(9)"令行禁止"同"坚决服从"对举,显然也是"坚决执行"的意思。可见"令行禁止"在这两例中只相当于成语中的一个"行"字。

四、等同于"禁(禁令)"。例如:

(10)倘若……对令行禁止不以为然,认为搞点"小意思"无关大碍,那么有朝一日东窗事发,就会落得可耻的下场。(《湛江日报》2014年4月4日)

例(10)的"令行禁止"只相当于成语中的一个"禁(禁令)"字。因为对之不以为意、拒不执行的只能是"禁令",而不可能是"有令则行,有禁则止"。

顺便说一下,例(10)的"不以为然"也用错了。参见拙著《成语误用辨析200例·"不以为然"不是不在意》一文。

2014年4月24日

"可罗雀"的是"门"不是"人"

2013年11月22日《羊城晚报》报道:"澳网外卡赛在工作日里并没能吸引太多球迷捧场,张择与冯贺之战的现场观众只有不到三十人。"标题是"澳网外卡赛观众门可罗雀"。能不能说"观众门可罗雀",值得研究。

"门可罗雀"语本《史记·汲郑列传》:"始翟公为廷尉,宾客阗门;及废,门外可设雀罗。"意思是由于很少有宾客到来,门前可以张网捕雀。后用"门可罗雀"形容来客稀少,门前十分冷落。例如《梁书·到溉传》:"〔到溉〕性又不好交游,惟与朱异、刘之遴、张绾同志友密。及卧疾家园,门可罗雀。"清·纪昀《阅微草堂笔记·滦阳续录三》:"僮奴婢媪皆散,不半载,门可罗雀矣。"秦瘦鸥《劫收日记》:"机关里人如潮涌,大门口车如流水,只有重庆市政府冷冷清清,门可罗雀。"魏巍《地球的红飘带》四:"过去是高朋满座,笑语喧哗,现在却是门可罗雀,没人敢上门了。"

这条成语不难理解也不难运用,唯一需要注意的是,"可罗雀"的是"门"而不是"人",门前可以罗雀,人前是不能罗雀的。"门可罗雀"通常直接充当谓语。前面也可以加上住宅、商店、剧院、公园之类的词,表示这些地方"门可罗雀"。但是前面不能加来宾、顾客、观众、游人之类的词,说这些人"门可罗雀"就讲不通了。因此前引《羊城晚报》的标题,说澳网外卡赛的场馆"门可罗雀"则可,说外卡赛的"观众门可罗雀"就讲不通了。

遗憾的是类似的误用在媒体中时有所见。例如:

(1) 2011年,李林园新开张了一家社区口腔诊所,技术还不错,但是顾客却是门可罗雀、星星散散,对此他一筹莫展。(新华网2014年6月26日)

(2) 5月18日,记者在北京大兴天宫院板块踩盘时发现,尽管是周末,保利首开熙悦春天项目售楼处里,前来看房的人却门可罗雀。(《华夏时报》2014年5月22日)

(3) 一个项目……商业空置率居高不下,商业人流门可罗雀。而另一项目……商业人流接踵摩肩,未来收益毋庸置疑。(《云南日报》2014年1月2日)

(4) 随着彻思叔叔的走红,山寨品牌立马层出不穷,街边××叔叔不断涌现,可是生意门可罗雀。(人民网2014年3月31日)

例(1)说"顾客"门可罗雀,例(2)说"看房的人"门可罗雀,例(3)说"商业人流"门可罗雀,显然都讲不通。可以把"门可罗雀"改为"寥寥可数"或"寥寥无几"。例(4)"门可罗雀"的是"生意","生意"虽然不同于人,但也不是具体的处所,没有"门",当然也不"可罗雀",只能用"惨淡"或"萧条"之类的词来形容。

2014年7月2日

"扪心自问"就是自己问自己

"扪心自问"意思是摸着胸口自己问自己(扪:按,摸)。表示自我反省。语见宋·宋祁《学舍昼上》诗:"扪心自问何功德,五管支离治繲人。"例如梁启超《与上海某某等报馆主笔书》:"此则请公等扪心自问,上流社会人而应作此语耶?"巴金《随想录》八十四:"使我感到可怕的是那个时候自己的精神状态和思想情况,没有掉进深渊,确实是万幸,清夜扪心自问,还有点毛骨悚然。"李国文《冬天里的春天》二章:"难道是我的责任?于而龙扪心自问。"

使用这条成语要扣准"自"字。代词"自"用在单音节动词前,常常表示动作行为由自己发出,同时又以自己为对象。例如"自助"就是自己帮助自己,"自尊"就是自己尊重自己。"自问"就是自己问自己,"问"的施事者和受事者都是自己,因此不能在"扪心自问"前面再加上主语"自己",也不能在"扪心自问"后面再加上宾语"自己",否则就会叠床架屋,语义重复。例如:

(1) 我们自己应该扪心自问:我们身上还有多少知识分子精神?(人民网 2005 年 7 月 11 日)

(2) 只是埋怨别人没有给自己提供人情恐怕未必合适,你自己也应该扪心自问一下:自己应该做什么,过好我

们的传统节日,我们每一个人都是有责任、有义务的。(东方网 2011 年 12 月 23 日)

(3) 日本官员居然说在这件事情上是中国的教育出了问题。他们自己应该扪心自问,究竟是谁的教育出了问题!(人民网 2004 年 8 月 7 日)

无论是例(1)的"我们自己",例(2)的"你自己",还是例(3)的"他们自己",放在"扪心自问"前面作主语,"自己"二字都是多余的,应该删掉。

(4) 我认为,如果人们扪心自问自己为什么要做某些事,一定能从中受益良多。(东方财富网 2015 年 5 月 4 日)

(5) 在即将结束四年大学生活的时候,我常扪心自问自己究竟在这里学到了什么?(《文汇报》2015 年 1 月 16 日)

(6) 在面对此次事件(按,指六旬老人投河自尽)时,子女的确应扪心自问自己是否真的关心过老人,哪怕一次。(《江南都市报》2013 年 3 月 15 日)

以上三例"扪心自问"后面的"自己"也是多余的,也应该删掉。

2016 年 3 月 14 日

不要说更加"弥足珍贵"

"弥足珍贵"意思是更加值得珍贵。语见清·杨绍和《楹书隅录》卷二:"是书宋椠,著录者绝鲜,况此本较他本尤多所是正,弥足珍贵。"例如张洁《无字》二部三章:"不知道是真是幻,那掺着沙子的水,竟如琼浆玉液……不过他的幻觉也不为怪,那从沙漠深处渗出的水,能说不是沙漠弥足珍贵的精血?"习近平《发挥亚太引领作用,维护和发展开放型世界经济》:"改革之路从无坦途,无论发达成员还是发展中成员,都要做好改革付出必要成本的准备。惟其艰难,才更显勇毅;惟其笃行,才弥足珍贵。"

使用这条成语必须读懂"弥""足"二字。弥:副词,表示程度加深,相当于更加,越发。例如《论语·子罕》:"仰之弥高,钻之弥坚。"战国楚·宋玉《对楚王问》:"其曲弥高,其和弥寡。"足:值得;足以。例如《左传·昭公十二年》:"是四国者,专足畏也(仅仅这四个城邑,就足以使人害怕了)。"晋·陶潜《桃花源记》:"此中人语云:'不足为外人道也。'"二字合起来就是更加值得的意思。(《金山词霸》给出的解释是:"弥和足都是满的意思,加一起就是十分的意思。弥足珍贵是指某样东西十分珍贵。"这个解释是错误的。)有些人不知道"弥"就是"更加",还在"弥足珍贵"前面加上"更加""越发"之类的程度

副词,使意思变成"更加(或越发)更加值得珍贵",显然不妥。例如:

(1) 对于当前的乌克兰,和平比任何时候都更弥足珍贵。(《人民日报》2014年9月19日)

(2) 在全国范围内,如此完整保存日机轰炸线路图和档案的都属罕见,这批史料也因此显得更加弥足珍贵。(《重庆日报》2014年6月6日)

(3) 尤其是当这部作品缺乏前期宣传、以"黑马"姿态出现的时候,这样的"标杆"便更显弥足珍贵。(《人民日报》2015年12月25日)

(4) 在人们越来越习惯用电脑、手机、电子书进行"电子阅读"的今天,纸质阅读带来的乐趣和享受就愈加弥足珍贵。(《人民日报》海外版2015年7月28日)

(5) 强军时代,夏北浩精神越发弥足珍贵,更显时代特征。(《解放军报》2014年7月31日)

例(1)"弥足珍贵"前面加了个"更"字,例(2)前面加了"更加"二字,例(3)加了"更显",例(4)加了"愈加",例(5)加了"越发",均属叠床架屋。

此外,由于没有弄懂"弥"字的含义,"历久弥坚""历久弥新"等成语前面也常常被加上"更加""愈发"之类的副词。例如:

(6) 我坚信……中巴友好将随着中巴经济走廊建设的成功而更加历久弥坚。(《人民日报》2015年6月4日)

(7) 这些传统的节日,在变化中被赋予了更多新内容,

显得更加历久弥新。(《福建日报》2016 年 2 月 15 日)

(8) 今年的跨年演唱会更因为多年品牌沉淀愈发历久弥新。(人民网 2015 年 11 月 29 日)

成语中已经包含或隐含了的意思,使用时就不要再重复了。否则容易叠床架屋,轻则会使文字烦冗累赘,重则不合语法,造成病句。

2016 年 2 月 22 日

"妙笔生花"与"生花妙笔"

"妙笔生花"形容文思敏捷,才华横溢,所写的文章非常美妙。语本五代·王仁裕《开元天宝遗事·梦笔头生花》:"李太白少时,梦所用之笔头上生花。后天才赡逸,名闻天下。"例如阳翰笙《风雨五十年》:"他们满怀抗日救亡的热情,富于年轻人的创造力,人人大显身手,个个妙笔生花。"刘绍棠《村妇》卷二:"黄叶地是真正的文墨书生,诗词歌赋无所不精,妙笔生花文情并茂。"

"生花妙笔"意思是笔头上能生出花来的清奇美妙之笔,比喻杰出的写作才能。语见清·顾春《上定郡王筠邻主人兼次原韵》诗:"文采风流迥出尘,生花妙笔见天真。"例如杨绛《重读〈堂吉诃德〉》:"但塞万提斯的生花妙笔,凭这些发疯胡闹,能把平凡写得出奇,能把荒谬说成有理,而又有理得滑稽。"唐人《十三女性》:"在如此动人的名剧之前,我想任何一位作家,都会失去了他的生花妙笔。"陆幸生《银豹花园》十六章:"原本他是如实写的老爸,被李叔叔那枝生花妙笔一改,爸爸就成了温柔有情的好爸爸了。"

"妙笔生花"和"生花妙笔"两条成语意义相近,差别在于:"妙笔生花"是主谓结构,形容词性成语,通常用作谓语;"生花妙笔"是定中结构,名词性成语,通常用作宾语。二者不能混为一谈。请看误用的例句：

（1）罗贯中正是在融合各种民间传说，以及大量戏曲、话本素材的基础上，参校陈寿《三国志》以及裴松之注等史书，通过自己的妙笔生花，为世人留下了这么一部不朽之作。（《京江晚报》2014年10月12日）

（2）不过令他成为大众英雄的真正原因是当时的社会背景和几个文人的妙笔生花。（中关村在线2013年9月22日）

（3）仅有一些书面文字材料，任你有妙笔生花，恐怕也很难打动读者。（《光明日报》2007年11月5日）

（4）他用他的妙笔生花，给社区和谐文化建设带来了一阵春风。（《京江晚报》2013年10月26日）

例（1）是说罗贯中通过自己的能够生花的妙笔写出不朽之作《三国演义》，"妙笔生花"在句中充当介词"通过"的宾语，例（2）的"妙笔生花"同"社会背景"一起充当动词"是"的宾语，例（3）的"妙笔生花"充当动词"有"的宾语，例（4）的"妙笔生花"充当动词"用"的宾语，语法功能都相当于一个名词。这是不符合这条成语的语法属性的，都应该改用"生花妙笔"。

2015年3月6日

"妙手回春"的"手"

"妙手回春"形容医生医术高明,能使危重病人恢复健康(回春:使春天返回,比喻使重获生机)。语见清·汪蒉《葆儿学医,诗以勉之》:"儿既学医,先宜保身……慎重以往,妙手回春。"例如晚清·李宝嘉《官场现形记》二十回:"药铺门里门外,足足挂着二三十块匾额……什么'妙手回春',什么'是乃仁术',匾上的字句,一时也记不清楚。"巴金《谈〈新生〉及其他》:"总之,我绝不是冲锋陷阵、斩将搴旗的战士,也不是对症下药、妙手回春的医生。"姚雪垠《李自成》二卷十四章:"我原先只知道你是金疮圣手,没想到对各种杂病,无名肿毒,也可以妙手回春!"

理解和使用这条成语必须弄清"手"字的含义。"手"指专门从事某种工作或擅长某种技术的人。例如《北齐书·崔季舒传》:"季舒大好医术……更锐意研精,遂为名手。"《宋书·黄回传》:"……募江西楚人,得快射手八百。"这个意义现在还保留在舵手、歌手、国手、高手、神枪手、拖拉机手、斫轮老手等词语中。"妙手"就是技艺高超的人。如唐·高适《画马篇》诗:"感此绝代称妙手,遂令谈者不容口。"现在有人把"手"理解为手足的"手",把"妙手"理解为巧妙的手,以致造成误用。例如:

(1)一张笑脸待人,两只妙手回春。三里五村行医,四

面八方救人。十分热情服务,千家万户称颂。(《抚顺日报》2015年5月21日)

(2) 一双回春妙手,谱写医学传奇。(《大江周刊(焦点)》2012年5期)

(3)〔第四军医大学校长赵铱民〕以战士的勇毅执着钻研,终于练就一双回春妙手,为一个又一个患者成功"变脸"(按,指进行颌面修复手术),创下了一项又一项"第一"。(《光明日报》2014年10月15日)

(4) 档案工作者们凭着超强的细心、耐心和一双回春妙手,把一页页、一卷卷残破不堪的档案修复完好,让一卷卷残破档案重获生命。(《长沙晚报》2016年4月25日)

(5) 陈洪亮有一双引人注目的手,手掌上布满厚厚的老茧,油污在掌心里若隐若现,手背上有不少大大小小的疤痕。就是这样一双粗糙的手,却被战友们亲切地称为"回春妙手"。(《中国青年报》2014年1月17日)

例(1),数量词"两只"显然不能修饰成语"妙手回春",所谓"两只妙手回春",只能理解为"两只妙手/回春",这样不仅曲解了"妙手",而且肢解了成语。中间三例,把"妙手回春"改为"回春妙手"(可以回春的妙手),所谓"一双回春妙手",就是一双可以回春的妙手,"妙手"无疑就是巧妙的手。例(5),"一双粗糙的手"被"称为回春妙手",说得更明确,所谓"妙手"就是"一双粗糙的手"。如此理解和使用"妙手回春",实在令人啼笑皆非。

2016年10月17日

"名山事业"不等于"事业"

《史记·太史公自序》:"为《太史公书》……藏之名山,副在京师,俟后世圣人君子。"又汉·司马迁《报任安书》:"仆诚以著此书,藏之名山,传之其人。"司马迁的意思是,他撰写《史记》,要藏之名山,传给后世志同道合的人。后用"名山事业"指著书立说,写出不朽的佳作。例如清·袁枚《衰年杂咏八首》诗之八:"名山事业凭谁付,学识之无七岁郎。"郭沫若《橄榄·行路难》:"我在这个生活圈内,我岂能泰然晏居、从事于名山事业吗?"苏雪林《我的写作习惯》:"又有友人劝我置一架中文打字机,练得熟了,闭着眼睛也可将文章从机上打出,别说现在只坏了一只眼睛,将来便真的变成了卜子夏、左丘明,也可以成就名山事业呢。"周明鉴《要说搞名山事业,那就只有搞词典》:"吕叔湘先生对辞书事业作了精辟的论述:'词典工作大有可为,夸大一点说,是不朽的事业……要说搞名山事业,那就只有搞词典。'"

理解这条成语,要注意两点。一是"名山"指古代藏书的处所,不是泛指有名的山。前引《史记》"藏之名山,副在京师"句,唐·司马贞索隐:"言正本藏之书府,副本留京师也。《穆天子传》云:'天子北征,至于群玉之山,河平无险,四彻中绳,先王所谓策府。'郭璞云:'古帝王藏策之府。'则此谓'藏之名山'是也。"二是"名山事业"就是"藏之名山"的事业,即著书立说的事业,而不是泛指一切事业。不懂这两点,就无法正确理解和使用这条成语。有人不明典故,断章取义,弃"名山"二字于不顾,只取"事业"二字,不管什么事业都说"名山事业",以致造成误用。例如:

(1) 黑格尔构建的"世界精神",一点都不逊色于拿破仑"征服欧洲"的名山事业。时光流逝,拿破仑的帝国梦早已灰飞烟灭,而黑格尔的世界精神及其精神现象学谱系,至今仍是任何一个严肃学人都不得不面对的"基本遗产"。(《长江日报》2013年4月16日)

(2) 陈凯歌,徐枫,侯孝贤,张国荣,巩俐,张丰毅等,他们的一段星路历程名山事业,不仅让读者击节扼腕,对于他们自己,也是永久的珍藏。(网易网2008年8月14日)

(3) 作为一个普通教师,职责就是教书育人……干一行,就该爱一行,不能让人戳脊梁骨,尤其像我们这种影响千秋后代的名山事业。(新浪网2012年12月20日)

(4) 湖南省将精心打造以长沙为中心形成的五条各具特色的风景名胜走廊,构筑湖南的"名山事业",风景王牌。(新华网2004年6月30日)

(5) 以这样的信念,以这样的情绪,以及对于品质的无止境追求,××××房地产有限公司必定能开创一种名山事业,有一个更加辉煌的未来。(港城快讯网2015年12月31日)

建立法兰西第一帝国,征服欧洲,是拿破仑在政治和军事上的成就,但不是著书立说,不能称为"名山事业"。陈凯歌、巩俐等人从事的是电影事业(例2),普通教师干的是教育事业(例3),湖南省构筑的是旅游事业(例4),某公司开创的是房地产事业(例5),都超出了"名山事业"的范围,把"名山事业"等同于"事业",显系误用。

2016年3月10日

"名至实归"还是"实至名归"?

近年来一个貌似成语的词组"名至实归"频繁地出现在媒体中。请看例句:

(1) 老年如秋叶之静美辉煌,一些人硕果累累,贡献非凡,称"杰出"名至实归。(《人民日报》2014年5月6日)

(2) 株洲被誉之为动力之都,乃名至实归。(《人民日报》2012年12月29日)

(3) 阎连科在中国读者心中享有盛誉,此次获奖是名至实归。(《人民日报》海外版2014年5月29日)

(4) 大运河申遗成功,名至实归。(中国新闻网2014年6月23日)

(5) 张弓在微博上贴出了〔中国作协副主席高洪波为退还礼物写给获得鲁迅文学奖的陕西作协副主席阎安的〕亲笔信,信中写道,"祝贺名至实归,终于获奖……现在原物奉还……洪波即日。"(《北京青年报》2015年7月4日)

"名至实归"一语于古无征,也不见于任何辞书。从上下文意推断,当是成语"实至名归"的误写。目前这条伪成语不仅频繁出现,而且见诸具有权威性的大报纸、大网站,甚至出自大作家的笔下,因此有必要说一说。

"实至名归"意思是有了实际的本领或成就,相应的声誉自然会随之而来(归：归附,依归)。语见清·吴敬梓《儒林外史》十五回:"敦伦修行,终受当事之知;实至名归,反作终身之玷。"例如清·朱庭珍《筱园诗话》:"七言,唐人如崔司勋《黄鹤楼》、杜工部《登楼》《阁夜》、李义山《筹笔驿》《重有感》诸篇,此千古杰作,实至名归,勿庸多赞。"苏雪林《孙多慈女士的史迹画及历史人物画》:"两位学养有素,造诣深邃,在文艺学术界,久负盛誉,这次获奖,可谓实至名归。"简繁《沧海》三十一:"他被公认为我国现代艺术教育的奠基人,被推崇为艺术大师,正是实至名归,洵非过誉。"

这条成语涉及"实"与"名"两个方面。"实"是实际,指实际的本领或成就;"名"是名声、名誉。二者之间是因果关系:因为做出了实际的成绩,所以自然就会得到应有的声誉。即先有"实至",而后才有"名归"。如果写作"名至实归",意思就变成因为有了声誉,所以实际成就就会随之而来。即先有"名至",而后才有"实归"。这就违背了事理,颠倒了因果,变得不知所云了。前举五例说的都是获得奖励、取得荣誉,"名至实归"显然都应该改为"实至名归"。

也有一些"名至实归"不能改为"实至名归"。例如:

(6)把故宫定名为"博物院",而且是国宝级、世界级的博物院是名至实归。(《中国青年报》2014年4月18日)

(7)周有光曾有"周百科"的外号,拜其连襟沈从文所赐。1980年开始,他成为翻译《简明不列颠百科全书》的中美联合编审委员会和顾问委员会中方三委员之一……"周百科"的外号也算是"名至实归"。(中新网2015年1月13日)

(8) 通奸就是通奸,把罩在官员生活作风上的语言遮羞布(按,指过去经常使用的"生活作风有问题""不正当男女关系"之类的提法)拉下来……这样名至实归的统一表述很好,既符合纪律处分的内容,也符合新闻语言的准确性,更说明治理官员道德问题的紧迫性。(光明网2014年7月12日)

例(6)"博物院"是名称,不是名声,把故宫定名为"博物院",是符合实际的。例(7)"周百科"是外号,外号也是名称,周有光先生学识渊博,称他为"周百科"也是符合实际的。例(8)"通奸"既不是名声,也不是名称,而是对某种行为的表述,用"通奸"来表述,比"生活作风问题"之类,更准确、更符合实际。以上诸例中的"名"都不是"名声",而且同"实"也不是因果关系,即使改为"实至名归"也讲不通,应该改为"名副其实"。"名副其实"的意思是名称或名声与实际相符合。例如清·陈康祺《郎潜纪闻》卷六:"武进赵恭毅公申乔,仪状奇古,圭角岸然。长户部时,人呼冷庙龙王,身后赠谥曰'恭'曰'毅',洵名副其实矣。"魏巍《火凤凰》一二〇:"这是老北京名副其实的大杂院,前前后后不说有二十家,也有十八九家。"这条成语用在上述诸例中正好合适。

2015年8月3日

"明火执仗"比喻公开干坏事

2009年9月4日浙江在线发表一条消息,说:"南湖街道安监站有关人员表示,在店铺内烧菜煮饭存在着很大的安全隐患,尤其是用煤气灶这样的明火……万一起火后果不堪设想。"标题是《小店铺里设厨房"明火执仗"隐患大》。

"明火执仗"的意思是点着火把,拿着兵器,指公开抢劫,也比喻公开地、毫无隐讳地干坏事。语见元·无名氏《玎玎珰珰盆儿鬼》二折:"我在这瓦窑居住,做些本分生涯,何曾明火执仗,无非赤手求财。"例如元·施耐庵、明·罗贯中《水浒传》一〇四回:"今日见他每明火执仗,又不知他每备细,都闭着门,那里有一个敢来拦当。"晚清·吴趼人《二十年目睹之怪现状》二十九回:"有一夜,无端被强盗明火执仗的抢了进来,一个个都是涂了面的,抢了好几千银子的东西。"秦牧《北京漫笔·逛东陵》:"那时,军阀的校尉士兵们……遇到障碍的地方,就发炮轰击,然后明火执仗,带着利斧武器,缒绳而入。"杨友德《俄洛天刚亮》:"红科部落伊沁旺杰到省里去谈判过,也表示过要欢迎工作团进驻俄洛的话,我们能明火执仗地破坏这个协议吗?"

这条成语中的"明"是点燃的意思。如汉·王符《潜夫论·遏利》:"知脂腊之可明灯也。""火",指火把。如唐·温庭筠《台城晓朝曲》:"司马门前火千炬,阑干星斗天将曙。""明火"就是点燃火把。浙江在线的编辑竟然把它理解为有火焰的火(区别于"暗火"),从而把"明火执仗"理解为使用煤气灶之类的明火,实在荒唐可笑。无独有偶,2014年8月14日中关村在线也有一篇文章,说:"在厨房机械化之前,为了吃到可口的米饭,人们往往要明火执仗,煮水蒸饭……现代人只需打开某个机器然后坐等开饭即可,这个神奇的东西就是电饭煲。"说过去人们只能使用明火煮水蒸饭,错误与浙江在线同。此外,2012年5月24日新浪网上有一篇散文《夜走千佛山》,说:"回头看,明火执仗的大楼、小楼与移动的灯盏,交相辉映,动静明暗中,那游离的光晕如温暖的梦境,让我等有欲罢不行的念头。"把"明火"理解为明亮的灯火,从而把"明火执仗"同"灯火通明""灯火辉煌"混为一谈,错得也够荒唐的了。

幸而这样的误用并不多见。更多的是忽略了这条成语的感情色彩。"明火执仗"本指公开抢劫,是同小偷小摸相对而言的。明·沈采《千金记·起盗》说得好:"明火执仗就为强盗,我和你挖孔弄就为小偷。"只有明目张胆地干坏事,才能说"明火执仗"。把公开地、直截了当地做某事,不管好事坏事,一律说成"明火执仗",显然是错误的。例如:

(1)"美国搞不搞神童教育?"美国不仅搞神童教育,而且是明火执仗、大张旗鼓地搞!(中国青年网2013年7月4日)

(2)跟往年一样,天一转凉,我就开始盘算生日大事,茶余饭后跟猫爸提了几次都是有声无响,只好明火执仗地问

了:你说,准备怎么着吧?(《北京晚报》2012年11月26日)

(3) 我喜好鲁迅明火执仗的批判、辛辣刻薄的讽刺风格。鲁迅对林语堂散文就有过严厉的批评:"不论谈老庄,谈明人作品,此公诚太浅陋也。"(《南方日报》2007年6月17日)

(4) 1943年,蒋介石初任中央大学即现在的南京大学校长,请中文系三个教授吃饭……三位教授非常纠结,他们中,有人痛恨蒋的独裁,却又因为时值战乱藏书难保需要蒋的帮助;有人潜心学问不谈国事,却明火执仗摆明自己就是一食客,想到席上难得的好菜已难掩激动;有人支持政府愿意去赴宴,却硬是放不下文人的架子,要拉另外两人下水。(《时代周报》2013年9月29日)

例(1),"神童教育",不管你是否赞成,都不能说它是坏事,即使大张旗鼓地搞神童教育,也不能说"明火执仗"。例(2),郑重其事、直截了当地提出问题,又不是动刀动枪,怎么能说"明火执仗"呢? 例(3),鲁迅对林语堂散文的公开批评,不论是否公允,都属于学术问题,而且还赢得作者的"喜好",当然不属于坏事。例(4),开诚布公宣称自己是"食客",想吃一顿解解馋,似乎有失教授的清高,但总不能说是坏事。因此,这两例也不能使用"明火执仗"。

(5) 南昌菜名气虽不如其他主流菜系,但吃过不忘却是许多人共识。在那一桌花红柳绿中,有种浓郁蓬勃的市井气升腾着,怂恿着,让人只想此际明火执仗地沉溺于尘世最深处,不醉不归,不撑不休!(《成都日报》2012年11月26日)

至于最后一例,什么叫"明火执仗地沉溺于尘世最深处",令人百思不得其解,看来已经属于滥用了。

2014 年 2 月 28 日

"泥沙俱下"的两种误用

"泥沙俱下"意思是泥土和沙子一同随着河水冲下来。语见清·袁枚《随园诗话》卷一:"人称才大者,如万里黄河,与泥沙俱下。余以为,此粗才,非大才也。大才如海水接天,波涛浴日,所见皆金银宫阙,奇花异草,安得有泥沙污人眼界耶?"后多用"泥沙俱下"比喻好坏不同的人或事物一同出现。常同"鱼龙混杂"连用。例如清·陆莹《问花楼诗话》三:"长江大河,泥沙俱下,不似井泉清洁……读古大家集,须存此见。"黎汝清《小说〈万山红遍〉的构思及其他》:"真假难辨,黑白相混,忠奸不明,善恶难分。尤其在时代的洪波巨浪中,更是泥沙俱下,鱼龙混杂。"陈国凯《两情若是久长时》:"这些年政策开放,搞活经济是件好事,但也不免鱼龙混杂,泥沙俱下。"

这条成语的字面义和比喻义都是很明确的,容易理解和使用。但是现在有人把它同"江河日下"混为一谈,实在是不应该出现的错误。请看误用的例子:

(1)《中国儿童剧市场泥沙俱下 低票价背后盈利困局》:根据行业统计数据显示,目前我国儿童剧市场中能够实现盈利的剧院(团)最多只有20%,剩下的80%多处于亏损状态。(《今日早报》2012年11月15日)

(2)《金证券》记者多方打探后了解到,随着今年股市

行情大幅下跌,基金从业人员的薪情也是泥沙俱下,普遍降薪三至四成。(《金陵晚报》2012年12月17日)

(3)兔年春晚乃"三无"产品,魔术类无亮点、歌舞类无看点、曲艺类无笑点……无论姜昆大爷硬撑相声大旗,还是本山大叔猛喷所谓的新台词,谁都不能掩盖曲艺泥沙俱下的大趋势。(光明网2011年2月9日)

以上诸例中的"泥沙俱下",表达的都不是好人坏人、好事坏事同时出现,而是情况越来越坏。这个意思应该改用"江河日下"。"江河日下"意思是大江大河的水天天不停地流向下游,比喻事物日趋衰落或情况一天不如一天。语见明·刘宗周《请恤神庙罪废诸臣疏》:"目击今日世道人心,江河日下,每为之抚膺太息。"例如清·宗山《词学集成·序》:"词之为道,自李唐延及两宋,滥觞厥制,渐至纷纭歧出,有江河日下之慨。"茅盾《子夜》十七:"工业发达才是国民经济活动的正轨!然而近来上海的工业真是江河日下。"柯灵《国防电影漫谈》:"电影是企业,目的本在盈利,但江河日下,沉沦可忧,如果不能倒挽狂澜,电影事业也将和其他民族企业一样,同归于尽。"这条成语用在以上诸例正好合适。

也有人把"泥沙俱下"同"一泻千里"混为一谈。例如:

(4)他的语言如大江大河,滔滔奔涌而过,泥沙俱下,气象雄浑、弘阔。(《文汇读书周报》2012年10月24日)

(5)文字不着眼于词句的打磨,而是泥沙俱下,形成一股汹涌的气势。(光明网2006年1月12日)

这两例的"泥沙俱下"或同"滔滔奔涌""气象雄浑"并举,

或同"汹涌的气势"连用,当然不可能是批评作者的语言粗制滥造,优美的语言和拙劣的语言同时出现。看样子都是把"泥沙俱下"同"一泻千里"混为一谈了。"一泻千里"形容江河奔腾而下的磅礴气势,也形容文笔流畅奔放,很有气势。语见宋·陈亮《戊申再上孝宗皇帝书》:"长江大河,一泻千里。"例如明·焦竑《玉堂丛语·文学》:"其文如源泉奔放,一泻千里。"清·赵翼《瓯北诗话·苏东坡诗》:"坡诗放笔快意,一泻千里,不甚锻炼。"《冰心散文选·自序》:"如《南归》,我是在极端悲痛的回忆中写的,几乎不经过思索,更没有炼字造句的工夫,思绪潮涌,一泻千里!"这条成语用于以上两例比较合适。

至于以下诸例的"泥沙俱下"是什么意思,就不得而知了:

(6) 这部《南北英雄志》系列的第一部"骓虞幡"里,他以泥沙俱下之势,再现了那一段充满血腥和杀戮的历史,为读者奉上了一场华丽血时代历史的盛宴。(《中华读书报》2009年12月30日)

(7) 他曾用"泥沙俱下"来形容莎士比亚、金斯伯格等人的作品给人"喷发"的状态感。(《文学报》2010年1月28日)

2013年10月5日

"拍手称快"强调的是痛快

"拍手称快"意思是拍着手喊痛快。形容看到某些事情有了称心如意的结局,从内心感到痛快。语见明·凌濛初《二刻拍案惊奇》卷三十五:"说起他死得可怜,无不垂涕,又见恶姑奸夫俱死,又无不拍手称快。"例如晚清·吴趼人《二十年目睹之怪现状》五十五回:"像这样剥削来的钱,叫他这样失去,还不知多少人拍手称快呢!"赵树理《小二黑结婚》十二:"三个民兵回到刘家峧,一说区上把兴旺金旺二人押起来,又派助理员来调查他们的罪恶,真是人人拍手称快。"巴金《随想录》一三七:"到十九日,这三名犯人真的给送往刑场枪决了。于是大家拍手称快,说是'大得人心,大快民意'。"

从"拍手称快"的出处和古今典范用例可以看出,这条成语与"大快人心"意思相近,而与"兴高采烈""欢欣鼓舞"之类的成语不同。它强调的是发自内心的痛快,而不是一般的高兴。因此它通常用来形容邪恶得到铲除,正义得到伸张时的痛快心情。使用这条成语,一定要把握住这个特点,否则往往会用得不得体,甚至造成误用。例如:

(1) 去年的英雄叫皇马,欧冠半决赛灌了拜仁5个,令广大球迷无不拍手称快。(《武汉晚报》2015年4月23日)

(2) "我觉得放春秋假是件好事,我很期待。"小学生对

放〔春秋〕假更是拍手称快了。(《中国妇女报》2014年9月4日)

(3)著名演奏家范圣琦……先后用萨克斯为观众奉上了《乡恋》《马刀》两大名曲,曲音缭绕,令人拍手称快。(中国日报网2014年8月4日)

(4)据农业部消息,马铃薯将成为水稻、小麦、玉米外又一主粮……土豆进军主粮界,"吃货"们拍手称快,并纷纷在网上晒起了自己最喜欢的土豆吃法。(《大连日报》2015年1月8日)

(5)要说"胡一刀"的〔理发〕技术,无论男女,无不拍手称快的。(中国新闻网2015年3月1日)

例(1),皇马与拜仁都是大家喜爱的足坛劲旅,无论谁战胜谁都与正义战胜邪恶无关。说皇马的胜利使该队球迷大为振奋、兴高采烈,甚至欣喜若狂都可以,说"拍手称快"便不贴切了,至于说"广大球迷无不拍手称快"更不准确了,因为至少不能包括拜仁的球迷。例(2),放春秋假是件好事,小学生听了非常高兴,但谈不上痛快,可以说"举双手赞成",也不宜说"拍手称快"。例(3),范圣琦演奏得好,可以使听众大饱耳福,令人拍手叫绝,但不会使人感到由衷的痛快,说"拍手称快"显然不妥。至于最后两例,马铃薯将成为主粮的消息为什么会使人"拍手称快",实在难于理解;"胡一刀"的理发技术高超,可以说大家无不交口称誉,怎么能说"拍手称快"呢?这两例已经纯属误用了。

2015年10月19日

莫把"胼手胝足""抵足而眠"混为一谈

"胼手胝足"原作"手足胼胝",意思是手掌和脚底都磨出了老茧。形容长期从事体力劳动,非常辛苦。语出《庄子·让王》:"曾子居卫,缊袍无表,颜色肿哙,手足胼胝。"例如《史记·李斯列传》:"禹凿龙门,通大夏,疏九河,曲九防……手足胼胝,面目黎黑。"后多作"胼手胝足"。例如宋·朱熹《九江彭蠡辨》:"凡禹之所为,过门不入,胼手胝足,而不以为病者,为欲大济天下昏垫之民,使得平土而居,以衣且食而遂其生耶。"清·俞蛟《梦厂杂著·陈天隐传》:"有陈天隐者,祖若父皆胼手胝足,负耒耜而耕,终年未尝得饱食。"邹韬奋《抗战以来·热烈爱国的千万侨胞》:"侨胞的金钱不是容易得到的,是由于他们终年胼手胝足,千辛万苦,省吃俭用,积蓄起来的。"姚雪垠《李自成》二卷三十二章:"臣多年躬耕田垅,胼手胝足,衣布衣,食粗食,清贫自守。"

理解这条成语的关键在"胼""胝"二字。"胼(pián)"和"胝(zhī)"都是茧子,即手脚因长期摩擦生成的硬皮。"胼胝"合起来还是这个意思。有人根本没有读懂这条成语,竟然置"胼手"于不顾,只取"胝足"二字,又误把"胝足"当成"抵足",以致把"胼手胝足"同"抵足而眠"混为一谈。"胝"和"抵"字形相近，但音、义完全不同。"抵（dǐ）"是碰触的意思，"抵足而眠"就是脚碰着脚，同榻而眠，形容两人亲密无间。语见明·罗贯中《三国演义》四十五回："〔周〕瑜曰：'久不与子翼同榻，今宵抵足而眠。'"例如孙犁《方纪散文集〉序》："我同方〔纪〕先到美丽的小镇胜芳，在一家临河小院，一条炕上，抵足而眠，将近一个月。""抵足而眠"同"胼手胝足"意思迥然不同，不容混淆。请看误用的例句：

（1）光头后卫罗伯托-卡洛斯也是和同胞弗拉维奥-孔塞桑胼手胝足同屋而睡。(《足球》2001年8月8日）

（2）黛玉逝去已久……可是她的精魂始终未去，一直萦绕在宝玉身侧。而自己（按，指宝钗），这个真正与宝玉胼手胝足，同榻而眠的枕边人，倒反成行尸走肉，徒具躯壳。(新浪网2011年8月4日）

（3）〔当小拐触碰到哥哥的尸体时，他感到〕曾经与他胼手胝足的那个身体突然变得如此恐怖如此遥远。(苏童《刺青时代》，上海文艺出版社2004年版）

前两例，"胼手胝足"分别同"同屋而睡""同榻而眠"连用，毫无疑问是"抵足而眠"之误。最后一例，"胼手胝足"被用来形容兄弟之间的关系，想必是企图表示二人曾经同榻而眠亲密无间，如果换成"抵足而眠"，文义豁然贯通，可见也是把两条成语混为一谈了。

把形近、音近而意义不同的成语混为一谈，是成语应用中常见的错误，不可不察。

2013年4月9日

"平白无辜"与"平白无故"

"平白无辜"意思是清清白白没有罪过(平白:清白;辜:罪过)。语见清·曹雪芹《红楼梦》六十一回:"这样说,你竟是个平白无辜的人了,拿你来顶缸的。"例如清·邱心如《笔生花》八回:"受伤处处非轻可,只恐残生活不成。平白无辜归柱死,可怜是个小冤魂。"欧阳山《三家巷》四十八:"这三个人平白无辜地蹲了这九个多月的牢,哪里还把官府王法放在眼里?"杨绛《丙午丁未年纪事·颠倒过来》:"我只可惜销毁的全是平白无辜的东西,包括好些值得保留的文字。"

"平白无故"意思是没有什么缘故或理由(平白:凭空,没有理由;故:缘故,原因)。语见清·石玉昆《三侠五义》五十回:"听说今晚成亲,你老人家想想,这是什么事?平白无故的生出这等毒计!"晚清·吴趼人《痛史》十八回:"我家人自做皇帝,也要算作篡位,然则你们平白无故,恃强凌弱,硬来夺我江山,这算什么?"老舍《我这一辈子》:"长官们才能穿呢衣,镶金绦,我们四个是巡警,怎能平白无故的穿上这一套呢?"艾芜《夜归》:"他觉得他不能平白无故受到讥讽,必须把真相说清楚。"陆文玲《插曲》:"荣誉不会平白无故降临人的头上。"

这两条成语只有一字之差,意思相近,有相通之处,也有明显的区别。区别在于:一、"平白无辜"可以用作人或物的定语,表示没有任何罪过(如前举曹雪芹、杨绛用例),"平白无故"则不能这样用。二、用作状语时,两条成语都表示所发生或遇到的事情是毫无道理的,但是"平白无故"强调的是没有缘故,"平白无辜"强调的是没有罪过。发生或遇到事情的缘故可以是多种多样的,有罪仅仅是其中的一种。发生或遇到的事情有好有坏(如前举老舍所说的警察穿上长官的衣服,陆文玲所说的获得荣誉,都是好事),有罪只能遭遇坏事,不可能摊上好事。因此"平白无故"的适用范围较宽,"平白无辜"的适用范围很窄。用作状语时,该用"平白无辜"的,换成"平白无故"可以说得通,而该用"平白无故"的,却不能都换成"平白无辜"。弄不清这种区别,很容易把二者混为一谈。例如:

(1) 一封寄往美国费城的信,邮局竟把它发往泰国曼谷……这封信为什么会平白无辜地被寄往曼谷呢?(《新民晚报》2013年4月7日)

(2) 中国队1比0战胜法国队确实有一定的偶然因素,但绝对不是平白无辜获得的胜利。(《温州晚报》2010年6月12日)

(3) 谁也不会平白无辜地升入天堂或降入地狱。(《江南时报》2004年3月22日)

例(1),一封信寄错了地方,多半是因为邮局工作人员的疏忽,与寄信人或收信人是否犯罪无关,当然不能说"平白无辜"。例(2)说"不是平白无辜获得的胜利",就意味着比赛获胜是罪有应得,显然不像话。例(3)更能说明问题:有罪只能"降入地狱",绝不可能"升入天堂",说不会平白无辜降入地狱是可以的,而说平白无辜升入天堂就讲不通了。因此诸例的"平白无辜"都应该改为"平白无故"。

2015 年 1 月 28 日

"萍水相逢"的是素不相识的人

"萍水相逢"意思是随水漂流的浮萍偶然相聚在一起。比喻素不相识的人偶然相遇。语出唐·王勃《滕王阁序》:"关山难越,谁悲失路之人;萍水相逢,尽是他乡之客。"例如明·冯梦龙《喻世明言》卷一:"他两个萍水相逢,年相若,貌相似,谭吐应对之间,彼此敬慕。"清·文康《儿女英雄传》二十五回:"我为什么把个眼前姻缘双手送给个萍水相逢、素昧平生的张金凤……"周克芹《许茂和他的女儿们》四章:"两位年轻知识分子,如今在这偏僻的乡村萍水相逢,一般情形而论,完全可以交上朋友。"

这条成语不难理解也不难应用,但是要扣准一点,即"萍水相逢"的只能是素不相识的人。已经见过面,哪怕只见过一次,以后再见都不能说"萍水相逢"。背离了这一点就会造成误用。例如:

(1)《萍水相逢的前同事要结婚,手头紧的他赴宴出了100元》:"N 年前有一个短暂共事的同事,之后双方就各奔东西多年没有再联系过。就在前两天,这位前同事突然给他电话说,要请他喝喜酒……"(中国江苏网 2014 年 5 月 26 日)

既然是以前"短暂共事的同事",即使"多年没有再联系",

也不是素不相识,怎么能说"萍水相逢"呢?

(2)施汉云说,这13年来她每个月都能见到季羡林,并给他送营养品。"我和季老是萍水相逢,但每次去看他都没碰到阻拦……"(《南方都市报》2009年7月20日)

(3)他和第二个妻子萍水相逢,虽然在一起生活了6年,但并没有领结婚证。(《齐鲁晚报》2009年5月25日)

例(2)既然"13年来每个月都能见到季羡林",例(3)既然已经"在一起生活了6年",显然都不是初次见面,即使他们当年第一次见面是偶然相遇,时至今日也不能再笼统地说他们是"萍水相逢"。

(4)你可能再次在街头与她萍水相逢,那时请不妨相信,这就是一位普通的中年妇女。(《楚天金报》2014年6月6日)

(5)从业经历中和她几次萍水相逢的照面,都是刚刚把问题引申到个人生活,就被机灵且威武的工作人员打断。(《武汉晨报》2015年7月6日)

例(4)说"再次……萍水相逢",例(5)说"几次萍水相逢",明明交代了不是第一次,还说"萍水相逢",错得更没有道理了。

2015年11月30日

"七月流火"能形容天气炎热吗?

"七月流火"语出《诗·豳风·七月》:"七月流火,九月授衣。"对于这句诗,毛亨传、郑玄笺、孔颖达疏都有明确的解释。今人郭锡良等编《古代汉语》的注释说得更清楚:"七月:指夏历七月。流:指向下运行。火:星名,即心宿二,又称'大火'。每年夏历六月黄昏时候,心宿二在中天,方向最正,位置最高。到了七月,就偏西向下行。这时暑热开始减退。授衣:指分发寒衣,因为到了九月蚕绩之功已成,天开始寒冷了。"后因用"七月流火"指天气转凉。例如明·曹学佺《陈生招到北楼避暑》诗:"七月流火火不流,屋中如甑心烦忧。"清·裘琏《热极假寐纪梦》诗:"六月徂暑日更长,七月流火风未凉。"李宗信《入秋保健讲养收》:"'七月流火,九月授衣。'入秋后加衣不要过早、过多。要适当减慢添衣的速度,让机体经受凉气的锻炼,增强耐寒能力。"王育恒《厉兵秣马迎盛会》:"七月流火,暑气渐消。然而,在德州大地上,迎接第四届世界太阳城大会的热潮却更加高涨。"

"七月流火"的出处是清楚的。自汉魏以来,认为"流火"就是指"大火"西沉、天气转凉,也是确切无疑的。但是古诗文中使用"七月流火"的并不多见,看来还没有成为习语被广泛使用。但是近年来,"七月流火"在媒体上却悄然走红,常常被用来形容天气炎热。例如：

（1）在炎热的夏天，内地正是七月流火，而西宁市气候凉爽，天气晴朗……正是旅游的好季节。（《人民日报》海外版2002年11月4日）

（2）七月流火的日子，全家人热得满头大汗，我却缩在沙发上，颤抖如叶，怀里还抱着一个热水袋。（《人民日报》海外版2004年7月30日）

（3）七月流火，灼人的烈日并没有影响我们的心情，在"艺术名家"金杯奖活动期间，我们有幸拜访了著名书法家欧阳中石先生。（《市场报》2006年1月28日）

（4）我们的夏天越来越长也越来越热，"七月流火"已经变成七、八、九月连续的"流火"。（人民网2009年7月31日）

（5）七月流火对于常人来说是酷暑的难耐，而对于游戏行业而言则意味着火爆的China Joy展会。（《江南时报》2010年8月6日）

（6）七月流火，头顶烈日，汗流浃背，相信没有人喜欢这样的感觉，随着气温不断攀升，不少人都有出行避暑的打算。（中国网2014年7月25日）

这些作者把"七月"理解为阳历七月，把"火"理解为"火热"，同"七月流火"的原意恰恰相反。这在训诂上是没有任何根据的，纯属望文生义，任意曲解。

2005年夏天，北京一位大学校长在接待来宾的讲话中，用"七月流火"形容天气炎热，立即在网上引起轩然大波。这个事实说明,这种用法还没有为广大群众所接受,远未约定俗成。遗憾的是,现在有的词典既肯定这条成语指夏去秋来,天气转凉,又说现也用来形容天气炎热。一条成语不能同时表示两种截然相反、互相排斥的意义,这样释义只能造成社会语文应用的混乱,使读者无所适从。

其实形容天气炎热的成语很多。其中带"火"字的有"骄阳似火"。例如邓友梅《烟壶》三:"北京这地方,地处沙漠南缘,春天风沙蔽天,夏日骄阳似火,惟有这秋天,最是出游的好季节。"比较生僻一点的还有"火伞高张"(语本唐·韩愈《游青龙寺赠崔太补阙》诗"光华闪壁见神鬼,赫赫炎官张火伞")。例如戴聪译《伊凡·蒲宁短篇小说选·三等车》:"早晨,还刚刚七点多钟,可是已经火伞高张,燠热异常。这是一种凝重的、呆滞不动的暑气。每当要下可怕的暴雨前,总是会出现这样的酷热;暴雨后,洪水便开始泛滥了。"带"流"字的有"流金铄石"(意思是金石都被熔化了,形容天气极为炎热)。例如晚清·李宝嘉《文明小史·楔子》:"虽然赤日当空,流金铄石,全不觉半点歊热。"也作"铄石流金"。如元·施耐庵、明·罗贯中《水浒传》二十七回:"如今来到孟州路上,正是六月前后,炎炎火日当天,铄石流金之际,只得赶早凉而行。"为什么放着这些形象生动的成语不用,偏偏要用一个形容天气转凉的"七月流火"呢?

2016 年 11 月 17 日

"期期艾艾"只能形容口吃

成语"期期艾艾"包含两个典故。《史记·张丞相列传》记载：汉高祖欲废太子刘盈，改立戚夫人之子如意为太子，大臣周昌在朝廷上极力争辩，坚决反对。"上问其说，昌为人吃（吃：口吃），又盛怒，曰：'臣口不能言，然臣期期知其不可。陛下虽欲废太子，臣期期不奉召。'上欣然而笑。"唐·张守节正义："昌以口吃，每语故重言'期期'也。""期期"是司马迁用来描写周昌说话结结巴巴的拟声词。南朝宋·刘义庆《世说新语·言语》："邓艾口吃，语称'艾艾。'"古人自称称名，邓艾名"艾"，因口吃往往自称"艾艾"。宋·吴曾《能改斋漫录》："世间事未有无对。周昌口吃，而言称期期；邓艾口吃，而言称艾艾。"后遂以"期期""艾艾"连用，形容人口吃，即说话结结巴巴。例如清·陈森《品花宝鉴》二回："〔孙嗣元〕又犯了口吃的毛病，有时议论起来，期期艾艾，愈着急愈说不清楚。"晚清·吴趼人《俏皮话·虎》："有捐一末秩到省者，初上衙门禀到，上司偶问话，辄期期艾艾，不能出诸口，甚至颤抖不已。"柳亚子《南社纪略·我和南社的关系》："可是事情不凑巧，我是患口吃症者，梁任公也有同病，两个人期期艾艾，自然争他们不过，我急得大哭起来。"丁玲《在黑暗中·梦珂》："表哥连耳根都红了，蹬在椅子上的那只脚竟不会放下来，口中期期艾艾的不知在说什么。"

这两个典故并不生僻,这条成语意思也很明确,从无歧义。但是现在有些人不明典故,任意曲解,把这条成语用得很滥,有必要予以澄清。仅就个人所见,至少有以下几种情况:

一、误解为"吞吞吐吐"。例如:

(1) 我锲而不舍一再追问,她才期期艾艾地道出原委:这少去的几克黄金是她当初嫌链子太长,戴着不合适,特意拿掉了中间的几节。(《北京晚报》2014年3月20日)

(2) 他实在不忍对她开口提离婚的事,因此,每次回到家里,他总是欲言又止,期期艾艾,唉声叹气,像是一个没魂魄的稻草人。(《郑州日报》2014年10月24日)

(3) 什么叫"功能性通车"?上网查询,居然没个准确定义。问交通部门官员,官员也期期艾艾,说大概算具备通车功能,但没办好通车手续吧。(中国新闻网2014年4月9日)

这几例中的"她""他"和"官员",都是因为有顾虑而不敢直说或不便明说,说起话来吞吞吐吐。这种情况显然不能使用"期期艾艾"。"期期艾艾"和"吞吞吐吐"都形容说话不利索,但"期期艾艾"是因为口吃或紧张、激动而导致说话结结巴巴,"吞吞吐吐"则是因为有顾虑不敢直说而说话支支吾吾,二者不能混为一谈。

二、误解为"犹犹豫豫"。例如:

(4) 旁边挨着站的一小伙子看了看我,又望了望空座位,期期艾艾地想去坐,结果犹豫来犹豫去,还是选择了站

着。(《西安晚报》2014年2月14日)

(5) 为一方父母官,首要职责便是造福于民,服务于民。但为何面对如此明显的惠民措施,期期艾艾,犹豫不决,迟迟出台不了实施细节措施？(新华网2012年9月14日)

这两例的"期期艾艾"或同"犹豫来犹豫去"连用,或同"犹豫不决"连用,可以看出作者想表达的意思就是"犹犹豫豫"。说话犹豫尚且不能说"期期艾艾",做事犹豫就更不能这样说了。

以上两种情况同"期期艾艾"多少还沾一点边,可以算是误解。下面就属于曲解了：

三、可能是因为"期期艾艾"形容说话不利索、不痛快,有些人便由此扩展开来,举凡心里不痛快,生活不顺利,走路不利索,乃至办事不直截了当、痛痛快快……统统都说成"期期艾艾"。例如：

(6) 虽说没有落榜,但上师专终非我所愿,我当时有幻灭的感觉,心中期期艾艾、郁郁不乐。(《人民日报》2000年11月25日)

(7) 这位优秀男士有三任女友让他刻骨铭心……第三任因人生不顺而期期艾艾,最后也没有结果。(《扬子晚报》2014年11月10日)

(8) 我推着爹往屋外走。爹的脚步有点期期艾艾。(《光明日报》2013年11月1日)

(9) 譬如晒"三公"的期期艾艾,犹抱琵琶半遮面……露一点点,藏掖一点点,总不那么痛快。(华龙网2014年5

月16日)

(10) 三月的天空,是被桃花映红的。它们先是一朵两朵,期期艾艾,欲语还羞地试探着露出粉面。紧接着便如少女的心事,按捺不住地溢将出来,呼啦啦不管不顾地占领了整个季节。(《江西日报》2014年3月7日)

(11) 或许是我沉郁的目光吓怕了母亲,她曾期期艾艾地偷偷跟在我身后。我告诉母亲自己没事,只想一个人走走,她有点担心地嘱咐我别走远,却并不离身。(《兰州日报》2014年1月22日)

例(6)是说心里不痛快,例(7)是说生活不顺利,例(8)是说走路踉踉跄跄,例(9)大约是"遮遮掩掩",例(10)可能是"羞羞答答",例(11)估计是"偷偷摸摸",反正都已经同"期期艾艾"不沾边,纯属曲解了。

四、因为"期"有期待义,便把"期期艾艾"等同于"期待";因为"期期"同"凄凄""戚戚"读音相同,便把"期期艾艾"等同于"凄凄惨惨""悲悲戚戚":

(12) 一路上与张力光称兄道弟的平哥,用期期艾艾的目光向他这位主心骨讨主意:"怎么办?"(人民网2009年12月14日)

(13) 在大卫的演出场外,不少人手中握着大叠百元钞票,用期期艾艾的眼神期盼着为数不多的退票。(人民网2006年1月28日)

(14) 陈乔恩饰演的女主角,以一个战士的姿态在绝望的爱情中寻找自己的出路,比起那些沉浸在缠绵悲痛之中

期期艾艾的爱情故事要爽快得多。(《京江晚报》2014年6月24日)

(15)她能这么积极面对,总比别人失恋后陷入期期艾艾的悲伤要好很多。(《彭城晚报》2014年12月10日)

例(12)、(13)用"期期艾艾"形容"目光""眼神",可能是把"期期"等同于"期待"了。例(14)、(15)"期期艾艾"同"悲痛""悲伤"连用,大概是把它同"凄凄惨惨""悲悲戚戚"画上了等号。

至于下面的例子,"期期艾艾"是什么意思便很难猜测了:

(16)同为河北作家的孙犁,其笔下的乡村女性便是果敢而可爱的……她们没有那么多的条条框框,期期艾艾,虽身处边缘,却丝毫不影响她们的宽广的胸襟。(中国社会科学网2014年4月21日)

(17)正如阳光里飞舞的尘埃一般,期期艾艾地浮了上来,小心翼翼地湮没下思绪的遗骸,沉溺在歌声的影子里。(《合肥晚报》2013年9月17日)

我所以不厌其烦列举那么多例子,就是想说明有些人使用"期期艾艾"已经到了随心所欲、令人难以捉摸的程度。必须澄清,"期期艾艾"只能形容口吃,除此之外所有的解释和用法都是错误的。这种曲解、滥用"期期艾艾"的现象,不能再任其泛滥了。

2015年1月19日

"起死回生"的是良医

"起死回生"意思是把已死或垂死的人救活。形容医术高明。语见晋·葛洪《神仙传·太玄女》："行三十六术甚效,起死回生,救人无数。"例如明·凌濛初《初刻拍案惊奇》卷十一："本县有个小儿科姓冯,真有起死回生手段。"清·钱彩《说岳全传》五十二回："这颗仙丹,果然有起死回生之妙,顷刻之间,岳元帅一翻身坐起。"鲁迅《朝花夕拾·父亲的病》："凡国手,都能够起死回生的,我们走过医生的门前,常可以看见这样的匾额。"也比喻把陷入绝境的事物挽救过来。例如明·崔时佩、李景云《西厢记·堂前巧辩》："当初叛贼草寇,请到蒲关故友,张解元起死回生,老夫人番言变口。"何香凝《回忆廖仲恺》："要想起死回生,只有彻底改组国民党。"

理解"起死回生"关键在"起"字。"起"在这里是"使……痊愈"或"使……复活"的意思。例如《国语·吴语》："君王之于越也,繄(繄:是)起死人而肉白骨(使死人复活,使白骨长肉)也。"《吕氏春秋·察贤》："今有良医于此,治十人而起九人,所以求之万也。""起死"就是使死人复活或把垂死的病人抢救过来。因此,能够"起死回生"的只能是良医或良药,而不能是已死或将死的人。有人没有读懂"起"字,误以为"起死"是死者的行为,从而把死者作为"起死回生"的施事者,以致造成误用。这种情况在媒体中屡见不鲜。例如：

(1) 家住舒兰市溪河镇孔屯的76岁老人孙华……在入殓31小时后,竟"起死回生"。(《城市晚报》2013年3月7日)

(2) 津巴布韦一名男子在他的葬礼上"起死回生",令亲朋惊讶不已。(《长春晚报》2013年5月16日)

(3) 谁也想不到,医院已经下了病危通知书,64岁的长春市民高健国还能起死回生。(中国新闻网2015年12月21日)

(4) 深圳一37岁男子患了和乔布斯一样的疾病,胰腺和3/4肝脏长癌,罕见地"起死回生"。(《广州日报》2015年5月25日)

(5) 春晚审查惊心动魄,有人临时被换下,也有人在遭毙后"起死回生"。(中国新闻网2015年2月5日)

(6) 传承了2000多年的蜀绣,在改革开放初期曾山穷水尽……进入新世纪以来,蜀绣起死回生,近年更是开始向"新版本"升级。(《人民日报》2013年7月19日)

前两例"起死回生"的分别是"老人孙华"和"津巴布韦一名男子",都是死者,说死者使死者复活显然不像话。中间两例"起死回生"的分别是"高健国"和"深圳一男子",都是垂危的病人,说病人使病人脱离危险,也讲不通。最后两例用的是比喻义。例(5)"起死回生"的是演员和他们的节目,有权力决定节目取舍的是导演,演员不能使自己的节目复活。例(6)"起死回生"的是"蜀绣",蜀绣同样也不能使自己复活。说它们"起死回生"肯定也是错误的。

前两例的"起死回生"应该改用"死而复生"。"死而复生"意思是死去后又重新活过来。语出三国魏·曹植《辩道论》:"方士有董仲君,有罪系狱,佯死数日,目陷虫出,死而复生,然后竟死。"例如清·李汝珍《镜花缘》九十五回:"妻妾见他死而复生,不胜之喜。"郭沫若《棠棣之花》一幕:"母亲死去已经三年,死而复生的只有这些乱草,和我们相依为命的母亲却是永远不再回来。""死而复生"的施事者是死者本身,用于(1)、(2)、(5)三例都比较合适。(3)、(4)两例可以改用"死里逃生"。"死里逃生"意思是从极其危险的境地中逃脱,幸免于死。例如刘绍棠《蒲柳人家》八:"〔郑端午〕摔得……只剩下小半口气息,半年下不了炕。眼下虽已死里逃生,却再也拉不动大锯,抡不动斧头……了。"最后一例为了同"山穷水尽"相呼应,可以改为"柳暗花明"。

2016 年 4 月 16 日

"气宇轩昂"只能形容人

"气宇轩昂"形容人精神昂扬,气度不凡。语见宋·蔡絛《铁围山丛谈》卷三:"林中书彦振摅,气宇轩昂,有王陵之少戆。"例如明·凌濛初《初刻拍案惊奇》卷十:"花烛之后,朝霞见韩生气宇轩昂,丰神俊朗,才貌甚是相当。"姚雪垠《李自成》一卷十六章:"献忠……换上全副盔甲,背上橐鞬,挂上宝刀,气宇轩昂地大踏步走了出来。"李英儒《女游击队长》:"凌雪晴容光焕发,精神抖擞,姿态潇洒,气宇轩昂。""气宇轩昂"也作"器宇轩昂"。例如明·罗贯中《三国演义》四十三回:"张昭等见孔明丰神飘洒,器宇轩昂,料道此人必来游说。"清·李渔《玉搔头·缔盟》:"此人姿容俊伟,器宇轩昂,毕竟是个大富大贵之人。"

这条成语是由"气宇"和"轩昂"两个词组成的。"气宇"就是人的气概、风度("器宇"义同)。如唐·吕岩《七言》诗之十四:"虎将龙军气宇雄,佩符持甲去匆匆。""轩昂"形容人精神饱满,气度不凡。如明·冯梦龙《醒世恒言》卷七:"高赞一眼看见那个小后生,人物轩昂,衣冠济楚,心中已自三分欢喜。"两个词合起来仍然是形容人的,而且多用于男性,不能用来形容事物。有人没有准确理解这条成语的含义,把它同雄伟壮观、气势磅礴之类的词语混为一谈,不恰当地扩大了它的使用

范围。请看例句:

(1) 在前为一祭亭,歇山顶,飞檐起翘,气宇轩昂。亭内立有郭沫若手书"黄帝陵"碑石。(人民网 2011 年 9 月 7 日)

(2) 这里的建筑气宇轩昂,庄严肃穆。(《国际先驱导报》2012 年 3 月 6 日)

(3) "九曲黄河万里沙,浪淘风簸自天涯。"在唐代著名诗人刘禹锡的笔下,黄河器宇轩昂,恢弘磅礴的气势跃然纸上。(山西新闻网 2011 年 9 月 28 日)

(4) 南吕岭……方圆几十里,挺拔凌峻,气宇轩昂。(《南国都市报》2011 年 2 月 28 日)

(5) 钓鱼岛器宇轩昂!海碧天蓝白鸟翔。一曲和平交响乐,岂容走调乱宫商?(人民网 2011 年 2 月 1 日)

前两例用"气宇轩昂"来形容建筑物雄伟壮观。类似的例子近年来出现比较多,但是至今还没有见到哪部工具书收录这种用法。后三例又进一步扩大到形容河、山、岛屿。扩大"气宇轩昂"使用范围的现象并没有就此止步。请看下面的例子:

(6) 一幅幅形象逼真,气宇轩昂的书画作品跃然纸上。(人民网 2011 年 7 月 7 日)

(7) 荣威 750 气宇轩昂堪比顶级轿车。(人民网 2011 年 9 月 29 日)

(8) 资本正以气宇轩昂的姿态进入农业领域。(《每日经济新闻》2011 年 11 月 1 日)

(9) 自紫光华宇公布这个方案以来,其股价连续两个

交易日气宇轩昂地"一"字涨停。(《广州日报》2012年2月11日)

(10)她这话说的干净、说的悲壮、说的器宇轩昂,让人无法拒绝。(人民网2011年12月12日)

(11)在公司高管器宇轩昂的号召下,营销员们铆足了劲,这头与银行拉关系、攀交情,那头在市场上急增援、忙拉人,好生热闹。(《上海证券报》2011年11月16日)

例(6)用来形容书画,例(7)形容商品,例(8)形容资本,越来越离谱。至于最后三例,已经错得莫明其妙,纯属滥用了。

2012年3月11日

"前车可鉴"与"前车之鉴"

"前车可鉴"意思是前面的车子翻了,可以作为后面车子的鉴戒(鉴:镜子,引申为鉴戒)。比喻前人的失败可以作为后人的教训。语见《续资治通鉴长编·哲宗元祐元年》:"媚者既多,使人或自信为莫己若矣,前车可鉴也。"例如《清史稿·刘韵珂传》:"洋人在粤,曾经就抚,迨给银后,滋扰不休,反覆性成,前车可鉴。"鲁迅《二心集·〈艺术论〉译本序》:"当翻译之际,也常常参考林译的书,采用了些比日译更好的名词,有时句法也大约受些影响,而且前车可鉴,使我屡免于误译,这是应当十分感谢的。"丁玲《关于杂文》:"有的人自己怕闯祸,分明看出问题了,也有很好的意见,但前车可鉴,因文取祸,最后还是少管闲事。"

使用这条成语要注意同只有一字之差的"前车之鉴"相区别。"前车之鉴"意思是前面的车子翻倒所留下的鉴戒,比喻可以作为鉴戒的前人失败的教训。例如清·李汝珍《镜花缘》九十八回:"早早收兵,若再执迷不醒,这四人就是前车之鉴。"姚雪垠《李自成》三卷四十四章:"每一州、县,只派官,不派兵,则不惟政令不行,官也不保。郏县之事,可为前车之鉴。"两条成语意义相近,但结构和功能都不同:"前车可鉴"是主谓结构,动词性成语,经常用作谓语或分句;"前车之鉴"是偏正结

构,名词性成语,经常用作主语、宾语。二者不能混为一谈。请看误用的例子:

(1)难道这不应该成为前车可鉴?(光明网 2013 年 2 月 27 日)

(2)上述这个案例或为前车可鉴。(人民网 2014 年 6 月 19 日)

(3)美国联储局因为只会考量自身利益,面对问题时往往能较迅速地采取行动。日本央行当年后知后觉的经验实属前车可鉴。(中金在线 2014 年 6 月 12 日)

(4)英国的经验是前车可鉴。(光明网 2004 年 6 月 8 日)

(5)奶粉"三鹿"的前车可鉴,鸡蛋"××"的覆辙也很快显现,食品生产厂家难道非要见了棺材才掉泪吗?(《南方日报》2008 年 10 月 30 日)

"前车可鉴"在前四例中分别充当动词"成为""为""属"和"是"的宾语,显然都应当改用名词性成语"前车之鉴"。例(5)应该删掉"前车可鉴"前面的"的"字,让这条成语直接充当谓语。

目前不但有些使用者没有把这两条成语区别清楚,就连有些成语词典也疏于查考,说"前车之鉴"也作"前车可鉴",把二者视为异形成语。前车可鉴,对于意义相近而语法功能不同的成语,我们一定要区别清楚,千万不要混为一谈。

2015 年 12 月 5 日

"前车之鉴"比喻失败的教训

"前车之鉴"意思是前面的车子翻倒所留下的教训(鉴:镜子,借指教训)。比喻可以作为借鉴的前人失败的教训。"前车覆,后车戒"本是古代谚语,古书中多有记载。如《晏子春秋·杂下》:"谚曰:前车覆,后车戒。"《大戴礼·保傅》:"鄙谚曰……前车覆,后车诫。"汉·桓宽《盐铁论·结合》:"语曰:'前车覆,后车戒。'殷鉴不远,在夏后之世矣。"后来也说"前车之覆,后车之鉴"。又凝缩为"前车之鉴"。例如明·张自烈《甲戌文辩序》:"诸君子无意天下则已,苟有意天下事,前车之鉴,可弗惧乎哉!"清·沈复《浮生六记·坎坷记愁》:"语云:'恩爱夫妻不到头。'如余者,可作前车之鉴也。"欧阳山《苦斗》三十七:"伯南公是心怀大志的人,他不会不以张发奎四年前的失败为前车之鉴。"姚雪垠《李自成》三卷四十四章:"每一州、县,只派官,不派兵,则不惟政令不行,官也不保。郏县之事,可为前车之鉴。"

理解这条成语的关键是要弄清可以为鉴的是什么。从"前车覆,后车戒"和"前车之覆,后车之鉴"两句话可以清楚看出,可以作为"后车之鉴"的只能是"前车之覆",也就是前人失败的教训,而不是成功的经验。因此"前车之鉴"只能比喻前人失败的教训,而不能比喻前人成功的经验,也不能比喻成功

的经验和失败的教训。弄不清这一点,就会造成误用。例如:

(1)有了李娜开网球学校的前车之鉴,刘翔开个田径学校也是非常可能的……届时,和姚明、李娜一样专心当好刘校长……也是另一种成功转型的人生选择。(央广网2015年4月7日)

(2)世界上法治先进的国家都有健全的行政不作为公益司法审查制度,这为我国行政不作为公益诉讼提供了前车之鉴。(光明网2013年9月23日)

(3)在瑞士央行成功的前车之鉴下,不排除日本央行在日元走势极端的情况下,采取瑞士央行的那种终极办法来彻底堵死日元的升值之路。(《上海证券报》2011年10月24日)

(4)日本在现代化、工业化、城市化方面都比中国先走了一步,所做的一切可以说都是中国的"前车之鉴"……〔我们〕不但学习日本的发展经验,还要认真地汲取日本在这个过程中的教训,避免重走日本的弯路。(人民网2010年5月11日)

例(1)是说刘翔可以学习李娜开办网球学校的经验,办个田径学校。例(2)是说我国可以学习法治先进国家的经验,建立健全"行政不作为公益诉讼"制度。例(3)是说日本可以学习瑞士的经验,解决日元升值的问题。这三例"前车之鉴"比喻的都是成功的经验,显然不符合成语的原意。例(4)是说我国应该学习日本现代化、工业化、城市化过程中成功的经验和失败的教训。既比喻成功的经验,又比喻失败的教训,也不符合"前车之鉴"的原意。因此以上诸例的"前车之鉴"均属误用。

顺便说一下,"前车之鉴"是名词性成语,可以放在"当作""作为"或"是"之类动词的后面作宾语,但是不能作"避免"的宾语,说"避免……教训"就不成话了。例如:

(5) 喀麦隆队的身体条件和凶悍作风不在新西兰队之下,中国队应避免前车之鉴。(《西宁晚报》2015年6月18日)

(6) 对这些年少成名的运动员来说,如何自我约束,避免前车之鉴,尤为重要。(《解放日报》2014年12月29日)

这两例"避免"后面的"前车之鉴"都应该改为"重蹈覆辙"。"重蹈覆辙"意思是重新踏上翻车的老路,比喻不吸取教训,重犯前人或自己过去的错误。例如李国文《冬天里的春天》五章:"历史竟会出现如此雷同的现象,母亲遭遇到的命运,她的孩子也该重蹈覆辙吗?"张洁《无字》三部三章:"……接受了过去的教训,决不重蹈覆辙。"这条成语可以同"避免"搭配,用于以上两例正好合适。

2015年7月17日

"前仆后继"的感情色彩

2011年7月22日《南方日报》一篇文章说:"之前一个个贪官在刑场上前仆后继,早就表明死刑无助于反腐。"前面的贪官被处死了,后面的贪官立刻跟上去,这种现象确实令人触目惊心,但是能不能用"前仆后继"来形容呢?

"前仆后继"语见宋·王楙《野客丛书·后宫嫔御》:"情欲之不可制如此,故士大夫以粉白黛绿丧身殒命何可胜数,前仆后继,曾不知悟。"在这句话里,"前仆后继"看不出有什么明显的感情色彩。但是从晚清以来,大量的典范用例都把它用于褒义。例如晚清·秋瑾《吊吴烈士樾》诗:"可怜懵懵天竟瞽,致使英雄志未伸……前仆后继人应在,如君不愧轩辕孙!"鲁迅《且介亭杂文·中国人失掉自信力了吗?》:"这一类的人们,就是现在也何尝少呢?他们有确信,不自欺;他们在前仆后继的战斗,不过一面总在被摧残,被抹杀,消灭于黑暗中,不能为大家所知道罢了。"徐迟《火中的凤凰》:"一百多年来,中国人民前仆后继,英勇斗争,所追求的理想,今天实现了。"杨沫《青春之歌》一部十五章:"多少革命先烈就是为了这些,才前仆后继地流血牺牲了。"《现代汉语词典》给出的释义是:"前面的人倒下了,后面的人继续跟上去,形容英勇奋斗,不怕牺牲。"释义用语的感情色彩是明显的。许多成语词典更是明确标注或提示其为褒义成语。由此可见,"前仆后继"在现代汉语中是一条褒义成语早已约定俗成,《南方日报》的文章用"前仆后继"形容贪官,显然是犯了褒贬颠倒的错误。

类似的情况,在媒体中并不罕见。例如:

(1)这起案件并没有引起雷政富等人的警醒,反而一个个前仆后继,落入桃色陷阱当中。(《新京报》2013年1月27日)

(2)同样是在云南省73个重点贫困县中位居第十四位的永善县,4年后又出现"阔人丧宴",不得不让人感叹官员前仆后继、大操大办的"坚强决心"。(《羊城晚报》2012年12月17日)

(3)"房叔""房爷""房婶""房妹""房哥"……们接二连三的出现,可谓前仆后继。(中国共产党新闻网2013年2月7日)

(4)为何一些企业的产品质量被曝光后,仍有更多的企业前仆后继地继续犯错误?(《工人日报》2012年1月18日)

无论是"落入桃色陷阱"的雷政富之流,大摆"阔人丧宴"的贫困县官员,接二连三出现的"房叔""房婶",还是不顾警告继续生产伪劣产品的企业,都是应该受到惩罚和谴责的,怎么能用褒义成语"前仆后继"加以赞颂呢?

2013年3月15日

"巧舌如簧"是贬义成语

"巧舌如簧"意思是舌头灵巧得就像乐器里的簧片一样。形容善于花言巧语。原作"巧言如簧"。语出《诗·小雅·巧言》:"蛇蛇硕言,出自口矣,巧言如簧,颜之厚矣(欺诈的大话,出自谗人之口,花言巧语,真是厚颜无耻)。"例如《后汉书·陈蕃传》:"夫谗人似实,巧言如簧,使听之者惑,视之者昏。"《旧唐书·张仲方传》:"诒泪在脸,遇便则流;巧言如簧,应机必发。"郭沫若《屈原》四幕:"你这无耻的谰言,你这巧言如簧的挑拨离间,亏你还戴着一个人的面孔!"后多作"巧舌如簧"。例如唐·刘兼《诫是非》诗:"巧舌如簧总莫听,是非多自爱憎生。"柯灵《谁在撒谎》:"世间有一种人,一生巧舌如簧,专说谎话,到头来一句真话就全盘推翻了它们。"

"巧言如簧,颜之厚矣",从这条成语的出处就可以看出,它形容的不是一般的口才出众、能言善辩,而是花言巧语,因此是一条感情色彩鲜明的贬义成语。现在有人把它用于褒义,显然不妥。例如:

(1) 机灵的林秋侠面对严刑拷问,一口咬定宣传单是捡来的。"难道你们不抗日,也不准人民宣传抗日?!既然抗日无罪,那我又有什么罪?"林秋侠巧舌如簧,法官被说得哑口无言。(《中国妇女报》2015年7月22日)

(2) 一个人有好的口才,就会巧舌如簧,妙语连珠。在跟对手"舌战"时,往往能战胜对手,使对手俯首称臣,有时还能够维护国家的尊严。(《钦州日报》2014年12月15日)

(3) 彭教授同评书艺人有交情,入选他书中的是说"重庆掌故"的高手:程梓贤和曾令弟。二位是重庆评书界代表人物。评书艺人知识丰富巧舌如簧,三寸醒木啪的一声绘声绘色,一个接一个的"重庆言子儿"展得安逸惨了!(《重庆晚报》2015年3月11日)

(4) 凭借着能言善辩的好口才,黄磊在《非诚勿扰》可谓巧舌如簧,在场上不断打圆场、当"和事佬",总是可以很好地照顾到每个人的情绪,让每一次情感碰撞都有一个温暖结局,也让节目变得更加热闹。(国际在线2015年8月14日)

例(1),革命先烈林秋侠在法庭上义正词严、侃侃而谈,把法官问得哑口无言,怎么能说"巧舌如簧"呢?例(2),"一个人有好的口才,就会巧舌如簧"吗?一个"巧舌如簧"的人,也能"维护国家的尊严"吗?例(3)用"巧舌如簧"形容评书高手,例(4)用"巧舌如簧"形容电视节目主持人,也都属于贬词褒用。

2015年8月19日

"巧言令色"不等于"花言巧语"

"巧言令色"指用花言巧语和谄媚伪善的面目讨好别人。语出《尚书·皋陶谟》:"何畏乎巧言令色孔壬(怎么会畏惧善于花言巧语、谄媚取宠的奸佞呢)?"例如宋·苏辙《论语拾遗》:"巧言令色,世之所说(说:同'悦')也;刚毅木讷,世之所恶也。"郭沫若《屈原》四幕:"你这卖国求荣的无赖,你这巧言令色的小人,有什么值得你笑!"丰子恺《家》:"最漂亮的交际家,巧言令色之徒,回到自己家里或房间里,甚或眠床里,也许要用双手揉一揉面孔,恢复颜面上的表情筋肉的疲劳,然后板着脸孔皱着眉头回想日间的事,考虑明日的战略。"

"巧言"比较好理解,就是虚假而动听的话,也就是"花言巧语"。《朱子语类》卷二十:"据某所见,巧言即所谓花言巧语,如今世举子弄笔端做文字者便是。""令"是美好,"色"是脸色、面目。"令色"就是谄媚伪善、讨好别人的面目。前举范例,丰子恺对"巧言令色之徒"的描写形象生动、入木三分,是对这条成语最好的诠释。遗憾的是有些人只懂"巧言"不懂"令色",只见"巧言"不见"令色",把"巧言令色"等同于"花言巧语",甚至只要歪曲事实、不讲真话,就说"巧言令色",实在是对这条成语的误解误用。例如:

(1) 钓鱼岛及其附属岛屿自古以来就是中国的领土,

中国对此拥有无可争辩的历史证据和法律依据。任何巧言令色、任何外国单方面的行动都不能改变这一基本事实。(《人民日报》海外版 2005 年 3 月 7 日)

(2) ××市政府无疑应该兑现招商引资奖励承诺。所谓"政府文件不是悬赏告示""可以不是必须"之类辩解,实是巧言令色的托词,与耍赖无异。(《京华时报》2009 年 11 月 1 日)

(3) 非常时期,出现一点工作纰漏并不可怕,可怕的是巧言令色推卸责任,拒绝总结经验、吸取教训。(《成都商报》2009 年 5 月 15 日)

(4) 做了错事死不承认,甚至还百般抵赖、抹黑别人……错了就是错了,再怎么巧言令色都不可能变成对的。(中国新闻网 2014 年 1 月 10 日)

以上诸例说的都是赤裸裸的辩解、抵赖、推卸责任、抹黑别人,都是板起面孔讲假话,并没有用谄媚伪善的面目讨好别人,根本谈不上"令色",充其量只相当于"巧言"或"花言巧语",有的连"巧言"也谈不上,只是"巧辩"而已,显然都不能使用"巧言令色"。

(5) 新闻发言人应有"适当的幽默感",过于强调技巧,会导致"巧言令色",也不尊重记者和受众。(凤凰网 2015 年 10 月 28 日)

(6) 我巧言令色地摆脱了这群乡邻〔的纠缠〕,走不到十步,那清癯之叟迎面而来,握住了我的手,满面笑容……(中国文明网 2014 年 11 月 19 日)

例(5)，新闻发言人讲话"过于强调技巧"，可能会有华而不实、哗众取宠之嫌，但绝不会导致"巧言令色"。例(6)，可以说巧妙地摆脱了乡邻，绝不能说"巧言令色"地摆脱了乡邻。这两例不仅是误用，简直是滥用了。

2016 年 1 月 11 日

"琴瑟和谐"比喻夫妻感情融洽

琴和瑟是古代两种弦乐器,因为经常配合演奏,音调和谐,古人常用来比喻夫妻。如《诗·周南·关雎》:"窈窕淑女,琴瑟友之。"又《小雅·常棣》:"妻子好合,如鼓瑟琴。"后来人们在"琴瑟"后面加上"和谐",就形成了成语"琴瑟和谐",用来比喻夫妻感情融洽。例如元·徐琰《青楼十咏·言盟》:"结同心尽了今生,琴瑟和谐,鸾凤和鸣。"明·沈受先《三元记·团圆》:"夫妻和顺从今定,这段姻缘夙世成,琴瑟和谐乐万春。"王小鹰《丹青引》十三:"都说曹荒圃与沈书砚几十年琴瑟和谐、恩爱如初。""琴瑟和谐"也作"琴瑟相谐"。如元·王子一《误入桃源》楔子:"我等本待和他琴瑟相谐,松萝共倚,争奈尘缘未断,蓦地思归。"也作"琴瑟相调"。如明·汪廷讷《狮吼记·抚儿》:"琴瑟相调,芝兰又吐,三迁慈教推贤母。"也作"琴瑟调和"。如明·沈受先《三元记·祝寿》:"令德雍容,情怀缱绻,闺门伉俪恩浓,琴瑟调和,春满玉台金镜。"如果比喻夫妻感情不和谐,就说"琴瑟不和""琴瑟不调"或"琴瑟失调"。

很明显,这条成语只能用来比喻夫妻,不能比喻别的什么人或事物。现在有些人随意扩大它的使用范围,以致造成种种误用。例如:

(1)不是每个母亲和孩子之间都能高喊着"理解万岁"

的口号……这样琴瑟和谐的毕竟只是少数,大多数的网瘾少年给予母亲的记忆都是痛苦的。(人民网 2011 年 5 月 6 日)

(2)撒贝宁理性、严谨、犀利的主持风格与谢娜深入人心的古怪精灵何以做到琴瑟和谐?(《华西都市报》2012 年 11 月 14 日)

(3)湖人要真正实现内外线的琴瑟和谐,杰克逊仍有很多工作要做,漫长的常规赛也许正是磨合"三巨头"(按,指科比、拜纳姆和加索尔)的最佳时段。(《羊城晚报》2008 年 10 月 28 日)

(4)无论在生前还是身后,华尔都得到了大清政府的大力扶持和奖赏……华尔之后,几乎没有人能再达到华尔那样与中国官场琴瑟和谐的地步。(《看世界》2011 年 8 月上)

(5)中日邦交正常化 40 周年和中韩建交 20 周年似乎早早地为东亚政治气氛定了调,然而……中日韩之间距离"琴瑟和谐"还相距甚远。(《环球时报》2012 年 1 月 6 日)

(6)这里的江南美景、评弹、美食最是琴瑟和谐。(人民网 2005 年 6 月 25 日)

例(1)把"琴瑟和谐"用于母亲和上网成瘾的孩子之间,例(2)用于需要默契配合的两个节目主持人之间,例(3)用于同一球队内外线的三个球员之间,显然都超出了夫妻的范围。例(4)例(5)又把这条成语的使用范围扩大到个人与政府之间、国家与国家之间,错得越来越离谱。至于最后一例,作者想用这条成语表达什么意思,已经到了让人难以捉摸的程度了。

2013 年 2 月 17 日

"倾国倾城"的"倾"是"倾覆"

"倾国倾城"语本《汉书·孝武李夫人传》:"〔李〕延年侍上(上:指汉武帝)起舞,歌曰:'北方有佳人,绝世而独立,一顾倾人城,再顾倾人国。宁不知倾城与倾国,佳人难再得!'"这个典故本指君王过分迷恋女色会使国家倾覆灭亡,后以"倾国倾城"四字成文,形容女子极其美丽。例如南朝陈·徐陵《〈玉台新咏〉序》:"虽非图画,入甘泉而不分;言异神仙,戏阳台而无别。真可谓倾国倾城,无对无双者也。"元·王实甫《西厢记》一本四折:"小子多愁多病身,怎当他倾国倾城貌。"明·冯梦龙《喻世名言》卷三十四:"众侍女簇拥一美女至前……有倾国倾城之貌,沉鱼落雁之容。"茅盾《清明前后》三幕:"相貌其实平常,然而顾影弄姿,自以为倾国倾城。""倾国倾城"也作"倾城倾国"。例如宋·辛弃疾《满江红·送徐抚干衡仲之官三山,时马叔会侍郎帅闽》词:"绝代佳人,曾一笑,倾城倾国。"蔡东藩《后汉演义》二十八回:"章帝已闻女有才色,屡问傅母,及得见芳容,果然倾城倾国,美丽无双。"

这条成语现在被用得很滥,许多用法似是而非,有必要多说几句。

理解和运用这条成语,必须注意两点:

第一,要弄清"倾"字的意义。"倾"是个多义字,保留到现代汉语中的义项也不少,《现代汉语词典》收了6个义项,《现代汉语规范字典》收了7个义项。那么,在"倾国倾城"这个典故中,"倾"是什么意思呢?前引李延年那段歌词,唐·颜师古注:"非不吝惜城与国也,但以佳人难得,爱悦之深,不觉倾覆。"明确指出"倾"就是倾覆。汉·袁康《越绝书·外传计倪》:"祸晋之骊姬,亡周之褒姒,尽妖妍于图画,极凶悖于人理;倾城倾国,思昭示于后王;丽质冶容,宜求监于前史。"用"祸晋之骊姬,亡周之褒姒"的"前史"昭示"后王",也指出君王过分迷恋女色会使国家倾覆灭亡。现在有些人不熟悉这个典故,不了解"倾"是倾覆的意思,仅凭自己的理解便到处使用,以致出现种种错误。

有人把"倾国倾城"中的"倾"理解为"倾慕""倾倒",从而把"倾国倾城"理解为使全国全城为之倾倒。例如:

(1) 时光倒退八年……如果说那时21岁的刘翔倾城倾国,那么吸引大家目光的,是他的阳光、他的帅气,以及12秒91的石破天惊。(《解放日报》2012年5月20日)

(2) 总理……有大智、大勇、大才和大貌——那种倾城倾国、倾倒联合国的风貌。(人民网2009年12月11日)

(3) 流行歌曲、港台明星倾城倾国,武侠小说大行其道。(《南方都市报》2008年3月5日)

例(1)是说2004年的刘翔,曾经以他创造的世界纪录"吸引大家目光",为全国人民所倾慕;例(2)是说周总理的风貌不仅使全国,而且使全世界都为之倾倒;例(3)是说"流行歌曲、港台明星"风靡全国。但是"倾国倾城"并不是使全国全城的人为之倾倒的意思。

也有人把"倾"理解为"压倒",从而把"倾国倾城"理解为压倒全国。例如:

(4) 虽然他们没有显赫的战功或倾国倾城的财富,但为自己的城市和民族创造了光辉的文化,因而受到人们的崇敬。(中新网 2011 年 7 月 5 日)

(5) 那些翻江倒海的投资银行……日进万金,富可敌国,也倾城倾国,但在吞噬了多少投资人的一切之后,最后也吞噬了自己。(中国新闻网 2008 年 9 月 28 日)

这两例都用这条成语形容财富,可能是想说财富压倒全国、冠于全国。例(5)把"倾城倾国"同"富可敌国"连用,显然是认为二者意思相近。可惜这些意思都同"倾城倾国"毫不沾边。

还有人把"倾"理解为"竭尽""用尽",从而把"倾国倾城"理解为竭尽全城全国(之力)。例如:

(6) 燕王朱棣……不惜花费倾城倾国的力气,先后九次派出三宝太监郑和下到西洋去寻找惠帝的踪影。(中新网 2010 年 7 月 19 日)

(7) 1717 年,他(按,指德国的奥古斯特二世)用 600 名全副武装的萨克森骑兵,换取普鲁士威廉一世的 127 件中国瓷器——算得上是倾国倾城了吧?(人民网 2010 年 3 月 10 日)

这两例的"倾国倾城"大概都是竭尽全国(之力)的意思,而"倾国倾城"根本不是这个意思。

还有人把"倾"理解为"全""全部",把"倾国倾城"理解为"全国"或"全民"。例如:

(8)只要在平时坚守良心、爱、责任与专业精神,平时的"点滴之力"可赛过关键时刻的千军万马,赛过灾难面前倾国倾城的努力!(《新京报》2008年5月31日)

(9)国外的研究大多数是连续性的……国内的多是跳跃性的……热的时候一哄而上,倾国倾城;冷的时候一哄而下,无人问津。(《佛山日报》2013年11月14日)

例(8)"倾国倾城"同"千军万马"互文,大概是"举国上下"的意思。例(9)"倾国倾城"同"一哄而上"连用,恐怕是"倾巢出动"的意思。但是"倾国倾城"绝对没有这个意思。

"倾"确实有"倾慕""压倒""竭尽"和"全部"的意思,但是用来解释"倾国倾城",都不符合典故的原意,均属误解。理解错了,不用则已,一用必错。

第二,要理解"倾国倾城"作为成语的特定用法。从古今典范用例可以看出,这条成语只能形容女子极其美丽,不能形容别的东西非常好看。"倾国倾城"也可以省作"倾国"或"倾城",仍然形容女子貌美或借指美女。例如晋·陶潜《闲情赋》:"表倾城之艳色,期有德于传闻。"唐·白居易《长恨歌》:"汉皇重色思倾国,御宇多年求不得。"随意扩大这条成语的使用范围,也会造成误用。例如:

(10)倾国倾城,最当得起这个说法的大约是牡丹吧。(中新网2013年1月8日)

(11)茶花……虽然比不上大朵大朵的牡丹,但白色的

圣洁也不乏倾国倾城之色。(《长沙晚报》2013 年 11 月 27 日)

(12)葡萄园风土是决定酿酒葡萄质量的先天性条件,没有得天独厚的风土,就没有倾国倾城的美酒。(中国新闻网 2013 年 5 月 28 日)

(13)大陆居民在开放入岛旅游后,可以尽情领略阿里山的清奇、日月潭的灵秀、太鲁阁的险峻、台北故宫博物院珍宝的倾国倾城。(《人民日报》海外版 2009 年 6 月 12 日)

前两例用来形容牡丹、茶花,已经扩大了"倾国倾城"的使用范围(例 10 可以改用"国色天香","国色天香"就是赞美牡丹色香超群的),后两例用来形容美酒、珍宝,便更加离谱了。

2014 年 3 月 28 日

亲兄弟"情同手足"？

"情同手足"意思是彼此之间的感情如同亲兄弟一样亲密。语见宋·林希逸《后坡林吏部祭文》："刿我于公,情同手足。"例如明·许仲琳《封神演义》四十一回："辛环曰:名虽各姓,情同手足。"清·吴璿《飞龙全传》三十三回："汝可记得先帝在日,与汝情同手足,苦乐同受,南征北讨,混一土宇,才得正位。"陈明远《田汉不死》："〔宗白华〕介绍田汉和郭沫若相识,他俩一见如故,情同手足。"刘绍棠《绿杨堤》四："他跟叫天子从小学一年级就是同桌,两人情同手足。"

这条成语不难懂也不难用,但是仍然有人用错。"手足"比喻兄弟,"手足之情"就是兄弟的情分。例如宋·苏辙《为兄轼下狱上书》："臣窃哀其志,不胜手足之情,故为冒死一言。"这一点容易了解,问题出在"同"字上。既然情"同"手足,当然就不是"手足",说亲兄弟的感情如同亲兄弟一样,就不像话了。请看误用的例句：

（1）苏轼、苏辙是中国历史上两位情同手足的兄弟。（国防部网 2012 年 1 月 19 日）

（2）周氏兄弟情同手足,记得周作人刚到北大上班不久,突然得了麻疹,高烧不退,鲁迅以为得了猩红热,虚惊一场。（朱洪《陈独秀与中国名人》,中央编译出版社 1997 年

版)

(3)一个月后,其情同手足的弟弟和琳在贵州军营染受瘴气身亡,使和珅如失臂膀,打击很大。(新华网2010年4月16日)

(4)本是情同手足的亲兄弟,却因一场争吵,弟弟赌气从10米高的楼房平台纵身跳下,不幸身亡。(《青岛早报》2011年2月22日)

例(1)的苏轼和苏辙都是苏洵的儿子,例(2)的鲁迅和周作人是一奶同胞,例(3)的和珅、和琳也是亲哥俩,最后一例更明确指出因一场争吵而酿成大祸的是"亲兄弟",显然都不能说"情同手足"。可以改用"手足情深"(也作"手足情笃")。"手足情深"指兄弟之间情谊深厚。例如宋·邵雍《伤二舍弟无疾而化》诗:"手足情深不可忘,割心犹未比其伤。"王火《战争和人》(一)卷四:"怀南祖居南陵,系积善之家,田产颇丰,弟兄手足情笃,并未分家,现由家兄聚贤统筹经营。"这条成语放在以上诸例正好合适。

2012年2月10日

不要滥用"穷形尽相"

"穷形尽相"意思是把事物的形状、样子完全描写出来（穷：尽；相：状貌，样子）。形容描写刻画得极其细致生动。语本晋·陆机《文赋》："虽离方而遁员（员：同'圆'），期穷形而尽相。"（唐·吕向注："不见方圆之形，终期尽物之象也。"）例如明·郑鄤《明文稿汇选序·钱鹤滩》："鹤滩文略有二种，一为摹拟刻画之文，穷形尽相，如画家神手，爪发衣履，笔笔生动。"邹韬奋《美国的新闻事业》："赫斯特的报，往往迎合低级趣味的社会心理，把男女的秘闻，强盗的行径，穷形尽相的描述与夸大，同时便在这种引人注意的技术里散布他的反动的毒素。"李劼人《〈和解〉译后附语》："令人最不容易了解的，即是卜勒浮斯特著作，分析妇人心理，可谓细入毫发，换言之，也就是穷形尽相。"也指丑态毕露或怪相百出。例如清·百一居士《壶天录》卷下："由是观之，人不可无财，有财则鬼且谢之拂之，跪之送之，穷形尽相，谄媚唯恐不及。"邹韬奋《萍踪忆语》七："有一处是用水门汀建成的大坑，内有四五尺高的猴子数十只，投以甘蔗，即争夺狂叫，扭打得穷形尽相，引人哄笑。"

这条成语使用频率不高，误用的比例却不低。例如：

（1）亚洲诸国作为受害国，或抗议或游行，或政府姿态或民间行为，对日本而言显然是失效的，远不及太平洋彼岸一纸决议的功能来得强大，使其"狗急跳墙"乃至使出了"反咬一口"的伎俩，从而露出一副昭然若揭的穷形尽相。（光明网2007年9月7日）

例（1）是说美国众议院出台的关于"慰安妇"的决议，使日本"狗急跳墙""反咬一口"丑态毕露。"穷形尽相"就是露出丑态，而不是丑态，是动词性词组而不是名词性词组，不能作动词"露出"的宾语。应该删掉"露出一副昭然若揭的"，让"穷形尽相"直接充当谓语就行了。

这个例子还属于误用。有些使用者根本没有弄懂这条成语的含义，便断章取义，任意曲解，到处滥用，问题就严重了。请看例子：

（2）为数不少的北京四中学生，恰恰是在红卫兵穷形尽相地侮辱、殴打其作为阶级敌人的家人时，萌生了极其强烈的超越阶级、政党与意识形态的人类基本之爱，原本试图摧毁的亲情，反而在畸形的暴力中被重建。（《南方周末》2012年10月30日）

（3）楼西北所谓的回坊文化风情街，曲径不通幽，头顶青天，在穷奢极丽（按，应作"穷奢极侈"）的古玩摊铺与穷形尽相的店面反差中，不断编织着文物市场在被遗忘的角落中的些许笑话串子……（人民网2006年12月7日）

（4）我打算先去其它几个国家逛一下，我最想去的地方，依次为法国、意大利和德国，痛快地"白相"，能吃得穷形尽相的地方。（《人民日报》海外版2010年4月9日）

（5）一日分量过大。据说电视广告是按秒收钱的，争分夺秒势所必然,但是真的有必要做得现在这样穷形尽相吗?节目未停广告已上,节目重开广告不止。一次播放广告达十分钟者有之,一条广告连播七次者有之,一间学校的招生广告每天多次播出连播一年以上者亦有之。(《南方日报》2003年10月19日)

例(2)大概是把"穷形尽相"同也包含一个"穷"字的"穷凶极恶"混为一谈了。例(3)"穷形尽相"同"穷奢极侈"对举,用来表示破旧简陋,这个意思同"穷形尽相"风马牛不相及。例(4)大概是说到了那几个国家可以玩得痛快,吃得尽兴。吃得尽兴同"穷形尽相"只有一个"尽"字相同,而意思却大相径庭。例(5)是说现在电视广告"分量过大",有些肆无忌惮,令观众难以容忍。这个意思同"穷形尽相"也毫无共同之处,显系滥用。

以上诸例,作者通过"穷形尽相"想要表达的意思还可以勉强猜出,而以下诸例便完全不知所云了:

(6)抬望眼处,江水漠漠烟笼扰叠加复重,也许就是在这时候,融长江嘉陵江水于一体的雨才会穷形尽相,让人思绪沉淀。(《南方都市报》2012年2月20日)

(7)正是缘于海纳百川、穷形尽相的论辩与质疑的氛围,法界学子在推出自己的新作、发表新的理论前,翩然集于歌乐山麓,正心诚意,试金求解。(《光明日报》2010年12月29日)

(8)假冒伪劣商品尽管穷形尽相,但是流入市场后,都容易侵害消费者的合法权益。如何擦亮眼睛辨别真假,还

真考验大众。(《当代生活报》2015 年 3 月 13 日)

使用成语首先必须读懂成语,不懂就用,只能造成误用滥用,增加语言应用的混乱,破坏祖国语言的纯洁,贻害无穷。

2015 年 8 月 14 日

"秋毫无犯"不是互不相犯

"秋毫无犯"意思是一丝一毫都不侵犯（秋毫：鸟兽在秋天新长出的细毛，比喻极细小的东西）。指丝毫不侵犯别人的利益，多用来形容军队纪律严明，丝毫不侵犯老百姓的利益。语本《史记·淮阴侯列传》："大王之入武关，秋毫无所害。"例如《后汉书·岑彭传》："彭首破荆门，长驱武阳，持军整齐，秋毫无犯。"明·罗贯中《三国演义》二回："署县事一月，与民秋毫无犯，民皆感化。"冯友兰《三松堂自序》："常见书上说，某某军队所到之处'秋毫无犯'，以为这是溢美之词，未必真有那样的军队。可能过去是没有的，解放军可真是'秋毫无犯'。"

这条成语不难理解也不难使用，关键是要准确理解"犯"字。"犯"是侵犯，侵犯从来都是单方面的行为，即一方侵犯另一方。所以"秋毫无犯"只指军队不侵犯群众的利益，而不能指军队和群众互不侵犯。有人忽略了这一点，把"秋毫无犯"混同于"互不相犯""互不干涉"，显然是错误的。至于有人把它同"毫无关系""毫无瓜葛"混为一谈，就更不沾边了。例如：

（1）在人们的刻板印象中，"道德"是一种无私奉献、不求回报的利他主义行为，"银行"则是一个投资理财、追名逐利的利己主义场所；从概念上看，二者并不搭界，本应秋毫无犯。然而，"道德银行"却突破了人们的固化思维，将原本

"井水不犯河水"的元素勾连在一起。(《北京青年报》2015年10月20日)

(2) 要求各种技术方案和商业模式之间严格地互不干扰，秋毫无犯，根本不现实。(财经网2016年1月21日)

(3) 晚饭后，王宅便自动转入二年级女儿的作业检查、整理书包、刷牙洗澡、看书休息的例行流程。我和妻子分工明确，秋毫无犯。(《常州日报》2014年11月28日)

(4) 大人不必因我的贱命而顾惜……小女子的选择是自愿的，那么是死是活与大人秋毫无犯！(光明网2008年8月15日)

例(1)，道德和银行两个概念"并不搭界"，说它们"井水不犯河水"(比喻双方各有界限，互不相犯)无疑是正确的，而说二者"秋毫无犯"就大错特错了。例(2)，"秋毫无犯"同"互不干扰"连用，也是把二者混为一谈了。例(3)是说"我和妻子分工明确"，各司其职，不归我管的事我从不插手，"秋毫无犯"显然也用错了。至于例(4)，既然"是死是活"都是"小女子"自愿的选择，只能说与大人毫不相干，说"秋毫无犯"更没有道理了。

2016年3月11日

"求全责备"不等于责备

"求全责备"指对人对事要求完美无缺。语见宋·朱熹《少师观文殿大学士……陈公行状》:"今日人材衰少,士气不振,若必求全责备而后用之,则遗贤多矣。"例如晚清·李宝嘉《文明小史》十七回:"倘若求全责备起来,天底下那里还有甚么好人呢?"鲁迅《华盖集·这个与那个》:"我独不解中国人何以于旧状况那么心平气和,于较新的机运就这么疾首蹙额;于已成之局那么委曲求全,于初兴之事就这么求全责备?"魏巍《地球的红飘带·卷首语》:"要全面反映这段历史(按,指红军长征)需要多卷著作。这本小说,着重反映的主要是中央红军,想来读者不会求全责备。"

理解和运用这条成语的关键是弄懂"责""备"二字。"责"是要求,"备"是完备,合起来就是要求完备。同"全"是"求"的宾语一样,"备"也是"责"的宾语。"求全责备"就是由两个动宾结构并列组成的。动宾结构是不能带宾语的,因此"求全责备"也不能带宾语。有人不明古义,把"责""备"这两个相邻的单音词,误认为是现代汉语中当批评指责讲的双音词"责备",并且让它带上宾语,显然是误解误用。例如:

(1) 在报导中求全责备了邓家基副市长缺乏临场经验……耽误了救灾黄金时间。(中国新闻网 2015 年 2 月 9 日)

（2）不要求全责备齐达内吧，缺憾只能为英雄添彩，缺憾很可能为英雄形象添上最浓最重的一笔悲剧色彩。(《南方日报》2014年7月5日)

（3）遇事不看客观条件的局限性，一味求全责备别人的人，往往对自己的缺点视而不见。(《人民日报》海外版2009年6月29日)

（4）我不能因此而求全责备他。(《中华读书报》2006年2月8日)

以上诸例的"求全责备"，从意义上看，表示的都是批评指责的意思。从语法功能上看，后面分别带上宾语"邓家基""齐达内""别人"和"他"，都相当于一个及物动词。显然是把成语中的动宾词组"责备"等同于现代汉语中的及物动词"责备"了。

（5）虽然对名人过错不可求全责备，但出现在名家博客里的语文差错还是催人警醒。(光明网2012年12月11日)

（6）对新的高考模式可能出现的问题，我们不必求全责备。(中安教育网2013年12月10日)

"求全责备"是对人对事要求完美无缺。人和事有完美的一面也有缺失的一面，可以要求只有完美没有缺失，而过错、问题只有缺失的一面，说对它批评指责则可，说对它要求完美无缺就不成话了。这两例的"求全责备"表达的显然也是批评指责的意思，可以改成"苛责"，也可以删去"过错"(例5)和"可能出现的问题"(例6)。

2015年12月25日

"却之不恭"不是拒绝接受

2010年3月11日临海新闻网刊登了一篇题为《记市"十大杰出女性"市中医院妇科副主任医师谢娟娟》的通讯。其中有一段话:"在谢医师的科室里,记者还看到一个最怪《告知》:因思想高度集中,讲得太嘈杂会影响工作,请免讲'谢谢''拜拜''再见',恕却之不恭了。"谢医师的意思是,请患者不要讲谢谢之类的客气话,恕我不能接受。她使用了成语"却之不恭"。"却之不恭"是拒绝接受吗?

"却之不恭"语本《孟子·万章下》:"〔万章〕曰:'却之却之为不恭,何哉?'〔孟子〕曰:'尊者赐之,曰"其所取之者义乎,不义乎?"而后受之,以是为不恭,故弗却也。'"这段话的意思是:万章问,为什么一再拒绝人家的礼物,就是不恭敬。孟子回答说,尊贵的人有所赐予,自己先考虑他取得这些礼物合乎不合乎道义,想了以后才接受,这是不恭敬的,因此便不拒绝接受礼物。后以"却之不恭"四字成文,表示拒绝别人的馈赠或邀请是对对方的不恭敬,用作接受别人馈赠或邀请时的客套话。例如宋·姚勉《回上高项宰谢文笔峰记》:"虽觉过丰,然尊者之赐,却之不恭。"明·兰陵笑笑生《金瓶梅》七十三回:"如何又蒙大人赐将礼来,使我老身却之不恭,受之有愧。"晚清·吴趼人《二十年目睹之怪现状》七十六回:"你车老爷那么赏脸,实在是却之不恭,咱们就同去。"姚雪垠《李自成》三卷十四章:"虽然我还不缺少银子使用,但既是闯王所赠,却之不恭,我只好收下吧。"

孟子说得很明白:"故弗却也。"所以成语"却之不恭"实际上意在"弗却",即为了避免对人不恭而不拒绝,换句话说就是接受。有人只看到"却之"二字,便把"拒绝"当成这条成语的含义,恰恰把意思弄颠倒了。浙江省临海市的谢大夫是医务工作者,偶尔用错一条成语无可厚非,但该市的新闻记者和网站编辑都是搞文字工作的,竟然也照抄照登,以讹传讹,就令人遗憾了。

由于没有弄懂"却之不恭"的含义,误用甚至滥用的现象在媒体中还可以找到一些。例如:

(1)现代人最怕朋友找上门来借钱,都说黄世仁的日子不如杨白劳好过,遇到亲友伸手借钱,却之不恭,得罪人,慷慨解囊吧,又舍不得,左右为难。(人民网2008年12月8日)

(2)一个朋友……希望笔者过去帮他进行全面的市场推广,他任董事长,只做决策,不干预具体业务。但是笔者……知道他素来习惯于干涉他人工作。这样的创业设想我却之不恭。(大学生创业网2010年9月16日)

(3)对于杭州特训班的成功建立,毛人凤可以说是功不可没。但……毛人凤刚到的时候,大家对他却之不恭,但他那一套隐忍功夫使他逐渐赢得别人的好感。(人民网2011年12月28日)

(4)博尔特坦言对自己打破世界纪录并不意外……他

还说,"今天本来没打算破世界纪录,不过既来之则安之,对这个纪录我却之不恭。"(《生活日报》2008年6月2日)

例(1)"却之不恭"同"慷慨解囊"对举,很明显就是不解囊,就是"却之"。错误与前举临海新闻网用例相同。例(2)是说"笔者"不同意朋友的"创业设想","却之不恭"应当改为"不敢苟同"或"不能接受"。例(3)是说毛人凤刚到杭州特训班时,那里的人对他很反感,后来态度才逐渐发生了变化。"却之不恭"如果改为"敬而远之",可能更符合作者的原意。例(4),新的世界纪录是博尔特自己创造的,不是别人馈赠的,不存在是否接受的问题。可以说对这种荣誉、这顶桂冠我却之不恭,但是不能说"对这个纪录我却之不恭"。这几例显然亦属误用。

2014年2月24日

不是自己的东西怎能"忍痛割爱"?

"忍痛割爱"意思是忍着内心的痛苦割弃心爱的东西。形容很不情愿地放弃自己喜爱的人或物。语见明·钱福《祭李太学征伯文》:"有冤必直,无难不济,而独不私庇其继禄之祀,岂固忍痛割爱,以暴白其青天白日之心事耶?"例如马可《关于〈白毛女〉的修改》:"有的地方虽然我们自己颇为欣赏,但由于剧本不能成立或者是与表演有矛盾,也只有'忍痛割爱'。"陈忠实《白鹿原》三章:"那些被厄运击倒的人宁可拉枣棍子出门讨饭也不卖地,偶尔有忍痛割爱卖地的大都是出卖原坡旱地。"霍达《穆斯林的葬礼》八章:"韩子奇看着那些以生命和心血换来的藏品,哪一件也舍不得。但是……为了让女儿得到升学的权利,他不得不忍痛割爱。"

这条成语不难理解也不难运用,关键是要扣准"割爱"二字。"割爱"是舍弃属于自己的心爱的东西,包括自己的财物、收藏,自己的文章、资料、素材,也包括自己的部下等等。但有一点必须注意:这些东西必须是属于自己的,或自己有权支配的;否则再心爱的东西也不能叫"割爱"。如清·蒲松龄《聊斋志异·连琐》:"今愿割爱相赠,见刀如见妾也。"郭沫若《我怎样写五幕史剧〈屈原〉》:"这个故事在初本也想写在剧本里面的,但结果是割爱了。"连琐割爱的是父亲为自己殉葬的佩刀,白鹿原农民割爱的是祖传的土地,郭沫若割爱的是创作《屈原》的素材:都是属于自己的、自己有权支配的东西。现在有些人忽略了这一点,把放弃本不属于自己、自己无权支配的东西,也说成"忍痛割爱",这就不对了。例如:

(1)女人天生就爱逛商店,朱莉说,每次逛商店都有点不把这月的工资花光不罢休的气概,但结婚后只好忍痛割爱了。(华商网2010年5月6日)

(2)有人拿来一幅南唐名家徐熙的《牡丹图》,要价20万钱。〔赵明诚、李清照〕夫妻俩爱不释手,但就是凑不齐20万钱,最后只得忍痛割爱。(光明网2010年5月12日)

(3)裘先生说……130万元实在太高,已经突破他的心理极限价格,所以只好忍痛割爱。(《天天商报》2010年4月16日)

(4)如果有人出价比我高,我可以考虑忍痛割爱。如果没有的话,我非常希望它能一直放在我的家里面。(《成都晚报》2009年12月3日)

前两例是说舍弃自己看上的商品,例(3)是说放弃原来准备购买的商品房,例(4)是说放弃竞拍自己喜欢的拍卖品。这些都不是属于自己的东西,都不能说"忍痛割爱",只能说"忍痛放弃"。

顺便说一下,为了某种崇高的目的而舍弃自己亲生的孩子,像京剧《搜孤救孤》里的程婴、《二堂舍子》里的刘彦昌那样,当然可以说"忍痛割爱",如果并没有舍弃孩子,则不能这样说。例如:

（5）很多父母忍痛割爱让子女到大城市里去学习,为了让他们享受更优质的教育,之所以出现这种情况就是因为区域性的教育质量的差别。(中国新闻网 2010 年 3 月 3 日)

（6）为奔赴抗震救灾最前线,她忍痛割爱,毅然决然地提前给正在吃奶的孩子断了奶。(《哈尔滨日报》2010 年 5 月 7 日)

为了受到更好的教育,让孩子到大城市去学习,正是爱孩子的表现,显然不能说"忍痛割爱"。给孩子断奶,当然是要下一点狠心的,但并没有"割爱",只能说"忍痛",也不能说"忍痛割爱"。

2012 年 7 月 17 日

"忍无可忍"不用于病痛

"忍无可忍"原作"忍不可忍",意思是不能忍受的也要忍受。语出《三国志·魏书·孙礼传》:"〔孙礼〕因涕泣横流。宣王(按,即司马懿)曰'且止,忍不可忍。'"宋·沈作喆《寓简》七:"忍固难也,然忍其可忍者耳。司马懿所谓'且止,忍不可忍',此最难也。"后世多作"忍无可忍",意思是想忍受也无法再忍受下去了,形容忍耐已经达到极限。例如清·无名氏《官场维新记》十四回:"果然那些学生忍无可忍,闹出全班散学的事来了。"鲁迅《集外集拾遗·启事》:"可是这位校长先生系武昌高等师范毕业,受过高等国民之师表的教育,竟能做出这种教人忍无可忍的压迫手段!"唐弢《争取言论和出版的自由》:"民族已经到了危亡的关头,帝国主义者的侵略,使人民大众感到忍无可忍了。"巴金《将军集·一个女人》:"我实在忍无可忍,我今天就辞职了。"

这条成语很容易理解和使用,但是一定要注意,它指的是一种心理状态,而不是一种生理上的感觉,只能用来表示对别人的言行、态度、做法等已经无法容忍,而不能用来表示对病痛、饥饿、寒冷等生理现象难以忍受。"忍无可忍"同"是可忍,孰不可忍"有共同之处。"是可忍,孰不可忍"(如果这样的事情都能够容忍,还有什么事情不能容忍呢)指的是对某件事

情、某种做法无法容忍,也不能用来表示对病痛之类不能忍受。请看几个例句:

(1) 夜尿多不要忍无可忍才看医生。(《羊城晚报》2016年3月9日)

(2) 忍无可忍,无须再忍,测试的女性朋友如果〔痛经〕达到重度三级,那么建议及时上医院诊治,不要再忍了!(光明网2016年4月19日)

(3) 5月10日上午11点半,〔被病痛折磨得〕忍无可忍的老张突然下床推开〔病房的〕窗户准备一死了之,正在查房的医生黄长久和护士李秋兰听到动静迅速赶来救援。(宁夏在线2016年5月12日)

(4) 晚上胸痛以为忍忍就过去了,没想到早晨疼痛加剧忍无可忍,医生检查"心肌梗死引发心脏破裂",还没开始手术人就"走"了。(《现代金报》2016年5月14日)

以上诸例说的都是忍受不了病痛的折磨,显然不能使用"忍无可忍"。其实不如老老实实说"不能忍受""难以忍受"或"无法忍受"。这些词语既可以表示对别人的言行、态度、做法不能容忍,也可以表示对病痛、饥寒等不能忍受。

2016年5月25日

"日理万机"不用于一般人

"日理万机"语本《尚书·皋陶谟》："兢兢业业，一日二日（一日二日：犹言日日）万几（几：事务，政务，后来写作'机'）。"原指帝王每天处理成千上万件事务，十分繁忙，现多用以形容国家领导人政务繁忙。例如明·余继登《典故纪闻》卷二："今天下已定，朕日理万机，不敢斯须自逸，诚思天下大业以艰难得之，必当以艰难守之。"姚雪垠《李自成》三卷二十八章："陛下日理万机，盱食宵衣，焦劳天下，岂可使陛下为此祭文烦心？"冰心《永远活在我们心中的周总理》："我们虽然十分留恋这宝贵的时刻，但是我们也知道总理日理万机，不好久坐。"周而复《上海的早晨》四部二章："这事找陈市长又感到太郑重了，陈市长日理万机，不敢拿这些小事体去麻烦他。"

理解这条成语，首先要弄清什么叫"万机"。"万机"指帝王日常处理的纷繁政务。如汉·张衡《东京赋》："乃羡公侯卿士，登自东除，访万机，询朝政。"所以帝王也称"万机主"。《晋书·刘聪载记》："聪（刘聪，十六国前赵国君）大怒曰：吾为万机主，将营一殿，岂问汝鼠子乎！"而相国、丞相通常只能辅助帝王处理"万机"。《汉书·百官公卿表上》："相国、丞相，皆秦官，金印紫绶，掌丞天子助理万机。"后来形容宰相之类的重臣也可以说"日理万机"。新中国成立后用得最多的是形容总理。周而复用于陈毅同志,也还贴切。现在有些人不了解这条成语的特定含义和使用对象,不管什么人,只要工作繁忙,便说"日理万机",这就不妥当了。例如:

(1) 一个小小的乡官都是如此,更不用说那些权高位重、整天日理万机的县长、市长、省长了。(中国共产党新闻网2011年1月10日)

(2) 最近评出的压力最大群体中,公务人员排行榜首,日理万机的公务人员们是不是有空上网看帖都存在问题,当然不能指望其对"网上信访"做出及时的回应。(《法制日报》2010年12月16日)

(3) 黄信阳等全国500位道家书画名人倡议普天之下所有的儿女,特别是常年奔走江湖、创业他乡、远离父母的各界人士应该行动起来,身行千里不忘晨昏定省,日理万机别忘家中老父老母。(《中国民族报》2012年1月10日)

(4) 浙江出过不少美女明星,一线花旦中,汤唯和周迅都来自浙江,只是汤唯素来低调、周迅日理万机,是不是有空还是未知数。(人民网2011年10月24日)

例(1),省长相当于古代的"封疆大吏",说他"日理万机"是可以的,用于省辖市的市长已属牵强,而县长只是"七品芝麻官",也说"日理万机",未免相去甚远。例(2)用于"公务人员",例(3)用于"各界人士",显然大而无当。而最后一例,说电影明星周迅也"日理万机",便令人啼笑皆非了。

2012年2月3日

"如履薄冰"不形容处境危险

"如履薄冰"意思是好像踩在薄的冰面上一样。形容战战兢兢、小心谨慎,生怕出事。语出《诗·小雅·小旻》:"战战兢兢,如临深渊,如履薄冰。"例如《后汉书·光武帝纪上》:"惟诸将业远功大,诚欲传于无穷,宜如临深渊,如履薄冰,战战栗栗,日慎一日。"王西彦《生活真实与艺术生命》:"作者在创作过程中就顾虑重重,如履薄冰,不敢真实描写社会生活,这样又怎么能够产生思想深刻、感情真挚的好作品呢?"陈忠实《白鹿原》一章:"他和母亲给病人喂了一匙糖水,提心吊胆如履薄冰似的希望度过那个可怕的间隔期而不再发作。"

理解和使用"如履薄冰",必须弄清这条成语形容的是人在危险面前战战兢兢、小心翼翼、以求自保的主观心态,而不是危险困难的客观环境。没有抓住这一点,往往就会用错。例如:

(1)〔罗斯福的新政〕救了如履薄冰的美利坚合众国……美国之为今日之美国,无论如何是绕不过罗斯福新政的。(《中华读书报》2013年9月18日)

(2)弗兰克·安德伍德险中取胜,坐上梦寐以求的总统宝座。伴随位高权重而来的是更加如履薄冰的危险局面,安德伍德夫妇的政坛生活表面春风得意,但周围埋下的

"如履薄冰"不形容处境危险

地雷逐渐显露出来。(《南京日报》2015年2月9日)

(3) 在信用风险加速暴露的背景下,二级市场已在深渊,一级市场也如履薄冰。(《北京晚报》2016年4月26日)

(4) 降息如期而至,加上4月份惨淡的外贸数据,人民币走势似乎如履薄冰。(《广州日报》2015年5月12日)

(5) 2015书画市场依然如履薄冰。(《佛山日报》2015年1月24日)

这几例的"如履薄冰"或形容处境非常危险,或形容形势不容乐观,指的都是客观的环境,而不是主观的心态,显系误用。前三例可以改用"岌岌可危"(例2同时删掉后面的"危险"二字)。"岌岌可危"形容局势或处境非常危险。例如丁玲《西安杂谈》:"战地服务团来西安的时候,正是日军炮轰潼关,西安岌岌可危之时。"姚雪垠《李自成》三卷八章:"万一房骑得逞,不惟辽东无兵固守,连关内也岌岌可危。"例(4)可改为"不容乐观",例(5)可以改为"很不景气"。

(6) 对于这个如履薄冰的家庭来说,寄宿所要增加的任何一点点负担几乎都是不可承受的。(《中国教育报》2013年10月25日)

(7) 由于韩日之间有慰安妇问题等历史问题没有得到解决,两国关系一直如履薄冰。(中国新闻网2015年9月17日)

(8) 油价涨势如履薄冰。(搜狐网2016年4月30日)

(9) 现在的猪价依旧是如履薄冰。(新农网2015年11月20日)

例(6)用"如履薄冰"形容生活困难,例(7)形容关系紧张,都同这条成语的意思相去甚远,更是明显的误用。至于最后两例"如履薄冰"是什么意思,已经无法捉摸,纯属滥用了。

2016 年 5 月 26 日

"三姑六婆"不是"三亲六故"

请大家先看一看我从报刊和网站上摘录的几句话:

(1) 中国是一个人情社会,家乡的人事关系太复杂。在乡当官,今天三姑六婆来走后门,明天表舅堂叔来求职,这官还怎么当呢?(人民网 2013 年 7 月 31 日)

(2) 礼尚往来乃人与人之间的正常交往,领导也是人,也有三姑六婆亲朋好友,遇到婚丧嫁娶这等大事,自然要好好应酬一番。(《齐鲁晚报》2012 年 11 月 2 日)

(3) 近两年,托我带奶粉的人越来越多,八杆子搭不到的三姑六婆都托过来了。(《今日早报》2010 年 3 月 10 日)

(4) 抽签有猫腻,连我一同学的婚礼抽奖都有黑幕:一二三等奖居然全被他家三姑六婆横扫而去,手握连号奖券 22 张的我,居然连个鼓励奖都没有。(《钱江晚报》2012 年 12 月 21 日)

(5) 面试结束后……小章并没打算再回去……害怕过年时被家里的三姑六婆追问找工作的事情。(《羊城晚报》2009 年 2 月 6 日)

这几句话都使用了成语"三姑六婆"。它们或与"表舅堂叔"(例 1)"亲朋好友"(例 2)连用,或被"八杆子搭不到"修饰(例 3),或明确指出属于"他家"的(例 4)、自己"家里的"(例

5)。很明显这里的"三姑六婆"指的都是沾亲带故的人。"三姑六婆"是不是这个意思？我们还是先考察一下这条成语吧。

元·陶宗仪《南村辍耕录·三姑六婆》记载：三姑指尼姑、道姑、卦姑（以占卦为业的妇女），六婆指牙婆（以介绍人口买卖为业从中取利的妇女）、媒婆、师婆（女巫）、虔婆（开妓院的妇女）、药婆（以开药治病为名骗钱的妇女）、稳婆（接生婆），"人家有一于此，而不致奸盗者，几希矣。若能谨而远之，如避蛇蝎，庶乎净宅之法。"旧时这些人常常借着这类身份干坏事。"三姑六婆"作为成语，也借指不务正业的妇女。例如明·凌濛初《初刻拍案惊奇》卷五："话说三姑六婆，最是人家不可与他往来出入。"清·曹雪芹著、高鹗补《红楼梦》一一二回："我说那三姑六婆是再要不得的！我们甄府里从来是一概不许上门的。"鲁迅《书信集·致姚克》："此辈心凶笔弱，不能文战，便大施诬陷与中伤，又无效，于是就诅咒，真如三姑六婆，可鄙亦可恶也。"巴人《莽秀才造反记》："全城厢里人，上至缙绅先生，下至贩夫走卒，三教九流，三姑六婆，我们胡二爷无不熟悉。"刘绍棠《村妇》卷一："三姑六婆，心肠歹毒，张团圆的一动一静，杜老娘那一双鹞子眼都盯住不放。"

"三姑六婆"是有特定含义的。其中的"三"和"六"不是虚数，而是实指三种"姑"和六种"婆"。"姑"和"婆"也不是对某些亲属的称谓，而是特指具有某种身份或从事某种职业的妇女。"三姑六婆"不指众多的亲友，前面举的五个句子都用错了。

表示沾亲带故的人，通常说"三亲六故"。"三亲六故"泛指众亲戚故旧,"三"和"六"都是虚数。例如萧红《呼兰河传》二章:"每个回娘家看戏的姑娘,都零零碎碎的带来一大批东西。送父母的,送兄嫂的,送侄女的,送三亲六故的。"梁斌《播火记》一卷二章:"谁家没个三亲六故,谁家没个青黄不接的时候?"这条成语用在前举的几个句子中正好合适。

所以把"三姑六婆"同"三亲六故"混为一谈,很可能是因为二者都包括"三""六"两个数字,"姑""婆"的常用义又同亲眷沾一点边,便误以为是一回事了。由此可见,理解和使用成语切忌不求甚解,望文生义。

2013 年 10 月 21 日

"三人成虎"不是人多势众

2012年8月28日新华网报道:"即将于9月13日全国公映的史诗影片《白鹿原》今日公布了火烧麦田的重场剧照。段奕宏饰演的黑娃与成泰燊饰演的白孝文,郭涛饰演的鹿兆鹏'三人成虎',用'放火烧麦田'的方式筹谋推翻白鹿原上的旧制度。"作者似乎是想说,黑娃、白孝文和鹿兆鹏三个人联合起来,足以形成一股强大的力量。但这个意思同"三人成虎"毫无共同之处,显然是用错了成语。

《韩非子·内储说上》记载:魏国大臣庞恭(《战国策·魏策二》作庞葱)将要陪魏太子到赵国的邯郸充当人质。庞恭担心魏王不会一直相信自己,临行前对魏王说:"'今一人言市(集市)有虎,王信之乎?'曰:'不信。''二人言市有虎,王信之乎?'曰:'不信。''三人言市有虎,王信之乎?'王曰:'寡人信之。'庞恭曰:'夫市之无虎也明矣,然而三人言而成虎。今邯郸之去(距离)魏也远于市,议臣者过于三人,愿王察之。'"庞恭走后,果然有很多人在魏王面前说庞恭的坏话。等到庞恭回国,立即遭到魏王的冷落。集市上明明没有虎,但是只要有三个人说有虎,人们就会认为真的有虎了。后来就以"三人成虎"四字成文,比喻谣言或讹传重复的次数多了,就能蛊惑人心,使人信以为真。例如《邓析子·转辞》:"古人有言,众口铄金,三人成虎,不可不察也。"宋·苏颂《元丰己未三院东阁作十四首》诗之二:"众口铄金虽可畏,三人成虎我犹疑。"清·褚人获《隋唐演义》二回:"正是积毁成山,三人成虎。到开皇二十年十月,隋主御武德殿,宣诏废〔太子〕勇为庶人。"

"三人成虎"的使用频率并不高,或许有些人还不熟悉。有一条意思相近的成语"曾参杀人",知道的人可能更多一些。《战国策·秦策二》记载:"费人有与曾子同名族者而杀人。人告曾子母曰:'曾参杀人。'曾子之母曰:'吾子不杀人。'织自若。有顷焉,人又曰:'曾参杀人。'其母尚织自若也。顷之,一人又告之曰:'曾参杀人。'其母惧,投杼逾墙而走。夫以曾参之贤与母之信也,而三人疑之,则慈母不能信也。""三人成虎"常常与"曾参杀人"连用,意思更加显豁。例如郑振铎《劫中得书记·序》:"且类曾参杀人,三人成虎,忧谗畏讥,不可终日。"遗憾的是,有人不求甚解,望文生义,误以为"三人成虎"是说三个人拧成一股绳可以顶一只老虎,把它同"人多势众""二人同心,其利断金""三人一条心,黄土变成金""三个臭皮匠,顶个诸葛亮"之类的成语或谚语混为一谈。前引新华网的报道就是一例。类似的误用,还可以举出一些:

(1) 火箭胜开拓者　三人成虎添花环(东方网 2009 年 4 月 20 日)

(2) 韩国三人成虎克中国金花　王冰玉失误丢分(搜狐网 2012 年 3 月 21 日)

(3) 在农村民主法制体系和社会保障体系不健全的情况下,多子确实"多福""势众",甚至"三人成虎";而"养儿防

老"更是一个无法回避的问题。(人民网 2009 年 7 月 18 日)

(4) 李某等人到这个酒吧喝酒,并遇到了受害人,还把她带到了宾馆。必然的是三人成虎,一个人可能不敢干的事,5 个人聚在一起就敢干,何况是酒后。(《法制晚报》2013 年 2 月 23 日)

(5) 像钱学森这样的前辈,人家爱国靠的是实力而不是口号,更不是三人成虎,人多势众。(四川理工学院《大学生对爱国主义的看法和认识的调查报告》)

前两例是两条体育新闻的标题。例(1)说姚明、"穆大叔"、斯科拉三人发挥出色,火箭队战胜开拓者队;例(2)说韩国女子冰壶队众志成城,抓住王冰玉的失误力克中国队。例(3)是说儿子多了就会"势众",就足以"防老"。这几例都与谣言惑众毫不沾边,显系误用。例(4)说的是媒体盛传的北京李某某等五人涉嫌轮奸一案,在使用成语"三人成虎"之后,接着说"一个人可能不敢干的事,5 个人聚在一起就敢干",这句话正是作者对"三人成虎"的诠释。例(5)则把"三人成虎"同"人多势众"连用,更足以说明作者确实是把这两条成语混为一谈了。

2013 年 2 月 28 日

"山高水长"比喻品德高尚

"山高水长"意思是山岭高耸,水流绵长。语见唐·李白《上阳台帖》:"山高水长,物象千万,非有老笔,清壮何穷。"例如唐·刘禹锡《望赋》:"龙门不见兮,云雾苍苍;乔木何许兮,山高水长。"后多用以比喻品德高尚,影响深远。例如宋·范仲淹《桐庐郡严先生祠堂记》:"云山苍苍,江水泱泱。先生之风,山高水长。"明·夏完淳《大哀赋》:"美人则紫台黄土,英雄则白草青霜……礼魂兮春兰秋菊,吊古兮山高水长。"柯灵《送夏公返钱塘》:"面对这样雍穆宽厚、山高水长的君子之风,我感激涕零,铭记于心。"宋遂良《周立波的创作道路》:"他的这些高尚的品德,山高水长,是我们作家队伍建设精神文明的宝贵财富。"也比喻情谊深厚。例如《群音类选·双忠记·张巡别母》:"切莫虑亲老家贫,山高水长。"

"山高水长"现在主要用来比喻品德高尚。有的成语词典只收此义,对字面义的解释也改为"像山一样高耸,像水一样长流",并把范仲淹的"先生之风,山高水长"作为出处。这反映了这条成语在现代汉语中应用的实际。近年来有些人用"山高水长"形容自然景物,这样使用于古有征,是可以的。但是有人又前进了一步,用来形容路途遥远艰险,就不妥了。例如:

(1)"自驾游"是如今的时髦,即使山高水长、千里迢迢,很多人也是非自驾游不可的。(《羊城晚报》2012年10月11日)

(2)1995年至今,已有……28个国家和地区的32万人次的海内外客家乡亲不畏山高水长,来到汀州古城寻根谒祖。(中国新闻网2014年10月16日)

(3)"思乡的人泪成行,回家的路山高水长,团圆的梦做了一场又一场,故乡是我幸福的天堂"是歌曲《思乡曲》中最感人肺腑的四句歌词。(《辽沈晚报》2011年12月20日)

有人更进一步,由具体的路途遥远艰险,抽象为工作进程遥远,沿着错误的道路越走越远了。例如:

(4)我们知道实现"三化"要走的路依然山高水长。(《人民日报》2012年8月22日)

(5)相较后来的冤案苦主,念斌案的意义在于,去促进冤案的昭雪不再那么山高水长。(《包头日报》2014年8月28日)

(6)我们的国家赔偿现状"尴尬依然"。国家赔偿都还山高水长,更别提在国家赔偿之后的国家追偿。(《北京青年报》2013年8月12日)

其实形容路途遥远艰险的成语很多。诸如"山长水远"(唐·许浑《寄宋邠》诗"山长水远无消息,瑶瑟一弹秋月高")、"山高水远"(清·孔尚任《桃花扇·栖真》"一丝幽恨嵌心缝,山高水远会相逢")、"山高路险"(明·吴承恩《西游记》二十回"上西天拜佛走遭,怕甚么山高路险,水阔波狂")、"山高路远"

(明·无名氏《荔镜记》二出"拜辞爹妈便起身,万两黄金未为贵,山高路远雁鱼沉,一家安乐值千金")……为什么放着这些意思显豁、通俗易懂的成语不用,偏偏要使用"山高水长"呢?看来只有多掌握一些成语,使用起来才能得心应手。

(7) 撒切尔夫人已经山高水长。在她身后,留下这一毁一誉,值得世界深思。(中国新闻网 2013 年 4 月 10 日)

至于例(7),用"山高水长"表示死亡,错得更加荒唐了。

2015 年 10 月 14 日

"山高水低"指意外的不幸

"山高水低"比喻意外的不幸,多指死亡。语见元·施耐庵、明·罗贯中《水浒传》四回:"赵员外道:'若是留提辖在此,诚恐有些山高水低,教提辖怨怅。'"例如清·吴敬梓《儒林外史》二十回:"你若果有些山高水低,这事都在我老僧身上。"张爱玲《连环套》:"霓喜哭道:'我的亲人,有一天你要有个山高水低……'尧芳道:'我死了,也不会委屈了你。'"刘绍棠《村妇》卷一:"你跟金童可不能有个山高水低,三长两短,留着青山不愁没柴。"

"山高水低"同"三长两短"意思相近,其中的"高低""长短"和"好歹"一样,都是偏义复词,意在"低""短"和"歹",都指不幸的事情,前面分别加上"山"和"水","三"和"两",就成了四字格的成语。有人不了解这条成语的确切含义,只看到"山水"二字,便用来形容自然景观,显然是错误的。例如:

(1) 天目湖真是个让人呆不够的地方。看山水,一派山环水绕、山高水低的旖旎风光。(《人民日报》海外版 2013 年 4 月 23 日)

(2) 饮山泉,赏野花,看兽走禽飞;探古洞,寻幽处,任山高水低。(新华网 2012 年 8 月 27 日)

(3) 一路山高水低,一路藤树缠绕,一路毒蛇猛兽,一

路险象环生。(马丽华《青藏苍茫》,三联书店1999年版)

也有人只看到"高低"二字,便把这条成语混同于"上下""对错""好坏",同样是错误的。例如:

(4)双方互不相让,各显身手,一曲接一曲,一阵连一阵,一会儿急似一会儿,不争个山高水低,决不歇手。(新华网2012年9月20日)

(5)那种不问青红皂白、不管山高水低,一拍脑门、二拍胸脯,甚至在所谓的关键时刻,千方百计"秀"给领导看的"胡担当""乱担当",不仅污染社会的清风正气,也将贻误振兴发展的良机。(《齐齐哈尔日报》2015年8月5日)

例(4)是说不分出高低上下决不歇手,例(5)"不管山高水低"同"不问青红皂白"连用,是说不管是非对错,都是对这条成语的曲解滥用。

(6)他经常开派对,邀请少年好友许邦才、殷士儋等诗酒风流,踏山水而歌,无须案牍劳神,日子过得轻歌曼舞,山高水低。(中国新闻网2011年11月16日)

至于例(6),日子本来过得轻歌曼舞,非常惬意,怎么突然又"山高水低"发生意外了呢?实在莫明其妙。

2015年10月7日

"上下其手"不是"动手动脚"

2013年1月29日《广州日报》报道:"1月19日中午,桂城的邓小姐与其他3名姐妹……在给好友当伴娘时,竟在酒店迎亲环节中遭多位伴郎上下其手,时间长达十几分钟,衣服、裤袜全部扯烂了。"这里的"上下其手"用得对不对?让我们先考察一下这条成语。

《左传·襄公二十六年》记载:楚国攻打郑国,穿封戌俘虏了郑将皇颉,王子围与穿封戌争功,请伯州犁裁处。伯州犁有意偏袒王子围,便在讯问皇颉时,"上其手,曰:'夫子为王子围,寡君之贵介弟也。'下其手,曰:'此子为穿封戌,方城外之县尹也。谁获子?'"皇颉对伯州犁的暗示心领神会,便顺着他的意思说:"颉遇王子,弱(弱:败)焉。"后遂用"上下其手"(上:举起;下:放下)指玩弄手法,串通作弊。例如《金石萃编·唐赵思廉墓志》:"或犯法当讯,执事者上下其手。"清·蒲松龄《聊斋志异·阎罗薨》:"但阴曹之法,非若阳世懵懵,可以上下其手,即恐不能为力。"姚雪垠《李自成》二卷三十二章:"然历朝田赋积弊甚深,有财有势者上下其手,多方欺隐,逃避征赋,土田多而纳粮反少。"

"上下其手"源于典故,只有弄清它的出处,才能懂得它的含义。有些人望文生义,以为既然两手上下乱动,想必就是动手动脚了。于是或用来指动手打人,或用来指调戏异性。前引《广州日报》的报道是说伴娘遭到伴郎的猥亵,与玩弄手法、串通作弊风马牛不相及,显系误用。遗憾的是,类似的误用在媒体中屡见不鲜,俯拾皆是。请看例句:

(1) 小贩上下其手既掐脖子又抓命根,城管协管员发出惨叫。(《南方日报》2013年6月4日)

(2) 王××找她共进晚餐,餐后王……上下其手,把她推倒在床上,意图脱衣性侵。(《扬子晚报》2013年6月21日)

(3) 3月28日中国时装周,模特××走秀彩排。这时,舞台导演上前指导台步和位置,不时对××上下其手,揩油摸胸,××顿面露尴尬笑容。(中国网2013年3月30日)

(4) 此小哥,无论身材还是样貌,全是女人的最爱,拍激情戏的时候,也难免女主角会对其上下其手。(人民网2013年8月6日)

(5) 绿化带是她们的根据地,一把雨伞、一辆自行车或电动车就是全部家当。见到中老年男子经过,她们就主动上前,上下其手外加半拉半拽之后,两人便躲进了伞下开始做起了"生意"。(人民网2013年6月18日)

例(1)说的是被驱赶的小贩动手殴打城管人员。后四例说的都是对异性做出非礼的举动:例(2)例(3)是男性对女性,最后两例是女性对男性。毫无例外都是把"上下其手"错误地当成了"动手动脚",犯了望文生义的错误。

2013年8月7日

使用"生灵涂炭"不要叠床架屋

"生灵涂炭"意思是百姓像陷入烂泥和炭火中一样(涂:烂泥;炭:炭火)。语本《尚书·仲虺之诰》:"有夏昏德,民坠涂炭。"汉·孔安国传:"夏桀昏乱,不恤下民,民之危险,若陷泥坠火,无救之者。"后以"生灵涂炭"四字成文,形容百姓遭遇巨大的灾难,处于极端困苦的境地。例如《晋书·苻丕载记》:"神州萧条,生灵涂炭。"清·李汝珍《镜花缘》七回:"但小子初意,原想努力上进,恢复唐业,以解生灵涂炭,立功于朝。"李六如《六十年的变迁》六章五节:"袁宫保派兄弟来的使命,是想劝都督化干戈为玉帛,免得生灵涂炭。"

"生灵"就是人民、百姓。如《晋书·慕容盛载记》:"生灵仰其德,四海归其仁。""生灵涂炭"也作"生民涂炭""苍生涂炭"。"生民""苍生"也是百姓的意思。这条成语是个主谓结构,主语就是"生灵",因此前面不能再加"百姓""人民"之类的词做主语,否则就会语意重复,不合语法了。请看误用的例句:

(1) 1840年鸦片战争以后,中国逐渐沦为半殖民地半封建社会,国家积贫积弱,社会战乱不已,人民生灵涂炭。(《光明日报》2009年4月3日)

(2) 尔后,祸乱、天灾不断扩大加剧,百姓生灵涂炭。

(《广西日报》2012年1月17日)

(3)〔鲁迅的《灯下漫笔》〕最初发表于1925年《莽原》杂志,当时中国南方属国民政府,北方是军阀割据政府,天下战乱不休,百姓生灵涂炭。(中学语文教学资源网2009年12月1日)

更有甚者,有人在"生灵涂炭"前加上"有的人",这样一来不仅不合语法,语意也自相矛盾了:

(4)中新网杭州1月6日电:今天凌晨,浙江瑞安市一民房发生火灾……在众多被火围困的人员中,有的人生灵涂炭,命赴黄泉;有的人跳楼丧生或造成终生残疾;也有的人化险为夷,死里逃生。(中国新闻网2010年1月6日)

所以造成误用,主要原因就是没有弄懂什么是"生灵"。成语"民不聊生"意思同"生灵涂炭"相近,也有在它前面加"百姓"的。例如"到了清代同治年间,山东省遇到了百年罕见的旱灾,庄稼颗粒无收,百姓民不聊生。"(《沈阳日报》2012年3月26日)但是这种情况比较少见。说"人民民不聊生"的更不容易见到了。原因就是"民不聊生"的"民",比"生灵"好懂,"人民民不聊生"其为病句显而易见。

由此可见,使用成语首先要弄清成语的含义,对于成语中已经包含或隐含的意思,一般就不必重复了,否则容易叠床架屋。

2013年9月17日

"生意盎然"不是生意兴隆

"生意盎然"意思是充满生机,富有活力(盎然:洋溢的样子)。通常用来形容自然景物。语见宋·真德秀《大学衍义》卷五:"即天之春,生意盎然而物物欣悦也。"例如清·吴昌硕《荷花寄井南诗序》:"雪个画荷,泼墨瓯许着纸上,以秃笔扫花,生意盎然,但少香耳。"茹志鹃《阿舒》:"天暖了,人们还没来得及脱去棉袄,树上已抽出新条,花开了,地面上绿茸茸一片,生意盎然。"袁鹰《新气息从何而来?》:"这三出话剧,有一股强烈的农村生活的新气息迎面扑来,使人感到生意盎然,耳目一新。"

这条成语不难理解也不难使用,关键是要弄清"生意"一词的含义。"生意"最早的意义是生机,生命力。例如三国魏·阮籍《达庄论》:"故疢疾萌则生意尽,祸乱作则万物残矣。"清·周亮工《庚子嘉平五日雪初闻欲徙塞外》诗:"遥看松栝叶,生意已津津。"当买卖、做买卖讲是后起义。例如《京本通俗小说·错斩崔宁》:"先前读书,后来看看不济,却去改业做生意。"清·吴敬梓《儒林外史》九回:"杨先生虽是生意出身,一切账目,却不肯用心料理。""生意盎然"同"生机勃勃"意思相近,"生意"就是"生机"。现在有人把"生意盎然"的"生意"误解为商业经营,也不管"盎然"能不能形容做买卖,便硬

"生意盎然"不是生意兴隆

把"生意盎然"同"生意兴隆"混为一谈,以致造成误用。例如:

(1) 地铁开通,农贸市场人潮汹涌生意盎然。(人民网2008年8月12日)

(2) 近年来,随着收藏品市场的整体繁荣和人们对古钱的认识加深,古钱市场重又兴旺起来……古钱收藏正走向复兴,市场生意盎然。(《光明日报》2008年1月25日)

(3) 近年来,随着网络的普及,占卜的花样更是层出不穷,兼容中西,各种提供算命服务的收费网站生意盎然。(《人民日报》2005年9月30日)

(4) 正如服装、鞋子在百货商店出售,同时不乏有生意兴隆的服装、鞋子专卖店一样,市场经销渠道不可能是单一的……只要××××经营品种全,时尚新颖,诚信服务,相当长的时间内这种专卖店会生意盎然。(中国经济网2006年12月25日)

前三例说的是农贸市场、古钱市场和收费网站的经营情况良好,句中的"生意盎然"显然都是买卖兴隆的意思。例(4)"生意盎然"同"生意兴隆"前呼后应,更足以说明作者确实是把"生意盎然"同"生意兴隆"混为一谈了。

2016年1月29日

"实至名归"的种种误用

"实至名归"意思是有了实际的本领或成就,相应的名声自然随之而来。语见清·吴敬梓《儒林外史》十五回:"敦伦修行,终受当事之知;实至名归,反作终身之玷。"例如清·朱庭珍《筱园诗话》:"七言,唐人如崔司勋《黄鹤楼》,杜工部《登楼》《阁夜》,李义山《筹笔驿》《重有感》诸篇,此千古杰作,实至名归,勿庸多赞。"柯灵《与于青谈张爱玲》:"张爱玲文学上的成就,是实至名归,归功于她自己,不是由什么人扶掖的结果。"刘斯奋《白门柳》二部六章:"至于这君子嘛,他既蒙伪廷之选,有伪命之污,则只须在'君子'之上,再冠一'伪'字,便也实至名归,无妨照当不误了!"

这条成语涉及"实"与"名"两个方面。"实"是实际,"名"是名声。二者之间是因果关系:因为做出了实际的成绩,所以自然就会得到应有的名声。说明取得某种成绩、获得某种荣誉,是理所当然、当之无愧的。因此使用这条成语必须具备两个条件:一、必须包含"实"和"名"两个方面,二、两个方面之间必须是因果关系,否则就不能说"实至名归"。请看误用的例句:

(1)真正值得关注的还是,针对官员群体的不动产登记如何实至名归。(《华西都市报》2014年6月3日)

（2）新劳动合同法明确要求严格控制劳务派遣用工比例……对劳务派遣比例作出合理限制是必要的，但关键还是要让劳务派遣同工同酬的规定实至名归。（《人民法院报》2014年2月7日）

例（1）"不动产登记"是一项措施，不是什么名声，而且尚未实行，更谈不到做出什么成绩，人们关注的是它怎样才能收到实效。例（2）"同工同酬"是一项规定，也不存在名声与成绩的问题，人们关注的是要让它落到实处。这两例显然都不能说"实至名归"。

（3）更名不仅使原来的《国家安全法》实至名归，而且更加突出主题、具有针对性。（人民网2014年8月26日）

（4）应该把保本的和不保本的理财产品用不同的名称加以区分，让金融产品实至名归。（《京华时报》2014年6月23日）

例（3）《国家安全法》更名为《反间谍法》，目的是使这部法律的内容和名称更加吻合。例（4）用不同的名称区分两种理财产品，目的是使名称同实际更加一致。"名""实"之间都不是因果关系，显然不能说"实至名归"。可以改用"名副其实"。"名副其实"的意思是名称或名声与实际相符合。例如闻一多《端午节历史的教训》："我看为名副其实，这节日干脆叫'龙子节'得了。"魏巍《火凤凰》一二〇："这是老北京名副其实的大杂院，前前后后不说有二十家，也有十八九家。"这条成语用在上述两例中正好合适。

（5）被挤成麻花的少年宫的大门，恰恰影射出了如今教育环境的扭曲和施教者以及家长们教育心态的扭曲。当兴趣实至名归成为兴趣而不被学习的重负挤压……少年宫的门必然会回归正常状态。(《北京晚报》2014年1月27日)

(6) 做一笔有来有往的人情买卖和倒一场实至名归的行贿之间,到底隔着怎样的天然鸿沟?(新民网2014年9月1日)

例(5)说"兴趣真正成为兴趣"是可以的,说"兴趣实至名归成为兴趣"便不像话了。至于例(6)说什么"行贿"也可以"实至名归",已经纯属滥用了。

2014年9月4日

谁对谁"舐犊情深"?

《新闻记者》2009年第8期有一篇题为《穿透心灵的力量》的文章,说:"《春运大雪中的父与子》带给人们太多的联想,而记者恰恰是在春运大潮中捕捉到了这对父子舐犊情深的画面,以一条橙色的、温暖的围巾,来反映农民工的生活。"这段话使用了成语"舐犊情深",用得是否恰当,值得研究。

"舐犊情深"意思是老牛用舌头舔小牛,以示爱抚。比喻父母疼爱子女的感情极其深厚。语本《后汉书·杨彪传》:"后〔杨彪〕子〔杨〕修为曹操所杀。操见彪问曰:'公何瘦之甚?'对曰:'愧无〔金〕日磾(mìdī,金日磾,西汉大臣)先见之明,犹怀老牛舐犊之爱。'操为之改容。"例如清·文康《儿女英雄传》三十回:"安老夫妻暮年守着个独子,未免舐犊情深,加了几分怜爱。"冯骥才、李定兴《义和拳》:"吴守礼则对亲友们说:'亲侄如子,我一向舐犊情深,不忍过责。但这般浪荡,多给了钱,不是反害了他吗?'"金圣华《〈傅雷家书〉译者附记》:"从这些信里,我们再一次感受到傅雷对傅聪的殷殷关切,舐犊情深。"

理解和使用这条成语的关键是要弄清"舐犊"是谁的行为,即谁对谁"舐犊情深"。显而易见,"舐犊"的是老牛,只能比喻父母,被舐的是牛犊,只能比喻子女。说父母对子女"舐犊情深"是对的,说子女对父母"舐犊情深"就荒唐了。说父

(母)子(女)二人"舐犊情深"也是不对的,因为"舐犊"是单方面的行为,不是相互的行为。所以,前引《新闻记者》文章中所说的"这对父子舐犊情深"是讲不通的。

遗憾的是类似的误用,在媒体中时有所见。例如:

(1) 父子俩相依为命,舐犊情深。(戴定南《折腾·最早的情欲》,作家出版社 2008 年版)

(2) 〔话剧《春雪润之》〕没有恢弘的战争,没有激荡的斗争,却细细勾画一代领袖毛泽东作为父亲与儿子毛岸英之间的舐犊情深。(《北京青年报》2009 年 11 月 19 日)

(3) 纪念币以镜面底面、喷砂背景描绘出茂盛的竹林场景,用多层次喷砂细致刻画了熊猫母子之间舐犊情深的幸福画面。(《金融时报》2011 年 5 月 6 日)

(4) 书法、美术、声乐、体育诸多才艺加身;十七载婚姻保鲜自有妙招;叛逆与孝道,再到宝贝女儿的舐犊情深……都会在书(按,指李咏的《咏远有李》)中尽现。(《华西都市报》2009 年 10 月 17 日)

前三例说的都是父子、母子之间"舐犊情深",其错误与《新闻记者》的用例相同。最后一例,如果说成李咏"对宝贝女儿舐犊情深",当然毫无问题,但是丢掉一个"对"字,"宝贝女儿的舐犊情深",就变成了宝贝女儿对李咏舐犊情深,意思完全弄颠倒了。

顺便说一下,成语"舐犊之情"(老牛舔小牛表现出的感情,比喻父母对子女的疼爱之情)也常常被误用。例如:

(5) 女儿沈霞的遽然去世,直接影响了茅盾的创作,父

女的舐犊之情,恐怕古今中外,大人物小人物都同此一理!(《人民日报》2008年4月7日)

(6)当毛泽东接到十二岁的女儿娇娇(按,即李敏)用歪歪扭扭的俄文亲笔给他写的信后,饱尝思念之苦的毛泽东怎么不激动万分?而女儿的那份天真活泼的童心,那份娇柔的舐犊之情,怎能不勾起毛泽东的无限柔情?(《解放日报》2007年5月12日)

只有父母对子女的舐犊之情,没有子女对父母的舐犊之情,"古今中外、大小人物都同此一理"。例(5)说茅盾、沈霞"父女的舐犊之情",显然是错误的。例(6)把李敏对毛泽东的感情说成"娇柔的""舐犊之情",就更加荒谬了。

前四例的"舐犊情深"都可以改为"骨肉情深",例(5)例(6)的"舐犊之情"可以改为"骨肉之情"。"骨肉"比喻父母兄弟子女等亲人,只要是亲人之间的感情,不论父母对子女,子女对父母,还是兄弟之间,都可以使用。

2013年2月19日

"舐犊之爱"与"舐犊情深"

"舐犊之爱"意思是老牛舔小牛表现出的感情。比喻父母对子女的疼爱之情。语出《后汉书·杨彪传》:"后〔杨彪〕子〔杨〕修为曹操所杀。操见彪问曰:'公何瘦之甚?'对曰:'愧无〔金〕日䃅(mìdī,金日䃅,西汉大臣)先见之明,犹怀老牛舐犊之爱。'操为之改容。"例如《宋史·朱敦儒传》:"谈者谓敦儒老怀舐犊之爱,而畏避窜逐,故其节不终云。"叶圣陶《某城纪事》:"'忙什么!'自然是呵斥,但声音里掩不过那种所谓'舐犊之爱'的情调。""舐犊之爱"也作"舐犊之情"。例如清·陈端生《再生缘》七十九回:"病根苗只为思儿起,舐犊之情深又深。"二月河《乾隆皇帝》四卷十回:"刘墉不但对父亲的舐犊之情更其切肤感受,就是那份宰相度量城府之深也使他佩服得五体投地。"

"舐犊情深"意思是老牛用舌头舔小牛,以示爱抚。比喻父母疼爱子女的感情极其深厚。例如清·袁枚《新齐谐·吴三复》:"余舐犊情深,为汝想无他法,惟损三千金交顾心怡立斗姥阁,一以超度我之亡魂,一以忏汝之罪孽,方可免死。"胡愈之《南洋杂忆》:"他们至今还在怀念《风下》周刊,和青年自学辅导社,尤其怀念那些舐犊情深的改卷名师。"刘绍棠《花街》四:"'舐犊情深,难道我还不如禽兽?'老头子仰天长叹,

'怎奈你一人失节事小,有辱先人事大,我只好快刀乱麻,斩断儿女情肠了。'"

"舐犊情深"与"舐犊之爱"同出一源,意思相关,区别在于结构和语法功能不同:"舐犊情深"是主谓结构,形容词性成语,在句中通常充当谓语、定语;"舐犊之情"是偏正结构,名词性成语,在句中通常充当主语、宾语。使用时要注意区分,不能混为一谈。例如:

(1) 舐犊情深,人皆有之。(中国文明网 2015 年 12 月 10 日)

(2) 这封信是目前所能见到的、毛泽东写给他子女的第一封家书。信中的舐犊情深跃然纸上,令人动容。(《今晚报》2013 年 11 月 1 日)

(3) 在《怀念亲爱的父亲钱三强》一文中,钱思进深情地回忆了父亲的点点滴滴,为读者展示了这位核物理学家的舐犊情深。(《中国教育报》2011 年 10 月 23 日)

(4) 虽然在采访中一直坚持对房祖名"不心疼",但谈到儿子的未来,成龙无意间还是流露出舐犊情深。(《法制晚报》2015 年 1 月 6 日)

以上诸例的"舐犊情深",表示的都是父母疼爱子女的感情,在前两例中充当主语,在后两例中充当宾语,都相当于一个名词,显然应该改用"舐犊之爱"或"舐犊之情"。

(5) 他对患病的妻子不离不弃,对儿子是舐犊之情,对弟弟妹妹这些亲人也是真诚的。(《湖北日报》2010 年 6 月 11 日)

(6)《延安保育院》给人的最强烈感受就是直达心灵的感动与声光特效带来的震撼,硝烟弥漫、冲锋陷阵、舐犊之爱、军民鱼水……一幕幕的感人情景,不仅具有极强的观赏性和视觉冲击力,而且情到之处总是令人潸然泪下。(《三秦都市报》2016年3月17日)

例(5)的"舐犊之情"表示疼爱子女的感情十分深厚,同"不离不弃""是真诚的"互相呼应。应该把"是舐犊之情"改为"舐犊情深",让它同"不离不弃""是真诚的"在三个并列分句中分别充当谓语。例(6),"舐犊之爱"是名词性词组,"硝烟弥漫""冲锋陷阵""军民鱼水"都是谓词性词组,如果把"舐犊之爱"改成"舐犊情深",同是谓词性词组,在一起连用就比较协调了。

2016年5月6日

"誓不两立"与"势不两立"

2014年10月26日《成都商报》一篇文章说:"余占鳌为了给被朱豪三手下诱杀的好友四奎报仇,与朱豪三誓不两立。"同年10月27日《新京报》也有一篇文章说:"朱亚文扮演的……余占鳌,为了给被朱豪三手下诱杀的好友四奎报仇,与朱豪三势不两立。"说的是同一件事,一篇用"誓不两立",一篇用"势不两立"。哪个对,哪个错,还是二者都对?让我们先来考察一下这两条成语吧。

"誓不两立"意思是发誓决不同对方并存,形容彼此仇恨极深。语见元·张养浩《拟唐河东节度使李克用破黄巢露布》:"期欲一平,誓不两立。辙乱旗靡,竞曳兵弃甲而奔;弓拨矢钩,咸裂帛裹疮而走。"例如明·许仲琳《封神演义》六十三回:"若是姜子牙将吾弟果然如此,我与姜尚誓不两立,必定为弟报仇,再图别议。"姚雪垠《李自成》一卷二十二章:"乞陛下赫然一怒,明正向者主和之罪,斩佞臣之头悬之国门,以示与东夷誓不两立。"蒲韧《二千年间》八:"甚至有在脸上刺了字以示和金人誓不两立的,他们都是忠义之士。"

"势不两立"指双方矛盾十分尖锐,不能同时并存。语出《战国策·楚策一》:"楚强则秦弱,楚弱则秦强,此其势不两立。"例如明·罗贯中《三国演义》六十五回:"玄德大惊曰:'若云长入蜀,与孟起比试,势不两立。'"鲁迅《两地书》六十六:"做文章呢,还是教书?因为这两件事,是势不两立的:作文要热情,教书要冷静。"姚雪垠《李自成》二卷一章:"他们这班土豪大户,天生的跟咱们义军势不两立。"

这两条成语读音相同,意思相近但有所不同。区别就在"誓""势"二字上。"誓"是发誓,"誓不两立"就是发誓不同对方并存,强调主观的决心;"势"指情势,"势不两立"没有发誓的意思,强调客观情势上彼此矛盾不可调和。"誓不两立"使用对象只限于人,"势不两立"既适用于人,也适用于事物。有人不了解两条成语的区别,往往把二者混为一谈。本文开头所举二例,说的是余占鳌为了替四奎报仇,决心与朱豪三拼个你死我活,显然应该使用"誓不两立",不宜使用"势不两立"。类似的误用在媒体中并不罕见。例如:

(1) 这分明就是中华民族在忍无可忍的时候,用尽所有的气力喊出的一声震撼山河的怒吼,它喊出了中华民族和中国人民的满腔仇恨和愤怒,表现出了坚决与日本侵略者势不两立,坚决抗争到底的决心。(《三峡晚报》2014年11月2日)

(2) 日本鬼子屠杀了石门村的男丁,她和全村的女人们齐刷刷地跪下,她们没有屈服,心中在发誓"小鬼子……从今往后,咱们势不两立,不共戴天!"(搜狐网2014年12月5日)

(3) 望着战友们的遗体,多少人发誓要与傅家军势不两立。(舒云《红都秘事·从西柏坡到中南海》,长征出版社

2011年版)

例(1)是说严立三将军的题刻表达了中华民族同日本侵略者不共戴天的决心,属于主观的意志,显然不能说"势不两立"。例(2)例(3)更明确交代是"心中在发誓""多少人发誓",当然更不能说"势不两立"了。因此诸例中的"势不两立"都应改为"誓不两立"。

(4) 在针对某些历史人物特有的脸谱化思维里,"忠良"肯定是不会"妄杀"忠良的,忠良和奸佞才是誓不两立的。(凤凰网2009年11月24日)

(5) 东方也有分离主义……但现在看来,东方的国家观念更加稳固,法律和政治体系牢牢控制着分离主义的规模,社会道德体系也同分离主义誓不两立。(《环球时报》2014年9月19日)

(6) 我也根本不相信所谓两个口号之争(按,指"国防文学"和"民族革命战争的大众文学"两个口号的论争)像后来渲染的那么誓不两立。(光明网2010年8月23日)

例(4)"忠良"和"奸佞"是尖锐对立、不可调和的,例(5)东方的"社会道德体系"同"分离主义"是格格不入、互不相容的,例(6)"国防文学"和"民族革命战争的大众文学"两个口号确曾争论得不可开交,但这都是客观情势,不是某个人的主观意志,因此都不能使用"誓不两立",应该改用"势不两立"。

2014年12月29日

"铄石流金"极言天气炎热

"铄石流金"原作"流金铄石",意思是连金属、石头都熔为液体而流动了,形容天气极热。语出战国楚·宋玉《招魂》:"十日代出('代'当作'并',此句谓十个太阳同时出现),流金铄石些(些 suò:句末语气词)。"后多作"铄石流金"。例如《淮南子·诠言训》:"夫寒之与暖相反,大寒地坼水凝,火弗为衰其暑;大热铄石流金,火弗为益其烈。"明·袁宏道《锦帆集之四·吴曲罗》:"走病疟,几无复人理。倏尔雪窖冰霄,倏尔铄石流金,南方之焰山,北方之冰国,一朝殆遍矣。"张志鹏、梁晓华《热烈的期待》:"仲夏时节,布加勒斯特近两天气温高达 36 摄氏度,铄石流金般炽热。"也作"烁石流金"。如元·施耐庵、明·罗贯中《水浒传》二十七回:"如今来到孟州路上,正是六月前后,炎炎火日当天,烁石流金之际,只得赶早凉而行。"

从"铄石流金"的出处和古今典范用例都可以看出,这条成语就是用夸张的手法极言天气炎热,没有别的意思。现在有人根本没有弄懂它的意思,便任意曲解,随处乱用。请看例句:

(1)青山滴翠,铄石流金。刚过去的春天,五陵留下了无数游人的脚步。(《萍乡日报》2016 年 5 月 9 日)

（2）铄石流金，今年9月2日……市发改委、能源局、市扶贫办、市供电公司等有关领导……参加了江西旭阳光伏系统有限公司承建的50kw光伏扶贫电站竣工发布会，并现场参观光伏电站。（《浔阳晚报》2016年9月7日）

"刚过去的春天"和江西浔阳的"9月2日"，都不是盛夏酷暑，怎么能说"铄石流金"呢？仍然用来形容天气，只是用错了季节，多少还沾点边，还可以算是误用。至于以下诸例，错得就更加离谱了：

（3）岁月的风雨铄石流金，许多往事也许都会被人们淡忘，但是，当年以习仲勋为首的中央工作组在长葛的很多亲民、爱民的故事，却被当地群众镌刻在了脑海中，历久弥新，口碑相传。（《大河报》2014年4月11日）

（4）〔杰克·伦敦〕从加拿大严寒极地赶"淘金潮"回来后写出的《克隆狄克故事集》，尤其是《野性的呼唤》《生命之爱》和《白牙》，在二十世纪初美国现实主义文坛上铄石流金，声名鹊起，传入中国被誉为"名篇"，收进教科书。（《光明日报》2013年8月5日）

（5）1956年1月28日，昔日的王府旧址，诞生了北京积水潭医院。积水成潭，铄石流金，历经了60年的风雨洗礼，积水潭医院逐渐发展成为以骨科和烧伤科为重点学科的三级甲等综合性医院。（搜狐网2016年1月28日）

例（3）的"岁月的风雨铄石流金"，大概是"随着岁月的流逝"的意思，例（4）的在"文坛上铄石流金"大约是在"文坛上大放异彩"的意思，这两个意思都同"铄石流金"风马牛不相及。

例(5)的"铄石流金"是什么意思,更难以猜测。这几例已经纯属滥用了。

2016 年 10 月 19 日

"死灰复燃"用于贬义

2013年7月15日光明网上有一篇文章,说:"著名导演冯小刚正式取代哈文执导马年春晚,这标志着洋溢着冯氏风格春晚的'集结号'即将吹响,2014年马年春晚的最大看点,冯氏能否拯救春晚近年来显现的颓势和失色?"文章的标题是《看冯氏幽默能否让春晚死灰复燃》。让春晚改变面貌,能说"让春晚死灰复燃"吗?

"死灰复燃"意思是熄灭的火灰又重新燃烧起来。语本《史记·韩长孺列传》:"〔韩〕安国坐法抵罪,蒙〔县〕狱吏田甲辱安国。安国曰:'死灰独不复然(然,同"燃")乎?'田甲曰:'然即溺之。'"后以"死灰复燃"四字成文,比喻失势的人又重新得势或已经消失的事物又重新活跃起来。原为中性成语。例如明·天然痴叟《石点头》卷一:"你功名久已灰心,怎么今日又死灰复燃?"现已发展成为贬义成语。例如孙中山《北上宣言》:"对内政策果得实现,则军阀不致死灰复燃,民治之基础莫能动摇。"郭沫若《高渐离》:"你这不知死活的东西,你公然想死灰复燃,图谋不轨,你现在可知道我夏无且的厉害了吧?"丁玲《从群众中来,到群众中去》:"还有很多旧社会的影响要时时来侵袭我们,我们自己的残余的、或者刚死去的旧意识旧情感都会有发展,有死灰复燃的可能,我们要时时警惕着。"姚雪垠《李自成》三卷六章:"他以屡经败亡之余烬,竟能死灰复燃,突然壮大声势,蹂躏中原,此人必有过人的地方,万万不可轻视。"

同"死灰复燃"意思相近的成语,常见的还有"重整旗鼓""东山再起""卷土重来"。但是它们的感情色彩不同:"重整旗鼓"是褒义的,"东山再起""卷土重来"是中性的,"死灰复燃"是贬义的。使用时要注意区分,不容混淆。这几年春晚尽管不尽如人意,但还不至于沦为"死灰""余烬"。使春晚面貌一新,显然不能说"死灰复燃"。媒体中类似的误用,并非绝无仅有,下面举几个例子:

(1) 莫为空头摇旗呐喊,小心多头死灰复燃!(环球外汇网2015年11月21日)

(2)《联想FM365"死灰复燃"》:"昨日记者获悉,联想旗下封尘已久的FM365品牌近日将在与阳光传媒公司合作后再次启用。"(《新京报》2004年8月7日)

(3) 约翰·伏糅的指控文章发表后,开始并没人理会,后来英国一家快要倒闭的小报发现了这一材料,觉得可利用它来使报纸死灰复燃,就用整版篇幅转载伏糅的文章。(《中华读书报》2011年6月1日)

(4) 一个关于"人"的主题在"文革"之后死灰复燃。灌溉这个主题的营养剂是如此的丰富:对"文革"暴虐行为的反思,对人性复活的渴望,对人本主义理想的憧憬等等。(《生活时报》2000年11月11日)

例(1)"空头"和"多头"都是证券交易的行为,没有是非好坏之分;例(2)"FM365"品牌不是糟粕,它的"再次启用"不是坏事;这两例都不宜说"死灰复燃"。例(3)那家快要倒闭的小报,如果仅仅是因为经营不善,那么它的摆脱困境并非坏事,显然也不宜使用"死灰复燃"。至于例(4)的"人的主题",是作者充分肯定、极力讴歌的事物,使用"死灰复燃"加以贬斥就更没有道理了。

2015 年 11 月 27 日

"耸人听闻"和"骇人听闻"

"耸人听闻"本指使人听了感到震惊(耸:使人震惊)。语见明·李开先《画品又序》:"王田,字舜耕,单县人,以知县致政。善诙谐,信口为词,耸人听闻。"后来意思有了变化,《现代汉语词典》释为"故意说夸大或惊奇的话,使人震惊",准确地反映了这条成语在现代汉语中的用法。例如冯牧《滇云揽胜记》:"《野人山恩仇记》——一篇显然是由传说、史料、一些近乎神话的轶事以及掺杂了不少臆造成分的见闻凑成的荒唐文字,一篇耸人听闻的探险记。"从维熙《远去的白帆》:"我这样写,绝不是笔下生花,故意耸人听闻,以使你增加对这个人物的神秘感。"马识途《夜谭十记》四记:"这当然更是一件耸人听闻的消息,也在这个山城嗡嗡地响过一阵,后来也不见提起了。"

使用"耸人听闻"时,一定要注意同"骇人听闻"区别清楚。这两条成语只有一字之差,而且"耸"和"骇"都有"使人震惊"的意思,但是作为成语,时至今日确有明显的区别。"耸人听闻"指故意夸大甚至捏造事实,或出语离奇荒诞,使人震惊,所说的事不一定存在,更不一定是坏事。"骇人听闻"指的则是某种确实存在的、听了令人震惊的坏人坏事。语见宋·朱熹《答詹帅书》之三:"浙中近年怪论百出,骇人听闻,坏人心术。"

例如清·赵翼《廿二史札记·明代宦官》:"按明代宦官擅权,其富亦骇人听闻。"王西彦《沐浴在朝晖里》:"反动派镇压革命人民的凶残是骇人听闻的。"峻青《地下水晶宫》:"他们的奴隶般的生活是骇人听闻的,那简直就像生活在地狱里一样。"

媒体中把两条成语混为一谈的情况屡见不鲜,请看例句:

(1) 正当我西北红军取得胜利之际,"左"倾机会主义者篡夺了西北工委、军委的领导权,开始了耸人听闻的"肃反"。他们先后逮捕了张秀山和刘志丹、习仲勋、马文瑞等一大批西北红军和根据地的领导干部,杀害了200多名红军和地方的基层干部。(《人民日报》1997年8月27日)

(2) 国民党军队经过周密布置突然伏击了新四军。这是抗战以来最耸人听闻的中国人打中国人的惨剧。(中国共产党新闻网2011年11月22日)

(3) 英国近日发生了耸人听闻的非法奴役丑闻,警方……在该国中部贝德福德郡突击搜查一个吉卜赛人聚居地点,救出24名"奴隶"。(《北京晚报》2011年9月14日)

(4) "古驰"是世界驰名的奢侈品牌,深圳则是中国开风气之先的经济特区,然而就是在这样一个地方的这样一个品牌,却爆出耸人听闻的苛待员工信息。(《人民日报》海外版2011年10月22日)

(5) 近几日,多家媒体大规模报道深圳联防队员杨喜利毒打和强奸侵害一女性的案件……这起案件不仅反映了当下深圳市外来人员与公务人员之间的矛盾、冲突,还是非常耸人听闻的强奸案件。(人民网2011年11月10日)

无论是 1935 年几乎断送西北苏区的陕北"肃反",1941 年震惊中外的"皖南事变",还是英国贝德福德郡"非法奴役"的丑闻,古驰深圳旗舰店"苛待员工"的事件,联防队员杨喜利入室强奸女性的暴行,都是客观存在、令人发指的事实,既非向壁虚造,也没有夸大其词,怎么能说"耸人听闻"呢?以上诸例中的"耸人听闻",显然都应该改为"骇人听闻"。

2012 年 1 月 5 日

不要扩大"特立独行"的使用范围

"特立独行"意思是立身行事不同于流俗(特:独特;立:立身;行:行事)。形容人情操高尚,志趣纯正,不随波逐流。语出《礼记·儒行》:"儒有澡身而浴德……世治不轻,世乱不沮,同弗与,异弗非也,其特立独行有如此者。"例如唐·韩愈《伯夷颂》:"若伯夷者特立独行,穷天地亘万世而不顾者也。"朱光潜《谈美书简》五:"……在[英国]这种沉滞顽劣的社会中,偶尔跳出一二个性坚强的人,如雪莱、卡莱尔、罗素等,其特立独行的胆与识,却非其他民族所可多得。"梁实秋《雅舍小品·约翰孙的字典》:"文学家以作品行世,克享大名历久弗衰,唯约翰孙异于是。他是以他的特立独行的人格彪炳千古,并不靠任何一部著作。"后也形容言论行为异于常人。如老舍《四世同堂》二十三:"对同事们,除非在嘴巴的威胁之下,他永远特立独行,说顶讨厌的话,作顶讨厌的事。"

从"特立独行"的出处和古今典范用例都可以看出,这条成语只能用于人,只能形容人的志趣情操或言论行动,使用范围不能随意扩大。但是近年来被用得很滥,不但用于人,而且用于事物。几乎不管是什么,只要有与众不同之处,都说"特立独行"。例如:

(1) 被如此厚待的,是一只特立独行的鸭子:一只长了

4只鸭爪的大肥鸭。(《福建日报》2014年7月22日)

(2)此时此刻,高远湛蓝的苍穹,如丝如缕的白云,和金黄色的银杏树叶相互映衬,相互炫美,愈益显出秋天特立独行的美景来。(《阳江日报》2014年10月14日)

(3)美国就有一家特立独行的博物馆,专门收藏展出世界上最糟糕的艺术品。(《经济参考报》2013年9月13日)

(4)在汽车行业,××××是一个"特立独行"的企业。(《齐鲁晚报》2015年6月20日)

(5)××××是在近年众多上市的新车中,比较特立独行的一个。(中国新闻网2015年4月3日)

(6)鱼骨和鳞片加上新技术和新设计,也能化腐朽为神奇,变为特立独行的首饰,体现生命的重生。(光明网2015年6月25日)

(7)自己特调一杯特立独行的冰啤酒饮料可以帮助放松调节平衡生活节奏。(《重庆晨报》2015年7月24日)

(8)学生在教室午休现象并非该校独有……为何从未见其他学校收取"午休费"呢?显然,该校"特立独行"作出违背常理与规则的收费行为,是钻营经济利益的趋利化思想在背后推动。(《西安日报》2015年1月15日)

从使用的范围看,"特立独行"在前七例中分别用来形容鸭子、美景、博物馆、企业、汽车、首饰、啤酒,在例(8)中形容学校做出收费的决定,几乎无所不包,但都与人的志趣情操、言论行动毫不沾边,显然是无限扩大了这条成语的使用范围。

从表达的意思看,"特立独行"在以上诸例中基本上都是

不要扩大"特立独行"的使用范围

"独特""突出"的意思,如果使用成语完全可以说"与众不同",也可以酌情使用"出类拔萃""独树一帜""标新立异""独出心裁"等等,何必非抱着一个并不合适的"特立独行"不放呢?

当然也有人用这条成语表达别的意思。例如:

(9)雨后的景区别有意蕴:两岸绿色蒙蒙,江水滚滚向东。游客或三五结对,或"特立独行",个个游兴不减。(《吉林日报》2015年8月30日)

(10)村财务专管员特立独行,缺乏制约。各村一般单设一名财务专管员,监督乏力导致不懂财务的一些村干部被蒙在鼓里,对本村财务只能听财务专管员一面之词,从而引发个别财务专管员趁机贪污国家财产。(《检察日报》2015年7月21日)

例(9)把"特立独行"当成"独自行动",例(10)把"特立独行"混同于"独断专行",纯属望文生义,未免荒唐可笑。

2016年2月24日

"醍醐灌顶"不是"浇头"

佛教仪式,弟子入门须经本师用醍醐(从牛乳中提炼出来的脂肪,即纯酥油)或净水浇灌头顶,方得佛果。后来就用"醍醐灌顶"比喻灌输智慧,使人大彻大悟。语见《敦煌变文集·维摩诘经讲经文》:"又所蒙处分,令问维摩,闻名之如露入心,共语似醍醐灌顶。"又见南唐·静、筠禅师《祖堂集·后疏山和尚》:"得之者瓦砾成金,悟之者醍醐灌顶。"例如清·曹雪芹《红楼梦》六十三回:"宝玉听了,如醍醐灌顶,嗳哟了一声方笑道:'怪道我们家庙说是铁槛寺呢,原来有这一说!'"秦牧《从名家改笔中学习修辞本领》:"不然,文学史上,艺术史上,就不会涌现名师出高徒,后学者一经指点,就像醍醐灌顶,大彻大悟那一类的事情啦。"王小鹰《丹青引》二十六:"我读过郝先生的许多文章,每每有醍醐灌顶豁然开朗的感觉。"

这条成语使用频率并不高,但也常常被误用。有人根本没有弄懂什么是"醍醐",只看到"灌顶"二字,便断章取义把这条成语等同于"浇头",前面再加上"冷水""热水""美酒"之类的液体,表示用这些东西浇头。例如:

(1) 沙排大满贯北京赛中国惨败 冷水醍醐灌顶(搜狐网 2011 年 6 月 10 日)

(2) 当灰熊进入到季后赛的大门后,他们却会发现,自

己太需要一盆热水来醍醐灌顶。(《东莞时报》2013年4月22日)

（3）用"法纪之水"醍醐灌顶,让其自省其身、自正其行,及早回归人民怀抱、走上正义之路。(《湖北日报》2013年9月18日)

（4）人生在世,最乐处莫过于一醉也。任你山穷水也尽,任你柳暗花不明,只要有美酒醍醐灌顶而下,顺势直入心脾深处,大事小事便顿时化为乌有,天地万物即刻视作无物。(中国新闻网2009年8月25日)

（5）一项承载慈善使命的"冰桶挑战"正在社交媒体上火热地进行。随着一桶桶冰水醍醐灌顶,"渐冻症"等罕见病群体在国内得到空前的关注,专项爱心捐款也大幅增长。(《南昌日报》2014年8月22日)

例(1)是搜狐网为中国沙滩女排运动员赛后用冷水浇头的照片所加的标题,取意是遭到沉重打击。例(2)是说灰熊队急需用热水浇头,以便使自己振奋起来。例(3)是说用"法纪之水"浇头,使自己清醒,认识并改正错误。例(4)是说用美酒把自己灌醉,便一切烦恼都没有了。而例(5)的"一桶桶冰水醍醐灌顶",则是作者对"冰桶挑战"的具体描绘。共同之处是都在"醍醐灌顶"前面加上"冷水""热水""美酒"之类的液体,表示用这些东西浇头。殊不知这条成语本身已经说明了用什么灌顶,什么也不需要再加了,何况所加的又与"醍醐"无关,所比喻的也与使人大彻大悟无关,足见使用者确实是把"醍醐灌顶"等同于"浇头"了。

更有甚者,有人连"灌顶"也没有弄懂,竟然把"灌顶"曲解为篮球的"灌篮"或排球的"扣球",实在令人啼笑皆非。例如:

(6) NBA 官方为我们选出了赛季 10 大扣篮。在众多震撼人心的暴扣中,相信你会记得……"闪电侠"韦德的醍醐灌顶。(新浪网 2011 年 4 月 16 日)

(7) 奥运会男排落选赛中国 vs 日本　醍醐灌顶重扣(新浪网 2004 年 5 月 23 日)

2014 年 8 月 23 日

"天伦之乐"用于亲人团聚

"天伦之乐",语本唐·李白《春夜宴从弟桃花园序》:"会桃花之芳园,序天伦之乐事。"后以"天伦之乐"四字成文,指家庭中亲人团聚的欢乐。例如明·归有光《郑母唐夫人八十寿序》:"父母夫妇兄弟子孙皆全,天伦之乐,求之于世,盖无有也。"清·曹雪芹《红楼梦》十七回:"田舍之家,虽齑盐布帛,终能聚天伦之乐;今虽富贵已极,骨肉各方,然终无意趣。"郁达夫《微雪的早晨》:"家里又近,回家去又可以享受夫妇的天伦之乐,为什么不回去呢?"赵树理《卖烟叶》:"如今虽然因为年老体弱光荣地退休了,可是家里儿孙满堂,人财两旺,很足以尽天伦之乐。"

理解这条成语的关键是要弄懂"天伦"一词。"天伦"就是天然的伦次,指兄弟。《穀梁传·隐公元年》:"兄弟,天伦也。"晋·范宁注:"兄先弟后,天之伦次。"如《周书·裴宽传》:"裴长宽兄弟,天伦笃睦,人之师表。"后亦泛指父母子女、兄弟姐妹、夫妻等天然的亲属关系。如南朝宋·鲍照《谢假启》之二:"天伦同气,实惟一妹。"清·文康《儿女英雄传》三十三回:"何如他家这等妇子家人,联为一体,岂不得些天伦乐趣?"既然是"天伦"之乐,当然只能用于描述家庭中亲人团聚的欢乐,而不能扩大到亲戚朋友、同学同事、街坊邻居之间。有些人不懂得

"天伦"的含义,不恰当地扩大了"天伦之乐"的使用范围,以致造成误用。例如:

(1) 中秋节当日,王菲与李亚鹏带着李嫣,到北京朝阳区一家餐馆与亲友聚餐,共享天伦之乐。(《深圳特区报》2013 年 9 月 22 日)

(2) 当大多数老人在白天买菜做饭、接送孙子上学,晚上散散步跳跳广场舞的生活中乐享天伦之乐时,73 岁的翁星友选择了另一种更加文艺的生活方式。(《华西都市报》2013 年 10 月 22 日)

(3) 农村树多,绿化好,空气也好。要是搬到小区里,人又多,再没什么绿化,散散步都没什么意思了,而且如果能在一棵大树下,周围邻居下下棋、打打牌,那真是天伦之乐啊!(中国新闻网 2013 年 7 月 8 日)

例(1),王菲、李亚鹏带着孩子一起吃饭,当然是"共享天伦之乐",但是加上"与亲友聚餐",再说"天伦之乐",未免就有些牵强了。例(2),"接送孙子上学",算得上"天伦之乐",但是晚上同自己"跳广场舞"的肯定不只是家里人,也算作"天伦之乐",就不妥当了。至于例(3),同"周围邻居下下棋、打打牌"确是一大乐事,但这与"天伦之乐"已经毫不沾边,纯属误用了。

2013 年 11 月 25 日

不要任意扩大"天作之合"的
使用范围

"天作之合"意思是上天撮合而成的婚姻。语出《诗·大雅·大明》:"文王初载,天作之合。"这句诗是说,文王即位之初,上天便促成他同太姒的婚姻。例如明·朱鼎《玉镜台记·下镜》:"以表妹之貌,配温峤之才,真为天作之合。"郭沫若《黑猫》:"母亲怕我又和往常一样,一个不即不离的'不忙',便把这段天作之合的婚姻推掉。"李劼人《死水微澜》二章二节:"务农人家的女儿配一个杂货铺的掌柜,谁不说是门户相当,天作之合?"钱锺书《围城》二:"张家把他八字要去了,请算命人排过,跟他们小姐的命'天作之合,大吉大利'。"

从"天作之合"的出处和古今典范用例不难看出,这条成语通常只用于称颂美满的婚姻。当然,它的使用范围也不是绝对不能扩大。古人间或扩大到形容不期而遇或自然形成的朋友关系。例如清·吴敬梓《儒林外史》七回:"荀进士……迎了出去,只见王惠须发皓白,走进门,一把拉着手,说道:'年长兄,我同你是天作之合,不比寻常同年弟兄。'"但是成语的使用范围是长期以来约定俗成的,使用者不能任意扩大。

(1) 你们俩(按,指北京男篮教练闵鹿蕾和外援马布里)都如此热爱篮球,如此好胜,是不是天作之合?(《京华

时报》2015年3月24日)

(2)侯殿申的加盟对俊功钧瓷厂来说可谓天作之合。(《中国商报》2015年5月22日)

(3)在很长一段时间,雅虎和阿里巴巴的合作被认为是天作之合。(光明网2014年6月23日)

例(1)把"天作之合"的使用范围扩大到人与人之间的合作,例(2)扩大到人与单位之间的合作,例(3)扩大到两个单位之间的合作,显然已经超出了这条成语的使用范围,目前还没有见到哪本有影响的工具书收录了这种用法。更加令人遗憾的是,目前这条成语的使用范围还在继续扩大,不仅用于人与人之间,而且用于人与事物之间,事物与事物之间。只要是二者互相搭配或发生联系,便说"天作之合",几乎达到滥用的程度。例如:

(4)人只要与其追求的目标达到相互默契的结合点,那么主观努力与客观机遇便实现了"天作之合"。(《光明日报》2010年6月10日)

(5)石文化与寿文化的"天作之合"。(《中国文化报》2013年5月29日)

(6)对于计划出行的市民来说,晴朗的天气加上适宜的气温,实在是天作之合。(绍兴网2016年1月3日)

(7)叫响临茶(云南临沧出产的茶叶)与旅游天作之合。(《临沧日报》2015年6月22日)

(8)母亲要做韭菜炒鸡蛋。韭菜鸡蛋,实在是天作之合。(《羊城晚报》2014年4月20日)

（9）用"天作之合"形容葡萄酒与奶酪的搭配再恰当不过了。（中国新闻网 2014 年 1 月 14 日）

（10）高品质的节目,搭配高品质的牛奶,就是天作之合。（中国新闻网 2014 年 12 月 10 日）

"天作之合"在以上诸例中,都扩大到两种事物之间。使用范围越扩越大,内容也越来越不成话。像把"鸡蛋炒韭菜""葡萄酒配奶酪"也说成"天作之合",把风马牛不相及的"节目"和"牛奶"扯在一起,也说成"天作之合",这就不仅仅是滥用,简直是对这条成语的亵渎了。

2016 年 1 月 13 日

使用"汪洋恣肆"不要断章取义

"汪洋恣肆"形容文章、言论、书法等气势磅礴,潇洒自如。语见明·归有光《与潘子实书》:"夫经非一世之书,亦非一人之见所能定,而学者固守沉溺而不化,甚者又好高自大,听其言汪洋恣肆,而实无所折衷,此今世之通患也。"例如清·魏秀仁《花月痕》三十五回:"其所积者厚,所纳者众,而所发者有其本也。师之学术,汪洋恣肆,其渊源有自,盖如此矣。"郭沫若《庄子的批判》:"文章是做得很汪洋恣肆的,然而要点也不外乎这几句。"臧克家《陈毅同志与诗》:"《冬夜杂咏》是一组汪洋恣肆、气象万千、内容丰富、率意真挚的佳作,传诵一时,人人喜爱。"柯灵《心向往之》:"鲁迅先生的博大精深,郭老的汪洋恣肆,茅公的严谨邃密,是中国现代文学史上的三座高峰。"孔庆茂《钱锺书与杨绛》四章:"〔杨绛〕不像钱锺书那样有纵横不羁的才气,没有钱锺书广博的学问,语言也不像钱锺书那样汪洋恣肆,但她有钱锺书所不具备的特点。"

"汪洋恣肆"是由"汪洋"和"恣肆"两个词组成的组合性成语。"汪洋"有两个义项。一是形容水势浩大的样子。如《楚辞·王褒〈九怀·蓄英〉》:"临渊兮汪洋,顾林兮忽荒。"这个意义一直保留到现在,如"汪洋大海""一片汪洋"。二是形容文章义理深广,气势浑厚雄健。如南朝梁·刘勰《文心雕龙·颂赞》:"揄扬以发藻,汪洋以树义。"唐·韩愈《殿中侍御史李君墓志铭》:"其说汪洋奥美,关节开解,万端千绪,参错重出。""汪洋恣肆"中的"汪洋"正是这个意思。"恣肆"是豪放、无拘束的意思,多用来形容文章、言论等。如宋·曾巩《祭王平甫文》:"至若操纸为文,落笔千字,倘徉恣肆,如不可穷。"章炳麟《序〈革命军〉》:"辞多恣肆,无所回避。""汪洋恣肆"兼有气势磅礴和豪放潇洒两方面的意思,只有文章、言论、书法等同时具备这两个特点,才能说"汪洋恣肆"。

我所以不厌其烦地举出那么多书证,就是希望读者通过这些古今典范用例,准确把握这条成语的意义和用法。遗憾的是现在有些人并没有理解这条成语的整体意义,便断章取义,任意曲解,以致造成种种误用。

有人只看到"汪洋"二字,又只知道"汪洋"是水势浩大的样子,便把它作为成语"汪洋恣肆"的整体意义,用来形容水势。这种误用比较多见。例如:

(1) 作为一个岛国,四面都是汪洋恣肆、变幻莫测的大海,日本就像是在大海中漂泊的一艘船,日本人无时无刻不在感到惊涛骇浪的威胁。(《世界知识》2010年19期)

(2) 终于在那个不同寻常的六月,暴烈的黄河不堪河道淤塞阻滞,又一次挣脱堤坝羁绊,汪洋恣肆,浊浪滔天,人为鱼鳖。(《人民日报》2012年11月28日)

(3) 春夏秋冬,无论哪个季节,走进岳阳楼—君山岛景区,登楼游岛,凭栏观湖,一不留神就会跌入汪洋恣肆而又气吞山河的浩瀚之中。(《湖南日报》2013年12月17日)

（4）井冈山龙潭瀑布从百米高的仞石上奔流而下，气势恢宏，奔放不羁，汪洋恣肆，仪态万方。（《甘肃日报》2011年7月1日）

例（1）形容大海，例（2）形容黄河，例（3）形容洞庭湖，例（4）形容龙潭瀑布，都是说水势浩大。形容水势浩大，可以说"汪洋浩荡"（如元·任仁发《水利集》卷四"三江已不得见汪洋浩荡之势，止泄于吴松之一江"），但不能说"汪洋恣肆"。

也有人只看到"恣肆"二字，便用"汪洋恣肆"形容无拘无束，不受限制。例如：

（5）若有权无责，或权大责小，则权力必将汪洋恣肆，失去控制的权力必将伤及权力。（《检察日报》2009年5月18日）

（6）那些少男少女跳进喷泉，痛饮狂歌，汪洋恣肆地狂欢，不可一世的青春。（《新京报》2010年6月7日）

至于以下诸例，"汪洋恣肆"是什么意思，已经很难捉摸，看来纯属滥用了：

（7）一壶上好的茶，已经备好，漫溢的香在唇齿间汪洋恣肆。（《石家庄日报》2013年9月16日）

（8）养老保险存在有其必要，但是方式必须更改，否则迟来的公正只怕会更加汪洋恣肆。（《南方周末》2013年11月26日）

2014年3月19日

"亡羊补牢"晚不晚?

2012年3月13日《新疆日报》有一篇文章说:"各级体育行政部门,特别是负责财务管理的领导,头脑一定要清醒,不要做亡羊补牢的事。"看了这句话,不禁使人疑窦丛生:"亡羊补牢"是为时不晚呢,还是为时已晚?这样做应该肯定呢,还是应该否定?让我们带着这个问题先来考察一下这条成语。

《战国策·楚策四》记载:庄辛批评楚襄王宠信谗臣,奢侈淫乐,这样下去楚国就危险了。襄王不听。庄辛离开楚国刚刚五个月,秦国果然兴兵侵楚,襄王被迫流亡。这时才认识到庄辛的话有道理,赶紧派人把他找回来,向他求教。庄辛说:"臣闻鄙语曰:'见兔而顾犬,未为晚也;亡羊而补牢,未为迟也。'"襄王采纳了庄辛的意见,不久便收复了淮北的失地。后遂以"亡羊补牢"四字成文,比喻出了问题以后及时设法补救,以免再受损失,还来得及。例如宋·陆游《秋兴十二首》诗之八:"惩羹吹齑岂其非,亡羊补牢理所宜。"郭沫若《悼一多》:"日本投降了,我们幸而免掉了亡国之痛。亡羊补牢,尚未为晚。"秦牧《长街灯语》:"在时间上,一下子说当年是闰正月,一下子又说是闰二月,也有差错。像这一类地方,以后再版时还得'亡羊补牢'才好。"李栋、王云高《彩云归》:"铸成大错,我愧对故人。不过,事至今日,我愿意亡羊补牢,在我力所能及的范围内挽回我造成的损失。"

"亡羊补牢"从字面上看,就是丢了羊之后修补羊圈。作为一种做法,是否可取,可以有不同的看法,但是作为成语,"亡羊补牢"的意思是确定的,就是鼓励人们在受了损失之后积极采取措施加以补救,肯定这样做"未为迟也"。使用者不能随意改变。现在有人使用"亡羊补牢"表示"为时已晚",显然有悖成语的原意。

一种情况是单用"亡羊补牢"。本文开头所举《新疆日报》例的"不要做亡羊补牢的事",就属于这种情况。类似的例子还可以举几条:

(1) 从现在做起,从源头抓起,还给百姓一个宁静的天空,有关部门请别再"亡羊补牢"了,百姓真的"伤不起"。(人民网 2012 年 3 月 16 日)

(2) 在国土资源部卫星遥感的监控下,〔不遵守 18 亿亩耕地红线的行为〕被纠正了很多,也处理了不少人。但这种知错犯错、错了再改的亡羊补牢行为,应该彻底……杜绝。(人民网 2012 年 3 月 20 日)

(3) 国家……对于过期药品处理及药品回收尚存在空白。除了正向流通的顺畅,还应该防范"溢流",否则就会留下亡羊补牢的遗憾。(《中国经济周刊》2012 年 3 月 6 日)

无论是"别再亡羊补牢了",亡羊补牢"应该彻底杜绝",还是不要"留下亡羊补牢的遗憾",都是对"亡羊补牢"的否定。这不仅完全背离了这条成语的原意,而且也于理不合。受到损失之后积极想办法补救,免得以后再受类似的损失,至少比受到损失之后仍不设法补救要强得多,为什么不能做呢?为什么要彻底杜绝呢?而且说"亡羊补牢"是"知错犯错,错了再改",也是对这条成语的曲解。不如改用"别再做事后诸葛亮"或"别再干马后炮的事"之类的说法。

另一种情况是"亡羊补牢"与"为时已晚"之类的词语连用。例如:

(4) 亡羊补牢为时已晚,在一座座废墟上复建文物也没有太大意义。如今亟需复建的,当属文明古城整体保护的理念,这点更为重要。(《人民日报》2012年2月1日)

(5) 如果等出了事才意识到安全工作的重要,那只能是亡羊补牢为时晚矣。(《解放军报》2012年3月23日)

(6) 认识降低能耗的重要性,要一以贯之,坚持不懈,不能紧一任、松一任。等到出现问题才亡羊补牢,为时已晚。(中国新闻网2012年3月6日)

明确说"亡羊补牢,为时已晚",与"亡羊而补牢,未为迟也"的原意截然相反。一条成语不能同时表示两种截然相反、互相排斥的意思,既然说"为时已晚",前面就不要说"亡羊补牢"。例(4)可以把"亡羊补牢"改为"出了问题才设法补救",例(5)可以把"那只能是亡羊补牢"换成"才设法补救,就",例(6)可以把"亡羊补牢"换成"设法补救"。

第三种情况是"亡羊补牢"同"未雨绸缪""防患未然"之类的词语对举,说明前者不如后者。例如:

(7) 少一些"亡羊补牢",多一些"未雨绸缪"。(《北京晨报》2013年1月7日)

(8) 防患于未然,胜过亡羊补牢。(《长沙晚报》2013年1月8日)

(9) 先把篱笆扎紧了,胜过事后亡羊补牢,这个道理我们应该记取并实行之。(《湛江日报》2014年9月25日)

这三例"亡羊补牢"分别同"未雨绸缪""防患于未然""先把篱笆扎紧"对举,把"亡羊补牢"作为一种做法,通过对二者的比较,得出前者不如后者的结论。这样说虽然不符合成语的原意,但至少合乎道理,比前两种用法要好得多。

2014年10月19日

"妄自菲薄"的种种误用

"妄自菲薄"意思是毫无根据地看轻自己。形容自轻自贱,自暴自弃。语出三国蜀·诸葛亮《出师表》:"诚宜开张圣听,以光先帝遗德,恢弘志士之气,不宜妄自菲薄,引喻失义,以塞忠谏之路也。"例如宋·陈亮《祭杨子固县尉文》:"我虽衰穷而不肯妄自菲薄,君既强仕而岂应废其颉颃!"茅盾《鲁迅——从革命民主主义到共产主义》:"对于民族的雕刻、绘画、音乐……他的评价都是十分公允的,既不妄自菲薄,也不盲目自夸。"孙犁《关于编辑工作的通信》:"不要因为别人说你的工作伟大,就自我膨胀;不要因为别人说你的工作渺小,就妄自菲薄。"姚雪垠《李自成》一卷二十八章:"将军爱民如子,思贤若渴,远非他人可比,万不要妄自菲薄。"

使用"妄自菲薄",必须要准确理解这条成语的含义,否则就会造成误用。

首先是"菲薄"。"菲薄"就是轻视。"妄自菲薄"常常同"妄自尊大"对举,例如"既不妄自尊大,也不妄自菲薄"。现在有些人没有弄懂什么叫"菲薄",竟然把"妄自菲薄""妄自尊大"这两条意思截然相反的成语混为一谈,实在是不应该发生的错误。例如:

(1)重点班的学生……在心态上开始发生了变化。还远远没有成才,就误以为自己是人才了,于是开始妄自菲薄,有一种高于普通班学生的优越感。(人民网 2012 年 5 月 10 日)

(2)〔排名第四的〕湖北康天虽然已经失去进军决赛的资格,但仍然是一支难以对付的球队,都江堰实力虽高,但想要轻松赢下对手也不是件容易的事儿。所以排名第一的四川都江堰也不要妄自菲薄。(搜狐网 2011 年 9 月 21 日)

(3)一个领导干部如果无法认识自己,轻者骄傲自满、不思进取,重者妄自菲薄、自毁前程。因此,只有学会正确认识自己,才能知己之短,谦虚谨慎。(中国共产党新闻网 2012 年 4 月 18 日)

(4)……如果不是在得到潮涌掌声没有妄自菲薄而是诚惶诚恐,如果不是在迷茫时刻没有转身逃遁而是一路飞蛾扑火——怎么会有她(按,指央视主持人董卿)如今的灿若夏花。(央视网 2011 年 1 月 13 日)

既然认为自己是人才,产生了优越感,怎么还会"妄自菲薄"呢?排名第一的都江堰队面对排名第四的康天队,怎么可能"妄自菲薄"呢?显然,作者想说的都是"妄自尊大"而不是"妄自菲薄"。例(1)可以改为"骄傲自满",例(2)可以改为"掉以轻心"。例(3),轻者尚且"骄傲自满",重者反而"妄自菲薄",于理不合。联系下文"正确认识自己,才能……谦虚谨慎",可见这里也当作"妄自尊大"。例(4),事业取得成功,"得到潮涌掌声",没有理由"妄自菲薄",而且"妄自菲薄"同"诚惶诚恐"也不是截然相反的心态,改为"沾沾自喜"还差不多。

其次是"自"。代词"自"用在动词前,通常表示动作行为由自己发出,同时又以自己为对象。"自助"就是自己帮助自己,"自尊"就是自己尊重自己,"自菲薄"就是自己轻视自己。有人不懂得"自"在这里的用法,以致出现两种误用:

一是把自己轻视、贬低别人或别人轻视、贬低自己,也都说成"妄自菲薄"。例如:

（5）目前……绝大多数业务员在游说中都会采用"损人利己"的招数,比如我们公司怎样好,而其他公司怎样不如我们……各家公司妄自菲薄的推销,〔让人〕觉得哪家都不可靠。(人民网2011年7月27日)

（6）主人公的行为与心理活动,规整地刻在那里,不容他人妄自菲薄。(天山网2011年10月21日)

在推销过程中不是自己贬低自己,而是贬低别人、抬高自己,当然不能叫"妄自菲薄"。不容许"他人"贬低、否定自己作品中的"主人公",更不能说"不容他人妄自菲薄"。

二是在"妄自菲薄"后面还要加上宾语"自己",纯属叠床架屋,画蛇添足。例如:

（7）评价枪械,不要妄自菲薄我们自己。(铁血网2010年2月21日)

此外,由于没有读懂这条成语,媒体中还不时出现一些莫明其妙的错误。例如:

（8）对于孩子们的情感,笔者不想妄自菲薄,但对于"因爱生恨"之说也着实不敢苟同。(人民网2012年3月16日)

（9）针对近日某些网站失实报道"梦天堂网络公司被爆裁员"等相关信息,梦天堂网络公司特此公告如下:该文中所列诸项事宜均为捏造事实,文中所涉及"梦天堂公司高管受贿"无事实依据,妄自菲薄。(人民网 2011 年 8 月 31 日)

（10）批评上级怕打击报复、穿了"小鞋";批评同级怕疏远孤立、伤了和气;批评下级怕影响人缘、丢了选票;自我批评又怕妄自菲薄、扫了面子。(《人民日报》2011 年 8 月 2 日)

例(8)的"不想妄自菲薄"应该是"不想妄加评论",例(9)的"妄自菲薄"大约是"纯属诽谤",例(10)的"又怕妄自菲薄"似乎是"又怕降低威信"之类,总之都同"妄自菲薄"风马牛不相及,纯属滥用。

2012 年 6 月 9 日

不要滥用"尾大不掉"

2013年3月5日《新民晚报》一篇题为《三人行,必有……》的文章说:一次在荷兰首都阿姆斯特丹,发现一对青年男女一直尾随自己,为了甩掉这俩"尾巴",连忙跑到巴士车站,"排在售票处窗口有五六个人的队尾后,一侧头,余光下居然看见尾大不掉,这对男女竟也排在我的身后。"如此理解和使用"尾大不掉",实在令人啼笑皆非。

"尾大不掉"意思是尾巴太大,难以摆动。比喻属下势力过大难以驾驭,或属下自恃强大不听指挥,也比喻机构庞大臃肿指挥不灵。语出《左传·昭公十一年》:"末大必折(末:树梢),尾大不掉,君所知也。"例如清·赵翼《廿二史札记·五代姑息藩镇》:"至末季,天子益弱,诸侯益强,朝廷尤以姑息为事,卒至尾大不掉,区宇分裂,鼎祚遽移。"马南邨《燕山夜话·陈绛和王耿的案件》:"上边用人行政没有精明强干的宰相和他的僚属认真负责;下边的地方官吏则为所欲为,实际上形成了尾大不掉的局面。"柯云路《夜与昼》:"现在羽翼丰满了,有点势力了,就尾大不掉了……什么事情一手遮天,擅自主张,不向他当主席的请示汇报。"

"掉"的本义是摆动,摇动。《说文》:"掉,摇也。""往下落"是元代以后出现的后起义。用在某些动词后表示去除,出现更晚。把源于《左传》的"尾大不掉",理解为"尾巴大甩不掉",纯属以今释古,望文生义。《新民晚报》那样的误用虽然并不多见,但是把这条成语用得似是而非的现象却屡见不鲜。请看例句:

(1) 随着公车消费支出日益膨胀,公车消费愈发尾大不掉,公车改革的难度和阻力将越来越大。(《北京青年报》2012年5月30日)

(2) 冰冻三尺非一日之寒,信息犯罪至今尾大不掉,跟监管滞后和打击不力有直接的关联。(《通信信息报》2012年5月2日)

(3) 欧债危机尾大不掉,拖累全球市场,中国出口企业尤其受伤。(《国际金融报》2012年3月5日)

(4) 印度的人口红利确实超过中国,但印度产业布局不合理,基础设施严重滞后,种族问题尾大不掉,使印度在相当一段时间内无法对亚洲释放更大的领导能量。(人民网2012年4月18日)

例(1),公车消费越来越大,难以控制,这是不争的事实,但这种局面并非属下势力强大、上级指挥不动所致,显然不能说"尾大不掉",不如直接说"难以控制"。例(2),信息犯罪的频繁发生,既然是由于"监管滞后和打击不力",当然也不能说"尾大不掉",可以改用"有增无减"或"愈演愈烈"。例(3)欧债危机旷日持久,例(4)印度种族矛盾难以消除,确实是个严重问题,但都同上下级关系不沾边,更谈不上"尾大不掉"。可见以上诸例中"尾大不掉"均属误用。

（5）正如美国国家航空航天情报中心所言,解放军空军不再是"尾大不掉的技术劣势部队"。(《环球时报》2013年1月5日)

（6）当他们穿上城管的制服,走在大街上,就自以为尾大不掉、神气活现……小人得志的嘴脸展露无遗。(人民网2011年11月21日)

何谓"尾大不掉的技术劣势部队",百思不得其解;穿上城管制服便"自以为尾大不掉",更是不知所云。这两例显然已经到了滥用的程度了。

2013年3月16日

"娓娓动听"不等于"动听"

"娓娓动听"意思是善于说话,使人爱听。原作"娓娓可听"。语见明·娄坚《守斋金翁八十寿序》:"翁少而明农,其言农事,娓娓可听。"清·朱彝尊《曝书亭集·寄礼部韩尚书书》:"谨令其叩讲席,归沐之暇,试进而讨论,其言颇娓娓可听。"后多作"娓娓动听"。例如晚清·曾朴《孽海花》三十四回:"〔梦兰〕知道杨、陆两人都不大会讲上海白,就把英语来对答,倒也说得清脆悠扬,娓娓动听。"邹韬奋《我的母亲》:"她讲得娓娓动听,妹仔听着忽而笑容满面,忽而愁眉双锁。"姚雪垠《李自成》三卷四十一章:"尤其是李闯王的平易近人的态度,娓娓动听的家常话,更使他心中惊奇。"

理解和使用这条成语的关键是弄懂"娓娓"一词。"娓娓"形容说话连续不倦。例如宋·释惠洪《李德茂书城四友序》:"管城子,吾益友也,直谅多闻,每与之谈,娓娓不倦。"清·章学诚《书孝丰知县李梦登事》:"执手论文,娓娓竟日。"茅盾《腐蚀·九月二十二日》:"记得小昭说我最善于曼声低语,娓娓而谈。"因此"娓娓动听"只能形容说话动听,而不能形容音乐或别的声音动听。有人只看到"动听",忽略了"娓娓",把"娓娓动听"等同于"动听",用来形容歌声乐声,以致扩大了这条成语的使用范围,造成误用。例如:

"娓娓动听"不等于"动听"

（1）选手们不仅表演了娓娓动听的琵琶演奏、感人肺腑的诗歌朗诵,还有青春动感的活力舞蹈及幽雅静谧的茶艺表演。(中国新闻网 2014 年 11 月 9 日)

（2）50 岁的巴西裔钢琴师布拉特克,被誉为全球最伟大的古典音乐钢琴家之一,琴音娓娓动听。(中国新闻网 2010 年 2 月 1 日)

（3）她对德艺双馨的修炼使她的歌声插上了灵动的翅膀,加上她把艺术歌曲通俗化,通俗歌曲艺术化的技术处理,使她的演唱意境高雅,又娓娓动听。(《人民日报》2013 年 4 月 6 日)

（4）康万生年龄最长,他的演唱神完气足,雄浑有力;孟广禄最年轻,他的演唱娓娓动听,媚美俱佳;邓沐玮的演唱韵律讲究,张弛有度。他们共同的特点是高亢嘹亮,称为"中国京剧三大男高音",并不为过。(《北京日报》2008 年 4 月 22 日)

以上诸例"娓娓动听"或形容演奏琵琶、钢琴,或形容唱歌、唱戏,都同说话无关,显系误用。其实形容音乐好听的词语很多,比如例(1)可改为"优雅动听",例(2)可改为"清脆悦耳",例(3)可改为"委婉动听",例(4)可改为"穿云裂石"。为什么非要抱着一个并不贴切的"娓娓动听"不放呢?

2015 年 8 月 29 日

"为渊驱鱼"的"渊"与"鱼"

"为渊驱鱼"语出《孟子·离娄上》:"为渊驱鱼者,獭也;为丛驱爵(爵,同'雀')者,鹯也;为汤武驱民者,桀与纣也。"这句话的意思是:替深水潭把鱼赶来的是水獭,替丛林把鸟雀赶来的是鹯鹰,替汤武把人民赶来的是桀纣。后用"为渊驱鱼"比喻统治者施行暴政,使人民投向敌方。也比喻采用错误的做法,把本来可以争取和团结的力量赶到敌对方面去。可以单用,也可以同"为丛驱雀"连用。例如清·纪昀《阅微草堂笔记·如是我闻一》:"天下之善妒人也,何贤之云!夫妒而嚣争,是为渊驱鱼者也。"毛泽东《论反对日本帝国主义的策略》:"关门主义的策略则是孤家寡人的策略。关门主义'为渊驱鱼,为丛驱雀',把'千千万万'和'浩浩荡荡'都赶到敌人那一边去,只博得敌人的喝彩。"姚雪垠《李自成》二卷三十二章:"苛察繁则人人钳口,正气消沉;聚敛重则小民生机绝望,不啻为渊驱鱼,为丛驱雀。"

使用这条成语,必须弄清"渊"是谁,"鱼"是谁,"为渊驱鱼"的又是谁。前举姚雪垠用例,"渊"是农民起义军,"鱼"是老百姓,"为渊驱鱼"的是明朝政府。毛泽东用例,"渊"是敌人,"鱼"是群众,"为渊驱鱼"的是执行"关门主义"策略的人。纪昀用例,"渊"是妾,"鱼"是丈夫,"为渊驱鱼"的是"妒而嚣争

(嚣争:喧闹争吵)"的妻子。弄不清、扣不准这三点,便贸然使用,往往比喻失当,造成误用。

一种情况是既没有"渊",也没有"鱼",更没有谁"为渊驱鱼"。例如:

(1)通过增设专门机构,依靠强化"行政力量"来遏止学术腐败,究竟是对症下药、药到病除,还是缘木求鱼、为渊驱鱼,显然不难判断。(《潇湘晨报》2006年3月1日)

(2)去年11月12日成都市传出消息,当地房管局……准备将原来网上签约时对购房人的审核,转由开发商和房产中介执行……让开发商与房产中介审核购房人,无异于为渊驱鱼。(新浪网2012年2月23日)

(3)有些地方说是统筹城乡发展,却采取种种歧视农民的手段;说是扩大就业,却为自寻就业门路而资金不足的人设置了许多门槛;说是发展三产,却对小商小贩的市场行为加以种种限制……试问,这不是为丛驱雀,为渊驱鱼吗?(浙江在线2006年9月12日)

例(1),"强化行政力量"是手段,"遏止学术腐败"是目的,作者认为采用这样的手段不能达到目的。例(2),"审核购房人"的目的是限制投资者抢购,而采取的手段却是让"开发商和房产中介"负责审核,当然不可能达到目的。例(3)所列举的几种情况,都是只有手段和目的,都是手段同目的互相矛盾。这里,既没有"渊",也没有"鱼",更没有谁"为渊驱鱼"。显然不能使用这条成语,应该改用"缘木求鱼"(例1已经用了"缘木求鱼",删掉"为渊驱鱼"就行了)。"缘木求鱼"意思是爬到树上去找鱼,比喻方向、方法不对头,一定不能达到目的。例如《后汉书·刘玄传》:"今以所重加非其人,望其毗益万分,兴化致理,譬犹缘木求鱼,升山采珠。"《中国共产党致中国国民党书》:"爱国有罪,冤狱遍于国中,卖国有赏,汉奸弹冠相庆,以这种错误政策来求集中与统一,真是缘木求鱼,适得其反。"这条成语用在以上诸例正好合适。

另一种情况是把不该比作"渊"的比作"渊",不该比作"鱼"的比作"鱼"。例如:

(4) 武侠小说……是一种"小儿不宜"的读物……迷上武侠小说而误了学业的孩子不在少数……《天龙八部》入选教材,简直是为渊驱鱼,引狼入室。(人民网 2005 年 3 月 5 日)

(5) 家教市场的高要价对家教行业的危害十分明显……从某种意义上讲,等于是"为渊驱鱼、为丛驱雀"。(《北京青年报》2003 年 8 月 18 日)

(6)〔美国〕在中国周边制造动荡乃至诱发战争,是想让中国陷入四面楚歌,或与外敌发生对抗,或引发国内冲突,从而达到为渊驱鱼,把中国资金赶到美国去!(全球军事网 2012 年 8 月 12 日)

例(4)是说《天龙八部》入选教材,容易使学生"迷上武侠小说而误了学业"。"鱼"是学生,"渊"又是谁?从后文的"引狼入室"可以看出,"狼"和"渊"比喻的都是武侠小说。武侠小说同正课并不是水火不容、互相对立的事物,把它比作"狼"未免过分,比作"渊"也不恰当。例(5),家教市场要价过高的后果就是有些家长嫌贵,不敢请家教了。一部分"鱼"(家长)被赶跑了,但是没有跑到同家教市场对立的另一个市场去,显然不能说"为渊驱鱼"。例(6)是说美国想"把中国资金赶到美国去",即赶到自己的一方,而不是敌对的一方,这是为"己"驱鱼,不是为"渊"驱鱼,可以说"坐收渔人之利",绝不能说"为渊驱鱼"。"坐收渔人之利"也作"坐收渔利",比喻利用他人之间的矛盾,不用费力地从中获取好处。例如姚雪垠《李自成》二卷二十七章:"李自成已逃出商洛山,他必定趁着咱们同杨嗣昌杀得难分难解,因利乘便,坐收渔人之利。"冯玉祥《我的生活》三十二章:"日本帝国主义乃从而扶助之,鼓舞之,借可作起风浪,坐收渔利。"这条成语用于例(6)正好合适。

2014 年 9 月 27 日

"瓮中之鳖"与"瓮中捉鳖"

"瓮中之鳖"意思是瓮里的甲鱼(瓮:一种口小腹大的坛子)。比喻已在掌握之中、逃脱不了的人或动物。语见明·冯梦龙《喻世明言》卷十八:"杨八老和一群百姓们,都被倭奴擒了,好似瓮中之鳖,釜中之鱼,没处躲闪,只得随顺。"例如清·钱彩《说岳全传》七十六回:"不是僧家夸口,这几个小南蛮,只算得个瓮中之鳖,不消费得僧家大力,管教他一个个束手就缚。"周而复《上海的早晨》一部四十:"企图逃走的敌人都成了瓮中之鳖,全部给捉到了。"姚雪垠《李自成》二卷五十五章:"我军只要进入萧墙,周王在紫禁城就成了瓮中之鳖,无路可逃。"

"瓮中捉鳖"意思是瓮里捉甲鱼。比喻捕捉的对象已在掌握之中,可以手到擒来。语见元·康进之《李逵负荆》四折:"管教他瓮中捉鳖,手到拿来。"例如晚清·李宝嘉《官场现形记》五十一回:"张太太这里,横竖欺他是女流之辈,瓮中捉鳖,是在我手掌之中。"郭澄清《大刀记》十五章:"咱以后攻打柴胡店的时候,是瓮中捉鳖,十拿九稳了。"姚雪垠《李自成》二卷五十四章:"只要袭破开封,周王如想凭着宫城顽抗,咱们就来个'瓮中捉鳖'。"

这两条成语意义相关,区别在于:"瓮中之鳖"讲的是被捉的"鳖",定中结构,名词性词组,多用作主语、宾语;"瓮中捉鳖"讲的是"捉鳖"这种行为,状中结构,动词性词组,多用作谓语、定语。二者意思不同,语法属性也不同,不能混为一谈。下面就是把两条成语混为一谈的例子:

(1)7月8日,灌南县城上演一幕"瓮中之鳖"的好戏:盗贼钻入停靠在路边的一辆轿车内行窃,被车主发现后用遥控器锁在车内。闻讯赶来的巡逻民警迅速将其缉拿归案。(《苍梧晚报》2014年7月9日)

(2)在当地警方的配合下,抓捕民警果断出击,把这处饭馆团团合围,给团伙的4名嫌疑人来了个"瓮中之鳖"。(《新法制报》2014年5月23日)

(3)20时许,赌局正酣……〔民警〕冲击进入。赌博人员惊慌失措,被警方来了个瓮中之鳖,当场控制住违法嫌疑人8名,缴获赌资4万余元。(温州网2014年2月17日)

(4)近日,茂名电白一名小偷撬门入室盗窃,不料却给主人发现了,主人和邻居一起把门反锁,来个瓮中之鳖,最后在民警的帮助下,大家把这名小偷擒获。(新浪网2005年3月21日)

"瓮中之鳖"只能指被捉捕的坏人,不能指捉捕坏人的行动,而以上诸例说的都是民警如何抓捕盗贼或赌徒,显然"瓮中之鳖"都应该改成"瓮中捉鳖"。

(5)在现场,由于三路人马的配合默契,在设置"牌九"赌档小平房里的涉赌人员成了瓮中捉鳖,一个个悉数被擒。(湛江新闻网2011年9月5日)

(6) 芭蕉是桐梓县最北端的一个乡镇,只有一条通乡公路与外界相连接,就像一个布袋,只有一个进口,也只有一个出口,只要把这个进出口堵死,任何盗贼必将是"瓮中捉鳖"。(《法制日报》2014年10月19日)

(7) 这次是6人团伙,我们赶过去的时候,两个望风的立刻跑了,剩下墓穴里的4个人就像瓮中捉鳖,让他们抓着绳子爬上来,出来一个抓一个。(人民网2014年2月21日)

"瓮中捉鳖"只能指捉捕坏人的行动,不能指被捉捕的坏人,而以上诸例说的都是"涉赌人员""盗贼"或进入墓穴盗墓的人等,显然"瓮中捉鳖"都应该改为"瓮中之鳖"。

2015年9月12日

"无出其右"不用于贬义

"无出其右"指在某方面居领先地位,没有人或没有什么能超过他(它)、在他(它)之上。语本《史记·田叔列传》:"上尽召见,与语,汉廷臣毋能出其右者。"例如《陈书·侯安都传》:"自是威名甚重,群臣无出其右。"清·李汝珍《镜花缘》三十回:"此二方专治一切肿毒,初起者速服即消,已溃者亦能败毒收口,大约古人痈疽各方,无出其右了。"姚雪垠《李自成》一卷二十五章:"捷轩身经百战,胸富韬略,在军中威望崇隆,无出其右。"

理解和使用"无出其右"要弄清两点。一要弄清"右"指什么。《汉书·高帝纪下》"汉廷臣无能出其右者"唐·颜师古注:"古者以右为尊,言材用无能过之者,故云不出其右也。"秦汉以前崇右,以右为上、为贵、为高。"出其右"就是在他之上,比他更好,而不是比他更坏。二要弄清在哪些方面"出其右"。颜师古说得非常明确:"材用无能过之者。""材用"就是才能。"无出其右"就是在才能方面没有人能够超过他。范围扩大一点,也可以包括成绩、贡献、实力、威望等等,总之都是好的方面。明乎此,就会知道"无出其右"是一条褒义成语,只能用来表示没有人或没有什么比他(它)更好,而不能表示没有人或没有什么比他(它)更坏。这一点从古今典范用例中可以得到

充分证明。把握不住这条成语的感情色彩,就会造成误用。例如:

(1) 当前,日本安倍政府在东海和钓鱼岛问题上屡屡挑衅,其断然否认领土争议存在,傲慢悖理举世无出其右。(《法制日报》2014年2月18日)

(2) 英国首相卡梅伦说:内政大臣已经向我简要汇报了这起完全让人感到恶心的案件的经过,其骇人听闻的程度无出其右。(中国新闻网2013年5月23日)

(3) 在各项旅游安全因素当中,恐怖活动对旅行者的心理伤害之深刻,恐无出其右。(《新京报》2013年5月1日)

(4) 重庆在相当时期内,外貌恒定、工资不涨、住房紧张、街道狭窄、设施落后、市容肮脏,人们火气很大,难见和谐,其骂人言辞之刁钻、之刻毒、之精怪,在全国无出其右。(《中华读书报》2007年4月25日)

以上诸例,"无出其右"的分别是言行的"傲慢悖理"(例1),"骇人听闻的程度"(例2),"心理伤害之深刻"(例3)和"骂人言辞之刁钻……"(例4),毫无例外都是消极事物,表示的都是在这些方面没有比他(它)更坏的,显然不能使用褒义成语"无出其右"。如果一定要使用成语,可以改为"莫此为甚"。"莫此为甚"意思是没有什么比这更厉害更严重的了,用于贬义。例如宋·苏轼《扬州上吕相书》:"此元丰中一小人建议,羞污士风,莫此为甚。"章炳麟《驳康有为论革命书》:"巨缪极戾,莫此为甚。"刘斯奋《白门柳》二部一章:"是非之淆乱,顺逆之颠倒,莫此为甚!"这条成语用于以上诸例,正好合适。

顺便说一下,也有人把"无出其右"误解为在某些方面不如别人。例如:

(5) 苏州的互联网企业虽说也做得有声有色,但从类型上来看,应当还是"无出其右",成不了独立的"门派",所以要想"弯道超车"必须加把劲;在业态上要有创新;在本土资源利用上要有突破;在冲破传统行业界限实现跨界合作上有所作为。(《苏州日报》2014 年 11 月 24 日)

作者的本意是,苏州的互联网企业同竞争对手相比,在某些方面还略逊一筹,要想"超车",还得"加把劲"。而用了"无出其右",意思就变成同行中没有谁能超过苏州,同作者的本意完全相反了,整段话也变得自相矛盾了。

2015 年 7 月 29 日

"五风十雨"不等于"风风雨雨"

"五风十雨"语本汉·王充《论衡·是应》:"风不鸣条,雨不破块,五日一风,十日一雨。"这句话的意思是风不吹响树枝,雨不冲破土块,五天刮一次风,十天下一场雨。后以"五风十雨"四字成文,形容风调雨顺。例如五代·和凝《宫词百首》之六十三:"五风十雨余粮在,金殿惟闻奏舜弦。"宋·杨万里《和处恭尚书清凉寺劝农》诗:"今年好风来自东,五风十雨尧日同。尚书归去作相公,当寄丰年书一封。"元·萨都拉《送广信司狱》诗:"鹅湖山下秋稻熟,鹅湖山前秋水绿。五风十雨乐太平,肯使人间有冤狱?"清·夏敬渠《野叟曝言》一四七回:"外邦自灭邪教以后,亦皆五风十雨,时有星云景物之瑞。"老舍《大发议论》:"活个七老八十,而能过一百好几十次新年,正是:五风十雨皆为瑞,一岁双年总是春。"

有人没有准确理解这条成语的含义,仅仅看到"五"和"十"(可以表示多数),便把"五风十雨"附会为多次刮风下雨,纯属望文生义。例如:

(1) 春意甚浓了,但在北方还是五风十雨,春寒料峭,一阵暖人心意的春风刚刚吹过,又来了一片沁人心脾的冷雨。(刘白羽《白蝴蝶之恋》)

(2) 经过五风十雨洗礼的蓝天,通过将近两个季节打

磨的田野,似乎就是为了等待八月十五这一轮皓月的升起。(《合肥日报》2014年9月7日)

(3)中间一部分占据纸张的一半,是门签子的主体内容,主要由带有半圆角的菱形和铜钱图案构成,象征自然万象和五风十雨。(《兰州日报》2014年2月7日)

例(1)是说早春的北方风雨很多,气候变化无常。例(2)是说蓝天经过多次风雨的洗礼。例(3)把"五风十雨"同"自然万象"并列,大约也是表示刮风下雨之类的自然现象。总之,虽然都没有离开风雨,但同风调雨顺、适合庄稼生长的意思毫不相干,显系误用。

有一条常见的成语"风风雨雨",意思是不断地刮风下雨。语见元·张可久《普天乐·忆鉴湖》曲:"风风雨雨清明,莺莺燕燕关情。"例如明·秦淮墨客《杨家将演义》三回:"是时风风雨雨,将近一月。才晴两日,太祖即遣兵搦战,如是者数次。"曾卓《樱花时节的聚会》:"这么些天总是风风雨雨,但在雨丝风片中花还是要开了,春天还是要来了。"这条成语放在例(1)中正好合适。看来例(1)的作者是把"五风十雨"同"风风雨雨"混为一谈了。

"风风雨雨"还比喻历经了重重困难和曲折。例如陶承《我的一家》十五:"后来又听说,被捕者全部解往龙华淞沪警备司令部。南京又拍来'就地处决'的消息。此后风风雨雨,再得不到确切的消息。"简繁《沧海》二十八:"那个时候他已经快七十岁了,一辈子风风雨雨经历了那么许多的大磨难。"季羡林先生临终前出版了一本自传,记述自己将近百年的曲折

经历,也取名《风风雨雨一百年》。这个意思同"五风十雨"更不沾边了,但是也有人把它们混为一谈。例如:

(4) 我的父亲许慕石是一位流行病专家,又是一位诗人,一生经历五风十雨的磨难与洗礼,悬壶济世,无怨无悔,以一个知识分子从善如流、宽容豁达的人格魅力和丰厚的文学功底,直接影响着我的整个艺术人生。(《汕头日报》2014年6月12日)

许慕石的一生经历了种种磨难和洗礼,绝非风调雨顺,说"风风雨雨"则可,说"五风十雨"就莫名其妙了。

2014年11月5日

"洗心革面"不要重词轻用

2015年2月14日《人民日报》发表了一篇报告文学,介绍尼山书院的赵法生先生开讲《弟子规》时,有一位村妇也来听讲。此人曾经"当街骂干部",婆婆批评她,"她挥手一巴掌,当众掴倒婆婆"。赵法生听说后非常高兴,说:"好事好事,只要她坚持听,准能洗心革面。""果然,半年下来,整个人都变了。"这位村妇骂干部、打婆婆,充其量是个泼妇,这种人的转变能说"洗心革面"吗?

"洗心革面"比喻彻底悔改,重新做人(洗心:洗刷内心的污浊;革面:改变旧面貌)。语见晋·葛洪《抱朴子·用刑》:"化上而兴善者,必若靡草之逐惊风;洗心而革面者,必若清波之涤轻尘。"例如宋·辛弃疾《淳熙己亥论盗贼札子》:"自今以始,洗心革面,皆以惠养元元为意。"清·张春帆《九尾龟》六十二回:"只要你们把自己的来踪去迹,以及受了何人的指使,一一说得分明,从此洗心革面,大家痛改前非……我便把你们当场释放。"姚雪垠《李自成》一卷五章:"只要你从今后洗心革面,着实为朝廷效力,朝廷自然会重用你。"马识途《夜谭十记·后记》:"我终于锒铛入狱,在那些'红色改造专家'的指挥下,奉命洗心革面和脱胎换骨去了。"

这条成语通常同"脱胎换骨""重新做人""改恶从善""改

邪归正"等成语连用,一般只用于坏人、罪人,语义较重。下决心改正错误克服缺点通常不说"洗心革面"。因此使用这条成语要注意分寸,避免重词轻用。前举骂干部、打婆婆的村妇,并无大恶,说"幡然悔悟""痛改前非"已经足够,说"洗心革面"未免言重了。类似的用例并不罕见:

(1) 一个人不可能不犯错误,而王濛已经屡次犯下相同的错误,可谓沉疴已久,要想重新回归,必须洗心革面,旧貌换新颜。(光明网 2011 年 8 月 7 日)

(2) 作为一名曾经的 NBA 全明星,马布里的结局无疑是惨淡的,公开炮轰纽约媒体也让老马的名声降至冰点。时至今日,洗心革面,并且在北京大有作为的老马,还是没能让家乡媒体摆脱偏见。(《江海晚报》2015 年 3 月 2 日)

(3) 对于自身存在的缺点和不足,也不能再任其存在,必须痛下决心洗心革面、脱胎换骨。有这种强烈的不同于以往的自觉意识,创先争优活动才能对党员自我产生作用。(《人民日报》2010 年 8 月 24 日)

(4) 创新素质教育的培训可以"牵一发而动全身",一旦学生迷上科技发明……从学习态度,到行为习惯,到实际能力,到个性品质,都来了一番"洗心革面",转化的效果不言而喻。(《中华读书报》1999 年 6 月 2 日)

例(1)短道速滑世界冠军王濛曾因打架被国家队开除,例(2)球星马布里在纽约名声也确实不太好,但他们都不是坏人,更没有犯罪,"洗心革面"用在他们身上并不贴切。例(3)"洗心革面"用于存在"缺点和不足"的共产党员,例(4)用于接受素质教育的广大学生,显然更不妥当了。

有些词语意思相近,但语义有轻有重,使用时必须权衡轻重,掌握分寸,重词轻用、轻词重用都是成语应用中常见的毛病,应该引起大家的重视。

2015 年 10 月 18 日

"狭路相逢"多指仇人相遇

"狭路相逢"指在狭窄的道路上凑巧相遇,无法退避。语本古乐府《相逢行》:"相逢狭路间,道隘不容车。"例如宋·苏轼《艾子杂说》:"车、驼之为物甚大,且多夜行,忽狭路相逢,则难于回避。"元·无名氏《争报恩》楔子:"我一向闻得宋江一伙,只杀滥官污吏,并不杀孝子节妇……不如做个计较,放了他回去,狭路相逢,安知没有报恩之处。"后多指仇人或对手相遇,难以相容。例如明·罗贯中《三国演义》二十二回:"刘岱引一队残军,夺路而走,正撞见张飞,狭路相逢,急难回避,交马只一合,早被张飞生擒过去。"清·钱彩《说岳全传》六十六回:"岳飞与孤家有杀父之仇,今日狭路相逢,要报昔日武场之恨。"李英儒《野火春风斗古城》一章:"梁队长,今天狭路相逢,可是碰巧的,我们可不是专找你的麻烦,依我说,双方都有公事,咱们两方便好不好?"

所谓"狭路相逢",当然不是双方事先约好到狭路见面的,肯定含有凑巧相遇的意思,但又不是一般的凑巧相遇:第一,凑巧相遇的双方通常是仇人或对手;第二,相遇之后通常是互不相容,要有一番较量,甚至拼个你死我活。否则一般不使用"狭路相逢"。以下用例是否恰当,都值得商榷:

(1)《三人行》讲述的是三个原本并不相干的人,在医

院中狭路相逢的故事。(《扬子晚报》2015年6月10日)

(2)三位80后年轻医生与三个90后实习生在急诊室狭路相逢,他们之间的互动成为这部戏(按,指《青年医生》)的主线。(《浙中新报》2014年11月20日)

(3)14岁的莉莉·科尔穿着学生制服在伦敦索霍区和朋友们大嚼汉堡时,与模特经纪人狭路相逢。从此走上了模特这条道路。(中国经济网2015年9月18日)

例(1)说的是三个"不相干的人",例(2)说的是几个医生和实习生,他们并非仇人或对手,也没有互不相容,仅仅是在医院偶然相遇引出一段故事,看来不宜使用"狭路相逢"。例(3)是说一个小女孩偶遇模特经纪人,在他的帮助下终于成了超级模特,两人是共同受益的合作伙伴,他们的相遇恐怕更不宜说"狭路相逢"了。

表示偶然相遇,如果是素不相识的人,通常用"萍水相逢"。如钱锺书《围城》五章:"我们这位李先生离开上海的时候,曾经算过命,说有贵人扶持,一路逢凶化吉,果然碰见了你们两位,萍水相逢,做我们的保人。"也可以用"陌路相逢"(陌路:指路上碰到的素不相识的人)。如清·名教中人《好逑传》八回:"铁公子道:'我与你家小姐陌路相逢,欲言恩,恩深难言,欲言情,又无情可言。'"如果是熟人,通常用"邂逅相遇"。如姚雪垠《李自成》三卷一章:"这位是抚台大人的一位乡亲,新来大梁,小弟今日陪他来相国寺看看,不期与老兄邂逅相遇。"也可以用"不期而遇"。如成仿吾《怀念郭沫若》:"一次,他同于立群同志到杭州,我同老伴儿张琳也在杭州,大家在这儿不期而遇,心里分外高兴。"前举三条误用例说的都是素不相识的人偶然相遇,可以改为"萍水相逢"或"陌路相逢"。喜欢使用成语的朋友最好多掌握一些成语,多一些选择的余地,这样使用起来就得心应手了。

(4)以李代沫、柯震东、房祖名、宁财神、张元、张默为首的"瘾君子",与以黄海波、王全安为首的"嫖客"狭路相逢,如今连美女主持王婧也因涉嫌容留他人吸毒被警方刑事拘留。(《烟台晚报》2014年12月29日)

此例所说的几位曾经吸毒和嫖娼的明星,他们彼此肯定不是仇人或对手,从来没有互不相容,甚至也未必在监狱里相遇,可以说他们不约而同受到法律制裁,或者在犯罪的道路上走到一起了,而说他们"狭路相逢"便毫无道理了。

2015年9月22日

"响遏行云"的只能是声音

"响遏行云"意思是声音直上云霄,连浮动的云彩也被阻止住了(遏:阻止)。形容歌声乐声高亢嘹亮。语出《列子·汤问》:"薛谭学讴于秦青,未穷青之技,自谓尽之,遂辞归。秦青弗止,饯于郊衢,抚节悲歌,声振林木,响遏行云。薛谭乃谢求反,终身不敢言归。"例如唐·赵嘏《闻笛》诗:"谁家吹笛画楼中,断续声随断续风。响遏行云横碧落,清和冷月到帘栊。"清·黄小配《廿载繁华梦》八回:"跟手又唱第二出,便是《一夜九更天》,用老生挂白须,扮老人家,唱过岭时,全用高字,真是响遏行云。"李劼人《大波》四部二章:"这时节,号音既嘹亮,又威武……真个是高则响遏行云,低则声震屋瓦。"

这条成语不难理解也不难运用,需要注意的是要扣准"响"字。"响"就是声音,只有声音高亢嘹亮,才能说"响遏行云"。过去这条成语只限于形容歌声乐声,即使扩大一些,也不能超出声音的范畴。现在有人随意扩大这条成语的使用范围,一些同声音毫无关系的抽象事物,也用"响遏行云"来形容,完全背离了成语的原意。例如:

(1)党的十八大以来,改革攻坚、创新创造响遏行云。(《晋中日报》2015 年 11 月 19 日)

(2)捧读这些家书,一股不可摧折的锐气在字里行间涌出,革命先辈的英雄胆魄、坚毅精神、浩然正气,响遏行云,他们对人民的事业赤诚无比,他们的爱国精神如金石掷地。(《人民日报》海外版2011年6月17日)

(3)东台地税局坚持人才强税,队伍建设呈现出鲲鹏展翅、响遏行云的新风范,连续多年在全市万人民主评议中获得第一名。(《新华日报》2015年12月9日)

(4)齿颊留香,颐养精神血脉;朵颐大快,豪气响遏行云。(《华西都市报》2016年1月12日)

"响遏行云"的在例(1)中是"改革攻坚,创新创造",在例(2)中是"英雄胆魄、坚毅精神、浩然正气",在例(3)中是"新风范",在例(4)中是"豪气"。说的不仅不是歌声乐声,而且连个响声都没有,这些抽象事物怎么能"响"遏行云呢?显系误用。

2016年1月23日

"宵衣旰食"不用于一般人

"宵衣旰食"原作"旰食宵衣",语出南朝陈·徐陵《陈文帝哀策文》:"勤民听政,旰食宵衣。"意思是天很晚了才吃饭,天不亮就穿衣起床(旰:晚上;宵:深夜)。形容勤于政事,是臣下对帝王的谀辞。例如唐·陈鸿《长恨歌传》:"玄宗在位岁久,倦于旰食宵衣,政无大小,始委于右丞相。"后多作"宵衣旰食"。例如唐·陆贽《论两河及淮西利害状》:"今师兴三年,可谓久矣;税及百物,可谓繁矣;陛下为之宵衣旰食,可谓忧勤矣。"《明史·王直传》:"陛下宵衣旰食,征天下兵,与群臣兆姓同心僇力,期灭此朝食,以雪不共戴天之耻。"姚雪垠《李自成》三卷七章:"这些年,我宵衣旰食,励精图治,不敢懈怠,为的是想做一个中兴之主,重振国运。"李准《短篇小说的人物塑造及其它》:"他是封建政权的反动头子,可是在生活上却'宵衣旰食',经常不吃肉,不要宫廷乐队,五更上朝。"

从这条成语的出处和古今典范用例都可以看出,它主要用于称颂帝王勤于政事,充其量也只能扩大到位高权重的大官,不能用于一般人。有人不了解这条成语的特定含义,只看到它的字面义,把它混同于"起早贪黑""废寝忘食""夙兴夜寐"之类的词语,不论什么人,只要辛勤工作就说"宵衣旰食",不恰当地扩大了它的使用范围。例如:

（1）在 2014 年国际工程科技大会上，笔者亲眼目睹了一些已是耄耋之年的院士，仍然宵衣旰食地奋战在科研第一线。（《人民日报》2014 年 6 月 21 日）

（2）自上世纪 60 年代创办上海之春音乐节伊始，黄贻钧先生就是组委会负责人之一，为筹办音乐节殚精竭虑、宵衣旰食，并多次担任乐队指挥。（《新民晚报》2014 年 5 月 7 日）

（3）走进尚德高中部，教师兢兢业业的敬业态度，宵衣旰食的拼搏精神令人肃然起敬。（《新闻晨报》2014 年 5 月 8 日）

（4）像崔爱梅一样，我省无数征迁工作者宵衣旰食、任劳任怨，用真情唱响了一曲和谐搬迁歌，为早日开工赢得了宝贵时间。（《河南日报》2013 年 12 月 27 日）

（5）年轻人宵衣旰食，社交频繁，平时上下班、工作之余放松娱乐等，都需要有便捷的交通和完善的配套作保障。（中华网 2014 年 4 月 8 日）

例（1）用于院士，例（2）用于音乐家，例（3）用于普通教师，例（4）用于一般工作人员，例（5）用于广大年轻人，他们既非帝王，也不是高官，可以勤于工作，不可能"勤民听政"，显然都不宜使用"宵衣旰食"。

2014 年 6 月 27 日

"信口雌黄"与"信口开河"

"信口雌黄"原指随口更正不恰当的话(雌黄:一种橙黄色矿物,可做颜料,古人在黄色纸上写字,写错了就用雌黄涂抹后重写)。语本南朝梁·刘峻《广绝交论》"雌黄出其唇吻"唐·李善注引晋·孙盛《晋阳秋》:"王衍,字夷甫,能言,于意有不安者,辄更易之,时号口中雌黄。"后多用以形容不顾事实,随口乱说或妄加评论。例如明·费元禄《蠹测二十条·孟子辨》:"孟子之论,洞彻无遗,发前圣之所未发,文士信口雌黄,恣侮贤圣。"郭沫若《屈原》四幕:"哼,你这信口雌黄的无赖!你才是到处受贿,专门卖国的奸猾小人!"老舍《有关〈西望长安〉的两封信》之一:"讽刺是要夸大的,但不能无中生有,信口雌黄。"巴金《一封信》:"他们颠倒黑白,混淆是非,结党营私,横行霸道……他们信口雌黄,篡改历史……"

"信口开河"指随口乱说(信口:随口;河:"合"的谐音字,闭嘴)。原作"信口开合"。语见元·关汉卿《鲁斋郎》四折:"你休只管信口开合,絮絮聒聒。俺张孔目怎还肯缘木求鱼。"后多作"信口开河"。例如清·曹雪芹《红楼梦》三十九回:"村老老是信口开河,情哥哥偏寻根究底。"鲁迅《故事新编·序言》:"叙事有时也有一点旧书上的根据,有时却不过信口开河。"老舍《学生腔》:"文章不是信口开河,随便瞎扯,而是事先想好,要说什么,无须说什么,什么多说点,什么一语带过,无须多说。"

"信口雌黄"和"信口开河"都形容随口乱说,区别在于:"信口开河"侧重于漫无边际地胡编乱说,语义较轻;"信口雌黄"侧重于有意抹杀事实,掩盖真相,制造谣言,恶意诬陷,语义较重。使用"信口雌黄"时务必注意防止重词轻用。例如:

(1) 当一些学者习惯于空发议论、信口雌黄、站着说话不腰疼时,实则根本没有学者应有的担当与使命。(《今晚报》2013年9月24日)

(2) 将一首歌颂真诚友谊的诗讲成这般模样,也称得上是信口雌黄、胡说八道了。怪不得,到后来×××先生会让北京大学给解聘了。(《中华读书报》2014年3月19日)

(3) 乡亲们还是信不过这个刚从学校毕业才几年的小伙子——他们不相信王逸彬真的能让这些荒山披上绿装,担心他信口雌黄。(《上饶日报》2014年11月6日)

(4) 0—6岁的孩子都是好奇宝宝,他们提出的每一个问题都可能是他们思想火花的一次闪现,如果家长随意对待,敷衍了事或者信口雌黄,那么你可能扼杀了孩子一次具有创造性的想法或把孩子引到了一个错误的方向上。(中国新闻网2013年8月28日)

例(1)是说某些学者发表议论不负责任,例(2)是说某教授讲课水平太低,例(3)是说乡亲们担心年轻村官的话不靠谱,例(4)是说家长回答孩子的问题太随意。基本上都属于态度问题、水平问题,而不是故意歪曲事实,掩盖真相,恶意诬陷。说他们"信口开河"比较贴切，说"信口雌黄"就有些重词轻用了。

有时该用"信口雌黄"却用了"信口开河"，也不妥当。例如：

（5）4月22日，吉林省档案馆公布了89件新发掘的馆藏日本侵华档案……〔这批档案〕是揭露南京大屠杀、强征"慰安妇"、731细菌部队等日本侵略者暴行的有力证据，日本右翼势力否认历史、美化侵略的信口开河掩盖不了墨写的事实。(《人民日报》2014年4月26日)

（6）山姆大叔一贯霸权主义作风，其对华经贸争端中的指控普遍罔顾事实，信口开河，"硬伤"累累，对中国商品的双反税收富有横征暴敛色彩。(《广州日报》2014年4月1日)

（7）在欧洲一个法制健全的国家，一个面对所有西班牙公民的电视台可以不负责任地信口开河，随便污蔑人吗（按，指西班牙电视5台播出带有辱华情节的电视节目）？(中国新闻网2014年6月3日)

（8）一些人……上网后，法治意识相对淡漠。有的发泄私愤，出口成"脏"，毫无节操；有的坑蒙诈骗，诋毁他人，扰乱社会；有的信口开河，造谣滋事……不一而足。(《安徽日报》2014年12月31日)

例（5）是说"日本右翼势力否认历史，美化侵略"，例（6）是说美国对中国的指控"罔顾事实"，例（7）是说西班牙一电视台侮蔑华人，例（8）是说个别网民"造谣滋事""诋毁他人，扰乱社会":凡此种种都不是一般的随口乱说,说他们"信口开河"未免太轻了,改用"信口雌黄"才比较贴切。

2015 年 9 月 10 日

"行云流水"不可滥用

"行云流水"意思是漂浮的云,流动的水。形容诗文、书法等自然流畅,毫不拘束。语出宋·苏轼《答谢民师书》:"所示书教及诗赋杂文,观之熟矣,大略如行云流水,初无定质,但常行于所当行,常止于不可不止,文理自然,姿态横生。"例如明·韩昂《图绘宝鉴·皇明》:"〔史廷直〕性荦荦不羁,以诗酒为乐,画山水得行云流水之趣。"梁实秋《雅舍小品·书法》:"在故宫博物院,看到名家书法,例如王羲之父子的真迹,如行云流水一般的萧散。"巴金《文学回忆录·同志》:"广田的文笔好似行云流水,极其自然地抒发自己的情思。"老舍《我的经验》:"一出好戏,人物出来进去正如行云流水,极其自然,使观众感到舒服。"也形容事物漂浮不定,易于消逝。例如明·冯梦龙《警世通言》卷二:"今日被老子点破了前生,如梦初醒……把世情荣枯得丧,看做行云流水,一丝不挂。"冰心《超人》:"这样,岂不又太把自己和世界都看重了。不如行云流水似的,随他去就完了。"

"行云流水"从它一出现就用来形容诗文自然流畅,这就决定了"行云流水"作为成语只能用其比喻义,不能用其字面义。现在有人用来形容自然景物,显然不妥。例如:

(1)我沿着小溪走出村庄……一路走走停停,听小溪

不停地歌唱。看行云流水,看春光点点,看万物淡然……(《人民日报》2010年12月6日)

(2) 颐家露天温泉……是目前江苏省首家以羽山、汤姑文化为主题的园林式古典露天温泉,园内山川瀑潭、绿树红花、行云流水,温泉池星罗棋布。(《江南时报》2010年10月19日)

(3) 苏州网师园,有亭名"月到风来"……静坐亭中,观行云流水,鸟飞花落,佳境天成,悠然心会,妙处难与君说。(《人民日报》海外版2010年8月26日)

更多的情况则是随意扩大"行云流水"的使用范围,几乎是想形容什么就形容什么,这就不仅是误用,简直是滥用了。例如:

(4) 盛夏赣南,山欢水笑。一辆辆货柜车行驶在行云流水般的交通运输线上,一架架起降航班冲破云层通达四方……(《赣南日报》2015年6月30日)

(5) 他对全村104户的情况了如指掌,做起群众工作来可谓行云流水,全村搬迁协议、过渡协议、拆房协议的签订率皆为100%。(《永州日报》2015年4月2日)

(6) 近期,在资金与政策双轮驱动下,行云流水般的超预期行情彻底引爆A股投资热情。本周一,上证综指再度大涨70.41点至3687.73点,直逼3700点关口。(《中国证券报》2015年3月24日)

(7) 今晚,雨中的道路行云流水,湿润充盈,蜜意柔情。(《光明日报》2015年4月10日)

例(4)用"行云流水"形容路上车辆往来不绝,可以改用"车水马龙"。例(5)用来形容干起工作很顺利,可以改用"得心应手"。例(6)用来形容股指大涨,可以改用"扶摇直上"。例(7)用来形容道路湿滑,错得更没有道理了。

(8)在很多高校的教室里很难再发现传统的讲台和课桌,取而代之的是行云流水般的长条桌及错落其间的高脚凳。(《环球时报》2010年9月20日)

(9)主任的大脑如同一座容量超大的仓库,公司的方方面面情况全部码放整齐保存其中,记忆的大门一开,便行云流水般涌出。(《人民日报》2011年7月20日)

(10)我们要像行云流水一样去学习和改善,在当前的这样一个风云变幻的时代,我们希望 AOC 品牌能够像"上善若水"那样,选择做一个"从善如流"的品牌态度,像水一样贴近用户的需求,像水一样为用户提供服务。(中国新闻网 2014 年 3 月 21 日)

至于以上诸例,"行云流水"是什么意思,已经难以捉摸。"行云流水般的长条桌"是个什么样子,实在想象不出。"行云流水般涌出"是怎样涌出,不得而知。最后一例,不仅"像行云流水一样"学习是怎样学习,令人莫明其妙,而且整段话也不知所云。

2015 年 11 月 12 日

"形单影只"的两种误用

"形单影只"意思是只有孤孤零零一个人和一个影子。形容只身一人,没有伴侣,非常孤独。语出唐·韩愈《祭十二郎文》:"吾上有三兄,皆不幸早世。承先人后者,在孙惟汝,在子惟吾,两世一身,形单影只。"例如明·范受益《寻亲记·遣役》:"形单影只,凄凉已极。谁知道遭着官差,把夫妇散折。"张贤亮《土牢情话》三章:"蹉跎至今,形单影只,连女朋友都没找过,青春就在刻苦的自我改造和勤勤恳恳的工作中悄然流逝了。"熊召政《张居正》三卷四回:"常言道,每逢佳节倍思亲,一想到自己十八岁的生日形单影只,身边连一个亲人都没有,不免悲从中来。"也作"形只影单"。如清·李汝珍《镜花缘》四十回:"其有夫死而孀居者,既无丈夫衣食可恃,形只影单,饥寒谁恤?"也作"影单形只"。如清·沈复《浮生六记·坎坷记愁》:"复至扬州,卖画度日。因得常哭于芸娘之墓,影单形只,备极凄凉。"

理解和使用"形单影只"要注意两点:

第一,这条成语只能形容一个人孤孤零零。"单"和"只"都是单独的意思。只有一个"形"和一个"影"的,只能是一个人,不可能是两个或更多的人。现在有人用"形单影只"形容两个或更多的人,显然不符合这条成语的原意。例如:

"形单影只"的两种误用　　453

（1）我们千里奔波，只为在这团聚的日子让父母不再形单影只，陪他们静静守岁，观万家烟火。（《济南日报》2015年2月20日）

（2）很多同是独生子女的小夫妻因"回谁家过年"陷入两难，很多"80后""90后"的儿媳妇不愿……因回婆家过年而让自己同样年迈的双亲"形单影只"。（《梅州日报》2015年2月11日）

（3）此时，佛山街头已经行人稀少，形单影只的父子两人漫无目的地走在街头。（人民网2014年8月25日）

（4）丁俊晖在英国打球更是形单影只，陪伴他的除了女朋友外也就少数几个华人朋友。（《江海晚报》2014年12月1日）

（5）昨日的马拉卡纳体育场，几乎被阿根廷球迷包围，这让远道而来的波黑球迷显得稀稀落落，形单影只。（《重庆晨报》2014年6月17日）

例（1）说的是"父母"，例（2）说的是"双亲"，例（3）说的是"父子两人"，都不是一个人，当然不能说"形单影只"。丁俊晖有"女朋友"和"几个华人朋友"陪伴，肯定不是孤身一人；远道而来的波黑球迷虽然"稀稀落落"，但总不至于只有一个人。因此后两例也不能说"形单影只"。

第二，这条成语只能形容一个人非常孤独，非常寂寞，甚至凄凉，而不能形容一个人依靠自己的力量单独去做某件事情。有人把"形单影只"同"单枪匹马""单打独斗""势单力孤""孤掌难鸣"之类的成语混为一谈，也是错误的。例如：

(6) 石现迎难而上,肩负起协调的重任。经过短暂的准备,他开始形单影只却信心满满地跑农户、跑产权单位。(《荆门日报》2014年11月2日)

(7) 阿联一直是 CBA 赛场上的顶尖扣将,只不过以前他的扣篮显得有些形单影只缺乏激情。而自从拜纳姆到队之后,阿联和他之间的空中接力成为了华南虎进攻中的新亮点。(《南方日报》2015年1月24日)

(8) 在外线缺乏核心的情况下,陈楠一个人内线就越发显得形单影只,对手则更加肆无忌惮的对她进行包夹防守。(《新闻晚报》2013年11月1日)

(9) 在柏林,来自二十国的百余名智库代表就目前创新困境、新技术转移……等议题讨论了三天。……我在开幕式上作了主旨发言。可惜,在与中国利益相悖的议题争论上,我显得形单影只。(《光明日报》2015年5月27日)

例(6)是说石现勇挑重担,单枪匹马外出联系工作;例(7)是说易建联在拜纳姆加盟以前,扣篮多是单打独斗;例(8)是说陈楠在缺乏外线支援的情况下,显得势单力孤;例(9)是说参加会议的只有一位中国代表,因此在争论中孤掌难鸣。说的都是依靠一己之力单独做某事,丝毫不含有孤独、寂寞、凄凉之意,显然也不能使用"形单影只"。

(10) 山东鲁能的蒙蒂略、塔尔德利和阿洛伊西奥有更多的上场时间,可缺少队友的支援,他们显得形单影只。(《四川日报》2015年2月15日)

至于最后一例,说的是三个人,不符合第一点,说他们三人势单力孤,也不符合第二点,当然更不能使用"形单影只"了。

2016年2月1日

"形影相吊"的是一个人

"形影相吊"意思是只有自己的身体和自己的影子互相慰问(吊:慰问),形容无依无靠,非常孤单。语出三国魏·曹植《上责躬表》:"形影相吊,五情愧赧。"例如晋·李密《陈情表》:"外无期功强近之亲,内无应门五尺之童,茕茕孑立,形影相吊。"明·周楫《西湖二集》卷六:"那时孑然一身,形影相吊。"刘绍棠《花街》九:"只是一人独处,茕茕孑立,形影相吊,未免凄凉寂寞。"霍达《穆斯林的葬礼》十章:"夜深了,街上已经没有了行人……路灯投下一片光亮,撕开了沉沉夜幕,照着幽灵似的韩天星,游游荡荡,形影相吊,像置身于一个阴森森的大舞台。"

理解和使用这条成语,一定要弄清所谓"形影"就是自己的身体和自己的影子,形单影只,孑然一身,无依无靠,凄凉寂寞。因此这条成语只能用来形容一个人,而不能形容两个或更多的人。如果是两个人,虽然也很寂寞,但已经可以相濡相响,相依为命,不必形影自吊了。忽略了这一点,就可能造成误用。例如:

(1)"春节年年过,年年就两人。"几十个本该合家团圆的春节,在两位老人形影相吊中,在山风凛冽的呼啸中,悄无声息地溜走。(四川新闻网 2015 年 2 月 27 日)

（2）我父母也只有我这么一个孩子，如果每年都是在丈夫家过年，我家就剩下形影相吊的父母，每想到这我都很难受。(中国新闻网2010年2月8日)

（3）在很多队友都忘记了今天是什么日子的时候，只剩下母子二人形影相吊的李玮峰代替大家发表了母亲节宣言……（《江南时报》2006年1月28日）

（4）魏义强在6岁时，母亲抛下他返回四川，从此他和残疾的父亲相依为命，形影相吊。（《齐鲁晚报》2014年6月4日）

（5）因为临近假期，团队的兄弟姐妹实习回家出国出差，就剩远哥子超我们哥仨形影相吊。（天津大学新闻网2015年11月16日）

例（1）说的是"两位老人"，例（2）是"父母"，例（3）是"母子"，例（4）是"他和父亲"，都是两个人，两个人"形影相吊"显然说不通。例（5）则是"我们哥仨"，三人成众，更不能说"形影相吊"了。

以下诸例问题更大了：

（6）这座始建于唐玄宗天宝元年的建筑群现在与安家宅院一起，一老一少形影相吊，矗立在熙攘的化觉巷里。（中国新闻网2005年3月31日）

（7）20世纪30年代，历史虚无主义者又提出"全盘西化""充分世界化"。自此，历史虚无主义便一直与全盘西化如影随形，形影相吊，一直延续到今天。（光明网2015年9月6日）

(8) 王明夫先生的《资本经营论》，介绍企业经营已经从产品经营跨越到资本经营，并且这两个方面是螺旋上升、形影相吊的关系。(新浪网 2015 年 10 月 13 日)

例(6)，唐代的"建筑群"同今天的"安家宅院"二者已经不能形影相吊，何况"建筑群"本身就不是一座建筑，它们所在的"化觉巷"更不止一座建筑，熙熙攘攘，颇不寂寞，何言"形影相吊"？改为"交相辉映"还差不多。例(7)，"历史虚无主义"既然同"全盘西化"二者如影随形，怎么又会无依无靠，形影相吊呢？岂不自相矛盾？改为"形影不离"可能更符合作者原意。例(8)说"产品经营"同"资本经营"是"形影相吊"的关系，这是一种什么关系呢？实在不知所云。这几例纯属滥用，不必多说了。

2016 年 5 月 20 日

"秀色可餐"能形容美食吗？

"秀色可餐"意思是秀色可以使人忘饥。形容女子十分秀丽或景色非常优美。语本晋·陆机《日出东南隅行》："鲜肤一何润，秀色若可餐；窈窕多容仪，婉媚巧笑言。"例如宋·晁说之《题鄜州牡丹》诗："晚来亦解意自足，秀色可餐吾何饥。"明·孙柚《琴心记·赍金买赋》："小姐，你不惟秀色可餐，这文词益妙，真个女相如也。"清·李汝珍《镜花缘》六十六回："于那娉婷妩媚之中，无不带着一团书卷秀气，虽非国色天香，却是斌斌儒雅。古人云'秀色可餐'，观之真可忘饥。"钱锺书《围城》一："小方，你倒没生病？哦，我明白了！鲍小姐秀色可餐，你看饱了不用吃饭了。"

理解这条成语，首先要弄清什么叫"秀色"。"秀色"就是秀美的姿色，如汉·张衡《七辩》："淑性窈窕，秀色美艳。"引申指优美的景色，如宋·王特起《梅花引》词："山之麓，河之曲，一湾秀色盘虚谷。"这就决定了"秀色可餐"只能形容女子秀丽或景色优美。其次还要弄清"可餐"是什么意思。"可餐"就是可以吃，但在这里却不是说"秀色"真的可以吃，而是极言其美，用李汝珍的话说就是"观之真可忘饥"，用钱锺书的话说就是"看饱了不用吃饭了"。古人常在"秀色"之后加上"若（好像）""几（几乎）""直（简直）"之类的字样，如晋·陆机的"秀色若可餐",宋·楼钥的"秀色几可餐",宋·张耒的"秀色直堪餐",也足以说明这是一种夸张的说法,不是真的可以入口充饥。有人不解其义,把"可餐"坐实为真的可以吃,可以吃的只能是食物,于是便用"秀色可餐"形容食物味美可口。这实在是对这条成语的误解和误用。例如:

(1) 刚烤出的鸭子皮质酥脆,肉质鲜嫩,飘逸着果木的清香……配以荷叶饼、葱、酱食之,腴美醇厚,回味不尽,真是秀色可餐,让人垂涎欲滴。(《淮海晚报》2015年6月12日)

(2) 〔弥渡〕出产一种美味的腌腊美食,名叫"卷蹄"……切开卷蹄,只见肉色粉红鲜嫩,秀色可餐,让人馋涎欲滴。(《春城晚报》2014年1月3日)

(3) 看着秀色可餐的蛋挞从烤箱里出来的那一刻,心里有种说不出的自豪感。(《人民日报》2014年1月14日)

(4) 来自全国各地以及青海当地的特色美食小吃齐聚夏都……青海烤羊肉串、长沙臭豆腐、大连铁板鱿鱼……秀色可餐的美食定会让人流连忘返。(《青海日报》2015年7月11日)

(5) 香喷喷的"鳕鱼排饭",竟来自脏兮兮的出租房;秀色可餐的"香Q鸡饭",居然是三无食品;物美价廉的"精品套餐",其实是毫无保障的"黑心套餐"。(《法制日报》2015年11月11日)

(6) 不仅会吃,李东学也会做,即便不看菜谱,也能做出秀色可餐的美味佳肴。(《信息时报》2014年9月8日)

无论烤鸭、卷蹄、蛋挞,还是烤羊肉串、香 Q 鸡饭,都是"让人馋涎欲滴""流连忘返"的"美味佳肴"。用"秀色可餐"形容这些美食,实在是不伦不类。类似的误用在媒体中随处可见,应该引起我们足够的重视。

2016 年 2 月 14 日

"嫣然一笑"只用于女性

"嫣然一笑"形容女子笑容美好动人。语出战国楚·宋玉《登徒子好色赋》:"臣里之美者,莫若臣东家之子(子:女子)……腰如束素,齿如含贝,嫣然一笑,惑阳城,迷下蔡。"例如清·文康《儿女英雄传》二十八回:"姑娘听了这话,追想前情,回思旧景,眉头儿一逗,腮颊儿一红,不觉变嗔为喜,嫣然一笑。"晚清·刘鹗《老残游记》九回:"那女子嫣然一笑,秋波流媚,向子平睇了一眼。"茅盾《子夜》六章:"嫣然一笑,她仰脸凝视东面天空突转绛色的一片云彩。"欧阳山《三家巷》一五二:"她偶然抬起头,露出她左边脸蛋上那个深深的酒窝儿,对周炳嫣然一笑,像是对他表示一种歉意。"

理解和使用"嫣然一笑"的关键在"嫣"字。《正字通·女部》:"嫣,巧笑态也。"巧笑就是女子俏丽美妙的笑容。《诗·卫风·硕人》"巧笑倩兮,美目盼兮",就是对齐公主庄姜这位美女的传神写照。宋玉使用"嫣然一笑"也是形容东邻美女的。从这条成语的字面义、出处和古今典范用例都可以看出,它只能形容女子,不能用于男子。现在有些人不了解这条成语特定的含义和使用对象,不论男女,只要微笑,便说"嫣然一笑",显然是错误的。请看例句:

(1) 近日某地方电视台的人物访谈栏目中,一位著名民歌歌手做客,养生、工作……无所不谈,她还偏偏谈到了爱情。而这会子她和某汽车集团大鳄的绯闻无人不知无人不晓。知情者听罢不觉嫣然一笑。(《京华时报》2010年12月2日)

(2)每一个残奥选手在运动场上尽情释放自己生命中的潜能,参与是快乐,投入是快乐,赢了是快乐,输了嫣然一笑,同样是快乐。(新华网2008年9月18日)

"知情者"和"残奥选手"有男有女,不可能只是女性,显然不适合使用"嫣然一笑"。

(3)宋代王安石,有一次上朝,路遇提篮的购物者,问曰:"何往?"答曰:"买东西。""为何买东西不买南北?"购物者哑然。王安石嫣然一笑,答曰:"东通于木,西属金,南为火,北为水,中间是土,提篮金木能盛,水火土不能盛也,故曰买东西。"(中一《左手〈黄帝内经〉,右手〈本草纲目〉》,石油工业出版社2009年版)

(4)在他(按,指李连杰)走出家门走下楼梯的时候,回头对我嫣然一笑——在那一刻,我被这笑容震撼了,震得我浑身无力,内心被不知从何翻滚而来的巨浪打得生疼,打得粉碎。(新华网2010年7月6日)

(5)周立波……现身说法:"很多人说春春(按,即李宇春)是草根,人家音乐学院毕业,本来就是音乐人,也有人说我是草根,我都嫣然一笑。"(《东方早报》2010年2月10日)

王安石、李连杰、周立波都是男性,当然更不能说"嫣然一笑"。

与其用错成语,贻笑大方,不如老老实实说"微微一笑",既通俗又准确。如果一定要使用成语,例(1)可以改用"哑然失笑"。"哑然失笑"意思是情不自禁地笑出声来。例如巴金《家》九:"他想起祖父具着赏玩书画的心情同这个姨太太在一起生活的事,不觉哑然失笑了。"例(2)—(4)可以改用"莞(wǎn)尔而笑"。"莞尔而笑"就是微微一笑。语出《论语·阳货》:"夫子莞尔而笑曰:割鸡焉用牛刀!"例如鲁迅《花边文学·一思而行》:"在朋友之间,说几句幽默,彼此莞尔而笑,我看是无关大体的。"孔夫子是男性,可以"说几句幽默"的"朋友"当然也不限性别,可见这条成语不分男女都可以使用。例(5)可以改为"一笑置之"。"一笑置之"指笑一笑把它放在一边,表示不予理睬。例如欧阳山《三家巷》一:"对于这种不负责任的流言蜚语,陈万利并不放在心上……也就一笑置之了。"

2012 年 1 月 14 日

"摇身一变"不用于褒义

"摇身一变"意思是一晃动身子就变成另一种模样。本指神怪小说中神仙或妖怪变化形体的一种法术。语见明·吴承恩《西游记》二回:"悟空捻着诀,念动真言,摇身一变,就变做一颗松树。"例如晚清·吴趼人《二十年目睹之怪现状》六十一回:"幸得吕洞宾知道了,也摇身一变,变了个凡人模样。"后多用来形容人或事物的面貌、身份、态度等一下子有了明显改变。多用于贬义。例如吴玉章《辛亥革命》二十:"他们摇身一变,钻入革命阵营,并把革命的领导权窃取而去。"巴金《静夜的悲剧·月夜鬼哭》:"官僚发财,投机家得利,接收人员作威作福,欺压良民……还有汉奸摇身一变,升了。"唐弢《晦庵书话·序》:"这位'教授'兼书店老板摇身一变,居然成为红极一时的'要人'。"

从吴玉章、巴金、唐弢的典范用例,不难看出这条成语是有感情色彩的。《现代汉语词典》对"摇身一变"的释义是:"……多指坏人改换面目出现。"所谓"多指坏人",当然不是说只指坏人。例如刘绍棠《黄花闺女池塘》五:"胭脂红粉上了脸,簪钗珠翠上了头,彩衣彩裤上了身,金褥子摇身一变换了个人。"金褥子是个普通的农村妇女,不是坏人,说她一经化装便判若两人,并无贬义。这样用是可以的,但是把这条成语用

于褒义,就不妥当了。让我们看一看下面的例句:

(1) 天黑了,陈修和出去买回两套新衣,叫陈毅穿上一套,并在左胸前别上一枚龙华警备司令部的徽章。至此,陈毅摇身一变,开始了在上海的紧张工作。(中国共产党新闻网 2013 年 2 月 19 日)

(2) 时光荏苒,几年过去了,郭德纲从一个默默无闻的相声演员摇身一变,成为了享誉大江南北的明星。(《西安晚报》2010 年 8 月 5 日)

(3) 原本被称为"地球之癌"的石漠化区域,摇身一变成为村民们的"绿色银行"。这一生态治理与扶贫兼顾的模式,得到了国家发改委的充分肯定。(《广西日报》2013 年 1 月 16 日)

(4) 昔日污水横流、气味难闻的臭水沟,摇身一变,成了附近市民散步、休憩的好去处。(《江西日报》2013 年 1 月 7 日)

例(1),1929 年,红四军前委书记陈毅冒着生命危险化装潜入上海,向中共中央汇报工作,说他"摇身一变",感情色彩很不协调。例(2),郭德纲经过多年的打拼,终于成名,绝非一朝一夕之功,也不宜说"摇身一变"。例(3),广西治理土地石漠化取得显著成绩,受到发改委的充分肯定;例(4)昔日的臭水沟经过治理面貌一新,受到群众的欢迎:这两件事都无可贬抑,显然也应换个说法。

许多成语带有明显的感情色彩,这是语言在应用过程中约定俗成的,使用者不能随意改动,否则就会造成误用。这一点必须引起我们足够的重视。

2013 年 3 月 29 日

"一触即发"不等于即将发生

"一触即发"意思是箭在弦上,稍一触动就会发射出去(发:发射)。比喻事态十分紧张,只要一触动就会发生严重的事情。语见梁启超《论中国学术思想变迁之大势》三章:"积数千年民族之精髓,递相遗传,递相扩充,其机固有磅礴郁积、一触即发之势。"毛泽东《苏联利益和人类利益的一致》:"当今年春夏波兰问题紧张,世界大战一触即发的时候,不管张伯伦、达拉第如何没有诚意,苏联还是同英、法进行了四个多月的谈判,企图……制止大战的爆发。"李六如《六十年的变迁》六章:"就像搭在弦上的箭,大有一触即发之势。"夏衍《〈新华日报〉及其他》:"与此同时,胡宗南还集结兵力,准备进攻陕甘宁边区,全面的内战危机一触即发。"

有人把"一触即发"等同于即将发生,不管什么事情,只要即将发生,便说"一触即发",这是对这条成语的误解和误用。这是因为:

第一,这条成语比喻的是事态十分紧张,只要"一触"就会发生严重的事情,而不是简单地预告事情一定会发生或马上就会发生。事情可能发生,也可能不发生,可能早一点发生,也可能晚一点发生,关键就在是否"一触"了。如果一件事情发生的时间已经确定,不管"触"不"触",怎样"触",届时都必

然要发生,说"指日可待""为期不远""即将发生"都可以,唯独不能说"一触即发"。例如:

(1) 亚洲杯一触即发,国足昨日抵达小组赛前两场的比赛地布里斯班,为亚洲杯进行最后冲刺。(《新京报》2015年1月7日)

(2) 今晚,江苏篮坛的两支职业球队将在中天钢铁体育馆进行正面对垒,"江苏德比"一触即发!(《扬子晚报》2014年11月26日)

体育比赛的日期是早就确定了的,无须待触而发,只要没有特殊原因肯定要按期举行,因此不能说"一触即发"。

第二,"一触即发"的只能是矛盾、冲突、战争之类的严重事态,对人们有利的或人们希望见到的事情即将发生,也不能说"一触即发"。例如:

(3) 自贸区试点是深化开放给全中国、全世界一触即发的改革红利。(《上海证券报》2014年12月30日)

(4) 从整个国家大的宏观形势来说,人力资源社会保障的变革一触即发,薪酬福利重要性也与日俱增,薪福金融的概念马上会成为大家关注的一个焦点。(中国新闻网2014年7月28日)

(5) 农业的电商商机一触即发。(《北京晨报》2014年7月7日)

(6) 楼市一触即发,楼市回暖,成交上升。(中国新闻网2014年6月26日)

"改革红利"即将到来(例3),"人力资源社会保障"即将变革(例4),"电商商机"即将出现(例5),都是好事,不会带来丝毫紧张、恐怖的气氛,显然不能说"一触即发"。至于最后一例,如果作者是想说"楼市回暖"一触即发,其错误与前三例同,而说成"楼市一触即发",不仅误用了成语,而且连句子也不通了。

2015年1月14日

"一蹴而就"与"一挥而就"

"一蹴而就"与"一挥而就"只有一字之差,但意思却大不相同,不能混为一谈。

"一蹴而就"语本宋·苏洵《嘉祐集·上田枢密书》:"天下之学者,孰不欲一蹴而造圣人之域。"也作"一蹴而至"。如宋·朱熹《答何叔京》:"由今观之,始知其为切要至当之说,而竟亦未能一蹴而至其域也。"后多作"一蹴而就",意思是踏一步就可以达到(蹴:踏;就:达到,与"造""至"同义)。形容轻而易举就能取得某种成就或完成某项艰巨复杂的任务。多用于否定句或反问句。例如元·任仁发《水利集》卷二:"承鲧,九载之后,又八年于外,三过其门而不入,其劳可知矣,其久可知矣,岂一朝一夕所可一蹴而就哉?"晚清·吴趼人《历史小说总序》:"从前所受皆为大略,一蹴而就于繁赜(繁赜:复杂深奥),毋乃不可。"刘少奇《论共产党员的修养》五:"共产主义事业,真如我们所说的是'百年大业',是决不能一蹴而就的。"杨沫《不是日记的日记》:"科学上的成功哪有一蹴而就的呀!"

"一挥而就"意思是一挥笔就完成了(就:完成)。形容才思敏捷,创作诗文、书画等大笔一挥就能完成。语见宋·朱弁《曲洧旧闻》卷七:"贡父急引疾而出,东坡一挥而就,不日传都下,纸为之贵。"例如明·罗贯中《三国演义》七十一回:"时邯郸淳年方十三岁,文不加点,一挥而就,立石墓侧,时人奇之。"汪曾祺《星斗其文,赤子其人》:"〔沈从文先生〕被称为'多产作家',但是写东西不是很快的,从来不是一挥而就。"

有人没有弄清这两条成语的区别,错误地把它们混为一谈。这种例子在媒体中时有所见,例如:

(1) 任何一部作品的完成都不是一蹴而就的,相对于影视剧本的制作,可能图书的准备时间要更长。(《扬子晚报》2014 年 10 月 16 日)

(2) 文书写作不是一蹴而就的,需要长时间、有条理地去计划……构思……(《新民晚报》2014 年 10 月 22 日)

(3) 她的每幅作品都不是一蹴而就的,有的要画几个月,有的甚至下笔前已构思了一年多。(《江门日报》2010 年 2 月 26 日)

(4) 我大部分的诗都是一触而发、一蹴而就的,很少有反复斟酌的。(《北京青年报》2014 年 7 月 8 日)

以上诸例说的都是创作诗文书画,必须挥笔才能完成,"一蹴而就"显然都应改为"一挥而就"。

(5) "部团建设"是个系统工程,不可能一挥而就。(《解放军报》2014 年 2 月 10 日)

(6) 京津冀地区的水资源短缺问题将是旷日持久的难题,不是一挥而就可解决的短期问题。(《中国科学报》2014 年 8 月 29 日)

(7) 很多代表、专家都认为不能奢望大部制改革一步到位,机构改革不可能一挥而就。(中国网 2013 年 3 月 15

日)

(8) 这么庞大的工程肯定不会一挥而就,总得有一个过程。(中国广播网 2012 年 7 月 4 日)

以上诸例说的都是艰巨复杂的任务,不是大笔一挥就能完成的诗文书画,"一挥而就"显然都应改为"一蹴而就"。

2014 年 10 月 24 日

不要用"一得之见"赞扬别人的见解

"一得之见"指自己对某一问题经过考虑所得到的一点粗浅的见解。语见宋·真德秀《大学衍义序》:"每条之中,首之以圣贤之典训,次之以古今之事迹,诸儒之释经论史有所发明者录之,臣愚一得之见亦窃附焉。"例如明·许仲琳《封神演义》六十八回:"子牙曰:二位之言虽善,予非不知;此是一得之见。"章炳麟《上李鸿章书》:"念今世足以定天保者,无过相国,故不得不鸣其一得之见,以达于持橐之使。"秦牧《〈艺海拾贝〉新版前记》:"本书所谈的,不过是自己在学习和写作过程中的一得之见,不一定很正确。"王朝闻《不与人苟同》:"只要它是言之有物,即便是一得之见,也比某些言不由衷、空洞无物的理论更有值得阅读的价值。"臧克家《京华练笔三十年》:"我希望自己的一得之见,不致贻误读者。"

理解这条成语,首先要弄清什么叫"一得"。"一得"语出《晏子春秋·内篇杂下》:"圣人千虑,必有一失,愚人千虑,必有一得。"《汉语大词典》释为:"一点可取之处;一点长处。后用以谦称自己的意见或心得。"例如明·陈邦瞻《宋史纪事本末·金亮南侵》:"臣有愚虑,请殚一得。"夏丏尊、叶圣陶《文心》二十七:"我愿意把'愚者'的'一得'贡献给诸位同学。"成语"一得之见"通常用作谦词,如果用以评价别人的见解,便带有贬抑的色彩了。前举《封神演义》例,"一得之见"就是姜子牙对伯夷、叔齐反对武王伐纣的言论所做的评价,明显具有贬义。因此最好不要用这条成语肯定或称颂别人的见解。以下例句就值得商榷:

(1) 这里刊发的张柯的文章,提出了他读季羡林散文的一得之见,言之有物,值得推介。(《文汇报》2009年7月16日)

(2) 有一位离休老干部在遍览故宫绘画馆的古代佳作之后说:不见风雨之迹,可有淋漓润泽之感。他确实道出了中国画的妙处,堪称一得之见。(人民网2007年5月18日)

(3) 对于《周易》,天骥师别有会心,每每有一得之见,备课时写在书上,课间讨论,偶有生发,也随手笔录,愈积愈多,稍具规模。(《羊城晚报》2009年3月21日)

(4) 两会上既有领导干部们高屋建瓴的深谋远虑,也有来自最基层的代表委员的心声;既有专家学者的权威观点,也有平头百姓的一得之见。(《新疆日报》2012年1月12日)

前两例是对别人的文章、谈话的评价,既然说"言之有物,值得推介","确实道出了中国画的妙处",显然是充分予以肯定,怎么还能使用"一得之见"这种带有贬抑色彩的成语呢?例(3)是对黄天骥《周易辨原》一书的评介。"一得之见"如果出自黄先生之口,无疑是学者的谦虚,而出自他的学生,对恩师便未免有些不敬了。最后一例,称"两会"上"领导干部"和"专家学者"的发言是"高屋建瓴""权威观点",评价如此之高;

而对来自基层、反映"平头百姓"心声的意见,一概贬为"一得之见",形成鲜明的反差,读起来也让人很不舒服。由此可见,在评价别人的见解时,要慎用"一得之见",而在肯定、赞扬别人的见解时,最好不用"一得之见"。

2012 年 3 月 14 日

"一饭千金"是一顿饭花费千金吗?

2013年5月,某省招商团赴港招商,在香格里拉酒店举行早餐会,参加者约40人,花费4万余元,人均1000元。同年8月28日,《光明日报》就此事发表了一篇题为《奢侈招商与一饭之忧》的评论文章,说:"地方政府的责任在于提升本地区位优势、提高服务水平,把这些做好了,自然就有了平等对话的自信,省却一饭千金的奉迎。"文中的"一饭千金"指的就是一顿早饭人均千元这件事。如果用"一饭千元"表达这个意思,自然没有问题,但该文使用的却是成语"一饭千金","一饭千金"是一顿饭花费千金吗?让我们先来考察一下这条成语吧。

《史记·淮阴侯列传》记载:韩信少年家贫,"从人寄食,人多厌之"。有一次韩信"钓于城下,诸母(母:老年妇女)漂(漂:指漂洗丝絮),有一母见信饥,饭信(饭信:给韩信饭吃)。"后来韩信做了楚王,"召所从食漂母,赐千金"。后遂用"一饭千金"形容受人点滴之恩,给以丰厚的报答。例如唐·沈亚之《旌故平卢军节士》:"夫举食于人,当渴饥之望也,一饭千金,未足者不能十金。"明·费元禄《孟门行》:"不图一饭千金报,不买千金一笑残。"清·王夫之《读通鉴论·肃宗》:"一饭千金,睚眦必报。"郁达夫《沉沦》七:"一饭千金图报易,五噫几辈出关难。"柏杨《感谢、误会、致歉、祝福》："呜呼,'一饭千金酬漂母',感人深矣。"

"一饭千金"这个典故并不生僻,但是有些人不明典故,竟然把它曲解为一顿饭花费千金,纯属望文生义。前举《光明日报》的文章就是一个例证。类似的例子还可以举出一些:

(1) 因为"一饭千金"(按,指郑州市惠济区长兴路办事处主任一顿饭吃掉 8840 元)而被处以党内严重警告处分的官员,不仅没有因此影响仕途或者丢掉官帽,反而在三个月后换了个位置"高升一级"。(新民网 2014 年 1 月 21 日)

(2) 有的人一饭千金,搞什么黄金宴、美女宴,还要以吃珍稀动物为荣;有的人广厦万间,占地数顷,不过庇的不是寒士,而是仅供极少数人享受。(凤凰网 2010 年 2 月 24 日)

(3) 富豪平时一饭千金,不会在乎区区两万多"报名费"。(《羊城晚报》2008 年 12 月 21 日)

对于源于典故的成语,一定要弄清典故,切不可不求甚解,望文生义,这样只能造成误解误用。

2015 年 1 月 15 日

久别重逢能说"一见如故"吗？

"一见如故"意思是第一次见面就像遇到了老朋友(故：故交，老朋友)。语见宋·张洎《贾氏谭录》："李邺侯为相日，吴人顾况西游长安，邺侯一见如故，待以殊礼。"例如元·施耐庵、明·罗贯中《水浒传》五十八回："一个是花和尚鲁智深，一个是青面兽杨志，他二人一见如故。"巴金《诺·利斯特先生》："他第一次看见我，仿佛看见亲人一样，我也有一见如故的感觉。"钱锺书《围城》一："他们天涯相遇，一见如故，谈起外患内乱的祖国，都恨不得立刻就回去为它服务。"

理解和使用这条成语的关键在"如"字。既然是一见"如"故，当然就不是"故"，说故人像故人，就不成话了。因此使用这条成语的前提是：过去不认识，现在第一次见面。如果过去已经见过，久别重逢，就不能说"一见如故"。忽略了这个前提，不管是不是第一次见面，都说"一见如故"，显然是错误的。例如：

(1) 这次近距离的交往使我们有了一见如故的感觉。(《东方早报》2015年2月8日)

(2) 我眼前一亮认出来他就是我儿时要好的玩伴阿枫。我们惊喜不已一见如故。(《彭城晚报》2014年10月15日)

（3）20年后，两人久别重逢，一见如故，很快就坠入了爱河。（《北京青年报》2015年2月11日）

（4）在浪漫转角的邂逅，在轻松的咖啡馆里，一见如故的重逢，这些影像里的生活，是美国褐石家庭街区……的真实写照。（新华网2014年12月8日）

例（1）是作者悼念刘浦江教授的文章中的一句话，二人初次见面是在1998年悼念邓广铭教授时，此次近距离交往是在2002年访问台湾时。说第二次见面有"一见如故"的感觉，当然是错误的。例（2）既然是"儿时要好的玩伴"，可见早就是好朋友，并不是第一次见面；例（3）既然是"久别重逢"，当然也不是第一次见面：这两例肯定也不能说"一见如故"。至于例（4）"一见如故的重逢"的提法就更加荒谬了。"重逢"和"一见"是两个截然不同的概念，怎么能用"一见如故"修饰"重逢"呢？

2015年3月2日

谁和谁"一拍即合"?

"一拍即合"意思是一打拍子,就能同乐曲的节奏相合。比喻双方气味相投,观点相同,很快就取得一致。语见清·李绿园《歧路灯》十八回:"古人云:君子之交,定而后求;小人之交,一拍即合。"例如季羡林《玄奘与〈大唐西域记〉》:"太宗是一个有雄才大略之主,西域的突厥始终是他的一块心病,必欲除之而后快。玄奘是深通世故,处心积虑显扬佛法的和尚,他始终相信:'不依国主,则法事不立。'两个人一拍即合,这就是基础。"陈登科《赤龙与丹凤》一部十八:"既然我们一拍即合,所见略同,我也不瞒你。"刘绍棠《渔火》三章二:"姚六合的内兄土肥原贤二,毕业于士官学校,在陆军特务机关服务,却常常脱下军装,换上便服,到留学日本的中国学生中鬼混;殷汝耕跟他一拍即合,并因此而结识了姚六合,结拜为盟兄弟。"

这条成语不难理解也不难使用,关键是要弄清谁跟谁"一拍即合"。"一拍即合"的对象是人或由人组成的组织机构,"一拍即合"的前提是双方的志趣、观点、利益等相同。只能说两个人或两个组织机构"一拍即合",而不能说两种行为、两个条件、两个问题"一拍即合"。下面诸例中的"一拍即合"都属于误用:

(1)合肥风速较小,空气湿度大,这样的气象条件不利于本地污染物扩散。再加上合肥入冬以来长期干燥无雨，空气中颗粒物的含量本就不少，两者一拍即合，联手促成了空气质量的下降。(《新安晚报》2011年12月22日)

(2) 宜兴于2011年启动"美丽乡村"建设……恰好和十八大提出的"美丽中国"一拍即合。(《新华日报》2013年2月3日)

(3) 更多民资……转战三四线城市，或吸纳商业用地，或投资建设工业园，此举因与当地招商引资政策一拍即合备受欢迎。(《广州日报》2012年2月26日)

(4) 政府的鼓励扶持与企业品牌意识的自我觉醒一拍即合。(《深圳特区报》2009年5月12日)

例(1)可以说两种气象条件交织在一起，促成空气质量的下降，而不能说两种气象条件"一拍即合"。例(2)可以说建设"美丽乡村"的行动同十八大提出的"美丽中国"的精神恰好一致，而不能说行动同精神"一拍即合"。例(3)可以说"转战三四线城市"的做法正好符合当地"招商引资"的政策，而不能说做法同政策"一拍即合"。例(4)可以说"政府"与"企业"一拍即合，而不能说"鼓励扶持"与"自我觉醒"一拍即合。

正因为"一拍即合"是双方的行为，使用这条成语时必须首先交代清楚谁和谁"一拍即合"。只交代了一方，或双方全没有交代，都不能说"一拍即合"。例如：

(5) 文化软实力的提升，有赖于文化产业夯实基础；而文化产业的发展，则有赖于创新精神的发扬。在湖北，"产业＋创新"的模式一拍即合。(人民网2011年12月29日)

(6) 从"请领导先走""请领导先飞""请领导先住""请领导先坐"到"请领导先检查",一连串的事件背后是受益人一拍即合的事实。(光明网 2012 年 6 月 24 日)

例(5)没有交代"模式"同谁"一拍即合"。自己同自己吗?显然不像话。如果是想说"文化产业"和"创新精神"一拍即合,正如本文前面所分析的,也讲不通。其实不如老老实实说文化产业一旦同创新精神相结合,就会得到长足的发展。例(6)只交代了"受益人"(即"领导")一方,没有交代同"受益人"一拍即合的是什么人,显然也不能说"一拍即合"。而网站为该文加的标题是《"请领导先"是一拍即合的错误》,双方都没有交代,错得更加离谱了。

2013 年 3 月 10 日

"一无所有"表示什么都没有

"一无所有"原作"空无所有",语出汉·焦延寿《焦氏易林·兑》:"商人至市,空无所有。"后多作"一无所有",意思是什么都没有,多形容非常贫穷。语见《敦煌变文集·庐山远公话》:"如水中之月,空里之风,万法皆无,一无所有,此即名为无形。"例如明·凌濛初《二刻拍案惊奇》卷二十二:"〔郭信〕看看家人多四散逃去,剩得孑然一身,一无所有了。"清·曹雪芹著、高鹗补《红楼梦》一〇六回:"如今凤姐儿一无所有,贾琏外头债务满身。"鲁迅《呐喊·药》:"街上黑沉沉的一无所有,只有一条灰白的路,看得分明。"沈从文《湘行散记·五个军官与一个煤矿工人》:"一切船只不是逃往下游便是被防军扣留,河面一无所有,异常安静。"何其芳《论阿Q》:"像阿Q那样的劳动人民,除了劳动力而外一无所有,本来是没有忌讳自己的弱点的必要的。"

"一无所有"中的"无所……"是一个固定格式,"所"的指代作用具有周遍性,含有无所不包的意思。"一"是副词,表示总括,意思是"都""一概",强调没有例外。"一无所有"就是什么都没有。这条成语通常用来说明某人什么都没有了,如前举《二刻拍案惊奇》中的"郭信",《红楼梦》中的"凤姐儿"。也可以用来说明某处什么都没有了,如《药》中的"街上",《湘行散记》中的"河面"。如果不是所有的东西都没有了,可以把仅有的东西除外,如《论阿Q》中的"除了劳动力而外"。所谓什么都没有,就是说任何东西都没有,而不是说某种东西或某些东西一点都没有,因此,"图书资料一无所有""行李被褥一无所有"之类的说法都是不妥的。类似的用例在媒体中常常可以见到。例如:

(1) 等他到了柬埔寨,光路费就花掉了4万多元,住了两个月后,所带的现金已经一无所有,他不得不出去找工作。(《金华日报》2014年10月30日)

(2) 为了实现自己发财的梦想,刘某某……每天参与赌博,赌注一天比一天大,结果事与愿违,输得一塌糊涂,身无分文,房子和存款也一无所有了。(中国新闻网2013年3月22日)

(3) 宝庆至衡阳之公路,悉被衡阳居民破坏,运输设备,一无所有。(《解放军报》2014年8月21日)

(4) 张琼芳告诉四川在线记者:"房子全部被推翻,家具什么都一无所有了,现在只能到县城租的房子里住。"(四川在线2014年5月23日)

以上诸例"一无所有"或用来述说"现金"(例1)、"房子和存款"(例2),或用来述说"运输设备"(例3)、"家具"(例4),都是某种事物而不是所有事物,可以说"损失净尽"或"荡然无存",不宜说"一无所有"。

2014年11月25日

"一言九鼎"与诚信无关

让我们先看看从报纸上摘抄的几句话：

（1）诚信就是一言九鼎。（《四川日报》2014年4月4日）

（2）只有这样，"一诺千金""一言九鼎""一言既出驷马难追"这类与诚信有关的词语或典故，才不会简单地停留于纸上，而是真正践行于我们的生活中。（《光明日报》2014年2月13日）

"诚信就是一言九鼎"，"一言九鼎"就是"与诚信有关的词语或典故"，这样的理解或判断是否正确？还是让我们考察一下这条成语吧。

《史记·平原君列传》记载：秦国包围赵国的都城邯郸，平原君到楚国求救，同楚王谈判很久没有结果，平原君的随行人员毛遂按剑上前，对楚王晓以利害，终于说服楚王同意出兵救赵。事后平原君赞扬毛遂说："毛先生一至楚，而使赵重于九鼎大吕。"相传夏禹铸九鼎，象征九州，夏商周三代奉为象征国家政权的传国之宝。九鼎常用来比喻极重的分量，特别是说话的分量。例如宋·范浚《寄上李丞相》："士之仰英风望余光者，冀一见有轻万户之心，得一言若九鼎大吕之重。"后以"一言九鼎"四字成文，形容说话的分量重，作用大。如明·罗洪先《辞张东沙都宪坊金》："善人以劝，是一言九鼎之重也。"

清·冯桂芬《致曾侯相书》:"执事一言九鼎,或有以息其议,甚善。"郭沫若《谢陈代新》:"我们希望有一部新的中国通史,中国思想史,和艺术各部门、文化各部门的专史。就是史纲也好,但要货真价实,一言九鼎,一字千钧,使专家们也要心悦诚服。"姚雪垠《李自成》四卷十九章:"你是大明朝的平西伯,又是关宁大军的总镇,一言九鼎,每一个字都有分量。"李国文《涅槃》:"她对在场的我们介绍:他可是一言九鼎的大人物呀!"

"一言九鼎"的意思是明确的,无论从它的出处,从它的字面意义,还是从古今典范用例,都可以清楚地看出就是形容说话的分量重,与是否诚信毫无关系。有些人位高权重,一言九鼎,但是经常玩弄权术,出尔反尔,毫无诚信可言,古今中外这种人难道还少吗?可见说话有分量同诚信是两个完全不同的概念。例(1)说"诚信就是一言九鼎",例(2)说"一言九鼎"就是"与诚信有关的词语或典故",这样的判断显然是错误的。这样的误解误用在媒体中并不罕见。例如:

(3) 找到了问题、作出了承诺,就必须一言九鼎、兑现承诺,切实加以整改,着力解决问题。(《资阳日报》2014年11月27日)

(4) 一言九鼎宁可自己承担损失也不失信于客户的羊绒企业老总马奇虎……他们都有一个共同的荣誉——"宁夏守法好公民"。(《法制日报》2014年12月4日)

(5) 男子汉说话得一言九鼎,不能让农民工兄弟们白白辛苦一年。(《大河报》2014年12月8日)

这三例的"一言九鼎"表示的都是说话算数的意思,显然是错误的。应该改用"一诺千金"。"一诺千金"意思是许下一句诺言,价值千金,形容说话极讲信用,答应了的事一定做到。语本《史记·季布栾布列传》:"楚人谚曰:得黄金百斤,不如得季布一诺。"例如清·文康《儿女英雄传》二十五回:"邓九公年高有德,出来作这个大媒,姑娘纵然不便一诺千金,一定是两心相印。"李国文《那年故事》:"他允诺过,他是男人,他是一诺千金的男人。""一诺千金"才是"与诚信有关的词语或典故",同"一言九鼎"有明显的区别,二者绝不能混为一谈。

2015 年 1 月 8 日

使用"一衣带水"的三个条件

"一衣带水"意思是像一条衣带那样窄的水面。原形容水面狭窄,后多用来表示两地仅一水之隔,相距很近。语出《南史·陈本纪下》:"隋文帝谓仆射高颎曰:'我为百姓父母,岂可限一衣带水不拯之乎?'"例如明·归有光《送同年李观甫之任江浦序》:"高皇帝定鼎,特以六合分为江浦,以为两县,而属之京兆。盖以畿辅重地,不当为一衣带水所隔。"郭沫若《革命春秋·跨着东海》:"那市川虽然属于千叶县,但和东京仅一衣带水之隔,有电车火车直达东京,要不上半个钟头,便可以到达东京的中心地带。"冰心《樱花和友谊》:"消息传来,隔着一衣带水的中日两国人民都感到非常的高兴。"许铸成《旧闻杂忆补篇》:"去年在港时,听说张汉卿将军曾游金门、马祖,以望远镜遥望祖国大陆。可见海峡真正不过一衣带水,两岸的同胞,目光是经常在空中交织、接触着的。"肖伟中《金融杀手》:"泰国乃中国之友好邻邦,西方称之为中国之准盟国,虽不能说一衣带水,但至少也是唇齿相依。"

使用"一衣带水"表示距离近时,必须同时具备三个条件:第一,说的必须是两个地方或国家;第二,二者之间必须隔着一条水;第三,二者之间的距离必须相对比较近。不具备其中的任何一条,都不能使用这条成语。现在人们经常用"一衣带水"形容中日两国的关系,中日两国隔海相望,距离又比较近,几个条件都具备,使用这条成语非常贴切。而以下诸例,都没有同时具备这三个条件,因此均属误用。例如:

(1) 与上市煤企一衣带水的,是全国各地依靠煤炭而发展起来的各个城市。这些城市包括……吕梁,也包括山西的大多数城市和其他一些省份。(《长江商报》2015年2月16日)

(2) 国与民,在公有制的国家里,本来应该是一对利益共同体,国有企业与民营企业也应该是一衣带水、唇亡齿寒的关系。(《北京晨报》2013年1月17日)

例(1)说的是企业同许多城市甚至省份的关系,例(2)说的是两种不同所有制企业的关系,都不是两地或两国的关系,不具备第一个条件,当然不能说"一衣带水"。

(3) 攀枝花与昆明一衣带水、山水相连,有着悠久的历史渊源和深厚的合作情谊。(《昆明日报》2015年3月14日)

(4) 作为一衣带水的邻国,中国政府对此事(按,指缅甸果敢地区发生武装冲突)高度关注……中缅边境不能乱,缅北地区要稳定,这符合中缅两国和两国人民的共同利益。(《东方早报》2015年3月16日)

(5) 中老是一衣带水的友好邻邦,长期以来,中老人民一直是兄弟加友谊。老挝人民相信中国人,爱中国。(《光明日报》2006年6月23日)

攀枝花在四川,同昆明相距350公里,中间隔着楚雄彝族自治州,两地并非一水之隔,不能说"一衣带水"。中国同缅甸、老挝、越南三国毗邻,近则近矣,但中间并没有江河阻隔,也不具备第二个条件,显然也不能说"一衣带水"。

(6) 中澳是一衣带水的邻国,隔海相望的朋友。(中国新闻网 2012 年 12 月 13 日)

澳大利亚位于南太平洋和印度洋之间,东濒太平洋的珊瑚海和塔斯曼海,西北南三面临印度洋及其边缘海。中澳两国远隔重洋,距离也相对较远,说"邻国"已属不妥,如果再说"一衣带水",那么这条"衣带"也未免太宽了。所以还是换个说法为好。

2015 年 4 月 3 日

使用"贻笑大方"不要叠床架屋

《庄子·秋水》记载,秋天河水暴涨,河伯(河神)自以为了不起,及至见了大海才自愧不如,望洋兴叹,说道:"今我睹子之难穷也,吾非至于子之门则殆矣,吾长见笑于大方之家。"后以"贻笑大方"四字成文,指让专家、内行笑话。例如清·李汝珍《镜花缘》五十二回:"去岁路过贵邦,就要登堂求教,但愧知识短浅,诚恐贻笑大方,所以不敢冒昧进谒。"茅盾《茅盾散文速写集·序》:"如此,全则全矣,未免泥沙俱下,贻笑大方。"王蒙《活动变人形》二十一章:"跟人家谈学问,你处处露怯,贻笑大方。"

这条成语不难理解也不难使用,但是使用时要注意防止叠床架屋。

第一,"贻"就是留下,"贻笑"就是给人留下笑柄,让人家笑话。成语中已经包含了"让……笑话"的意思,如果前面再加上"让人""令人"之类的词语,变成"让人让内行人笑话",就不像话了。例如:

(1) 冀宝斋中所谓的藏品真假不分、混淆视听,不仅叫人贻笑大方,更容易误导青少年,产生极坏的负面影响。(《海南日报》2013 年 7 月 15 日)

(2) 两名警察如此失职、渎职,其上司不但不查处,反

而帮忙护短遮丑,逃脱责任追究,怎不让人贻笑大方?(《烟台晚报》2013年8月24日)

(3)用一个当代的市长当成晋文化的符号且力压晋祠、山西大院、晋商、黄河、关公、老陈醋等晋文化的代表,未免让先人和今人贻笑大方了。(《大连日报》2013年6月26日)

(4)"有丰富的执教经历,有球员经历,了解国际足球,了解亚洲足球,了解中国足球……"当这些条件一公布,便被外界贻笑大方。(《京华时报》2014年2月27日)

"贻笑大方"前面,例(1)加了"叫人",例(2)加了"让人",例(3)加了"让先人和今人",例(4)加了"被外界",语义重复,文不成义。

第二,"大方"和"方家"都是"大方之家"的缩略,原指通晓大道的人,后泛指精通某种学问或技艺的专家、内行。如清·王士禛《池北偶谈·闺秀画》:"三百年中,大方名笔,可与颉颃者不过二三而已。"陈毅《致阿英书》:"敝帚自珍,不值方家一笑。"成语中已经包含了"内行"的意思,如果前面再加上"内行"之类的词语,变成"内行人让内行人笑话",也不像话。例如:

(5)没有调查,没有分析数据……就妄下结论,主观臆断,结果,必然是被外行顶礼膜拜,内行贻笑大方。(考研论坛2014年1月9日)

(6)一些画风不正,画作不佳的所谓画家……到处招摇过市,拉大旗做虎皮……内行人看了这些烂作,贻笑大方。(《文汇报》2013年6月25日)

(7) 让太阳镜专家贻笑大方。(新浪网 2013 年 8 月 6 日)

"贻笑大方"前面,例(5)加了"内行",例(6)加了"内行人",例(7)加了"专家",均属画蛇添足。

使用成语首先要弄清成语的含义,对于成语中已经包含或隐含的意思,就不必重复了,否则就容易叠床架屋。

2014 年 3 月 27 日

"倚马可待"形容文章写得快

南朝宋·刘义庆《世说新语·文学》记载:"桓宣武北征,袁虎时从,被责免官。会须露布文(露布文:檄文),唤袁倚马前令作。手不辍笔,俄得七纸,殊可观。东亭在侧,极叹其才。"说的是大才子袁虎倚着即将出发的战马为桓温起草檄文,立等完稿。后以"倚马可待"四字成文,形容才思敏捷,文章写得又快又好。例如唐·李白《与韩荆州朝宗书》:"必若接之以高宴,纵之以清谈,请日试万言,倚马可待。"明·冯梦龙《醒世恒言》卷二十九:"八岁即能属文,十岁便娴诗律,下笔数千言,倚马可待。"老舍《AB与C》:"这才知道写作的难处,再也不说下笔万言,倚马可待了。"巴人《谈写作》:"'文章本天成,妙手偶得之',中国古时写文章的人,也有以为写文章非天才不办的。所谓'倚马可待''一泻千里',这一类形容天才的成语,不知有多少。"

从"倚马可待"的出处和古今典范用例都可以看出,这条成语只能形容文章写得快,形容天才。现在有人不明典故,没有准确理解成语的含义,便任意扩大它的使用范围,举凡事情很快就能完成,目标很快就能实现等,都说"倚马可待",显然是错误的。例如:

(1) 改革不可能倚马可待。(《北京青年报》2014 年 1

（2）将一个发展落后的西藏与全国一道带入小康社会……不可能倚马可待。(《西藏日报》2015月3月14日）

（3）我们相信在市委、市政府的正确引领下，在天水各界人士的共同努力下，让以花牛苹果为代表的天水果业走向世界……倚马可待。(《天水日报》2014年9月24日)

（4）海南海药的辉煌似乎倚马可待。(《中国证券报》2014年11月4日)

（5）中国队如以种子队和比利时、科特迪瓦、新西兰一组，即使得4分也可能出线，那么奥运前八的指标倚马可待。(《中国青年报》2008年4月18日)

（6）人们在网上发帖反映情况、表达观点，如果……配上相关图片，这说服力立马倍增……"众口铄金"之势倚马可待。(《解放日报》2015年12月23日)

例（1）说的是改革不能"倚马可待"，例（2）说的是西藏进入小康社会不能"倚马可待"，例（3）例（4）说的是一种前景的出现"倚马可待"，例（5）说的是一种目标的实现"倚马可待"，例（6）说的是一种形势的到来"倚马可待"。总之，想要表达的意思都是某种情况很快就会出现或到来，显然远远超出了"倚马可待"的使用范围。

其实要表达这个意思，可用的成语不止一条。前两例可以改用"一蹴而就"。"一蹴而就"意思是踏一步就可以到达，形容一下子就可以把事情办成，多用于否定句或反问句。例如刘少奇《论共产党员的修养》五："共产主义事业，真如我们所说的是'百年大业',是决不能一蹴而就的。"臧克家《学诗断想》:"这不是一件轻易的事,这不是一件一蹴而就的事。"

后四例可以酌情改用"指日可待""翘足而待"或"为期不远"。"指日可待"意思是不用等很久就可以实现。例如清·钱彩《说岳全传》三十一回:"我主上神佑,泥马渡江,正位金陵,用贤任能,中兴指日可待。"陈忠实《白鹿原》十三章:"没有什么人能阻挡北伐军的前进,胜利指日可待。""翘足而待"意思是一抬起脚就可以等到,形容某种情况很快就会出现。例如《史记·高祖本纪》:"大臣内叛,诸侯外反,亡可翘足而待也。"明·罗贯中《三国演义》九十六回:"自今以后,诸人有远虑于国者,但勤攻吾之阙,责吾之短,则事可定,贼可灭,功可翘足而待矣。""为期不远"就不必解释了,只举一个例子。姚雪垠《李自成》四卷一章:"人们看见李自成不断筹划军事,所向贺捷,已经称得上武功炬赫,夺取天下的胜利为期不远了。"

放着现成的好用的成语不用,偏偏要使用自己并不理解的"倚马可待",实在不知道这些作者是出于怎样的考虑。

2016年1月22日

"异军突起"的两种误用

"异军突起"语本《史记·项羽本纪》:"遂强立婴为长,县中从者得二万人。少年欲立婴便为王,异军苍头特起。"这段话是说:秦朝末年,苦秦的民众纷纷揭竿而起,东阳县有一批年轻人杀了县令,聚集起两万来人,要拥立陈婴为王,建立一支与众不同的、不隶属任何人的起义军(苍头:旧注谓士卒皆着黑色头巾,以示与众不同。特起:突起,崛起)。后以"异军突起"四字成文,比喻具有新特点的某种事物或某种力量突然兴起。例如柳亚子《燕子龛遗诗序》:"武昌树帜,余在沪渎,值先烈陈英士先生异军突起。"徐铸成《旧闻杂忆·〈大公报〉在沪出版》:"一九三六年天津'新记'《大公报》出版后,采取了新的编辑方法和经营管理,异军突起,成为北方最有影响的报纸。"邓拓《从石涛的一幅山水画说起》:"作为这支异军突起的新画派的重要代表作之一,石涛的艺术思想和风格久已受到人们的重视。"

理解和运用这条成语的关键是要弄清什么叫"异军"。"异军"就是另外一支军队,本指秦末突然兴起的一支头裹黑巾、与众不同的起义军。所以它只能比喻与众不同、独树一帜的新生力量或事物,而不能用于贬义,比喻坏人坏事。仔细体会一下柳亚子、徐铸成、邓拓的典范用例,有助于把握这条成语的含义、感情色彩和用法。

现在有些人忽略了这条成语的感情色彩,只要什么事物出现了,不管好事坏事,一概谓之"异军突起",这就不妥了。例如:

(1) 近一段时间,教育培训类骚扰短信"异军突起",网络显示,移民留学教育类短信已经被列为去年十大类垃圾短信之一。(《太原晚报》2012年2月24日)

(2) 现在的行贿手段中,性贿赂已异军突起,大有汉武帝选任官僚后来者居上的态势。(人民网 2012年3月30日)

(3) 近年来,全国范围内慢性病的发病有异军突起之势。(《京华时报》2012年12月3日)

(4) 举目今日文学,不是太高雅,就是庸俗得不能登上大雅之堂。小资情调文学和伤痕文学大肆泛滥,情爱文学和侦探文学充斥图书市场,成功阴谋学和富豪学异军突起。(《燕赵都市报》2012年5月14日)

"教育培训类骚扰短信"确实是近年来出现的事物,"性贿赂"虽然非自今日始,于今愈演愈烈也是事实,但二者都是坏事。"慢性病的发病"也不是什么好事。"成功阴谋学和富豪学"的内容虽然不得而知,但肯定是作者想否定的,不然不会把它们同被斥为"泛滥""充斥"的"文学"相提并论。这几例显然都不宜使用褒义成语"异军突起"。

也有人断章取义,置"异军"于不顾,只取"突起"二字,又把"突起"等同于"上涨"。只要是股价、物价等上涨,便说"异军突起"。例如:

(5) 这周,大蒜价格异军突起,涨幅已经超过 10%,均价达到每斤 3 块 8 左右。(人民网 2012 年 6 月 4 日)

(6) 海州办公用房价格"异军突起",与上季度相比环比上涨 17.89%,非常惹眼。(《苍梧晚报》2013 年 7 月 16 日)

(7) 交运设备、工程建设以及铁路基建三大板块昨日异军突起,涨幅分别达到 6.07%、5.43%、4.31%,占据板块涨幅榜前三强。(《南方日报》2013 年 2 月 6 日)

例(5)用"异军突起"形容物价上涨,例(6)形容房价上涨,例(7)形容股价上涨,均属断章取义,任意曲解。

至于像下面这样的用法,便纯属滥用了:

(8) 这边厢市场上风云涌动,那边厢政策异军突起。(《今日早报》2013 年 8 月 15 日)

(9) 林心如与黑人激吻异军突起。(光明网 2012 年 11 月 16 日)

2013 年 3 月 7 日

"意兴阑珊"不是兴味盎然

"意兴阑珊"意思是兴致低落、将尽(意兴:兴致)。语本唐·白居易《咏怀》诗:"几时酒盏曾抛却?何处花枝不把看?白发满头归得也,诗情酒兴渐阑珊。"例如清·王闿运《致赵直牧》:"闿运蜀游三年,失一佳儿,意兴阑珊。杜门守静,家事冗杂,仍复相扰,不足以自奋也。"叶圣陶《倪焕之》十三:"他像是个始终精进的人,意兴阑珊是同他绝对联不上的。"高阳《胡雪岩全传》一部二十二章:"这是从来不曾有过的事,哪怕是王有龄到京里,他被钱庄辞退,在家赋闲的那段最倒霉的日子,也没有这样意兴阑珊过!"林遐《小城的欢乐》:"当我走回来的时候,我才发现夜已很深,人们已经意兴阑珊。"

理解和使用这条成语的关键在"阑珊"一词。"阑珊"是叠韵连绵词,义项很多,但都含有衰败、消沉、零落、将尽的意思。例如宋·贺铸《小重山》词:"歌断酒阑珊。画船箫鼓转,绿杨湾。"清·龚自珍《浣溪沙》词:"香雾无情作薄寒,银灯吹处气如兰,凭肩人爱夜阑珊。"鲁迅《华盖集·"碰壁"之后》:"此刻太平湖饭店之宴已近阑珊。""意兴阑珊"的"阑珊"正是衰落、将尽的意思。"意兴阑珊"同"意兴索然""兴致索然"意思相近,而同"兴味盎然"(形容兴致很高、兴趣很浓)"兴致勃勃"意思相反。现在有人把"意兴阑珊"同"兴味盎然"混为一谈,显

然是把意思弄反了。例如:

(1) 一顿节日晚餐吃了三个小时,大家还是意兴阑珊,言犹未尽。(新华网 2005 年 1 月 17 日)

(2) 在年末的日子里,可以邀上一家好友……买上几样肉蔬入得厨房,小试牛刀,油烟四起,小菜烹就,团团围坐,小酌数盏,酒至微酣,杯盘狼藉,意兴阑珊,好不快哉!(光明网 2013 年 2 月 8 日)

(3) 我们在一起吃饭,如果是一家装修有特色的酒店,或者碰见特别的餐桌和餐具,张玲就扔下酒杯和我们上下左右、意兴阑珊地拍照,娴熟地掏出卷尺丈量,嘴里喃喃自语……(《齐鲁晚报》2015 年 9 月 4 日)

(4) 对于铁路建设和高速公路网的完善,安徽省省长王金山充满期待。在接受记者采访时,他意兴阑珊:"有人讲,到那时候,你想不发展都有人推着你发展,安徽经济将会出现一个发展的'井喷现象'。"(《中国经济周刊》2015 年 1 月 24 日)

(5) 花开了,要多娇艳有多娇艳,没有叶子,气昂昂的决然。美得那么放肆、美得那么意兴阑珊。(《焦作日报》2015 年 3 月 25 日)

例(1)既然"言犹未尽",怎么会"意兴阑珊"呢?显系误用,可以改用"兴味盎然"。例(2)"酒至微酣",已进入佳境,断不会"意兴阑珊",可以改用"兴犹未尽"。例(3)来到喜欢的酒店便迫不及待地拍照,显然不是兴致低落,而是"兴致勃勃"。例(4)既然对未来的发展充满期待,满怀信心,面对记者绝不可能"意兴阑珊",改用"意气昂扬",庶几近之。例(5),不仅成语用得不对,句子也不通。"美得那么意兴阑珊"已经不成话,"气昂昂的决然"更是不知所云了。

2016 年 1 月 17 日

"饮食男女"不是吃吃喝喝的男男女女

"饮食男女"语出《礼记·礼运》:"饮食男女,人之大欲存焉;死亡贫苦,人之大恶存焉。故欲恶者心之大端也。"饮食,指食欲;男女,指性欲。饮食男女指人对吃喝和性的需要,泛指各种生理需要。例如《梁书·敬帝纪》:"夫人之大欲,在乎饮食男女,至于轩冕殿堂,非有切身之急。"清·长白浩歌子《萤窗异草·玉洞珠经》:"自是,饮食男女,一仍其旧,今且有子数人,每言及佛,则赧然不答。"钱锺书《围城》七:"年龄是个自然历程里不能超越的事实,就像饮食男女,像死亡。"洪深《电影戏剧的编剧方法》四章六:"喜洁,本是常态,但像林云这样因洁而废饮食男女之事,却太过了。"

理解这条成语的关键在"男女"一词。"男女"的常用义是男人和女人,但在古代它还有一个引申义,指男女之情,性欲。例如清·黄宗宪《眼前》诗:"眼前男女催人老,况是愁中与病中。"清·吴敬梓《儒林外史》三十回:"杜慎卿笑道:'长兄,难道人情只有男女吗?朋友之情,更胜于男女!'""饮食男女"中的"男女"正是这个意思。现在有些人把成语中的"男女"理解为男人和女人,把整个成语理解为吃饭喝水的男男女女,与原意大相径庭,纯属望文生义。例如:

(1) 目前……不少文化创意园文化难觅、创意更少,反倒是餐饮、购物发达……许多创意园的路数似乎是,与其关门做研发、设计和创意,不如直接卖产品和服务,直接做饮食男女的生意。当然,哪怕卖牛肉面,门面也不能太庸俗,创意的外衣还是要有的。(《羊城晚报》2014年9月17日)

(2) 当餐饮文化已走向文化餐饮的时候,餐厅里不再只有饮食男女,而是一群群有着共同话题的同类。他们……在共享美食的同时,寻求相互的精神慰藉。(《哈尔滨日报》2014年2月13日)

(3) 正因为对美食的钟爱和对爱情、对生活的执着,在此次《味觉大战》节目里,宝仪向万千饮食男女精心推出"约会菜"(按,指适合约会时吃的菜)新概念。(光明网2013年10月28日)

例(1)是说有些所谓文化创意园不致力于文化,却热衷于餐饮,做用餐人的生意。例(2)是说所谓文化餐饮,就是餐厅里的顾客不光吃饭,还要找一点"精神慰藉"。"饮食男女"都同餐饮联系在一起,显然指的都是吃饭的人。例(3)的"饮食男女"被"万千"修饰,毫无疑问指的也是钟爱美食的人。

大概是因为人人都要吃饭喝水吧,有人还进一步把这条成语引申为普通人,一般人。例如:

(4) 我们容易对一个时代或一个人产生主观的想象,但是你真的深入到那个时代,每个人都是饮食男女。比如你看鲁迅他一生的日记,没有轰轰烈烈高举高打的举动,就是今天去买了什么书,今天看了什么电影,昨天见了什么

人……(《华西都市报》2014年9月9日)

(5)芸芸众生,饮食男女,谁没有几个爱好?……有的人喜欢舞文弄墨,有的人喜欢琴棋书画,有的人喜欢古玩收藏,还有的喜欢饮酒,喜欢养鹤……(《新民晚报》2013年12月12日)

例(4)"每个人都是饮食男女",显然是说每个人都是普通人,连鲁迅也不例外。例(5)"饮食男女"同"芸芸众生"连用,更能说明"饮食男女"就是众多的普通人。如此理解和运用,错得更加离谱了。

2014年10月1日

消极事物不说"应有尽有"

"应有尽有"意思是应该有的全都有了。表示人员、设备、货物、材料等一切齐备。语出《宋书·江智渊传》:"时谘议参军谢庄、府主簿沈怀文并与智渊友善。怀文每称之曰:'人所应有尽有,人所应无尽无者,其江智渊乎!'"例如晚清·曾朴《孽海花》四回:"三屉榻考篮里……上层都是米盐、酱醋、鸡蛋等食料,预备得整整有条,应有尽有。"老舍《二马》四:"西门太太今天晚上在家里请客,吃饭,喝酒,跳舞,音乐,应有尽有。"郭沫若《苏联纪行·七月二十五日》:"陈列资料极为丰富。铜像,画像,照片,图片,原稿,投稿,日记,书简,印本,各国的译文……无不应有尽有。"

这条成语不难理解也不难使用,但是要注意它的感情色彩。在《宋书·江智渊传》中,"应有"同"应无"相对成文,"应有"就是"人所应有"的,而不是"人所应无"的。俗话说"什么都有别有病",可见病痛之类的消极事物,是人们所不应该或不愿意拥有的,因此这种事物再多再全,也不宜说"应有尽有"。有人忽略了这条成语的感情色彩,往往造成误用。例如:

(1) 从"中央警卫局"和"解放军总参特别通行证",到"政协、检察工作证",各种假证应有尽有。(《华西都市报》

2012年12月17日)

(2)民宅租屋"变身"制假加工厂,大肆生产多个品牌的假冒调味料,鸡汁、牛肉汁、咖喱粉、辣鲜露调味料,可谓应有尽有。(《新快报》2013年1月14日)

(3)书画市场的赝品交易已成常态,各种制假作假手段应有尽有。(《中国书画报》2014年3月6日)

(4)考场作弊,手段应有尽有。(《华西都市报》2014年3月10日)

无论是假证件,伪劣产品,还是制假方法,作弊手段,都是消极事物,都不是人们应当或愿意拥有的,说"样样俱全""无所不有"是可以的,说"应有尽有"感情色彩就不协调了。

2014年4月10日

老人去世能说"英年早逝"吗?

2012年11月17日《新京报》报道:中国播音界泰斗张颂教授遗体告别仪式在京举行,"'张老满腹才华,还没有来得及倾尽所有的才华,可以说是英年早逝。'回忆起老友,赵忠祥哽咽地表示。"张颂教授生于1936年,卒于2012年,享年76岁。年逾古稀的老人去世,能说"英年早逝"吗?

"英年"是英气焕发的年龄,指青壮年时期。例如明·高启《马援》诗:"汉庭岂少英年将,衰老南征苦自求。"清·袁枚《随园诗话》卷三:"渐看豪气笼人上,不料英年似梦中。"人们常常惋惜那些正处于青壮年时期便过早地去世的人,说他们"英年早逝"。例如清·叶昌炽《缘督庐日记抄·丙子三月》:"英年早逝,良可痛惜。"熊召政《张居正》二卷一回:"更可惜天不假年,隆庆皇帝英年早逝,遂使嘉靖颓风至今绵延不息。"林斤澜《编辑的梦》:"英年早逝的方之,写了一篇冤案小说《内奸》,周游诸大刊物,都敬谢不敏。"中央组织部、中央宣传部《关于广泛开展向全国优秀共产党员罗阳同志学习活动的通知》:"罗阳同志……为我国航空事业的发展作出了突出贡献,他的英年早逝是党和国家的一个重大损失。"

青壮年是多大年纪,没有严格的界定。按照《现代汉语词典》的解释,青年指"人十五六岁到三十岁左右的阶段",壮年指"三四十岁的年纪",那么青壮年的上限应该不超过五十岁。考虑到现在人的平均寿命延长了,我们无妨把"英年"的概念延长到中年。中年是介于青年和老年之间的年龄段,《现代汉语词典》释为"四五十岁的年纪"。前举书证中提到的明穆宗朱载垕(1537—1572)终年35岁,作家方之(1930—1979)终年49岁,科学家罗阳(1961—2012)终年51岁,都属于这个年龄段,说他们"英年早逝"都是可以的。至于老年,无论如何不能称作"英年"。在我国年满60岁的人可以领老年证,说明进入60岁就是法定的老年了。而张颂教授终年76岁,人生七十古来稀,如此高龄还说"英年早逝",显然是说不过去了。

说老年人"英年早逝"的情况,在媒体中时有所见。请看例句:

(1)罗荣桓:英年早逝的第一位元帅。(中国共产党新闻网2013年1月29日)

(2)英年早逝的陈景润,这是数学界的一颗明星。(人民网2009年11月13日)

(3)陈之佛开创了江苏工笔花鸟画的一代新风,但不幸于1962年英年早逝,年仅66岁。(海外网2012年12月5日)

(4)赵丽蓉大师……英年早逝,使人扼腕叹息!(搜狐网2013年2月14日)

(5)马季走了,侯耀文走了,他们的英年早逝让人不由得为相声艺术的前景而担忧。(《西安晚报》2007年12月20日)

罗荣桓(1902—1963)终年 61 岁,陈景润(1933—1996)终年 63 岁,陈之佛(1896—1962)终年 66 岁,均已年过花甲,说"英年早逝"已属不妥。至于赵丽蓉(1928—2000)和马季(1934—2006),同张颂教授一样,逝世时均已年逾古稀,再说"英年早逝",就有些离谱了。当然,大家都觉得他们走得太早了,希望他们能多活几年,这是人之常情,但是我们只能选用更准确的语言表达这种感情,而不能不分年龄一律使用"英年早逝"。

2013 年 4 月 4 日

"鱼目混珠"与"鱼龙混杂"

"鱼目混珠"意思是拿鱼眼睛冒充珍珠。比喻以假充真,以次充好。可以用于事物,也可以用于人。含贬义。语本汉·魏伯阳《参同契·同类合体章》:"鱼目岂为珠,蓬蒿不成槚(槚 jiǎ:楸树)。"例如宋·张商英《宗禅辩》:"今则鱼目混珠,薰莸共囿,羊质虎皮者多矣。"李六如《六十年的变迁》十章:"而有些地方的工头们,也曾组织过'工会'来鱼目混珠。"杨沫《青春之歌》二部三十八章:"可是这些卖国的老爷们不是也在鱼目混珠,也在自称为爱国忧民的志士吗?"刘绍棠《草莽》七:"姑娘,你本是那桑家班的陶红杏,怎敢冒名顶替要当雨点儿的娘?走江湖的女子脸皮厚,也不该如此以假乱真,鱼目混珠呀!"

这条成语容易理解,也不难使用,但是必须弄清谁在"鱼目混珠"。"鱼目混珠"是个主谓词组,"鱼目"比喻假的次的,"珠"比喻真的好的,单说"鱼目混珠","混珠"的当然就是"鱼目",自不待言。如果前面加一个施事者,那么这个施事者也只能是"鱼目"所比喻的人或物。在前举范例中,施事者分别是组织伪工会的"工头们",自称爱国志士的"卖国的老爷们",和冒充雨点儿娘的"走江湖的女子"。如果施事者中也包括"珠"所比喻的人或物,那就成了"鱼目"和"珠"一起"鱼目混珠",显然不成话。交代不清谁在"鱼目混珠",往往造成误用。例如：

（1）事情发生后,各种消息鱼目混珠。(《法制日报》2015年8月17日)

（2）记者调查海参产品市场,发现海参养殖、加工企业鱼目混珠,各类产品良莠不齐。(《人民日报》2013年2月18日)

（3）观赏石价格一路看涨,真伪鱼目混珠,投资存风险。(《沈阳日报》2013年11月28日)

（4）国内葡萄酒市场乱象丛生,真假葡萄酒鱼目混珠。(《现代快报》2015年9月2日)

（5）黔南州第四届兰花艺术展,野生与人工兰花鱼目混珠……部分商贩携带普通人工培育兰花来"赶场",冒充野生名贵兰花销售。(《贵州都市报》2015年3月5日)

例（1）"各种消息"中有真的也有假的,只能说假消息鱼目混珠,不能说"各种消息"鱼目混珠。例（2）"海参养殖、加工企业"有好有坏,不可能所有企业都鱼目混珠。最后三例,只能说伪观赏石、假葡萄酒和人工兰花鱼目混珠,而不能说"真伪〔观赏石〕""真假葡萄酒"和"野生与人工兰花"鱼目混珠。以上诸例的"鱼目混珠"都应该改用"鱼龙混杂"(也可以改用"玉石杂糅"或"薰莸同器")。

"鱼龙混杂"比喻好的和坏的混在一起。过去只用于人,现在也用于事物。例如清·曹雪芹著、高鹗补《红楼梦》九十四回:"现在人多手乱,鱼龙混杂。"晚清·李宝嘉《官场现形记》五十六回:"且说彼时捐例大开,各省候补人员十分拥挤,其中鱼龙混杂,良莠不齐。"古华《芙蓉镇》一章一:"逢圩赶集,跑生意做买卖,鱼龙混杂,清浊合流,面善的,心毒的……什么样的人没有呢?"陈国凯《两情若是久长时》六:"这些年政策开放,搞活经济是件好事,但也不免鱼龙混杂,泥沙俱下。"这条成语用在以上诸例正好合适。

使用"鱼龙混杂"同样也需要交代清楚谁同谁混杂。只有好坏、真假两种人或事物混杂在一起,才能说"鱼龙混杂"。如果只有坏的假的,即只有"鱼"没有"龙",那么"鱼"同谁混杂呢?显然也不成话。例如:

(6)车站地区假饮料鱼龙混杂。(《华东信息日报》2006年2月27日)

(7)作为一名普通消费者……担心的就是……一些高仿的伪劣产品鱼龙混杂……让我们欲哭无泪。(中国广播网2014年8月5日)

例(6)说"假饮料"鱼龙混杂,例(7)说"伪劣产品"鱼龙混杂,都只交代了"鱼",而没有交代同它混杂的是谁,显然不成话。可以把成语一律换成"鱼目混珠",也可以分别改为"真假饮料鱼龙混杂","伪劣产品和合格产品鱼龙混杂"。

2016年1月6日

"玉石俱焚"焚的是"玉"和"石"

"玉石俱焚"意思是美玉和石头一起烧毁,比喻好的坏的一同毁灭。语出《尚书·胤征》:"火炎昆冈(炎:焚烧;昆冈:即昆仑山,盛产美玉),玉石俱焚。"例如宋·周密《齐东野语·道学》:"此圣门之大罪人,吾道之大不幸,而遂使小人得以借口为伪学之目,而君子受玉石俱焚之祸者也。"明·罗贯中《三国演义》四十一回:"如肯来降,免罪赐爵;若更执迷,军民共戮,玉石俱焚。"沈从文《劫余残稿·传奇不奇》:"一个是冬生的老母,只担心被迫随同逃入老虎洞里的冬生,在混乱中会玉石俱焚,和那一伙强人同归于尽。"

理解和使用这条成语要扣准"玉""石"二字。"玉""石"分别比喻好的和坏的。只有好的和坏的一同毁灭,如前举书证中周密所说的"小人"和"君子",《三国演义》中的"军"和"民",沈从文笔下的"冬生"和"强人",才能说"玉石俱焚"。如果毁灭的都是好的,或都是坏的,或分不出谁好谁坏,都不能使用"玉石俱焚"。有人忽略了这一点,不管是好的还是坏的,只要一同毁灭,便说"玉石俱焚",以致造成误用。例如:

(1) 去年的大邱田径世锦赛,罗伯斯销魂一拽……[刘翔到手的金牌飞走了,罗伯斯的冠军也被最终剥夺,弄得个玉石俱焚。(《三湘都市报》2012年2月20日)

(2) 纵观董洁与潘粤明之间的是是非非,从彼此猜忌、怀

疑、防备、攻击,对抗步步升级,最后演变为骂街般的互相揭短,两败俱伤,玉石俱焚。(《深圳特区报》2013年3月15日)

(3)不是情妇真的要"反腐",因为情妇与贪官还是感情和利益共同体,倘若玉石俱焚之后,贪官丢官,情妇也会跟着倒霉。(《新华每日电讯》2013年5月15日)

(4)文强卖官老婆牵线玉石俱焚警醒谁?(中国共产党新闻网2010年2月2日)

罗伯斯和刘翔都是世界顶尖的运动员,受到损害的刘翔固然是"玉",但犯规的罗伯斯也很难说就是"石"。董洁和潘粤明两个演员,竟然"骂街般的互相揭短",实不足取,但是还不能断定两人就有玉石之别。贪官固然是"石",但情妇也不是"玉"。至于文强和他的老婆,本来就是一丘之貉、两块顽石,跟"玉"更不沾边了。因此以上诸例都不能使用"玉石俱焚"。

"玉石俱焚"与"同归于尽"不同。"同归于尽"可以用于好的和坏的一同毁灭,也可以用于同是好的或同是坏的一同毁灭,就这一点来说,使用范围比"玉石俱焚"要宽。例如老舍《四世同堂》四十二:"他准知道,年轻人不走,并救不活老人,或者还得与老人们同归于尽。"刘流《烈火金钢》二十三回:"他把两颗手榴弹一齐拉响,和敌人同归于尽。"冯铿《红的日记》:"一切他妈的苛捐杂税全都跟着那失去的反动势力同归于尽了。"前引例(3)例(4)都可以改为"同归于尽"。例(1)可以改为"两败俱伤"(争斗的双方都受损伤,谁也没有得到好处)。至于例(2),已经用了"两败俱伤",删掉"玉石俱焚"就可以了。

2013年8月4日

罪犯落网不能说"在劫难逃"

"在劫难逃"原指命中注定要遭受灾难,无法逃脱。现借指某种不希望发生的灾难一定要发生,要避免也避免不了。语本元·无名氏《冯玉兰夜月泣江舟》三折:"那两个是船家将钱觅到,也都在劫数里不能逃。"后以"在劫难逃"四字成文。例如姚雪垠《李自成》三卷五十七章:"周王想回护黄澍,叹口气说:'这是天数啊!不然何以开封不陷于贼手,而陷于黄水呢?天数,天数,在劫难逃啊!'"梁实秋《雅舍小品·幸灾乐祸》:"对于那些在劫难逃的人,纵不恫伤,至少总有些同情。"叶林、徐孝鱼《没有门牌的小院》:"'院士'们聚在屋檐下,好一阵子相对无言。唉,看起来,芸芸众生,都在劫难逃哟!""在劫难逃"也作"劫数难逃"。如晚清·吴趼人《发财秘诀》三:"后来王师到时,全城被戮,可见劫数难逃。"古华《芙蓉镇》三章:"多少年来,老谷渴想成家立室,品尝天伦乐趣,都没有付出这个代价。这回是身不由己,劫数难逃。"

理解这条成语首先要弄清什么叫"劫"。佛教认为世界经历若干万年毁灭一次,然后又重新开始,如此周而复始,每个周期叫一"劫"。一"劫"中包括成、住、坏、空四个时期,称为"四劫"。"住劫"期间世界相对稳定,到了"坏劫",火、水、风三灾相继出现,世界遂趋于毁灭。"劫"本来是一个表示宏观时间的概念,因为"劫"中包含了这些注定要发生的灾难,便把天灾人祸也称为"劫"或"劫数"。"在劫"或"在劫数里",就是说命中注定必然要遭受灾难。这种灾难不是受难者的过失招致的,受难者是无辜的,也是无法逃脱的。人们把那场使无数无辜者惨遭迫害的"文化大革命"称为"十年浩劫",便是一个非常恰当的例子。而那些违法犯罪的人落入法网遭到惩罚,完全是咎由自取,自食其果,绝对不能称之为"在劫难逃"。使用"在劫难逃"一定要扣准这一点,否则就会造成误用。例如:

(1) 此次反腐运动的广度、深度前所未有,发出了一个"这次你在劫难逃"的强烈信号。(《环球时报》2014 年 12 月 3 日)

(2) 警察把电话打过去,张某某知道在劫难逃,于 9 月 1 日投案自首,供认了犯罪事实。(《大连晚报》2015 年 5 月 11 日)

(3) "听说公安机关在搞大会战,就预料到自己这次肯定是在劫难逃了。"……涉嫌敲诈勒索藏匿多时的胡某说完话……等待民警给他戴上手铐。(《平原晚报》2014 年 12 月 3 日)

(4) 法庭最终审定:李乘龙在 1991 年到 1996 年任玉林市委书记期间,收受贿赂合计人民币 374 万多元……死刑,在劫难逃地降临在他的头上。(《文摘报》1999 年 9 月 5 日)

以上诸例,都把"在劫难逃"用于犯罪分子,显然是用错了对象。前三例,可以改为"难逃法网",最后一例可以改为"不可避免"。

2015 年 7 月 31 日

"责无旁贷"的种种误用

"责无旁贷"指自己应尽的责任，不能推卸给旁人（贷：推卸）。语见清·林则徐《复奏稽查防范回空粮船折》："其漕船经过地方，各督抚亦属责无旁贷，着不分畛域，一体通饬所属，于漕船回空，加意稽查。"例如孙中山《同盟会宣言》："此不独军政府责无旁贷，凡我国民，皆当引为己责者也！"钱锺书《围城》五："这时候，他深恐济危扶困，做'叔叔'的责无旁贷，这侠骨柔肠的好差使让给鸿渐罢。"姚雪垠《李自成》一卷十二章："她一向率领老营，在突围时仍旧率领老营，责无旁贷。"

理解和使用这条成语的关键在"责"字。"责"指自己应尽的责任。"责无旁贷"同"义不容辞""当仁不让"都含有遇事不推脱的意思，区别在于："责无旁贷"强调的是责任，"无旁贷"的必须是自己的责任；"义不容辞"强调的是道义，表示按照道义不容许推辞，"不容辞"的都是理应承担的事，但不一定是自己的责任；"当仁不让"强调的是情理，表示面对应该做的事勇于承当，决不推诿，"不让"的更不一定是自己的责任。只有表示不能把自己应尽的责任推卸给别人，才能说"责无旁贷"。因此使用这条成语必须切实注意以下几点：

第一，不是自己应尽的责任，不能说"责无旁贷"。例如：

（1）广东省军区明确要求，各军分区要……推荐一个人武部参加省军区的评比性考核。推荐哪一个单位参加省军区考核成了肇庆军分区争论的焦点。有的认为端州区人武部最好不参考,要是考不好,标兵就砸了;有的认为端州区人武部是标兵单位,参加考试责无旁贷。(《中国国防报》2015年5月25日)

(2)王刚说:"之前我们就特别想合作拍摄电视剧,所以当丁志诚找到我,我责无旁贷就答应,这种感觉特别幸福,也完成了我多年的夙愿。"(中国新闻网2014年10月20日)

(3)到了场上不管对手实力怎样,我们必须得力拼。球队现在的目标只有一个,就是以小组第一身份获得出线权,责无旁贷。(《京华时报》2015年3月29日)

军区要求只推荐一个单位参加考核,不是每个单位都必须参加,未被推荐参加考核并非推卸责任。因此不能说"责无旁贷",可以改为"义不容辞"。接受邀请拍摄电视剧是王刚的愿望,不是应尽的责任,接受与否都可以;以小组第一身份出线是球队的奋斗目标,实现不了也不算没有尽到责任。因此这两例也不能说"责无旁贷"。例(2)可以改为"二话没说"或"毫不犹豫",例(3)可以改为"别无选择"。

第二,没有尽到责任,不能说"责无旁贷"。例如:

(4)官员升迁要有组织部门的提名和纪委的考察,就是为了提前查出"病"来。而"带病提拔"的存在,就像伯乐选了匹劣马,马的问题固然要解决,伯乐同样责无旁贷。(《齐鲁晚报》2015年4月13日)

(5) 对没能及时遏止排污企业的污染行为,环保部门也责无旁贷。(《长江日报》2014年7月22日)

(6) 这位曾经率领巴西队赢得1994年美国世界杯的功勋教头,对这次巴西队的溃败也是责无旁贷。(《信息时报》2014年7月10日)

这三例说的是伯乐选了劣马,环保部门没有遏止环境污染,教练率领球队吃了败仗。工作出了问题,不是他们应尽的责任,而是他们没有尽到责任。因此只能说他们"难辞其咎",绝不能说他们"责无旁贷"。

第三,出了问题,受到问责,更不能说"责无旁贷"。例如:

(7) 对于发生在德惠的宝源丰禽业公司的特大火灾爆炸事故,虽然市委书记和市长不是最直接的责任人,但是问责起来,是责无旁贷的。(《钱江晚报》2014年8月15日)

(8) 如一些官员仍在重大决策方面失误、失败,乃至造成重大损失,受到责任追究责无旁贷。(光明网2014年11月8日)

出了问题受到问责,不是应尽的责任,当然更不能说"责无旁贷"。例(7)可以改为"难辞其咎",例(8)可以改为"理所当然"或"罪有应得"。

第四,不能说"责无旁贷的责任"。例如:

(9) 激发市场活力、加强市场监管、提供公共服务、营造良好环境等方面,都是政府责无旁贷的责任。(《人民日报》2013年11月15日)

(10) 在市场经济条件下,用人单位追求经济利润最大化无可厚非,但保障社会公平就业、维持市场经济健康运行,也是用人单位责无旁贷的社会责任。(《光明日报》2015年3月31日)

(11) 承前启后,对于以习近平同志为总书记的新一届中央领导集体,坚持和发展中国特色社会主义是责无旁贷的政治责任。(《北京日报》2015年2月9日)

"责无旁贷"本身就是主谓结构,在句子中经常充当谓语,其中的"责"就指自己应尽的责任。如果再用这条成语修饰"责任",就会叠床架屋,语义重复。以上诸例的"责无旁贷"都可以改为"不可推卸"。"责无旁贷的责任"之类的病句,即使在中央和省市自治区的报纸上也屡见不鲜,更应引起大家的广泛注意。

2015年12月3日

"张冠李戴"不等于"冒名顶替"

"张冠李戴"意思是姓张的帽子戴到姓李的头上。比喻弄错了对象或事实。语本明·钱希言《戏瑕》卷三:"张公帽儿李公戴。"例如清·刘熙载《艺概·词曲》:"未有可以张冠李戴,断鹤续凫者也。"晚清·吴趼人《〈两晋演义〉序》:"尤不可张冠李戴,以别朝之事牵率羼入,贻误阅者。"巴金《一封信》:"江青甚至张冠李戴,把崔颢的《黄鹤楼》说成是李白的诗,把《醉打山门》里的《寄生草》说成是关汉卿的作品。"张武《看"点"日记》:"其中许多生动事例都是从我的日记里提炼出来的,虽然有时难免出现张冠李戴,驴唇不对马嘴的笑话,但那是别人的过错,不是我的责任。"熊召政《张居正》四卷三十五回:"张四维家的祖坟,可能被人挖过,不然,他不会无中生有写揭帖给皇上。但是,若把这罪名安在冯公公身上,则未免张冠李戴。"

使用"张冠李戴"有两点要注意。一、弄错了对象或事实,可能是出于疏忽,也可能是出于无知,不一定是有意为之。二、弄错了对象或事实,肯定会出差错、闹笑话,但不一定是干了坏事,造成严重的后果。现在有人把有意冒充别人去干坏事,也说成"张冠李戴",就同这条成语的原意不符了。例如:

(1) 黄某曾……因酒后驾驶机动车被……处罚过,如果今天晚上再因为酒后驾驶被处罚,就要被行政拘留。于

是,就想出了张冠李戴一计,用表弟的名字来代替自己,企图躲避拘留。(《嘉兴日报》2015年4月21日)

(2) 在出入境管理部门工作12年来,丘群珍在办证过程中……通过人像比对,发现企图张冠李戴、冒用他人资料办理证件的虚假申请21起。(《梅州日报》2015年6月4日)

(3) 骗子使用黑客程序破解用户密码,然后张冠李戴冒名顶替向事主的QQ好友借钱,如果对方没有识别很容易上当。(《齐鲁晚报》2015年1月12日)

(4) "名医被出诊"的三种形式:一是"张冠李戴"型,医疗机构和某些名医签好协议,或是根本没有协议生成,专家未到医院出诊,医院让其他医生冒名顶替……(《生命时报》2014年3月7日)

(5) 除了以假乱真,还有张冠李戴。据公安机关介绍,在一些农村地区,有些人专门收购农民群众的身份证、户口本等,然后再倒卖给他人。(《人民日报》2014年7月16日)

例(1)是说为了逃避处罚,故意"用表弟的名字来代替自己"。例(2)是说为了蒙混出国,"冒用他人资料办理证件"。例(3)是说假冒事主向好友借钱。例(4)是说假冒名医出诊欺骗患者。例(5)是说倒卖身份证、户口本,供人冒名使用。总之都是有意假借别人的名义干坏事,而不是弄错了对象或事实,显然都不能使用"张冠李戴"。诸例的"张冠李戴"可以改用"冒名顶替"。其中例(3)已经用了"冒名顶替",只需删掉"张冠李戴"就行了。

"冒名顶替"意思是假冒别人的名字或名义,代替他去做事或是窃取他的权益、地位。语见明·吴承恩《西游记》四十九回:"你这和尚,甚没道理!你变做一秤金,该一个冒名顶替之罪。"晚清·李宝嘉《官场现形记》五十六回:"冒名顶替,照考试定章办起来自要斩立决的。"张天翼《速写三篇·谭九先生的工作》:"在这次抽调壮丁的那件事上,他老先生竟暗中找些人去冒名顶替,从中揩油水哩。"刘绍棠《草莽》七:"姑娘,你本是那桑家班的陶红杏,怎敢冒名顶替要当雨点儿的娘?走江湖的女子脸皮厚,也不该如此以假乱真,鱼目混珠呀!"这条成语放在以上诸例中正好合适。

2016年4月12日

不要滥用"折冲樽俎"

"折冲樽俎"语本《晏子春秋·内篇杂上》:"仲尼闻之曰:'善哉! 不出樽俎之间,而折冲于千里之外,晏子之谓也。'""樽俎"是古代盛酒食的器具(樽:酒杯;俎:祭祀或宴会时盛放牲体或其他食物的礼器),借指宴席。"折冲"意思是使敌人的战车后退,即制敌取胜(折:反转回去;冲:古代一种战车,用来冲城攻坚)。后以"折冲樽俎"四字成文,指不使用武力而在酒席宴会上制敌取胜。也泛指进行外交谈判。例如晋·张协《杂诗》之七:"何必操干戈,堂上有奇兵;折冲樽俎间,制胜在两楹。"晚清·曾朴《孽海花》六回:"总算没有另外赔款割地,已经是他折冲樽俎的大功,国人应该纪念不忘的了。"鲁迅《准风月谈·外国也有》:"我还希望他们在外国买有地皮,在外国银行里另有存款,那么,我们和外人折冲樽俎的时候,就更加振振有辞了。"徐迟《火中的凤凰》:"回电来了,国家图书馆要买这部书。手持来电,经理先生和那古董商人折冲樽俎了几天,后来终于开了口,索价一万元。"

这条成语虽然不大好懂,但意思很明确,只要懂了便不难使用。可惜现在有人并没有弄明白它的意思,或断章取义,或任意曲解,结果错得一塌糊涂。例如:

(1) 在济公杯和长城杯的大赛中,宁阳虫(按,蟋蟀名)

又折冲樽俎,独占鳌头。(《十月》2002年2期)

(2) 房地产业造就了大批富豪,我们可以看到,在每年的富豪榜上,房地产商折冲樽俎、笑傲诸兄。(《中华工商时报》2008年11月28日)

例(1)说的是"宁阳虫"在蛐蛐大赛中接连取胜,独占鳌头。例(2)说的是"房地产商"腰缠万贯,力压群富。句中的"折冲樽俎"虽然都有制敌取胜的意思,但并非在酒席宴会上、外交谈判中取胜,充其量只相当于"折冲",与"樽俎"无关,显然是断章取义。

(3) 大权在握的王雁,成了商家争相结交的首选人物。王雁也颇热衷此道,整天忙于折冲樽俎、推杯换盏。(《市场报》2004年1月2日)

例(3)说的是青岛市崂山区一号人物王雁整天忙于在酒席宴会上同商家"推杯换盏"。句中的"折冲樽俎"同"推杯换盏"连用,可见二者意思相近。如此使用,虽然同"樽俎"沾一点边,但与制敌取胜毫无关系,无疑也是断章取义。

(4) 按照民族属性划分,中东主要有四大力量极:阿拉伯人组成的阿拉伯世界;波斯人为主体的伊朗;突厥人构成的土耳其;犹太人建立的以色列。若干年来,这几大力量极的实力此消彼长,相互折冲樽俎,形成复杂微妙的地缘生态格局。(《人民日报》海外版2015年4月18日)

(5) 当美国自身被次贷危机所苦时,对冲基金折冲樽俎、大肆做空就变得不可容忍,索罗斯等人再也不具有道德上与市场中的优势。(《重庆晨报》2011年7月29日)

(6) 中国首瓶干红,唯昌黎折冲樽俎。(《光明日报》2008年8月11日)

例(4)似乎是说"四大力量极"之间多年来明争暗斗,实力此消彼长。如果猜得不错,这个意思同"折冲樽俎"毫无共同之处,显系任意曲解。至于最后两例,何谓"对冲基金折冲樽俎",何谓"昌黎折冲樽俎",实在百思不得其解,看来纯属滥用了。

2016年4月18日

不要曲解和滥用"正中下怀"

看足球实况转播,常常会听到一个成语"正中下怀"。体育记者也喜欢使用这条成语。他们所谓的"正中下怀"是什么意思呢?有一篇报道明确地回答了这个问题:"法国队有过多次射门的机会。可是,不是射偏了就是射高了,而那不偏不倚的球又总是被……守门员牢牢地抱在怀中,可谓正中下怀!"(人民网 2002 年 6 月 5 日)可见,对方射来的球被守门员抱在怀里,就是所谓的"正中下怀"。请看例句:

(1)作为高家军国门主力,〔杨智〕全场比赛表现中规中矩,上半时对方两次射门都正中下怀。(搜狐网 2010 年 11 月 17 日)

(2)罗本创造了点球机会,射门却正中下怀。(《体坛周报》2012 年 4 月 14 日)

(3)诺伊尔虽然在比赛中刷出了 4 次扑救的数据,但是大多数都是对方绵软无力或是正中下怀的射门。(《中国日报》2012 年 2 月 27 日)

"正中下怀"意思是正好符合自己的心意。语见元·施耐庵、明·罗贯中《水浒传》六十三回:"蔡福听了,心中暗喜:如此发放,正中下怀。"例如晚清·曾朴《孽海花》三十一回:"彩云本在那里为难这事,听了这话正中下怀。"朱自清《子恺漫画代序》:"知道你的漫画将出版,正中下怀,满心欢喜。"周瘦鹃《迎春时节在羊城》:"我原是被花市像吸铁石一般吸引来的,如今有了这识途老马,正中下怀,于是忙不迭地跟着就走。"

"怀"本指胸部或胸前,引申指心意。"下"是谦辞,指自己。"下情"就是自己的情况,"下忱"就是自己的想法,"下怀"就是自己的心意。"中"(zhòng)是符合。因此这条成语只用于第一人称,即说话人表示别人的说法、做法或某种客观情况正符合自己的心意。前面举的三个例子,其中的"正中下怀"同这条成语的意思迥然不同,人称也不符,显然都犯了望文生义的错误。

有人也知道这条成语说的是正好符合心愿,但是由于没有弄懂"下"是谦称自己,误以为不管符合谁的心愿,都可以说"正中下怀"。而且为了把话说得更明确,还把那个"谁"镶嵌在成语中间,创造性地构成"正中××下怀"的固定格式。例如:

(4) 正在此时,鲁桓公派人前来求亲。正中齐僖公的下怀,立即满口应允。(《大众日报》2012年3月29日)

(5) 美国新亚洲战略正中日本下怀。(《中国青年报》2012年5月2日)

(6) 感情和情绪用事都不是科学理性的方法,一旦情绪化和感情用事,就可能正中别人下怀,被别人利用。(《解放日报》2012年4月11日)

说话人既不是"齐僖公""日本",也不是"别人",何劳替人家谦虚?

（7）第34分钟特维斯禁区左侧怒射正中对方门将下怀。(人民网2012年4月23日)

此例的"正中对方门将下怀"，既把"守门员"镶嵌在"正中……下怀"这一格式之中，又用"正中下怀"形容守门员把球抱在怀里，可谓集两种错误于一身了。

"正中下怀"是成语，成语就有固定的形式、固定的意义和用法，使用者只能严格遵守，绝不能任意曲解、滥用和擅自改动。

2012年5月23日

"指日可待"用于希望实现的事

"指日可待"意思是某种目的或希望不久就可以实现(指日:指明日期,即为期不远;待:期待)。语见宋·司马光《乞开言路状》:"以为言路将开,下情得以上通,太平之期,指日可待也。"例如清·钱彩《说岳全传》三十一回:"是以我主上神佑,泥马渡江,正位金陵,用贤任能,中兴指日可待。"梁启超《罗兰夫人传》:"罗兰夫人之理想,今已现于实际,以为太平建设,指日可待。"陈忠实《白鹿原》十三章:"没有什么人能阻挡北伐军的前进,胜利指日可待。""指日可待"也作"指日可期"。如宋·韩琦《永兴军乞移乡郡》:"疆候平谧,指日可期。"也作"指日可望"。如张资平《冲积期化石》:"县城中学毕业,升进省城的高等,省城的高等毕业,升进京城的大学。进士翰林的学位,指日可望。"

从古今典范用例可以看出,"指日可待"率用于大家或说话人自己希望实现的事。从"指日可待"又作"指日可期""指日可望"也可以看出,这条成语确实含有期待、期望的意思。人们不希望看到的事即将出现,显然不宜说"指日可待"。例如:

(1) 甲午战败,胶州湾也被割让,形势危急,当时士人(包括官僚)有一种瓜分指日可待的危机感,认为必须采取更

快的方式来避免危险。(《中华读书报》2000年8月16日)

(2) 正如一位反腐专家指出的,年纪轻轻就"四风"缠身,不知道敬畏法律,不屑于深入群众,蜕变成腐败分子也就指日可待了。(《人民日报》2013年8月30日)

(3) 如果他们听说皇帝已经去世,朝廷想要杀戮诸将,一定会联合起来进攻长安。如果这样的话,内有叛臣,外有反将,汉家天下的灭亡可就指日可待了。(张惠诚《天变:中国历代宫廷政变全景·诛诸吕周勃安刘》,中国长安出版社2007年版)

没有人希望中国被列强瓜分(例1),谁也不愿看到国家干部腐化堕落(例2),汉朝的灭亡更不是说话人郦商期望的事(例3),以上三例显然都不宜使用"指日可待"。可以改用"为期不远"。"为期不远"意思是要不了很长时间,希望与不希望发生的事都可以用。例如清·无垢道人《八仙得道》十五回:"现在信了令弟之话,害你一命,不久,他俩仍要吃令弟的亏。决没有好结果!为期不远,你等着瞧吧!"姚雪垠《李自成》四卷一章:"人们看见李自成不断筹划军事,所向贺捷,已经称得上武功烜赫,夺取天下的胜利为期不远了。"这条成语用于上述诸例完全合适。

2015年4月5日

"趾高气扬"是贬义成语

2013年11月21日《解放军报》发表了题为《党员干部要学会用群众的语言说话》的文章。文章介绍一位领导干部用通俗的比喻向人们解读加入WTO的利弊:"好比小商贩要进WTO这个大市场。没有加入WTO,只能偷偷摸摸混进去,找个犄角旮旯做买卖,城管、税务一来就躲,流氓地痞来欺侮只能忍着;加入后呢,趾高气扬地进去,有固定的门市和摊位,合法经营,照章纳税,承担责任义务,享受平等待遇和权利。"说加入WTO以后,小商贩便可以"趾高气扬"地进入市场,这个成语用在这里是否妥当?

《左传·桓公十三年》记载:楚国的屈瑕出兵攻打罗国,斗伯比去送行,回来以后对他的车夫说:"莫敖必败,举趾高,心不固矣。"意思是莫敖(官名)屈瑕一定会失败,因为士兵走路脚抬得很高,表现出傲慢轻敌而斗志松懈的样子。果然,楚军大败,主帅也上吊死了。又《战国策·齐策三》:"今何举足之高,志之扬也。"后以"趾高气扬"四字成文,形容骄傲自满,得意忘形。例如明·冯梦龙《东周列国志》八十五回:"〔乐〕羊受觞饮之,趾高气扬,大有矜功之色。"晚清·李宝嘉《官场现形记》三十八回:"单说这戴世昌自从做了总督东床……有了这个靠山,自不免有些趾高气扬,眼睛内瞧不起同寅。"范长江

《塞上行·从嘉峪关说到山海关》:"从外表精神看,最趾高气扬的,是日本宪兵,最无精打采的要算中国路警。"萧乾《南德的暮秋·纽伦堡战犯营》:"佩戴卐字章的党卫军,趾高气扬地由这古老街市走过。"

从"趾高气扬"的出处和古今典范用例都可以看出,这是一条感情色彩鲜明的贬义成语。前举《解放军报》的文章,说一个原来要"偷偷摸摸"混进市场的无照摊商,现在可以自由自在地进入市场,不必躲躲藏藏、忍气吞声了。仅仅是有了营业执照,取得了合法地位,有什么可以"趾高气扬"的呢?如果为了同此前的"偷偷摸摸"对举,说个"大摇大摆"也就足够了。而且小商贩合法进入市场,无论对市场对商贩都是件好事,为什么要用贬义成语加以贬抑呢?这样使用显然不妥。

遗憾的是,由于不注意这条成语的感情色彩而造成误用的例子时有所见:

(1)中新社济南10月16日电……最早获得金牌的代表队——由八十九人组成的宁夏体育代表队在今晚的开幕式上可谓"趾高气扬"。(中国新闻网2009年10月16日)

宁夏体育代表队并不是一支强队,因为在率先举行的女子短道速滑比赛中夺得一枚金牌,说他们此刻信心倍增、踌躇满志是可以理解的,说他们"趾高气扬"就有些近乎讽刺了。

(2)当歌手金波演唱特地为这次救援工作创作的歌曲《有事你就说》的时候,几名农民工兄弟一并站在椅子上,手里高举着金波的海报和专辑满脸带着喜悦,趾高气扬的双

眼直视着台上,显然他们都收到了金波带来的礼物。(中国新闻网2008年2月3日)

2008年年初受雪灾影响,许多在京打工的外地农民工无法回家过年。在义演慰问活动中,收到礼物的几位农民工,眼里充满喜悦和感激,说他们"趾高气扬",实在不知所云。

(3)美国的孩子,不管学习好坏、长得丑俊、高矮胖瘦,个个都是趾高气扬、活灵活现的……换句话说,这些孩子都特别自信。(《北京青年报》2013年6月6日)

说美国的孩子生龙活虎、无拘无束或充满自信……都是可以的,说他们"个个都是趾高气扬"就没有道理了。

(4)43岁的阿密娜达是"二太太",过去20年里一直住在共有12口人的居室里……她和两个女儿分得了一套三居室……在接过递给她的新居钥匙开门时,她不禁热泪盈眶。位居人下的"二太太"阿密娜达终于有了趾高气扬的一天。(《现代快报》2008年1月26日)

法国巴黎有一些来自非洲的移民,一直过着一夫多妻的生活。如今法国政府帮助"二太太"阿密娜达解决了住房问题,她从此可以不再受"大太太"的气了,说她终于有了扬眉吐气的一天,是可以的,说她从此就可以"趾高气扬"了,实在不合情理。

再说,无论"宁夏体育代表队""农民工兄弟",还是"美国的孩子"和"二太太阿密娜达",都是作者肯定或同情的对象,而不是应该否定、讥讽的对象,怎么能够用"趾高气扬"加以贬抑呢?显然不符合这条成语的感情色彩。

顺便说一下,例(3)的"活灵活现"用得也不对。参见本书《"活灵活现"关键在"活现"》一文。

2014 年 2 月 21 日

"栉风沐雨"不等于"风吹雨打"

"栉风沐雨"语本《庄子·天下》:"〔禹〕沐甚雨,栉疾风。"这句话是说大禹治水不辞辛劳,以骤雨洗头,用疾风梳发。后以"栉风沐雨"四字成文,形容人奔波劳碌,不避风雨。例如唐·杜甫《朝享太庙赋》:"初,高祖太宗之栉风沐雨,劳身焦思,用黄钺白旗者五年,而天下始一。"明·罗贯中《三国演义》六十一回:"栉风沐雨,三十余年,扫荡群凶,与百姓除害,使汉室复存。"柯灵《香雪海·序一》:"农民终年栉风沐雨,胼手胝足,是根本没有休沐日的,我这点轻松的案头劳作,算得了什么!""栉风沐雨"也作"沐雨栉风"。如姚雪垠《李自成》二卷三十二章:"今嗣昌代朕在外督师,沐雨栉风,颇著辛劳。"

从这条成语的字面义看,"沐"是洗头发,"栉"是梳头,都是人的动作。从《庄子》的原文看,是用来歌颂大禹的。从古今典范用例看,都是形容人奔波劳碌、不避风雨的。所以这条成语只能形容人,不能形容事物;只能形容人奔波劳碌,不能形容物坚固耐久。有人没有准确把握这条成语的含义,只知道它同风雨有关,便望文生义,把它同"风吹雨打""不蔽风雨""顶风冒雨"等词语混为一谈。例如:

(1) 栉风沐雨580多年的紫禁城正在进行自1911年辛亥革命以来规模最大的一次维修。(《人民日报》2005年

9月16日)

(2)栉风沐雨中矗立了800多年的绛县文庙大成殿,虽经过多次修缮,但主体结构仍旧保留了元代的建筑特征和风格,简朴而庄重。(《山西晚报》2012年11月12日)

(3)"龙盘古洞仁看池水浮甘露,鹤舞危峰行留紫气结烟霞",这副镌刻在抱犊寨蛟龙洞口的对联,虽已栉风沐雨千百年,却风采依然。(《燕赵晚报》2012年9月13日)

(4)栉风沐雨了150年,那些流散在北京各处的石刻终于回到了家,在圆明园找到了安身之所。(《北京日报》2010年9月28日)

以上诸例,"栉风沐雨"形容的都不是人如何奔波劳碌、不避风雨,而是"紫禁城""大成殿""对联""石刻"等如何经受风雨袭击。虽然都与风雨有关,但同"栉风沐雨"的意思相去甚远,使用这条成语显然是望文生义,似是而非。可以改用"风吹雨打"。"风吹雨打"指遭受风雨的袭击。例如清·颐琐《黄绣球》一回:"连日只因舍下房屋,今年被风吹雨打,有两间像要坍塌,心中烦闷,偶然想着诸位,邀过来谈谈。"周而复《上海的早晨》二部二十六:"龙华寺赭色墙壁旁边有一座古老的牌楼,经过历年的风吹雨打,朱红的柱子已经变成紫黑色了……"这条成语放在这里正好合适。

(5)这里没有富丽堂皇的舞台,有的只是临时搭建在田间地头、百姓门口的简易流动舞台车。这里没有冬暖夏凉的剧场,有的只是头顶烈日、栉风沐雨的露天场地。(新华网2013年12月13日)

例(5)用"栉风沐雨"形容"露天场地",亦属误用。可以改为"不蔽风雨"。"不蔽风雨"就是遮挡不了风雨,例如元·鲁贞《修开化县学记》:"而兹学修未十载,瓦脱不蔽风雨,墙壁日隳剥,庖舍塌委地。"清·陈瑚《顽潭诗话·无闷谣》:"我有蔽庐,不蔽风雨。"这条成语用于此例庶几近之。

(6)在"天雨留人"的自然法则背后,公司签到簿、单位考勤单、合同保证书也是世俗的"命令",明知风急雨紧,人们有时也不得不栉风沐雨而行。(《新京报》2009年1月7日)

例(6)是说为了按时上班,人们往往要冒雨出行。这确实是人的行为,但不是长时间地在外奔波劳碌,而是"有时也不得不"的偶一为之,因此也不宜使用"栉风沐雨"。可以改用"顶风冒雨"。

至于以下诸例,"栉风沐雨"是什么意思,实在不好猜测,看来纯属滥用了:

(7)正是因为有了这些浅表与深层的需求,有了这种政治与社会的联动……战争题材的故事片才会栉风沐雨、涌现出诸如《上甘岭》《董存瑞》《英雄儿女》这样的优秀电影……形成一幅气势壮阔的画卷。(《中国青年报》2008年1月20日)

(8)拥有了房子——即便是租来的房子的庇护,满怀疲惫和困惑的心灵才得以安妥。然而,当头顶的屋宇不再,栉风沐雨的爱情何去何从?(《文艺报》2012年1月30日)

2014年8月17日

"众口铄金"不等于"众口交赞""众口同声"

"众口铄金"意思是众口一词可以使金属熔化（铄 shuò：熔化）。形容舆论的力量巨大，也比喻人多嘴杂，能混淆是非。语出《国语·周语下》："众心成城，众口铄金。"三国吴·韦昭注："众心所好，莫之能败，其固如城也……众口所毁，虽金石犹可销也。"例如《汉书·邹阳传》："昔鲁听季孙之说逐孔子，宋任子冉之计囚墨翟。夫以孔、墨之辩，不能自免于谗谀，而二国以危。何则？众口铄金，积毁销骨也。"元·谢应芳《与陈彦直书》："古人有言曰：瓜田不纳履，李下不整冠。盖嫌疑之地，不可不慎；众口铄金，不可不畏。"孙中山《〈孙文学说〉自序》："不图革命初成，党人即起异议，谓予所主张者理想太高，不适中国之用。众口铄金，一时风靡，同志之士，亦悉惑焉。"廖沫沙《东窗之下》："'他们当面不讲，背后议论，有什么办法封得住他们的口？众口铄金，你还在家里泰然享福。'他颓然地叹了一口气，沉默了。"

韦昭的解释对我们很有启发。他说"众口所毁，虽金石犹可销也"，既然是"众口所毁"，"众口"所说的当然是不正确的、诋毁别人的话，而不是正确的、赞美别人的话。"众口铄金"常同"积毁销骨"（毁谤积聚多了，足以置人于死地）连用，意思更加显豁。现在有人没有准确把握这条成语的含义和感情色彩,把"众口铄金"等同于"众口交赞",用来形容大家一致称赞,显然是错误的。例如:

(1) 自从调到大连市妇女儿童医疗中心产科担任护士长以来……毕嫣带出了一支众口铄金的护理团队,孕产妇通过口口相传,很多人都是冲着这里的护理来的。(《半岛晨报》2015 年 6 月 22 日)

(2) 盘点一下,就是当时那些众口铄金、赢得满堂彩的提案,真正落地成为"红头文件"的能举证几个?(《中老年时报》2014 年 3 月 6 日)

(3) 华鼎奖自 2007 年创设至今,已经成功举办至第 18 届,凭借其扎实严谨的评奖机制和公平、公正、权威的百姓公信力及众口铄金的华鼎品牌巨大影响力,深得全国观众的支持与厚爱,足迹遍及中国。(中国娱乐网 2016 年 2 月 27 日)

例(1)说的是大家一致称赞的护理团队,例(2)说的是大家一致赞同的提案,例(3)说的是大家一致看好的品牌,都同"众口铄金"的意思和感情色彩完全相反。可以改用"众口交赞"或"交口称誉"。例如清·文康《儿女英雄传》三十九回:"列公,你看只一个长姐儿,也会闹得这等千里逢迎,众口交赞。"王蒙《活动变人形》二十一章:"赵尚同从来是事必躬亲,从不假手他人代劳。闻者莫不交口称誉。"这两条成语用在这三例中都比较合适。

(4) 影评人对"子弹"赞誉过度了,忽略了影片存在的

诸多问题……影片从表面看是一部好电影,但还没有达到众口铄金的好。(大河网2010年12月17日)

(5)这种神奇且极富生命力的树种(按,指胡杨),把一方绿色托付给了世界,被人们众口铄金般誉为天堂和仙境。(新华网2013年1月31日)

(6)先是名人名博众口铄金地叫好,后有好事网友"人肉"揭底,然后是制片方高调"灭火"……(《武汉晨报》2012年7月19日)

例(4)是说《让子弹飞》虽好,但还没有被大家所公认;例(5)是说种植胡杨的绿地被人们一致誉为天堂;例(6)是说名人名博一致叫好。这三例的"众口铄金"都只表达了一个"众人一致"的意思,同成语的原意相去更远了。可以改为"众口同声""异口同声"或"众口一词"。例如欧阳山《三家巷》三:"大家都众口同声地说,整个南关的摆设,就数区家的好。"冰心《秋风秋雨愁煞人》:"同学们都异口同声地夸奖,说她有'婉若游龙、翩若惊鸿'的态度。"姚雪垠《李自成》二卷九章:"事情就是这样,众口一词,并无二话。"这几条成语用于以上三例都比较合适。

2016年3月16日

"壮志凌云"与"凌云壮志"

"壮志凌云"形容志向宏伟远大。语见宋·吴芾《挽王之先》诗:"壮志凌云气吐虹,才华高出辈流中。"例如元·杨维桢《感时》诗:"壮志凌云气食牛,少年何事苦淹留。"曹靖华《智慧开花烂如锦》:"我们……胸襟开阔,壮志凌云,高瞻远瞩,宇宙为怀。"姚雪垠《李自成》二卷二十八章:"这号人,在困难中不是低头叹气,而是奋发图强,壮志凌云,气吞山河。"

"凌云壮志"指远大的志向。语见宋·黄机《鹊桥仙·寿葛宰》词:"凌云壮志,垂天健翮,九万扶摇路稳。"例如袁鹰《飞》:"这就是一个十四岁的少年爱国者的凌云壮志。"李英儒《野火春风斗古城·序》:"打入内线之前,他们怀有'肩担真理,怀抱革命'的凌云壮志;到敌占区后,抱着'虽处敌特监视下,更在群众保卫中'的开朗态度。"

这两条成语意思相近,区别在于:"壮志凌云"是主谓结构,形容词性成语,经常用作谓语;"凌云壮志"是定中结构,名词性成语,经常用作宾语。弄不清二者的区别,就会把它们混为一谈,造成误用。例如:

(1) 拍摄《小时代》时他(按,指郭敬明)一如当初进入文坛一样凌云壮志,"我进影坛,一定会像当时我进文坛一样,震死他们。"(《广州日报》2013年8月19日)

(2)我仰望,钟乳山雄岩千仞,确实像一个目视北方的巨人,在流云飞雁的衬托下,更显得凌云壮志。(《光明日报》2001年4月18日)

(3)1965年,当凌云壮志的毛泽东重上井冈山时,老树绽放新花,以璀璨生辉的热情和井冈山人一道迎接着自己的亲人。(《大地》2005年第9期)

从语义上看,以上三例说的都是志向远大,而不是远大的志向,同"凌云壮志"的意思不符。从语法功能上看,"凌云壮志"在前两例中充当谓语,在例(3)中修饰"毛泽东",同"凌云壮志"的语法属性不符。都应当改用"壮志凌云"。

(4)该校校旗、校徽的精美设计、深刻内涵和校歌——《恒星士小》的歌词透射出的壮志凌云,共同勾画出一幅立志打造中原名校的清晰路径。(人民网2013年11月2日)

(5)人们通过骑马、射箭、摔跤、套马等精彩的比赛项目,重回马背民族的壮志凌云和烈焰雄风。(光明网2012年5月28日)

(6)"90后"水兵是需要督促提醒的,比起老兵的成熟稳健,他们充满了对军营的憧憬和幻想,飘逸的水兵服、动听的《军港之夜》,蔚蓝的大海、驰骋大洋的壮志凌云。(《人民日报》2012年12月21日)

从语义上看,以上三例说的都是远大的志向,而不是志向远大,同"壮志凌云"的意思不符。从语法功能上看,"壮志凌云"在例(4)中同"精美设计""深刻内涵"两个名词性词组共同充当句子的主语,在例(5)中同名词性词组"烈焰雄风"共同充当句子的宾语,在例(6)中同"水兵服""军港之夜""大海"等名词或名词性词组并列。这些都同形容词性成语"壮志凌云"的词性不符。显然应该改用"凌云壮志"。

2015 年 3 月 7 日

"卓尔不群"是不合群吗?

"卓尔不群"意思是十分卓越,超群出众。形容才智道德超出一般人。语出《汉书·景十三王传赞》:"夫唯大雅,卓尔不群,河间献王近之矣。"例如南朝梁·钟嵘《诗品》卷二:"魏陈思王植……骨气奇高,词采华茂……粲溢今古,卓尔不群。"元·吴澄《王友三诗序》:"宋三百年文章,欧、曾、二苏各名一世,而荆国王文公为之最。何也?才识学行俱优也,弟平甫、子元泽亦卓尔不群,英哲萃于一门,出于一时。"鲁迅《坟·文化偏至论》:"更睹近世人生……顽愚之道行,伪诈之势逞,而气宇品性,卓尔不群之士,乃反穷于草莽,辱于泥涂……"孙广瑞《文艺与政治》:"朱自清才华横溢,卓尔不群……是我国著名散文家、诗人、学者、民主战士。"

使用这条成语,必须准确理解它的意思。先说"卓尔"。"卓"是高超,"尔"是形容词后缀,"卓尔"就是高超、突出的样子。"卓尔不群"也作"卓荦不群","卓荦"也是超群出众的意思。再说"不群"。《汉语大词典》在"不群"条下收了两个义项。一是"不平凡"。例如唐·杜甫《春日忆李白》诗:"白也诗无敌,飘然思不群。"清·魏秀仁《花月痕》七回:"不想也还有这潇洒不群的人,转教我自恨见闻不广,轻量天下士了。"二是"不合群"。例如《南史·齐萧子云传》:"子云性沉静,不乐仕进,风神闲旷,任性不群。""卓尔不群"也作"卓尔出群","出群"就是出众。也作"卓尔不凡","不凡"的意思更加显豁。可见在成语"卓尔不群"中,"不群"只能是不平凡、超群出众的意思。有人不解何谓"卓尔",又把"不群"当成"不合群",用"卓尔不群"形容喜欢独来独往或性格孤僻,脱离群众,显然是对这条成语的误解和误用。例如:

(1) 虎是非常孤独的动物,习惯于卓尔不群,独往独来,从不结伴。(《光明日报》1998年10月2日)

(2) "所有接触到的水都结了冰,路上的行人都倍加小心,卓尔不群独来独往已毫无意义,谁会理睬你灰暗低调的声音。"满江的《心碎北京》,一下子把我的思绪拉回到2009年我在北京城里的时光。(《京江晚报》2014年4月29日)

(3) 他对教导主任、校长,常常不苟同,常为一些"原则问题"与人剑拔弩张。时间长了,杨老师觉得自己卓尔不群,难以成为"有机体"中的一个细胞,于是……离开了学校。(《杭州日报》2014年9月9日)

(4) 〔影片〕展示了王了望卓尔不群、孤傲清高的性格。(《兰州晚报》2015年4月28日)

(5) 邵大亨是晚清上袁人,其为人卓尔不群、孤傲耿直,其制壶高洁典雅、鬼斧神工,为世人所推崇。(《半岛晨报》2013年7月13日)

前两例"卓尔不群"都同"独来独往"连用,显然指的就是不合群。例(3)的"杨老师"不是狂妄自大的人,不会自以为超群出众,所谓"卓尔不群"实际上就是"难以成为'有机体'中的一个细胞",可见也是不合群。最后两例都用"卓尔不群"形容人的性格,而且同"孤傲"连用,毫无疑问指的也是不合群。

(6) 我一直认为阅读是一种习惯、一种卓尔不群的好习惯,既是习惯,便可养成,既是好习惯,便当坚持。(《中华读书报》2008年5月14日)

(7) 至于〔荷兰女生们的〕穿衣风格,可以用八个字来概括:百花齐放,百家争鸣。都没办法用卓尔不群来形容,因为基本上没有群,一个人一个样儿。(雅昵《低于海平面——荷兰生活散记》,海南出版社2006年版)

例(6),阅读确实是一种好习惯,但绝不是只有极少数出类拔萃的人才喜欢阅读,具有这种习惯的人多得很。什么叫"卓尔不群的好习惯",实在无法捉摸。例(7)用"卓尔不群"形容衣着各异,更是不伦不类了。

2016年3月31日

"自怨自艾"不等于"怨天尤人""自暴自弃"

"自怨自艾"语出《孟子·万章上》:"太甲颠覆汤之典刑,伊尹放之于桐。三年,太甲悔过,自怨自艾,于桐处仁迁义,三年,以听伊尹之训己也,复归于亳。"说的是商朝的太甲继承王位后,破坏了商汤的法度,被老臣伊尹流放到桐邑。三年之后,太甲认识到自己的错误并决心改正,在桐邑实行仁义,又过了三年,完全听从伊尹的教诲,终于又回到亳都做了天子。"自怨自艾"就是自己怨恨自己所犯的错误,自己改正(怨:怨恨,悔恨;艾 yì:治理,改正)。作为成语,后来多偏指自悔自恨。例如明·冯梦龙《醒世恒言》卷十七:"〔张孝基〕一路上热一句,冷一句,把话打着他(按,指过迁)心事,过迁渐渐的自怨自艾,懊悔不迭。"清·百一居士《壶天录》卷下:"一夕,某沽酒独酌,自怨自艾,似将悛改(悛改:悔改)。"巴金《苏堤》:"于是我的耳边响起了他的自怨自艾的话,他的叹气,他的哭泣,他的咒骂。"丁玲《莎菲女士的日记》:"剑如既为我病,我倒快活,我不会拒绝听别人为我而病的消息。并且剑如病,还可以减少点我从前自怨自艾的烦恼。"

理解和使用这条成语,要注意两点。

第一,代词"自"用在动词前,通常表示动作行为由自己发

"自怨自艾"不等于"怨天尤人""自暴自弃"

出,同时又以自己为对象。例如"自助"就是自己帮助自己,"自尊"就是自己尊重自己。"自怨自艾"就是自己悔恨自己,而不是埋怨别人,不能同"怨天尤人"(埋怨上天,责怪别人)混为一谈。忽略了这一点就会造成误用。例如:

(1) 与其自怨自艾,不如从自身找原因,对症下药。(人民网 2011 年 3 月 10 日)

(2) 我们在抱怨社会风气不好、自怨自艾的时候,有没有想过从自己身上出发,改变一下,自己能否主动地去 make a difference,能否主动地去爱别人。(《北京晚报》2011 年 8 月 26 日)

(3) 一味地抱怨社会并不是解决问题的办法,一味地愤世嫉俗或自怨自艾反而容易消磨自己……自怨自艾的埋怨是戕害进取心的最大杀手。(《光明日报》2010 年 6 月 12 日)

不"从自身找原因"(例1),不"从自己身上出发,改变"自己的想法和做法(例2),"一味地抱怨"客观条件或责怪别人(例3),这就不是"自怨自艾",而是"怨天尤人"了。"怨天尤人"才是"容易消磨自己""戕害进取心"的错误情绪。可见以上诸例中的"自怨自艾"都属于误用。

第二,"自怨自艾"偏重在悔恨自己做错了事,含有决心改正的愿望。宋·范浚《香溪集·悔说》:"且古之圣贤,未有不由悔而成者:成汤悔,故改过不吝;太甲悔,故自怨自艾。"所以"自怨自艾"是一种能够使人"由悔而成"的心态。即使偏指自悔自恨,不再强调改正错误,也绝不是一种消极颓废的情绪,不能同"自暴自弃"(自己糟蹋自己,自己抛弃自己)或"自轻自贱"(自己看不起自己)混为一谈。忽略了这一点也会造成误用。例如：

（4）身体的残疾没有让他自怨自艾，反而铸造了他坚强的性格。今年中考，小成涛以614分的成绩被开边中学录取。(《人民日报》2011年9月23日)

（5）一些没有得到提拔重用的干部……开始自怨自艾……在工作上变得消极消沉、破罐子破摔……在危险的道路上渐行渐远。(《浙江日报》2011年9月15日)

（6）高考刚结束，由于分数以及录取结果还未确定……一些考生可能会变得焦虑不安、心情烦躁，有的可能情绪低落、沉默寡言，有的甚至自怨自艾、灰心绝望。(《河北日报》2010年6月18日)

例（4）身体有残疾，不是自己的错误，没有什么可以自责的。例（5）"消极消沉""破罐子破摔"，例（6）"灰心绝望"等心态，更与"自怨自艾"大相径庭。以上诸例，"自怨自艾"显然都应该改为"自暴自弃"。

（7）"二把手"应摆正心态，不能高高在上、不可一世，也不能妄自菲薄、自怨自艾。(中国共产党新闻网2011年2月25日)

（8）面试时不必自怨自艾，不必妄自菲薄，多想想自己的优点和长处，也不必怕在面试官严厉的目光下暴露自己的缺点而动摇信心。(人民网2011年2月16日)

（9）面对连串打击，不少人会一蹶不振，自怨自艾，甚至自暴自弃，但高美运选择了独自撑起残存的家，尽管"人

间的所有苦都尝到了"。(《京华时报》2010年10月23日)

以上诸例,"自怨自艾"或与"妄自菲薄"相提并论,或与"自暴自弃"构成递进关系,说明还没有达到"自暴自弃"的程度,改为"自轻自贱"可能更合适一些。

2012年3月10日

"昨日黄花"是生造词语

近年来在媒体上时常发现一个貌似成语的"四字格"——"昨日黄花"。例如：

(1) 全国15个近年来被考生和家长视为"香饽饽"的专业被亮"红牌"，这些曾经一度风光的本科专业，在不经意间已成昨日黄花。(《永州日报》2014年10月17日)

(2) 这样的培训班只能成为官员腐败的载体，注定将在作风建设不断深入的过程中被新陈代谢、沦为昨日黄花。(《解放日报》2014年7月2日)

(3) 我们不能因为去某些国家留学的人数降低或者几乎不增长，就悲观地认为自费出国留学必成"昨日黄花"。(《中国教育报》2014年5月13日)

(4) 寿宁路上的小吃每年都会赶"时髦"，小龙虾依旧火爆，烤鱼、水煮鱼早就〔成了〕"昨日黄花"。(中国新闻网2014年7月10日)

(5) 近年来，由于空气污染、能源危机、交通拥堵等问题日益严重，有轨电车低碳、环保的"生态"优点得以凸显，原已成为"昨日黄花"的有轨电车开始焕发新生。(《人民日报》海外版2010年5月19日)

细玩文意，不难发现"昨日黄花"在以上诸例中比喻的都是过时的事物。表示这个意思本来有一个流传已久的成语"明日黄花",而"昨日黄花"不仅于古无征,而且未被任何工具书收录,纯属生造词语。

"明日黄花"语出宋·苏轼《九日次韵王巩》诗:"相逢不用忙归去,明日黄花蝶也愁。"又《南乡子·重九涵辉楼呈徐君猷》词:"万事到头都是梦,休休,明日黄花蝶也愁。"宋·胡继宗《书言故事·花木类》:"过时之物,曰明日黄花。"可见早在南宋"明日黄花"就已经成为比喻过时事物的典故,为文人广泛使用。例如元·张可久《折桂令·九日》曲:"人老去西风白发,蝶愁来明日黄花。"梁启超《满洲铁路中立问题》:"此我国人所亟当猛醒,而未可遽以明日黄花置之者也。"郭沫若《〈沸羹集〉序》:"这里有些是应景的文章,不免早已有明日黄花之感。"冰心《寄小读者》二十七:"再经过四次月圆,我又可在母亲怀里,便是小朋友也不必耐心的读我一月前,明日黄花的手书了。"

理解这条成语的关键是要弄懂何谓"明日"。"明日"是相对"今日"而言的。"今日"是苏轼写下这句诗的日子,即重阳节,"明日"就是重阳节过后的日子。重阳节是菊花盛开的时节,赏菊应时当令,过了重阳节,菊花就逐渐枯萎了,所以用"明日黄花"比喻过时的事物是非常自然合理的。有人不明典故,望文生义,以为"明日"指未来,未来的黄花怎么会过时呢?"昨日"指过去,只有过去的黄花才会过时,于是把"明日"擅改为"昨日"。殊不知这样一改,不仅违背了苏轼的原句和成语的原意,而且也经不起推敲。确实有许多"昨日"的东西已经过时,例如昨日的报纸已成旧闻,卖不出去了,去年的黄历只能扔掉,不能再翻了,但"黄花"却不然。如果说今日的黄花正在盛开,那么昨日的黄花或含苞欲放,或刚刚绽放,怎么能说过时呢？如果说昨日的黄花就已经过时,那么今日的黄花岂不更加衰败？显然不合逻辑。曾见有人将"明日黄花"改为"过时黄花"。如蔡东藩《民国通俗演义》一〇一回:"今该转机已成过时黄花。"虽然很少有人使用,但至少还说得通,比"昨日黄花"强多了。

成者定也。成语就是在社会语言应用的过程中经过优胜劣汰而定型的固定词组,使用者不能随意改动。曾见有人撰文为"昨日黄花"辩护,说"现在大家已经无法理解这个意思(按,指'明日'的原意),认为昨日才是指过去",所以应该承认"昨日黄花"的合理性。其实并非"已经无法理解","明日黄花蝶也愁"是脍炙人口的名句,知道的人很多,何况几乎所有的工具书对"明日黄花"都有明确的解释,查一查就可以理解了。也不是"大家"都不理解,不理解的只是一部分人。不能因为有那么一部分人,不求甚解,误改误用,便群起效尤,甚至认为应该立"昨日黄花"而废"明日黄花"。正确的态度应该是加强引导,促进语言的规范化。中学语文教师要给学生讲,辞书编纂者也要加以提示。《现代汉语规范词典》在"明日黄花"条下提示"不要误写作'昨日黄花'",陈抗等编《中学生成语词典》提示"不要把'明日黄花'说成'昨日黄花'",这种做法值得提倡。

2016 年 3 月 3 日

运动员不能上场不是"作壁上观"

目前在体育新闻中,常常把运动员因伤病或禁赛等原因,只能坐在替补席或看台上观战,说成"作壁上观"。例如:

(1) 昨晚与天津队的比赛中,天津场均42.3分、全联赛排榜首的小外援克劳福德赛前突然受伤,此役只能作壁上观。(《济南日报》2016年1月29日)

(2) 广州恒大队受伤病影响,多名主力作壁上观,主教练里皮也因为禁赛而无法出现在赛场。(《人民日报》2014年5月27日)

(3) 屋漏偏逢连夜雨,球队大比分落后,韩德君和郭艾伦第二节开始不久都领到个人第三次犯规,只能在替补席上作壁上观。(《千山晚报》2016年1月11日)

(4) 中国队主帅郝伟因为禁赛只能在看台作壁上观,现场指挥由助理教练常卫巍接管。(《梅州日报》2015年6月22日)

(5) 40强赛中每组五支球队,所以每轮都会有一支球队轮空,〔中国队〕作为种子队将在6月11日的第一轮和10月13日的第六轮两个轮次作壁上观。(光明网2015年4月5日)

这种情况能不能说"作壁上观"? 让我们先来考察一下这

条成语。

"作壁上观"意思是人家交战,自己站在营垒上观看(壁:古代军营周围的高墙,即营垒)。比喻置身事外,坐观成败,不肯出力帮助斗争中的任何一方。语本《史记·项羽本纪》:"当是时,楚兵冠诸侯,诸侯军救钜鹿下者十余壁,莫敢纵兵。及楚击秦,诸将皆从壁上观。"例如清·陆玉书《谕讼师》诗:"可怜家业已倾败,讼牒勾稽还未艾;讼师偏作壁上观,心在局中身局外。"《两地书·许广平〈致鲁迅七〉》:"年假中及以前,我以为对于校长主张去留的人,俱不免各有其复杂的背景,所以我是袖手作壁上观的。"茅盾《劫后拾遗》二:"周小姐这话刚一离口,座中本来'作壁上观'的四五位女士立刻也来'参战',七嘴八舌说了些类似的事实。"姚雪垠《李自成》二卷三十八章:"老先生虽不像学生有守土之责,但亦非事外之人,岂能作壁上观乎?"

理解和使用这条成语要扣准三点:一、作壁上观的个人或集体,通常不属于斗争双方中的任何一方,纯属事外之人,因此才有可能置身事外,坐观成败。二、是否作壁上观完全由自己决定,可以参战或帮助某一方,也可以坐山观虎斗,而不是被迫只能观战无法参战。三、这种态度不是一成不变的,随时可以改变。前举许广平用例中的"我",茅盾用例中的"四五位女士"都是事外之人,都可以作壁上观;姚雪垠用例中的"老先生"则"非事外之人",所以被人质问"岂能作壁上观乎"。是否作壁上观,都是由他们自己决定的。决定以后也可以改变,"四五位女士"就是本来"作壁上观",后又改为"参战"的。

考察了这条成语之后,再来看前举体育新闻中的用例,问题就清楚了。前四例中不能参战的队员、教练,都属于斗争的一方,不是事外之人;他们坐在替补席或看台上,不是自己的选择,而是因为伤病、禁赛无法参战,或因担心犯规过多被罚下不得不暂时下场,纯属被迫无奈之举;而且他们的缺阵也不是自己可以随意改变的。同使用这条成语要扣准的三点全然不符,当然不能使用"作壁上观"。例(5),在比赛中轮空的队,同正在交锋的队固然不是一伙,但是他们的轮空是赛程的安排,不是自己的选择,也不是自己可以改变的,所以也不能说"作壁上观"。

2016年1月31日

后　记

《成语误用辨析 200 例续编》是继《成语误用辨析 200 例》（商务印书馆 2013 年出版）之后，我的又一部文集，收录 2012—2016 五年间陆续写下的辨析成语误用的小文章，也是 200 篇。

2007 年，李行健、余志鸿先生主编了一套《常用字词句辨误小丛书》，其中有一本《成语应用辨误 100 例》。大概是因为我曾协助李行健主编编过《现代汉语成语规范词典》，对成语比较熟悉吧，便让我帮助修改这部书稿。我用了两个多月的时间，认认真真修改了一遍。为了凑足 100 篇，自己还补写了十来篇。但是该书搜集的错误用例太少，有的也不典型，而且每篇只许写五六百字，很多问题都没有说透，至今仍然留下许多遗憾。不过这两个多月的实践对我的启发和影响却很大，我觉得这个课题很有价值，值得继续深入搞下去，从此我便从编纂辞书转而致力于研究成语应用。

我深深感到目前成语误用的现象相当严重，必须尽力改变这种状况。作为一个辞书编纂工作者和语文教师，我责无旁贷也要为纠正成语误用贡献一点微薄的力量。目前成语词典已经很多了，其中不乏精品，对理解成语帮助很大。但是这些词典多侧重于解释成语的意义，有的兼及追溯源头，探索流变,而对成语的用法或完全不讲,或语焉不详。所举书证,往往也重在证明成语的存在,不大考虑如何通过书证对读者理解和使用成语提供更多的帮助。读者在使用成语的过程中遇到问题,查阅现有的成语词典常常得不到满意的答案。因此当务之急不是再编一本与现有成语词典大同小异的新词典,而是要为纠正成语误用做一些更直接的工作。近年来高考语文试题中都包含旨在纠正成语误用的判断题,显然是在利用高考这个"指挥棒",引导人们从学生时代就注意防止成语误用。这就是一个切实有效的好办法。但我已经退休多年,深居简出,又能做些什么呢?想来想去,唯一能够做的只有写点小文章,在报刊上呼吁呼吁,引起大家对纠正成语误用的重视而已。

于是从 2008 年起,我陆续写了一批辨析成语误用的小文章,分别在《语文建设》《语言文字报》《青年记者》《新闻与写作》《秘书工作》等报刊上发表。每篇文章着重讲一条成语,先说这条成语怎么讲,理解和运用这条成语要注意些什么,然后举出媒体中误用的例子,分析错在哪里,原因何在,必要时也指出应该怎样修改。2008 年 2 月,第一批七篇小文在《今晚报》副刊发表,当月《文摘报》就摘要转载了其中的两篇。此后,许多网站纷纷转载,许多地区和学校也把拙文所引错误用例作为辅导中考、高考、公务员考试的模拟试题或练习题。这使我深受鼓舞,觉得这件事我做对了,于是一发而不可收,到 2011 年年底,陆陆续续写了 200 余篇。为了方便读者阅读,我把它们纂辑成册,取名《成语误用辨析 200 例》,2013 年由商务印书馆出版。

2012年我大病一场,以为就要从此搁笔,彻底退休了,没想到经过近一年的恢复,2013年又可以伏案工作了。于是重操旧业,到2016年竟又积攒了200篇。《200例》出版后,五年之间四次印刷,看来还比较受欢迎。既然有人想看,索性把这200篇也纂辑成册。书名叫什么呢?当初编《200例》时,没有想到后来还能再写200例,现在既不能与之雷同,又要表明二者是姊妹篇,只好取名《成语误用辨析200例续编》,仍然烦请商务印书馆出版。

《200例》有一篇近万字的《前言》,该说的话已经说得差不多了,那些话对于《续编》同样适用,有兴趣的读者不妨找来看看。类似的话现在就不再重复了,只把编写这两本书的缘起和过程记在书后,是为后记。

赵丕杰
2017年5月